Baedeker

Allianz Reiseführer

Südschweden Stockholm

www.baedeker.com

Verlag Karl Baedeker

TOP-REISEZIELE ★★

Sonnenverwöhnte Urlaubsinseln und eine »schwimmende« Hauptstadt, prächtige Schlösser, falunrote Häuschen und rätselhafte Runensteine – wir haben für Sie zusammengestellt, was Sie auf keinen Fall versäumen dürfen!

1 ★★ Stockholm
Charmante Metropole mit einer wunderbaren Mischung aus Stadt, Wasser und Grün ► **Seite 265**

2 ★★ Stockholmer Schären
Magische Meereslandschaft ► **Seite 314**

3 ★★ Drottningholm Slott
Wohnsitz der königlichen Familie ► **Seite 310**

4 ★★ Gripsholm Slott
Romantisches Bilderbuchschlösschen am Mälarsee ► **Seite 216**

5 ★★ Birka Vikingerstaden
Handelsplatz der Wikinger ► **Seite 213**

6 ★★ Mälarsee
Fantastisches Labyrinth aus Wasser und Land ► **Seite 212**

7 ★★ Uppsala
Skandinaviens älteste Unistadt mit dem größten Dom des Nordens ► **Seite 318**

8 ★★ Göta-Kanal
Schwedens »Blaues Band« ► **Seite 118**

9 ★★ Mårbacka
Selma Lagerlöfs Gutshof sieht aus wie zu ihren Lebzeiten. ► **Seite 335**

10 ★★ Vättersee
Kristallklarer Quellsee so weit wie ein Meer ► **Seite 355**

Smålands Glasreich
Freie Formen und frische Farben

Gotland
Schwedische Sommerträume

Drottningholm Slott
UNESCO-Welterbe und königliche Residenz

DIE BESTEN BAEDEKER-TIPPS

Baedeker-Tipps geben den ganz besonderen Einblick – jenseits aller großen Sehenswürdigkeiten. Bevor es losgeht, schon mal eine Auswahl der besten Tipps und Empfehlungen für Südschweden: schön, spannend und lecker.

! Bei Astrid Lindgren zu Tisch
Wunderbare Rezepte für die ganze Familie von Michels Käsekuchen bis zu Maditas Makkaroni ▸ **Seite 78**

! Tjörn Runt
Mehr als 600 Boote nehmen jedes Jahr an Schwedens größter Segelregatta teil.
▸ **Seite 130**

Östermalms Saluhall
Stockholmer Schlemmertempel

! Knackiges Vergnügen
Während der Hummersaison wimmelt es auf dem Gullmarenfjord von Booten, kann man auf Hummersafari die Reusen leeren und die Schalentiere selbst zubereiten.
▸ **Seite 131**

! Jul på Liseberg
Göteborgs Weihnachtsmarkt im Stil der guten alten Zeit lädt zum Bummel, und der Weihnachtsmann nimmt die Wunschlisten der Kinder entgegen. ▸ **Seite 142**

! Zimtschnecken in XXL
Die leckeren »hagabullar« im Café Husaren sollen die größten Zimtschnecken des Königreichs sein. ▸ **Seite 150**

! Radeln rund Gotland
Wenige Autos, kaum Steigungen und viele Campingplätze machen das Radfahren auf Gotland zum Vergnügen. ▸ **Seite 158**

! Let's Dance
In den Dünen von Tylösand versteckt sich der angesagteste Nachtklub der Westküste – Betreiber ist Per Gessle vom legendären Pop-Duo »Roxette«. ▸ **Seite 169**

Hagabullar
Zimtschnecken wie bei Kalle Blomquist

Gripsholm
Märchenschloss am Mälarsee

Fotoshooting
Im Wildreservat Eriksberg stehen die Chancen gut, ein Elchfoto zu schießen. ► Seite 182

Pitchen und Putten
Wer auf den beiden Meisterschaftsplätzen des Barsebäck Golf & Country Club abschlägt, erhält die atemberaubende Aussicht gratis dazu. ► Seite 198

Mit dem Dampfschiff
Schippern Sie mit dem über 100 Jahre alten Dampfer »Mariefred« zum Schloss Gripsholm. ► Seite 214

Nöje für Nachtschwärmer
Bis in die frühen Morgenstunden abtanzen in Malmös schickem Hippodrom des 19. Jahrunderts ► Seite 227

Östermalms Saluhall
In Stockholms nostalgischer Markthalle für schwedische Spezialitäten kauft auch die Königsfamilie gern ein. ► Seite 276

Shoppen bei Grandpa
Schuhe, Schmuck und Secondhand im ultracoolen Trendshop ► Seite 289

Ta en fika!
Kaffeepause! Am besten im Stockholmer Café Xoko – Magnus Johansson komponierte sogar die Desserts für die Bankette der Nobelpreisverleihung. ► Seite 292

Stockholm SkyView
Seit 2010 sausen zwei Glasgondeln mit Panoramablick auf das Dach des Globe in 85 m Höhe. ► Seite 310

Mit Highspeed zu den Schären
Im bis zu 45 (!) Knoten schnellen Schlauchboot geht's von Stockholm aus zu entlegenen Schäreninseln. ► Seite 314

Kosta Boda Art Hotel
Mehr als 100 t Glas wurden 2009 von der Glashütte Kosta Boda gekonnt in Szene gesetzt. An der Glasbar sorgen lichtdurchflutete Wände für funkelnde Prismen auf der kobaltblauen Theke. ► Seite 363

Begehrte Schalentiere
Probieren Sie Hummer vom Gullmarenfjord!

Sommer in Südschweden – für Kinder ein Traum
▸ Seite 78

HINTERGRUND

PREISKATEGORIEN

▸ **Hotels**
Luxus: über 2000 SEK
Komfortabel: 650 – 2000 SEK
Günstig: bis 650 SEK
Doppelzimmer mit Frühstück

▸ **Restaurants**
Fein & Teuer: über 250 SEK
Erschwinglich: 150 – 250 SEK
Preiswert: bis 150 SEK
Für ein Hauptgericht

PRAKTISCHE INFORMATIONEN

TOUREN

Wahrzeichen Göteborgs: der Poseidonbrunnen am Götaplatsen

Weltweit das einzige Kriegsschiff, das aus dem 17. Jh. erhalten blieb, ist die »Vasa« in Stockholm.

REISEZIELE VON A bis Z

Große Klasse: herrschaftliche Gründerzeithäuser am Strandvägen von Stockholm

Jeder Nobelpreisträger erhält eine Goldmedaille mit dem Abbild von Alfred Nobel.

nachdenken • klimabewusst reisen
atmosfair

Streckt da etwa jemand die Zunge raus? Die Raukar auf Fåro beflügeln die Fantasie.

»Wie in einem Spiegel« besuchte. 1965 kehrte Bergman nach Fårö zurück, drehte dort »Persona«, baute sich eine Villa mit Meerblick und lebte hier bis 1976. Seit 2006 erinnert alljährlich die **Bergmanveckan** (Bergman-Woche) mit Seminaren, Ausstellungen, Filmvorführungen im Sudersand-Kino und Ausflügen zu Drehorten an die Filmlegende. Wen der Hunger quält: **Friggars Krog** (Tel. 04 98 / 22 68 80, www.friggarskrog.se) in der Bucht von Gammlehamn ist bekannt für seine leckeren Fischgerichte!

Gotska Sandön

Wer noch einen Sprung weiter möchte, kann von Fårö aus zur 40 km nördlich gelegenen Insel Gotska Sandön übersetzen. Sie ist 9 km lang, 6 km breit und als **Nationalpark** unter Schutz gestellt (www.gotskasandon.se). Der größte Teil der Insel besteht aus Sanddünen und Kiefernwäldern, am Boden wachsen Rentierflechten und Heidekraut. Einzige Übernachtungsmöglichkeiten sind der sehr einfach ausgestattete Zeltplatz und einige Hütten. Lebensmittel müssen mitgebracht werden. Die Fähre verkehrt von Ende Mai bis Sept., die Fährzeiten sind unter Tel. 04 98 / 24 04 50 zu erfragen.

Gotlands Süden

Kneippbyn

★

◄ Villa Villekulla

Rund 80 km sind es von Visby bis zur Südspitze Gotlands. 4 km südwestlich von Visby liegt die Villa Villekulla, die als **Villa Kunterbunt** durch die Verfilmung der Pippi-Langstrumpf-Geschichten von Astrid Lindgren bekannt geworden ist. Sie ist die größte Attraktion des Kneippbyn-Vergnügungsparks mit Shows, Wasserland und Fahrgeschäften (Öffnungszeiten: Mai–Aug. tgl. 10.00–18.00 Uhr, www.kneippbyn.se). 4 km weiter erhebt sich der **Högklint**, eine 45 m hohe Klippe, von der man eine weite Sicht auf das Meer und Visby hat.

Tofta In der mittelalterlichen Dorfkirche von Tofta wurde jüngst eine Ringhaube aus dem 12. Jh. mit vollständig erhaltenen Lederriemen entdeckt – ein sensationeller Fund. An den feinen Sandstränden in der Bucht von Tofta tummeln sich im Sommer die Badegäste. Das nachgebaute **Wikingerdorf** lädt ein, wie zu Wikingerzeiten zu weben, zu spinnen, Bogen zu schießen oder eine Axt zu werfen (Öffnungszeiten: Mitte Juni –Mitte Aug. 11.00–17.00 Uhr, www.vikingabyn.se). Am ersten Novemberwochenende dröhnen in Tofta die Motoren – seit 1984 ist das Dorf Schauplatz der größten Enduroveranstaltung der Welt, des **Gotland Grand National** mit jährlich mehr als 2200 Teilnehmern (www.gotlandgrandnational.com).

Klintehamn Der Hafenort schrieb Geschichte: 1361 ging hier der machthungrige Dänenkönig **Valdemar Atterdag** an Land, schlug das in Eile einberufene gotländische Bauernheer vernichtend – und eroberte Visby.

Stora Karlsö Von Klintehamn verkehren Personenfähren zur Insel Stora Karlsö, die ein **Vogelreservat** ist. Über 250 Arten leben hier, darunter Tordalke, Pilgrimsfalken, Eiderenten und Lummen. Zahlreiche Raukar und Grotten prägen die Landschaft. Die größte Höhle, **Stora Förvar**, war in der Steinzeit Wohnstätte. Stora Karlsö und die Nachbarinsel Lilla Karlsö, auf der nur Schafe leben, stehen unter Naturschutz.

Fröjel Unterhalb der Kirche von Fröjel, 7 km südlich an der Küstenstraße 140, gab es einst einen Wikingerhafen. Daran erinnert heute **Ganarve**, eine 29 m lange und 5 m breite Schiffsetzung der Bronzezeit, die aus aufgestellten Steinen den Rumpf nachzeichnet.

★ Kap Hamarrud Nur wenige Kilometer südlich von Fröjel führt eine Küstenstraße um das Kap Hamarrud zum Naturreservat **Ekstakusten**: Windzerzauste Krüppelkiefern und Kieselstrände, gesäumt von bunten Blüten und duftenden Kräutern, herrliche Aussichten auf die Vogelinseln Lilla und Stora Karlsö machen diesen Abstecher zum Erlebnis.

Hablingbro 20 km südlich von Fröjel an der Küstenstraße 140 entführt ein typischer weißer gotländischer Bauernhof ins Landleben von einst: **Petes Museigård** bei Hablingbro (Öffnungszeiten: Mitte Juni–Mitte Aug. 11.00–17.00 Uhr, www.lansmuseetgotland.se).

Weinprobe Seit 2002 hat sogar der **Weinbau** Einzug auf Gotland gehalten: Die Rondo-, Phoenix- und Solaristrauben, die an der sonnenverwöhnten Südspitze wachsen, werden auf dem **Gute Vingard** in Hablingbro von Weinpionier Lauri Pappinen zu bestem Rotwein verarbeitet, der vor Ort auch verkostet werden kann (www.gutevin.se).

Burgsvik

Burgsvik am Südrand der gleichnamigen Bucht ist Hafen- und Badeort. 2 km östlich erhebt sich die **Kirche von Öja** mit einem Triumphkreuz aus dem 13. Jh. und mittelalterlichen Wandmalereien.

Hoburgen

Ab Burgsvik führt die Straße 142 weiter zur Südspitze von Gotland. Im **Museigård Bottarve**, seit 1920 Museum, versorgen Mägde und Knechte in zeitgenössischer Kleidung die Tiere, backen und brauen. Kunstausstellungen, Lesungen, Konzerte und andere Events prägen das Sommerprogramm (Öffnungszeiten: 13. Juni – 31. Aug. tgl. 11.00 – 17.00, 1. Mai – 12. Juni, Sept. Fr. – So. 11.00 – 17.00 Uhr, www.bottarve.se). Wildromantisch endet Gotland: Grotten, Felsplateaus und Rauken wie die **Hoburgsgrubben**, eine Kalksteinsäule mit Trollgesicht, prägen die Südspitze. Auf ihrer 37 m hohen Anhöhe wirft ein Leuchtturm sein Licht über die See.

Holmhällar

Zurück gen Norden geht es mitten durch die karge Klintlandschaft unmittelbar die Küste entlang zum **Naturschutzgebiet** Holmhallar, das ebenfalls bizarre Steingebilde birgt. Vor der Küste liegt die Insel **Heligholmen** mit einer sagenumwobenen Silbergrotte. Mit Wellness am Meer, auf Wunsch open air, lockt das 2009 ganz in der Nähe eröffnete **Spa Suderhälsan** (www.suderhalsan.com).

Hemse

Die Straße 142 verläuft nun durch das Inland der Insel. Hemse war einst ein bedeutender Handelsplatz. Seine romanische Kirche aus der Zeit um 1200 birgt Malereien des 14. und 15. Jh.s. In Hemse biegt die Straße 144 gen Osten ab und führt zum Badeort **Ljugarn** an der gotländischen Südostküste. Gut 2,5 km nordöstlich davon erstrecken sich die Raukarfelder von Folhammar. In einem Waldgebiet nördlich von Ljugarn ist die **Torsburg** aus dem 5. Jh. erhalten: Die größte prähistorische Befestigungsanlage Nordeuropas zieht sich um einen steil abfallenden Kalkhügel. An der Südseite gibt es eine 1,5 km lange und 4 – 7 m hohe Mauer mit Aussichtsturm. Hinter Hemse erreicht die Straße 142 die malerische Landschaft Lojstahajd, Heimat der halbzahmen **Gotland-Ponys**. Die vom Wasser umgebene mittelalterliche Verteidigungsanlage **Lojsta Slott** wird mit den Vitalienbrüdern in Verbindung gebracht – Klaus Störtebekers Mannen sollen hier einst gegen den Deutschen Ritterorden gekämpft haben. Die 1000-jährige Eiche von Lojsta ist der älteste Baum der Insel. Ebenfalls ein Insel-Rekord: Ganz in der Nähe von Lojsta befindet sich mit 83 m der höchste Punkt Gotlands.

◄ Prähistorische Befestigungsanlage

! *Baedeker* TIPP

Edelpilze

Erst Ende der 1990er-Jahre wurde im Boden von Gotland ein kulinarischer Schatz entdeckt: Die Insel ist geradezu gespickt mit tuber uncinatum, dem aromatischen schwarzen *Burgunder-Trüffel*. Er wird mit italienischen Trüffelhunden gesucht und für rund 500 € pro Kilo verkauft, d. h. nur halb so teuer wie in Frankreich. *Gotlands tryffel* (www.gotlandstryffel.se) in Ljugarn organisiert Trüffelsafaris zusammen mit dem *Hotel Smakrike*, das auch Trüffelmenüs serviert (www.tryffelsafari.se).

Halmstad

C 2

Landschaft: Halland **Provinz:** Halland Län
Einwohnerzahl: 58 000 **Höhe:** Meereshöhe

Schwedens längster Sandstrand erstreckt sich über 12 km östlich von Halmstad, mit 183 Löchern auf 12 Plätzen auch die Golfhauptstadt Schwedens. Das Stadtbild prägte jedoch Dänenkönig Christian IV.: Er gab das Schloss in Auftrag und ließ rechtwinklige Straßenzüge im Renaissance-Stil anlegen.

Dänische Vergangenheit

Die südwestschwedische Provinzhauptstadt Halmstad wurde an der Mündung des Flusses Nissan ins Kattegat erbaut. Einst gehörte Halmstad zu Dänemark. Da Halland eine **Grenzprovinz** war und es immer wieder Konflikte mit den Schweden gab, ließ Dänenkönig Christian IV. Halmstad Ende des 16. Jh.s befestigen und zu Beginn des 17. Jh.s einen Schutzwall aus Erde und Steinen errichten. Nachdem im August 1619 ein Feuer fast den gesamten Ort zerstört hatte, wurde er unter Christian IV. als **Renaissancestadt** mit geraden Straßen wieder aufgebaut. Einige Fachwerkhäuser in der Storgatan stammen noch aus dieser Zeit. Auch der Stadtteil westlich vom Stortorg zeigt zum Großteil noch die Bebauung aus dem 17. und 18. Jahrhundert. Erst seit 1645 ist Halmstad schwedisch.

Schwedens Costa del Sol: die Sandstrände von Halmstad am Kattegat

HALMSTAD UND TYLÖSAND ERLEBEN

AUSKUNFT

Turistbyrå
Lilla Torg
SE–30102 Halmstad
Tel. 035 / 12 02 00
Fax 035 / 15 81 15
www.destinationhalmstad.se

ÜBERNACHTEN

► Luxus

Clarion Collection Norre Park Hotel
Norra Vägen 7
SE–30231 Halmstad
Tel. 035 / 21 85 55
Fax 035 / 10 45 28
www.norrepark.se, 45 Zi., 7 App.
Charmantes Hotel aus der Zeit um 1900 im Herzen der Stadt – zahlreiche Geschäfte, Restaurants und Pubs liegen in unmittelbarer Nähe. Großzügige Zimmer und ein fantastisches Frühstück.

Hotel Tylösand
SE–30116 Tylösand
Tel. 035 / 305 00
Fax 035 / 324 39
www.tylosand.se, 225 Z.
Großes, luxuriöses Wellnesshotel mit sagenhaftem Spa, wunderschön gelegen an einem der besten Strände Hallands

► Komfortabel

Vallåsens Wärdshus – Gasthof
Rössjöholmsvägen
SE–31275 Våxtorp
Tel. 04 30 / 300 87
Fax 04 30 / 306 40
www.vallasensvardshus.se, 23 Zi.
Konferenz- und Wildnishotel am Fuße der Hügellandschaft Hallandsås. Im Speisesaal in der alten Jagdvilla wird köstliche Bioküche mit Blick auf den Wald serviert.

► Günstig

STF Vandrarhem
Kungsvägen 1
SE–30270 Halmstad
Tel. 035 / 19 18 00
Fax 035 / 324 60
www.tyleback.com
Wanderheim mit 138 Betten in verschiedenen Standards, nur 250 m vom Strand entfernt

ESSEN

► Fein & teuer

Pio Matsal & Bar
Storgatan 37, Halmstad
Tel. 035 / 21 06 69
www.pio.se
Erlesene, mehrfach preisgekrönte Küche und eine umfangreiche Weinkarte

► Erschwinglich

Fridolfs Krog
Brogatan 26, Halmstad
Tel. 035 / 21 16 66
www.fridolfs.se
Typischer Landgasthof mit guter Fischküche und Gartenterrasse; vorher reservieren!

Baedeker-Empfehlung

Laxbutiken Växkrog
Heberg, an der E 6 zwischen Halmstad und Falkenberg
Tel. 03 46 / 511 10
www.laxbutiken.se
Der Name ist Programm: Christer und Margareta Lagnell servieren Lachs kalt-, najad- oder rundgeräuchert in allen Variationen mit Dillkartoffeln und Salat. Gespeist wird in Selbstbedienung oder im À-la-carte-Restaurant. Angeschlossen ist ein Delikatessengeschäft (tgl. 10.00 – 19.00 Uhr).

Sehenswertes in Halmstad und Umgebung

Stora Torget

Herzstück der Stadt ist das weite Karree des Marktplatzes, der 1926 seine große Brunnenskulptur **»Europa mit dem Stier«** von Carl Milles erhielt. An der südlichen Ecke beeindruckt das Rathaus, ein 1938 errichteter Klinkerbau mit Glockenspiel. Rechts daneben zieht das stattliche Fachwerkhaus **Tre Hjärtan** (Drei Herzen) aus dem 15. Jh. den Blick auf sich. Es ist das älteste erhaltene Gebäude der Stadt. Auch in der Kyrkogatan steht eine Anzahl gut restaurierter Fachwerkhäuser. Die **Nikolaikirche** aus dem 14. Jh. am Südrand des Marktplatzes ist ein dreischiffiger Backsteinbau, in dem die modernen Glasfenster von Erik Olson und Einar Forseth sowie der Taufstein und die Kanzel von 1634 einen Blick verdienen.

St. Nikolai Kyrka ►

Halmstads Slott

Südlich der Slottsgatan erhebt sich das im 17. Jh. erbaute Schloss, heute die **Residenz des Landeshauptmanns** und daher nicht zu besichtigen. Vor dem Schloss der Nissan-Brücke dümpelt die 1897 vom Stapel gelaufene Dreimastbark **»Najaden«** – wer will, kann für einen Rundgang an Bord des Segelschulschiffs gehen. Am jenseitigen Ufer befindet sich ein kleiner Park mit der Bronzeskulptur »Laxen går upp« (Aufsteigender Lachs, 1958) von Walter Bengtsson und Pablo Picassos Betonplastik »Mann och Kvinna« (Mann und Frau). Der **Prins Bertils Stig** führt vom Schloss als 18 km langer Wanderweg vorbei am Strand von Tylösand zum Möllegårds-Naturreservat.

Tropik Center

Flussabwärts tummeln sich am Ostufer im ehemaligen Zollhaus exotische Seidenäffchen, Kolibris und Sumpfkrokodile (Öffnungszeiten: tgl. 10.00 – 17.00, Juli bis 18.00 Uhr, www.tropikcenter.se).

Norre Katts Park

Vom Stora Torget bummelt man durch die von stattlichen Häusern gesäumte Storgatan zur **Norre Port** von 1605. Jenseits des Stadttors breitet sich der weitläufige Norre Katts Park aus, an dessen Nordende das **Länsmuseet Halmstad** in der Tollsgatan Sammlungen zur Seefahrt und moderne Kunst zeigt, darunter Arbeiten von Olle Bærtling (1991 – 1981) als Vertreter der konkreten Kunst und von dem Surrealisten Gösta Adrian-Nilsson (1884 – 1965), der seine Gemälde stets mit GAN signierte (www.hallmus.se).

Öffnungszeiten: Di. – So. 12.00 – 16.00, Mi. bis 20.00

Freilichtmuseum Hallandsgård

Am nördlichen Stadtrand, an der dicht von Birken bestandenen Flanke des Galgenbergs (Galgbjerget; mit Aussichtsturm), kann man im Hallandsgård **historische Holzhäuser** aus der Region, eine alte Windmühle, Flachsanbau und einen Kräutergarten besichtigen (Öffnungszeiten: Di. – So. 12.00 – 18.00, Do. bis 20.00 Uhr).

★ **Mjellby Konstgård**

In Halmstad wirkte in den 1930-Jahren eine surrealistische Künstlergruppe, der so bekannte Maler wie Axel Olson und Erik Olson angehörten. Eines ihrer bekanntesten Werke, »Picassostatyn«, steht am Ufer der Nissan. Einen Überblick über das Schaffen der **Halmstad-**

Gruppe gibt der 4 km südwestlich gelegene **Künstlerhof** Mjellby mit Skizzen, Entwürfen und Skulpturen. Auf regelmäßig wechselnden Ausstellungen lassen sich zeitgenössische Künstler entdecken (Öffnungszeiten: Di. – So. 12.00 – 17.00, Juni, Aug. ab 11.00 Uhr).

◄ www.mjellbykonstmuseum.se

Rund 8 km trennen Halmstad vom **mondänsten Strand** der »Schwedischen Riviera«, dem dünengesäumten Tylösand (www.tylosand.se; Hotel, ► S. 167). Das nordische St. Tropez ist Tummelplatz von Prominenten, die hier ihre Sommervillen haben. Tylösand ist auch Heimat des exklusivsten Golfclubs in Südschweden, dem **Halmstad Golf Club** mit zwei Weltklasseplätzen im Norden und Süden (www.hgk.se). Die viereinhalb Strandkilometer sind Bühne für Beachboys, aber auch sonniger Picknickplatz für Familien. Der Tylösandsvägen führt zum **Äventyrsland**, in dem Plastikdinos, Karussells und Rutschbahnen warten sowie 80 Modelle schwedischer Sehenswürdigkeiten im Maßstab 1 : 25 (Öffnungszeiten: 5. Juni – 23. Aug. tgl. 10.00 – 18.00, 26. Juni – 16. Aug. bis 19.00 Uhr, www.aventyrslandet.se).

** **Tylösand**

** ◄ Golfplätze

Etwas mehr Platz hat man auf der Landzunge in **Frösakull** oder **Ringenäs** an Stränden, die gerne von Familien besucht werden. Auch zwischen Vilshärad und Haverdal lässt es sich gut baden. Wer es ruhiger mag, sollte nach **Lynga** gehen, hier muss man jedoch zu Fuß durch ein Naturschutzgebiet gehen, um ans Wasser zu kommen. Richtung Süden gibt es mehrere Strände wie den Östra-Strand, gut 5 km von Halmstads Zentrum.Der **Mellbystrand** an der Laholmbucht ist mit 12 km **der längste Sandstrand Schwedens**. Die ganze, leicht geschwungene Bucht ist im Sommer ein einziges Badeparadies, das auch bei **Surfern** sehr beliebt ist.

! *Baedeker* TIPP

Let's Dance

Am Dünenstrand von Tylösand versteckt sich der angesagteste Nachtclub der schwedischen Westküste: *Leifs Lounge*, betrieben von Per Gessle, seit den 1980ern Songwriter und Sänger des legendären Pop-Duos »Roxette«, das 2009 sein Comeback feierte – und 2010 auch auf der Hochzeit von Kronprinzessin Victoria sang. Gessle ist außerdem Frontmann der populären Band »Gyllene Tider«. Das Clubmotto »Alle Wege führen nach Tylösand« gilt nicht nur für die Gäste, sondern auch für Bands: Im Juli treten sie hier abends live auf (www.leifslounge.se).

Laholm

Knapp 30 km südöstlich von Halmstad sind in den verwinkelten Gassen von Laholm vorbildlich renovierte alte Häuser erhalten. Nicht umsonst schmücken drei Lachse das Stadtwappen, denn der Lagan, der durch die Stadt fließt, ist **einer der besten Lachsflüsse** Schwedens – in guten Jahren ziehen Angeln bis zu 2000 Lachse aus dem Wasser. Damit die Fischpopulation nicht zu sehr dezimiert wird, frischt die Lachszuchtanlage den Bestand immer wieder auf.

Hallandsåsen

Südlich von Laholm erhebt sich der Höhenzug Hallandsåsen. Hier befindet sich **Schwedens südlichstes Skigebiet** mit Blick aufs Meer. Zwar sind die Verhältnisse nicht alpin, doch den Schwung von 145 m

Höhenunterschied kann man auf 1260 Pistenmetern auskosten. Die Skigebiete am Hallandsåsen werden von Malmö und Helsingborg auf der E 6 Richtung Göteborg erreicht, Abfahrt Östra Karup.

✶ Helsingborg

C 2

Landschaft: Skåne (Schonen) **Provinz:** Skåne Län
Einwohnerzahl: 91 500 **Höhe:** Meereshöhe

An der schmalsten Stelle des Öresunds mit Blick auf das dänische Helsingør ist Helsingborg der zweitgrößte Hafen Schwedens. Seine Altstadt ist zwar klein, aber durchaus charmant.

Zentrum der nördlichen Öresundregion

Aufgrund seiner strategisch wichtigen Lage war Helsingborg ständig von Dänen und Schweden umkämpft. Heute ist die lebhafte Hafen- und Industriestadt eine Hauptanlaufstelle für den schwedisch-dänischen Waren- und Personenverkehr. Erstmals schriftlich erwähnt wurde die Stadt 1085. Im Mittelalter war sie ein bedeutendes administratives Zentrum für das nördliche Skåne und militärischer Stützpunkt. Sechs Mal eroberten die Schweden Helsingborg, um es ebenso oft wieder an die Dänen zu verlieren.
Während der **Schonischen Kriege** 1675 – 1679 wurde die Stadt fast vollständig zerstört. Nur die Marienkirche und das Jacob-Hansen-Haus blieben damals verschont. Erst Magnus Stenbock schlug die Dänen 1710 entscheidend in einer der blutigsten Schlachten, die je auf schwedischem Boden stattgefunden haben. Im 18. Jh. lebten nur knapp 700 Menschen hier, und es dauerte bis zur Mitte des 19. Jh.s, bis sich Helsingborg von den Kriegsschäden erholt hatte und allmählich zum Zentrum der nördlichen Öresundregion entwickelte. Mit dem **Projekt H+** werden derzeit die südlichen Stadtteile am Hafen, die bislang durch Bahngleise zerschnitten sind, vereint, bebaut und durch den Bau des Södertunnels wieder ans Stadtzentrum angebunden. Über das Großprojekt informiert der Tänk H+ in der Gamla Tretornfabriken an der Bredgatan 11.

Sehenswertes in Helsingborg

Hamntorget

An der Nordseite des inneren Hafens am Hamntorget steht das **Seefahrtsmonument**, eine Merkur-Plastik von Carl Milles auf hoher Säule, daneben ein weiteres Denkmal, das an die Ankunft des französischen Marschalls Jean Baptiste Bernadotte nach seiner Ernennung zum schwedischen **König Karl XIV. Johann** im Jahre 1810 erinnert.

Stortorget

Dahinter erstreckt sich der **Marktplatz** mit dem repräsentativen **Hotel Mollberg**, dem vermutlich ältesten Hotel Schwedens, das 1814 neu erbaut wurde (► S. 173). An der Kreuzung mit der Strandgatan erhebt sich das neugotische **Rathaus**, ein mächtiger roter Klinkerbau mit Türmchen und Zinnen und einem 65 m hohen Turm aus dem Jahr 1897. Im Innern erzählen farbige Glasfenster Episoden aus der Stadtgeschichte. Vor dem Gebäude grüßt eine Reiterstatue von **Feldmarschall Magnus Stenbock** (1665 – 1717), der 1710 in der Schlacht bei Helsingborg den endgültigen Sieg der Schweden über die Dänen erfochten hat.

Altstadt

Hinter dem Rathaus beginnt die großteils autofreie Altstadt mit repräsentativen Jugendstil- und Fachwerkhäusern. An der Norra Storgatan Nr. 21 steht das gut restaurierte **Jakob Hansens Hus** von 1641, auf dem kleinen Platz davor erinnert seit 1927 ein Brunnendenkmal an den dänischen Astronomen **Tycho Brahe** (1546 – 1601).

Helsingborg *Orientierung*

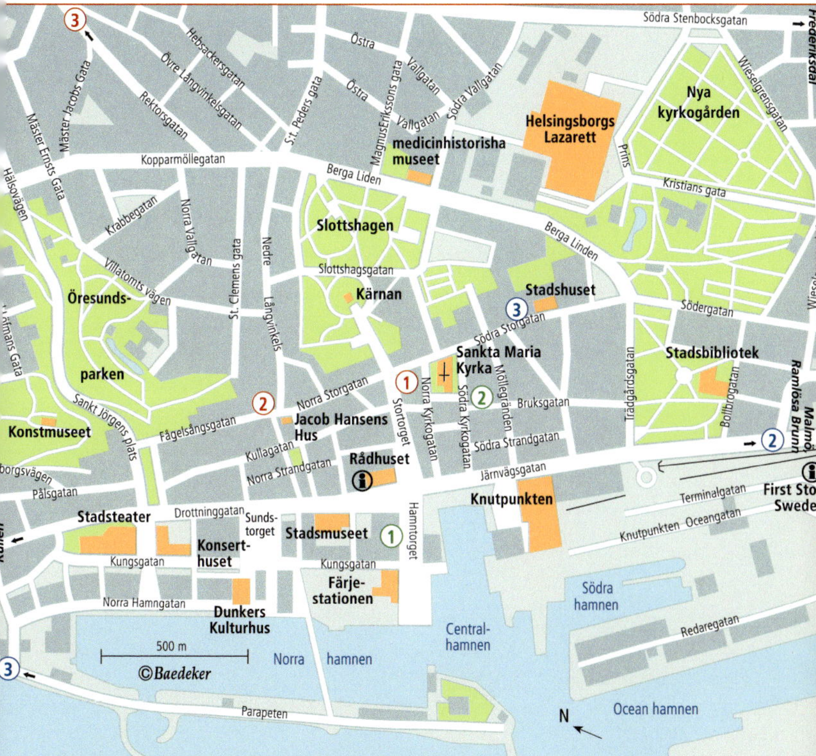

Essen
1. Gastro
2. Wallåkra Stenkärlsfabrik
3. Pålsjö Krog

Übernachten
1. Elite Hotel Mollberg
2. Hotell Viking
3. Villa Thalassa Vandrarhem

Ausgehen
1. The Tivoli
2. Tempel Nachtclub & Bar

HELSINGBORG ERLEBEN

AUSKUNFT

Helsingborgs Turistbyrå
Rådhuset, SE – 25189 Helsingborg
Tel. 042 / 10 43 50, Fax 042 / 10 43 55
www.helsingborg.se

Für Fährpassagiere
First Stop Sweden
Bredgatan 2, SE – 25225 Helsingborg
Tel. 042 / 10 41 30
www.firststopsweden.com

FÄHREN

Rund um die Uhr pendeln im 20- bis 40-Minuten-Takt die Fähren über den Öresund ins dänische Helsingør; www.scandlines.se.

SHOPPING

Das vielfältige Angebot in Helsingborg ist in erster Linie auf die Kurzurlauber aus Dänemark abgestimmt. Die größte Shoppingmeile erstreckt sich von der *Kullagatan*, der ersten Fußgängerzone Skandinaviens, mit vielen Mode- und Geschenkboutiquen in Richtung Süden. Trendige Lifestyle-Geschäfte wie »trettan« gibt es in der *Bruksgatan*, einen exotischen Markt am *Gustav Adolf Torg*. Etwas außerhalb lockt *Väla*, das mit 109 Geschäften zu den größten Einkaufszentren Skandinaviens gehört – und auch sonntags von 10.00 – 18.00 Uhr geöffnet hat (www.vala.com). Exquisites Kunsthandwerk von bekannten schonischen Designern gibt es bei Karla konsthantverk (Bruksgatan 15, www.karlakonsthantverk.se).

AUSGEHEN

① ***The Tivoli***
Hamntorget
Tel. 042 / 18 71 71, www.tivoli.nu
Im Rockklub am Nordhafen spielen angesagte Gruppen.

② ***Tempel Nachtclub & Bar***
Bruksgatan 2
Tel. 042 / 32 70 20, www.tempel.dj
Die originellste Bar der Stadt; der Nachtklub ist Fr. – So. von 23.00 bis 4.00 Uhr geöffnet.

ESSEN

► Fein & teuer

① ***Gastro***
Södra Storgatan 11-13
Tel. 042 / 24 34 70, www.gastro.nu
Die Küche von Karl Bengtsson gehört, so die schwedische Gourmetbibel »White Guide«, zu den Top Ten in Skåne.

► Erschwinglich

Baedeker-Empfehlung

② ***Wallåkra Stenkärlsfabrik – Keramik und Kulinarisches***
Drejarstigen, Wallåkra
Tel. 042 / 993 34, www.wallakra.com
Genussreich ist auch ein Besuch der Steingutfabrik Wallåkra zwischen Helsingborg und Landskrona. Dort werden nicht nur salzglasierte Krüge nach 150-jährigen Verfahren hergestellt, sondern wird im Krog auf dem Fabriksgelände auch raffiniert verfeinerte Hausmannskost mit den besten Zutaten der Region serviert.

► Preiswert

③ ***Pålsjö Krog***
Drottninggatan 151, Tel. 042 / 14 97 30
www.palsjokrog.com
Pankakor, süße oder salzige Pfannkuchen, sind die Spezialität des Hauses, aber auch der Fisch ist eine Sünde wert. Außerdem hat man einen perfekten Blick zum dänischen Hamletschloss Kronborg.

ÜBERNACHTEN

▶ Luxus

① *Elite Hotel Mollberg*
Stortorget 18
SE – 25114 Helsingborg
Tel. 042 / 37 37 00, Fax 042 / 37 37 37
www.elite.se
Das preisgekrönte, älteste Hotel Schwedens, dessen Anfänge auf das 14. Jh. zurückgehen, durfte bereits Könige, Fürsten und Barone willkommen heißen. Traditionsbewusstsein, ein Wellnessbereich mit Blick auf die Marienkirche und »Mollbergs Blend«, eine eigene Kaffeemarke, sind die Aushängeschilder.

▶ Komfortabel

② *Hotell Viking*
Fågelsångsgatan 1
SE – 25220 Helsingborg
Tel. 042 / 14 44 20
Fax 042 / 18 43 20
www.hotellviking.se, 40 Z.
Kleines, gemütliches Hotel mit familiärer Atmosphäre im Zentrum

▶ Günstig

③ *Villa Thalassa Vandrarhem*
Dag Hammarskjölds Väg
SE – 25433 Helsingborg
Tel. 042 / 38 06 60
Fax 042 / 12 87 92
www.villathalassa.com, 54 Zi.
Jugendherberge in einem Park 3 km nördl. des Zentrums am Meer mit Blick auf Schloss Kronborg. Hoher Standard zu fairen Preisen; 2- bis 6-Bett-Zimmer und Hütten.

★ **Kärnan**

Öffnungszeiten:
April, Mai, Sept. tgl. 9.00 – 16.00, Sa., So. ab 11.00, Juni – Aug. tgl. 10.00 – 18.00

Über dem weiten **Stortorget** ragt das **Wahrzeichen der Stadt** auf: der Kärnan (spr. tchärnan), ein 34 m hoher, vierkantiger Backsteinturm. Vom Platz führt seit 1903 eine breite, von zwei Türmen flankierte Freitreppe hinauf zur König-Oscar-II.-Terrasse, wo sich der alte Verteidigungsturm mit seinen bis zu 4,50 m dicken Mauern erhebt. Um 1400 bildete er den Mittelpunkt einer von Valdemar Atterdag in Auftrag gegebenen Festung, die 1680 zerstört wurde. Im Turm zeigt ein kleines **Museum** ein Modell der einstigen Burg. Von der Dachplattform reicht der Blick über die Stadt bis zum Sund nach Dänemark.

Sankta Maria Kyrka

An der Södra Storgatan, die vom Stortorget nach Süden führt, steht die gotische **Marienkirche**, ursprünglich im 13. Jh. errichtet und im 15. Jh. umgebaut (Öffnungszeiten: Mitte Juni – Mitte Aug. Mo. – Fr. 8.00 – 18.00, Sa., So. 9.00 – 18.00, sonst Mo. – Fr. 8.00 – 16.00, Sa., So. ab 9.00 Uhr, www.svenskakyrkan.se).

★ **Dunkers Kulturhus**

Öffnungszeiten:
Di. – So. 10.00 – 17.00, Do. bis 20.00

Der preisgekrönte Bau am Ufer des Öresunds wurde 2002 von dem dänische Architekten Kim Utzorn entworfen. Finanziert wurde das Kulturhaus von der Henry-Dunker-Stiftung, die ihr Vermögen aus dem Nachlass des ehemaligen Direktors der Helsingborger Gummifabrik bezieht. Henry Dunker (1870 – 1962) war einer der reichsten Männer Schwedens und starb kinderlos. Das Gebäude wird für **Wechselausstellungen, Musik- und Theatervorführungen** genutzt. Quiche, Entrecôte und Fisch stehen auf der Speisekarte von **Dunker Bar & Matsalar** (Tel. 042 / 32 29 96). Um das Kulturhaus ist ein kom-

! *Baedeker* TIPP

Schlemmen auf See

Das Restaurant auf der Scandlines-Fähre ist bei den Helsingborgern bekannt für seine gute Küche. Während eines Abendessens fährt man über den Öresund und genießt dabei abwechselnd die Aussicht auf Helsingør und Helsingborg. Empfehlenswert: die Meeresfrüchteplatte (Scandlines, Tel. 042 / 18 61 30, www.scandlines.se).

plett neuer Stadtteil direkt am Wasser entstanden, der architektonisch durchaus sehenswert ist (www.dunkerskulturhus.se).

★ **Fredriksdal**

Durch die Stenbocksgatan, die die Innenstadt im Osten begrenzt, kommt man zum **Freilichtmuseum** Fredriksdal. In der herrlichen Parkanlage stehen das klassizistische Haupthaus Fredriksdals Herregård von 1787, mehrere altschonische Bauernhäuser, historische Gebäude mit Friseursalon, Zahnarztpraxis, Uhrmacherwerkstatt und Krämerladen sowie ein Druckereimuseum. Zu den Höhepunkten im Advent gehört »Jul på Fredriksdal«. **Kunsthandwerker** aus Skåne bewerben sich Jahre im Voraus, um hier ihre Werke auszustellen. Entsprechend exquisit ist das Angebot, das in Fredriksdal gezeigt wird (Öffnungszeiten: Juni – Aug. tgl. 10.00 – 19.00, April, Mai, Sept. tgl. 10.00 – 17.00, sonst 11.00 – 16.00 Uhr, www.fredriksdal.se).

Umgebung von Helsingborg

Ramlösa Brunn

Rund 4 km südlich vom Zentrum liefern die **Mineralquellen** von Ramlösa Brunn ein im ganzen Land geschätztes Tafelwasser. Im Brunnspark wurde 1993 der Wasserpavillon eröffnet, der die über 300-jährige Kurtradition fortführt. An die Blütezeit im 19. Jh. erinnern heute noch mit Holzsägereien, großen Balkonen und Veranden geschmückte Bauten, darunter das Brunnenlazarett von 1836, die ehemalige Brunnenverwaltung »Brunskontoret« von 1829 und das 1882 eröffnete Brunnenhotel, Schwedens größtes Holzhaus.

★ **Sofiero Slott**

Öffnungszeiten: Mai – Sept. tgl. 10.00 – 16.00

www.sofiero.se

Erbaut wurde **Schloss Sofiero**, 5 km nördlich von Helsingborg, 1864 vom späteren König Oskar II. als Sommerresidenz für seine Frau Sofia. 1905 schenkte der König seinem Enkel Prinz Gustav Adolf das Schloss zur Hochzeit, dieser vermachte es 1973 der Stadt Helsingborg. Feinschmecker treffen sich im **Sofiero Palace Restaurant** im ersten Stock (Tel. 042 / 14 04 40, www.sofieroslottsrestaurang.se).

Die gepflegte Parkanlage mit uralten Bäumen ist ein beliebtes Ausflugsziel. Berühmt sind die **Rhododendren**, deren Zucht König Gustav VI. besonders am Herzen lag. Sehenswert sind aber auch die Themengärten mit Kräutern, Duftpflanzen und Obstbäumen.

✶ **Aussichtsreiche Promenade**

Der **Landborgen**, ein fossiles Kliff, entstand vor 4000 bis 7000 Jahren, als der Meeresspiegel bis zu 30 m höher war als heute. Der 8 – 40 m hohe Felsbogen zieht sich fast 9 km am Öresund entlang. Oberhalb der Felskante verläuft die Landsborgpromenade. Der aussichtsreiche Wanderweg führt vom Pålsjö Skog, einem idyllischen Wald beim Schloss von Pålsjö nördlich von Helsingborg bis zum Naturschutzgebiet Rååns Dalgång im Süden der Stadt. An der Wanderstrecke liegt mit der Raus Kyrka die älteste Kirche von Helsingborg – ihre Geschichte reicht bis ins 12. Jh. zurück.

✶ Kalmar

G 2

Landschaft: Småland
Einwohnerzahl: 59 400
Provinz: Kalmar Län
Höhe: Meereshöhe

Die bildhübsche Kleinstadt Kalmar war einst drittgrößte Stadt Schwedens und Schauplatz der Vereinigung von Dänemark, Schweden und Norwegen. Das mächtige Wasserschloss bewahrt bis heute den Glanz vergangener Zeiten.

Neuanfang auf der Insel

Wie ein riesiger Schutzwall wölbt sich die Insel Öland vor Kalmar auf. Wegen ihrer strategisch günstigen Lage stieg die heutige Provinzhauptstadt schon in der Wikingerzeit zu einem bedeutenden Handelsplatz auf. Im 11. Jh. baute Schweden die Stadt als **Seefestung** gegen Dänemark aus, Kalmar wurde Mitglied der Hanse. Im Jahr 1397 besiegelten hier Dänemark, Schweden und Norwegen unter Erich von Pommern die **Kalmarer Union**, ein gemeinsames Königreich, das bis 1523 bestand. 1647 ging das mittelalterliche Kalmar, das beim Schloss lag, bei einem Brand fast vollständig in Flammen auf. Die Stadt wurde auf der Insel Kvarnholmen wieder aufgebaut, jetzt – typisch für die Barockzeit – mit sich rechtwinklig kreuzenden Straßen. Begeistert waren die Kalmarer über den neuen Standort nicht, viele siedelten nur unter Zwang auf die Insel über.

? WUSSTEN SIE SCHON ...?

- ... dass Kalmar seit 2009 alljährlich während der Hansetage einen internationalen Umweltpreis verleiht? Der mit 100 000 SEK dotierte Preis würdigt die Leistungen von Personen, Unternehmen oder Organisationen zur Verbesserung der Ostseeumwelt (www.kalmar.se).

Sehenswertes in Kalmar

Altstadt auf Kvarnholmen

Am weiten Marktplatz **Stortorget** fallen der **Dom** und das Rathaus auf, beide in der zweiten Hälfte des 17. Jh.s nach Plänen von Nicodemus Tessin d. Ä. errichtet. Der Dom ist eines der wenigen unveränderten Gebäude aus Schwedens Großmachtzeit. Die Kreuzkirche mit vier Ecktürmen wirkt mit ihrer streng klassizistischen, zweigeschossigen Fassade eher wie ein Palast denn ein Gotteshaus. Im Inneren steht ein prachtvoller Barockaltar von 1710. 1704 von Nikodemus Tessin d. J. entworfen, zeigt er den dreieinigen Gott: Vater, Sohn und Heiliger Geist.

Auch einige Abschnitte der alten **Stadtmauer** sind erhalten geblieben. Im Bereich zwischen Stortorget und dem »Kavaljeren« genannten südlichen Stadttor verläuft die Södra Långgatan. An ihr steht das Haus des Bürgermeisters **Rosenlund** (Nr. 40), das älteste Steinhaus auf Kvarnholmen. Ebenfalls in dieser Straße zeigt das **Sjöfartsmuseum** Schiffsmodelle, Navigationsinstrumente und eine Ausstellung zur Seefahrtsgeschichte (Öffnungszeiten: Mitte Juni – Mitte Sept. tgl. 11.00 – 16.00, sonst So. 12.00 – 16.00 Uhr).

Südlich vom Stortorget gruppieren sich um den **Lillatorget** der alte Bischofshof, der Bürgermeisterhof und die Provinzverwaltung. Die vom Stortorget nach Südwesten ziehende Storgatan führt zum Larmtorget, auf dem ein Brunnendenkmal von 1928 an **Gustav Wasa** erinnert, der am 31. Mai 1520 südwestlich von Kalmar bei Stensö landete. An der Westseite des Larmtorget ziert eine Neorenaissance-Fassade das Theater von 1863.

★★ Kalmar Läns Museum

Fast alles dreht sich im Provinzmuseum östlich vom Stortorget um ein gesunkenes Kriegsschiff und seinen Goldschatz: 1679 sank die **»Kronan«** vor Kalmar, doch erst 300 Jahre nach ihrem tragischen Untergang entdeckte Anders Franzén, der schon die »Vasa« im Hafen von ► Stockholm gehoben hatte, das Schiffswrack in 27 m Tiefe.

Kalmar Orientierung

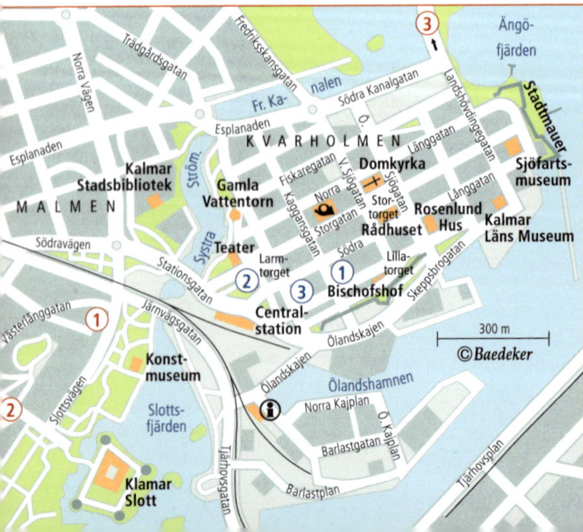

Essen
1. Källaren Kronan
2. Ernesto Salonger
3. Restaurang Larmgatan 10

Übernachten
1. Slottshotellet
2. Kaptensvillan
3. Kalmar Lågprishotell Svanen

KALMAR ERLEBEN

AUSKUNFT

Kalmar Turistbyrå
Ölandskajen 9
SE – 39120 Kalmar
Tel. 04 80 / 41 77 00
Fax 04 80 / 41 77 20
www.kalmar.se

ESSEN

► Erschwinglich

① *Källaren Kronan*
Ölandsgatan 7
Tel. 04 80 / 41 14 00
www.kallarenkronan.com
Gemütliche Schenke im Gewölbekeller eines der ältesten Steinhäuser der Stadt. Wer nicht nur das Ambiente, sondern auch das Essen von einst liebt, wähle das Menü aus dem Jahr 1660.

► Preiswert

② *Ernesto Salonger*
Larmtorget 4
Tel. 04 80 / 200 50
Pizzeria mit Bar – die Cocktails sind lecker!

③ *Restaurang Larmgatan 10*
Södra Långgatan 6
Tel. 04 80 / 865 25
www.larmgatan10.se
Preisgünstige Sommermenüs

ÜBERNACHTEN

► Luxus

① *Slottshotellet, Romantik Hotel*
Slottsvägen 7
SE – 39233 Kalmar
Tel. 04 80 / 882 60, Fax 04 80 / 882 66
www.slottshotellet.se, 44 Z.
Zentral neben Schloss und Park im ältesten Stadtteil Kalmars. Größtenteils klassisch eingerichtete Zimmer mit antikem Mobiliar und Kristallkronleuchtern.

► Komfortabel

② *Kaptensvillan*
Söderportsgatan 7
SE – 39233 Kalmar
Tel. 04 80 / 195 80
www.kaptensvillan.se, 3 Zi.
Als Kapitän Isaksson 1912 seine Villa erbaute, wünschte er sich, dass sein Haus stets voller Gäste sei – Göta-Kanal-Kapitän Håkansson und seine Frau haben ihm diesen Wunsch mit einem gemütlichen B & B erfüllt.

► Günstig

③ *Kalmar Lågprishotell Svanen*
Rappegatan 1
SE – 39230 Kalmar
Tel. 04 80 / 255 60, Fax 04 80 / 882 93
www.hotellsvanen.se
Low-Budget-Hotel (39 Z.) und Jugendherberge (21. Z.), 1 km nördl. vom Zentrum in Ängo; einfache und saubere Zimmer

SHOPPING

Wichtigste Einkaufsmeile in Kalmar ist die *Kaggensgatan*. Direkt neben dem Jachthafen liegt das Einkaufszentrum *Baronen*. 2006 eröffnete das *IKEA*-Wohnwarenhaus.

Baedeker-Empfehlung

Bei den Glaskünstlern
Das Stadttor Västerport war bis 1870 die Hauptzufahrt zur Stadt auf dem Kvarnholmen. Seit 1997 beherbergt es die Västerport Krukmakeri und Westholms Glasstudio (www.glashyttan.net). Hier können Sie Töpfern und Glasbläsern bei der Arbeit zuschauen und Kunsthandwerk einkaufen (Öffnungszeiten: Mo. – Fr. 10.00 – 18.00, Sa. 10.00 – 15.00 Uhr).

Zu Stein gewordene Großmachtzeit: das wuchtige Wasserschloss von Kalmar

Öffnungszeiten: Juni – Aug. tgl. 10.00 – 18.00, sonst Di. – Fr. 10.00 – 16.00, Sa., So. ab 11.00

Mehr als 20 000 Gegenstände wurden seither aus der »Kronan« geborgen. Einen Teil zeigt das Museum, darunter Kanonen, kunstvoll gefertigte Musikinstrumente, Schmuck, Kleidung und persönliche Gegenstände der Besatzung und den 1982 geborgenen **Goldschatz**, mit 255 Dukaten der größte Fund in Schweden. In »Sahlins Conditori«, einem stimmungsvollen Jahrhundertwendecafé, kann man bei Kaffee und selbst gebackenem Kuchen die Vergangenheit wieder aufleben lassen (www.kalmarlansmuseum.se).

★ **Kalmar Slott**

Von Wassergräben umgeben ist das wuchtige **mittelalterliche Schloss** von Kalmar. Die ersten Teile des fünftürmigen Baus sind bereits gegen Ende des 11. Jh.s entstanden. Von 1307 bis zum Beginn des Kriegs gegen Dänemark 1611 konnte die Festung insgesamt **24 Belagerungen** standhalten. Ihr heutiges Aussehen mit den wuchtigen Ecktürmen erhielt sie im 16. Jh., als die Wasakönige Gustav, Erik XIV. und Johan III. die mittelalterliche Burg zu einem Renaissancepalast umbauten. Nach 1677 verfiel das Schloss zusehends, war mal Schnapsbrennerei, mal Gefängnis, bis es Mitte des 19. Jh.s. Stück für Stück restauriert wurde.

★★ Gemach König Eriks ▶

Höhepunkt der Schlossbesichtigung ist das Gemach König Eriks, das reich mit exzellenter **Intarsienvertäfelung** und zahlreichen Wandgemälden ausgeschmückt ist. Eindrucksvoll sind aber auch der Goldene Saal mit seiner geschnitzten Kassettendecke und der Grüne Saal. Im Südflügel befindet sich die **Schlosskirche** von 1569, deren Wände lückenlos mit ornamentaler Malerei und Bibelsprüchen bedeckt sind. Ende Juli/Anfang August begeistern die **Kalmarer Renaissancetage** mit Markt und Ritterspielen (Öffnungszeiten: Jan. – März, Nov., Dez.

zweites Wochenende im Monat 11.00 – 15.30, April, Okt. Sa., So. 11.00 – 15.30, Mai, Juni, Sept. tgl. 10.00 – 16.00, Juli bis 18.00, Aug. bis 17.00 Uhr, www.kalmarslott.kalmar.se).

★ Konstmuseum

Das Kunstmuseum, das seit 2008 in dem streng-klaren Kubus von Bolle Tham und Martin Videgård Hansson im Stadtpark sein neues Domizil hat, zeigt **schwedische Kunst des 19. und 20. Jh.s.** Neben Werken von Siri Derkert, Per Ekström, Axel Kargel, Carl Larsson, Evert Lundquist, Arthur Percy und Anders Zorn ist auch kontinentaleuropäische Kunst bis zur Gegenwart vertreten. Die Design-Galerie dokumentiert anschaulich die Geschichte des schwedischen Designs vom 20. Jh. bis heute (www.kalmarkonstmuseum.se).

Öffnungszeiten: tgl. 11.00 – 17.00, Do. bis 20.00

Krusenstierska Gården

Nur 200 m trennen das gut erhaltene und vollständig eingerichtete **Bürgerhaus aus dem 19. Jh.** vom Schloss. Im Sommer gibt es Führungen durch das Anwesen, den Garten kann man auf eigene Faust besichtigen oder auch das Café besuchen (Öffnungszeiten Garten: Mai – Aug. Mo. – Fr. 11.00 – 18.00, Sa., So. 12.00 – 17.00 Uhr; Museum: Mo. – Fr. 10.00 – 18.00 Uhr).

Stensö

Die Halbinsel Stensö 3 km südlich vom Zentrum ist mit Freibad und Trimm-dich-Pfad, Minigolf und abwechslungsreicher Natur ein beliebtes Ausflugsziel. An der Spitze von Stensö markiert der Wasastein die Stelle, an der **Gustav Wasa** nach seiner Flucht aus Lübeck 1520 an Land ging.

★ Ölandbrücke

Die 1972 eröffnete Ölandbrücke, mit 6072 m eine der längsten Brücken Europas, verbindet den Stadtbereich mit der östlich vorgelagerten Insel ►Öland. Bei der Fahrt über die Brücke genießt man herrliche Ausblicke zu beiden Seiten. Radfahrer müssen den wie die Brücke kostenlosen **Cykelbuss** nehmen, der von 7.00 bis 19.00 Uhr jede halbe Stunde von Öland und jede volle Stunde von Kalmar abfährt.

★ ★ Karlskrona

F 2

Landschaft: Blekinge
Einwohnerzahl: 61 400

Provinz: Blekinge Län
Höhe: Meereshöhe

Ein ganzer Schwarm Schäreninseln schützt Karlskrona zur See hin. Schwedens einzige Barockstadt verteilt sich auf 33 Inseln, die durch Brücken miteinander verbunden sind. Der Marinehafen gehört heute zum UNESCO-Weltkulturerbe.

Marinestützpunkt

Karlskrona wurde 1679 von Karl XI. als Flottenhauptquartier angelegt, da die schwedische Marine dringend einen eisfreien Hafen benötigte. Im 18. Jh. wuchs der Stützpunkt zu einer der bedeutendsten

Städte Schwedens heran, die 1790 durch einen verheerenden Brand weitgehend zerstört wurde. Trotzdem zeugen noch viele Straßen und Gebäude von der Großmachtzeit Schwedens. Heute hat Karlskrona als Marinestützpunkt, Sitz einer Marineakademie und Standort der IT-Branche Bedeutung. Die traditionsreiche Werftindustrie lebt von Kockums, seit 2005 Teil der ThyssenKrupp Marine Systems AG (TKMS), das U-Boote und andere Marineschiffe produziert. Der Marinehafen mit seinen Verteidigungsanlagen, Docks und Kasernen ist seit 1998 **UNESCO-Weltkulturerbe**.

Sehenswertes in Karlskrona

Stortorget

Der monumentale Hauptplatz der Stadt liegt auf der Altstadtinsel Trossö. In der Mitte grüßt die Statue des Stadtgründers Karls XI. Begrenzt wird der Platz von der 1802 vollendeten **Dreifaltigkeitskirche** mit mächtiger Kuppel und von der barocken **Frederikskirche** von 1744, beide von Nicodemus Tessin d. J. entworfen. Das Ensemble repräsentativer Bauten vervollständigt das Rathaus aus dem 18. Jahrhundert. Am Fischmarkt zeigt das **Blekinge Museum** kulturhistorische Exponate (Öffnungszeiten: Mitte Juni – Mitte Aug. tgl. 10.00 bis 18.00, sonst Di. – So. 12.00 – 17.00, www. blekingemuseum.se).

Admiralitets-kyrka

Weiter östlich, am Rand des Marinestützpunkts, steht die dunkelrote **Admiralitätskirche** von 1685. Interessant ist ihr hoher Zentralraum

Karlskrona Orientierung

KARLSKRONA ERLEBEN

AUSKUNFT

Turistbyrå
Stortorget 2, SE – 37134 Karlskrona
Tel. 04 55 / 30 34 90
Fax 04 55 / 30 34 94
www.karlskrona.se

ÜBERNACHTEN

► Komfortabel

① *First Hotel Statt*
Ronnebygatan 37-39
SE – 37133 Karlskrona
Tel. 04 55 / 555 50, Fax 04 55 / 169 09
www.firsthotels.com, 107 Z.
Charmante Nobelherberge aus der Zeit um 1900 im Herzen der Stadt. Feinschmeckerbistro, mehr als 200 Whiskysorten im Fox & Anchor Pub und Abtanzen im Statt Nightclub bis 3.00 Uhr früh.

► Günstig

② *A-Hotel Bed & Breakfast*
Alamedan 10
SE – 37131 Karlskrona
Tel. 04 55 / 30 02 50
Fax 04 55 / 30 02 50
www.ahotel.se
Gemütliches Hotel nahe Marinemuseum und Bahnhof. Moderne Zimmer, auch größere Apartments und Familienzimmer vorhanden.

ESSEN

► Erschwinglich

Baedeker-Empfehlung

① *2 Rum och Kök*
Södra Smedjegatan 3
Tel. 04 55 / 104 22
www.2rok.se
Norrlänsk-Reh mit Rösti und roten Zwiebeln oder Heilbutt in Weißweinsauce mit Meerrettich und frischem Spargel – Kristoffer Ljungberg kocht fantastisch.

► Preiswert

② *Lennarths Konditori*
Norra Kungsgatan 3
Tel. 04 55 / 31 32 32
Traditionsreiches Bäckerei-Café mit unwiderstehlichem Kuchen – im Sommer schmeckt er draußen am kleinen Springbrunnen.

③ *Porslinan*
Östra Hamngatan
Tel. 04 55 / 169 22
Hier trifft sich die Jugend der Stadt zum Essen, Trinken und Musikhören. Oft treten regionale Bands auf.

mit offener Balkenkonstruktion und die in Blau und Grau gehaltene Kuppel. Vor der Kirche steht der **»Alte Rosenbohm«**, eine originelle, oft fotografierte Holzfigur, die aus Selma Lagerlöfs Buch »Die wunderbare Reise des kleinen Nils Holgersson mit den Wildgänsen« bekannt ist. Nach einer Legende erfror der arme ehemalige Gefreite Matts Rosenbohm in der Neujahrsnacht 1717 vor der Admiralitätskirche. Er wurde am Morgen mit ausgestreckter Hand, den Hut tief über die Ohren gezogen und mit dem Bettlersack auf dem Rücken gefunden. Im Gedenken an ihn hat die Holzfigur einen Hut, den man hochhebt, um eine Münze in die Armenbüchse zu werfen.

Marinmuseum ★★

Das **Marinemuseum** existiert bereits seit 1752, das erklärt die umfangreiche Sammlung, die ihresgleichen sucht. 1997 zog das Museum auf die Insel Stumholmen um. Auch architektonisch wurde damit ein außergewöhnlicher Akzent gesetzt: Das 140 m lange, moderne Hauptgebäude ruht teilweise auf Pfählen im Wasser. In diesem Bau ist nun sogar Platz für die Rekonstruktion des Kanonendecks der **»Dristigheten«** im Maßstab 1:1. Auf dem Deck geht es turbulent zu, denn es werden Szenen einer Seeschlacht dargestellt. Darüber hinaus zeigt das Museum Waffen und nautisches Gerät, viele Schiffsmodelle, Navigations- und Kommunikationstechnik sowie eine fantastische Sammlung von **Gallionsfiguren**. Ein verglaster Unterwassertunnel gewährt einen Blick auf den Grund der Ostsee und ein Wrack aus dem 18. Jh. (Öffnungszeiten: Juni – Aug. tgl. 10.00 – 18.00, sonst Di. – So. 11.00 – 17.00, deutschsprachige Führungen Juli, Aug. tgl. 12.00, www.marinmuseum.se).

Kungsholm-Fort

Das Kungsholm-Fort ist eine der alten Befestigungen an der südlichen Einfahrt nach Karlskrona, deren Anfänge bis ins Jahr 1680 zurückgehen. Da das Fort immer noch vom Militär genutzt wird, ist eine Besichtigung nur im Rahmen von **Führungen** möglich – bei der 10.00-Uhr-Tour darf werktags zu Mittag im Fort ein selbst mitgebrachtes Picknick verzehrt werden (Start am Fisktorg, Mitte Juni – Aug. tgl. 10.00 – 14.15, im Juli auch Di., Do., Sa. 15.00 – 18.30 Uhr, Personalausweis erforderlich, Buchung im Touristenbüro).

Umgebung von Karlskrona

Blekinge

Erst 1658 kam die historische Provinz Blekinge zu Schweden, vorher gehörte sie zum dänischen Königreich. Blekinge ist nur rund 100 km lang und erstreckt sich von Sölvesborg mit der Halbinsel Listerland bis Kristianopel. Trotz ihrer für schwedische Verhältnisse bescheide-

! *Baedeker* TIPP

Fotoshooting

In dem10 km² großen Wildreservat Eriksberg, das auf halber Strecke zwischen Karlshamn und Ronneby liegt, stehen die Chancen gut, ein Elchfoto zu schießen. Hier kann man auch heimische Damhirsche, Wildschweine, Mufflons, Wisente und Steinadler in ihrem natürlichen Lebensraum beobachten Auf dem 400 Jahre alten Gutshof gibt es ein Café, ein Museum und einen Laden mit hauseigenen Wildspezialitäten (Öffnungszeiten: 5. Juni – 28. Aug. 12.00 – 20.00, letzter Einlass 19.00 Uhr, www.eriksberg.nu).

nen Größe ist sie landschaftlich abwechslungsreich, wobei die Spuren der letzten Eiszeit noch deutlich auszumachen sind.

★ ◄ Schwedens südlichster Schärengarten

Vor der Küste entpuppt sich das Blekinge-Archipel in der **Hanöbucht** als unbekannte Perle. Auch Schwedens südlichster Schärengarten ist ein Postkartenidyll und **Seglerparadies** mit winzigen Inselchen, kahlen Felsen, stillen Buchten, teils aber auch bewohnten größeren Inseln. Unser Tipp: die Wassersportinsel **Tjärö** mit Kro, Sauna und schönen Liegeplätzen vor Anker, an Felshaken oder Anlegestegen. Der westliche Schärengarten wird mit Linienbooten von Karlshamn erschlossen, die die Inseln Tärnö, Joggesö, Tjärö und Guövik ansteuern. Ausflüge in die östlichen Schären unternimmt man am besten mit den Booten, die vom Fisketorg in Karlskrona starten.

Ronneby

Eine 1705 entdeckte eisenhaltige Quelle machte im 19. Jh. aus dem verschlafenen Dorf Ronneby einen gefragten Kurort. Die **Heiligkreuzkirche** stammt aus dem 11. Jh., bei Renovierungsarbeiten wurden Wandgemälde aus dem 15./16. Jh. freigelegt. Ein makaberes Andenken ist eine Türe mit Axthieben. Sie erinnert an die Zeit, als Ronneby noch dänisch war und schwedische Eroberer 1564 ein Blutbad unter den in die Kirche geflüchteten Einwohnern angerichtet hatten. Der benachbarte Stadtteil Bergslagen besticht durch farbenfrohe Häuser und das Heimatmuseum Möllebackgården.

Karlshamn

Von Karlshamn aus stachen im 19.Jh. zahlreiche schwedische Auswanderer in See, auf dem Weg in eine ungewisse Zukunft in Amerika. Das **Emigrantendenkmal** im Hamnpark erinnert an diese Zeit. In der Altstadt stehen Holzhäuser aus dem 17. und 18. Jh., darunter das 1682 als Rathaus errichtete Asschierska Huset und der Skottsbergska Gården, ein gut erhaltener Kaufmannshof. An der Drottninggatan birgt das **Kulturkvarter** eine historische Druckerei und die Kunsthalle. Hier hat auch das **Punschmuseum** seinen Sitz. Es bewahrt die Original-Produktionsräume aus den wilden Zeiten auf, als Karlshamn noch eine Schnapsbrennermetropole war und viel Geld mit »Carlshamns Flaggpunsch« verdient wurde (Öffnungszeiten: Juni – Aug. Di. – So. 13.00 – 17.00, sonst Mo. – Fr. 13.00 – 16.00 Uhr, www.karlshamnsmuseum.se).

? WUSSTEN SIE SCHON …?

- … dass in Schweden einst Tabak angebaut wurde? Dieser wurde im 18. Jh. in Karlshamn, das später wegen seiner Punschfabrik als Sündenbabel verschrien war, in 40 Fabriken zu »snus«, also Kautabak, und Zigarren verarbeitet.

◄ Kreativum

An mehr als 100 verschiedenen Stationen des **Entdeckerzentrums**, das in der ehemaligen Baumwollspinnerei Strömma untergebracht ist, können Jung und Alt Naturwissenschaften und Technik spielerisch erleben. Wem das nicht genügt, kann im »Kreanova« vorbeischauen, Südschwedens einzigem **Mega-Dome-Kino** (Öffnungszeiten: Mitte Juni – Mitte Aug. tgl. 10.00 – 17.00, sonst Fr. – So. 11.00 – 16.00 Uhr, www.kreativum.se).

Sölvesborg Die kleinste Stadt in Blekinge ist das an der Grenze nach Skåne gelegene Sölvesborg, das man westlich von Karlshamn erreicht. Die östlich angrenzende **Listerland**-Halbinsel mit malerischen Fischerdörfern und Badeplätzen wie Sandviken und Hällevik ist größtenteils völlig eben und ideal zum Radfahren. Zur sagenumwobenen Insel **Hanö** schippert ab Nogersund eine Fähre.

Sölvesborg, das sich mit schmalen Straßen und kleinen Häusern seinen altertümlichen Charme bewahrt hat, ist alljährlich Anfang Juni Austragungsort des **Sweden Rock Festival**, bei dem legendäre Gruppen wie ZZ Top, Heaven & Hell, Amon Amarth, Dream Theater, Volbeat und Motörhead auftreten (www.swedenrock.com). Sehenswert sind außerdem die Stadtkirche St. Nicolai wegen ihrer Backsteingotik aus dem 14. Jh. und Kalkmalereien des 15. Jh.s, der runenbedeckte Stentoftesten und die Ruine des Schlosses, auf dem sich 1402 während der Kalmarer Union die dänische Königin Margarete I und König Erik von Pommern 1402 in Begleitung von zwölf Ratsherren getroffen hatten. Wanderer können Blekinge auf dem rund 240 km langen **Blekingeleden** erkunden, der in 15 Etappen von Sölvesborg nach Kristianopel führt.

> **! *Baedeker* TIPP**
>
> **Schippern, radeln, feiern**
>
> Vom Fisketorg (Fischmarkt) in Karlskrona starten Bootsausflüge in die östlichen Schären. Blekinge eignet sich hervorragend für Radtouren, eine Zusammenstellung der schönsten Touren ist in den Touristenbüros erhältlich. Mitte Juli findet in Karlshamn das Ostseefestival statt.

★ Kristianstad

E 2

Landschaft: Skåne (Schonen) **Provinz:** Skåne Län
Einwohnerzahl: 75 000 **Höhe:** Meereshöhe

Die außergewöhnliche Dreifaltigkeitskirche erinnert daran, dass Kristianstad die erste skandinavische Stadt war, die nach den Idealen der Renaissance angelegt wurde. Man kann hier gut einkaufen, am Strand entspannen oder die nahe Aalküste entdecken, die alljährlich zu Ehren des Fisches ein großes kulinarisches Fest feiert.

Typische Renaissancestadt Als Skåne noch Zankapfel zwischen den Dänen und Schweden war, ließ **Dänenkönig Christian IV.** auf den Ruinen der alten Stadt Vä, die die Truppen Gustav Adolfs II. nach einem Kriegszug niedergebrannt hatten, 1614 eine Stadt im Stil der Renaissance anlegen, die seinen Namen tragen sollte: gerade Straßen, gezackt verlaufende Festungswälle, dazu einen Stora Torg als Paradeplatz. Als Marktplatz diente der Lilla Torg, wo ringsum Handwerker und Händler wohnten. Der Diabas für die schwarzen Skulpturen, die auf einigen Plätzen zu bewundern sind, wird nördlich der Stadt gebrochen.

KRISTIANSTAD ERLEBEN

AUSKUNFT

Kristianstad Turistbyrå
Stora Torg, SE – 29180 Kristianstad
Tel. 044 / 13 53 35, Fax 044 /12 08 98
www.kristianstad.se

AUSFLÜGE UND EVENTS

Im Sommer fährt vom Südbahnhof aus ein historischer Dampfzug zum Strand nach Åhus. Im Juli werden die *Christianstadstage* in Form eines zehntägigen Volksfestes gefeiert. Im Herbst dreht sich während der »*Ålagille*« alles um den Aal, ►Baedeker Tipp S. 188.

ESSEN

► Erschwinglich

Restaurang Patrick Tribo
Västra Boulevarden 15
Tel. 044 / 10 91 91
Restaurant, Weinkeller und Cocktailbar im Hotel Christian IV. mit hervorragender Küche

► Preiswert

Kippars Källare
Östra Storgatan 9
Tel. 044 / 10 62 00
www.kippers.se
Uriges Kellerrestaurant in einem Gewölbe aus dem 17. Jahrhundert

ÜBERNACHTEN

► Luxus

First Hotel Christian IV.
Västra Boulevarden 15
SE – 29131 Kristianstad
Tel. 044 / 20 38 50
Fax 044 / 12 41 40
www.firsthotels.com, 86 Z.
Der elegante Hotelpalast im Herzen der Stadt befindet sich in einem ehemaligen Gebäude der »New Savings Bank« von 1901. Im 6 m hohen Dinnersaal speist man edel unter Kristallleuchtern.

Tomarp Gårdshotell
Helmershusvägen 218
SE – 29194 Kristianstad
Tel. 044 / 931 18, Fax 044 / 931 14
www.tomarp.gardshotell.com, 20 Z.
Wunderschön gelegenes Anwesen am Westufer des Sees Råbellövssjö, 15 km nordöstlich von Kristianstad. Wer Ruhe und Frieden sucht, findet hier sein Paradies. Champagner und Trüffel gehören zum exquisiten 7-Gänge-Abendessen.

Sehenswertes in Kristianstad

Stora Torg

Am **Marktplatz** schmückt das 1891 erbaute Rathaus in der mittleren Giebelwand eine Statue Christians IV. Auch das Freimaurerhaus und das Bürgermeisterhaus, welches 1640 gebaut wurde und um 1800 seine jetzige Gestalt erhielt, verdienen Beachtung. Das Stora Kronohus, ein weißer Empire-Bau aus dem 19. Jh., der einst Remise für die Pferde Christians IV. war, dient seit 1957 als **Regionalmuseum**, zu dem auch ein Zentrum für zeitgenössische Kunst gehört (Öffnungszeiten: Juni – Aug. tgl. 11.00 – 17.00, sonst Di. – So. 12.00 – 17.00 Uhr, www.regionmuseet.m.se).

Filmmuseet An der Östra Storgatan 53 zeigt das Filmmuseum in den Räumen des ersten schwedischen Filmateliers inmitten der Kulisse für den Film »Järnbäranen« (1910) alte Kameras und historische Stummfilme (Öffnungszeiten: Juni – Aug. Di. – Fr. 13.00 – 18.00, So. 12.00 bis 17.00, sonst So. 12.00 – 17.00 Uhr).

Järnvägsmuseum Im Südbahnhof an der Västra Storgatan 74 wurde 2010 das Eisenbahnmuseum neu gestaltet. Schmuckstück der Sammlung ist die Lok S81646, die mehrmals im Jahr auf den alten Schienen der Bäderbahn, die bis 1960 in Betrieb war, nach Åhus schnauft (Öffnungszeiten: Di. – So. 12.00 – 17.00 Uhr, www.regionmuseet.m.se).

✶ **Trefaldighetskyrka** Gegenüber vom Bahnhof steht die 1617 – 1628 aus Backstein errichtete dreischiffige **Dreifaltigkeitskirche**, eine der größten Renaissancekirchen Nordeuropas. Schlanke, achtkantige Granitpfeiler tragen das Hauptschiff. Renaissance-Altar und -Kanzel sind aus hellem und dunklem Marmor, in den Wänden und im Fußboden sind gut erhaltene Grabplatten eingelassen.

Tivolipark Jenseits der Bahngleise säumt der Tivolipark den Helge-Fluss. In der weitläufigen, von einem dänischen Gartenarchitekten gestalteten Anlage gibt es ein **Jugendstiltheater** von 1906, Spielplätze, exotische Bäume, Vogelteiche und ein kleines Café.

Perlen der Aal-Küste: die herrlichen Sandstrände in der Hanöbucht

Umgebung von Kristianstad

Wenn im Frühjahr die **Kraniche** ins »Wasserreich Kristianstad« zurückkehren, ist dies ein unvergesslicher Anblick. Doch auch für **Seeadler, Wildgänse, Störche** und viele andere bedrohte Tier- und Pflanzenarten ist das Ramsargebiet rund um den kleinen Fluss Helgeån mit seinen Seen, Altwässern und Strandwiesen ein wichtiges Refugium. Nur 300 m vom Bahnhof Kristianstad beginnt das **UNESCO-Biosphärenreservat**. Damit man die Tiere beobachten kann, ohne sie zu stören, wurde das Wasserreich zu einem **Ökomuseum** mit 20 Besuchsplätzen, befestigten Pfaden und Beobachtungstürmen umgestaltet. Das kleine Freilichtmuseum Kanalhuset informiert über die Gegend. Hier beginnt auch die **Linnérundan**, ein 7 km langer, teilweise mit Stegen befestigter Wanderweg, der seinen Namen vom schwedischen Botaniker Carl von Linné erhielt, der 1749 das Feuchtgebiet besuchte. Ein Erlebnis sind die Bootsfahrten, Naturführungen, Adler- und Angelsafaris durch das Wasserreich, die Naturens Bästa (www.flodbaten.se) und Landskapet JO (www.landskapet.se) von Mai bis September anbieten.

★★ **Kristianstads Vattenrike**

◄ www.vattenriket.kristianstad.se

Rund 26 km nordwestlich von Kristianstad (Straße Nr. 21) wurde bei Ignaberga jahrhundertelang unterirdisch Kalkstein abgebaut. Davon zeugen die Tykarpsgrotten, ein 20 000 m² großes, faszinie-rendes **Höhlenlabyrinth** in 10 bis 12 m Tiefe. Beim Besuch die warme Jacke nicht vergessen, denn in der Grotte herrschen das ganze Jahr hindurch nur 8° Celsius (Öffnungszeiten: 10. Mai – 30. Juni 10.00 bis 17.00, 1. Juli – 20. Aug. bis 18.00, 21. Aug. – 20. Sept. So. 12.00 bis 17.00 Uhr, www.tykarpsgrottan.se).

Tykarpsgrotten

Ein Abstecher führt 40 km westlich von Kristianstad bei Hässleholm zu einem **Schloss am Finjasee**. 1678 wurden Teile des Schlosses von Freiheitskämpfern, den »Schnapphähnen«, niedergebrannt. Später wurde es von Jens Mikkelsen wieder aufgebaut. Wer will, kann sich im Schlosscafé einen Picknickkorb für den wundervollen Park richten lassen (Öffnungszeiten: Mitte Juni – Mitte Aug. tgl. 10.00 bis 17.00 Uhr, Park ganzjährig, www.hassleholm.se/hovdalaslott).

Hovdala Slott

Die **Holzspielzeuge** von BRIO sind ein Klassiker. Gegründet wurde BRIO von den drei Söhnen des Spankorbmachers Ivar Bengtsson aus Osby. 1930 brannten sie zum ersten Mal in einen kleinen Holzlastwagen ihr weltbekanntes Markenzeichen ein: Bröderna Ivarsson, Osby (Gebrüder Ivarsson, Osby), kurz BRIO. Seit 1950 begeistert die BRIO-Bahn Kinder in aller Welt. An die Entwicklung des Spielzeugs im Laufe der Jahrhunderte erinnert am Firmensitz das BRIO Lekoseum. In diesem **Spielzeugmuseum** dürfen Besucher nicht nur schauen und staunen, sondern auch spielen: mit Puppenhäusern und Eisenbahnen, traditionellen Brettspielen und hochmodernen Computer Games. Ein Highlight ist für viele der Barbie-Saal mit vielen

★ **BRIO Lekoseum**

◄ www.brio.net

Barbies ab den 1960er-Jahren (Öffnungszeiten: Mitte Juni – Mitte Aug. tgl. 10.00 – 17.00, Mai – Mitte Juni, Mitte Aug. – Sept. Di. bis Sa. 12.00 – 18.00, Okt. – Dez. So. 12.00 – 16.00 Uhr).

Vittskövle Slott

Das vierflügelige **Wasserschloss** zwischen Degeberga und Åhus wurde um 1550 von dem Dänen Jens Axelsen Brahe erbaut. Es ist mit seinen Wallgräben und Parkanlagen eines der schönsten **Renaissancegebäude** Schonens, das auch Selma Lagerlöf im dritten Kapitel ihres Romans »Die wunderbare Reise des kleinen Nils Holgersson mit den Wildgänsen« beschrieben hat. Besucher können leider nur einen Blick aus der Ferne auf das private Domizil der Familie Stjernswärd werfen, das nicht öffentlich zugänglich ist.

Knapp 20 km auf der Landstraße 118 trennen Kristianstad von dem Küstenstädtchen **Åhus** mit hübschen Häuschen und schmalen, gewundenen Gassen. Im Sommer tummeln sich hinter den Dünen an den kilometerlangen Sandstränden die Badegäste. Auf dem traditionsreichen 36-Loch-**Golfplatz** treffen sich Golfer aus aller Welt. Seit mehr als 100 Jahren ist Åhus die Heimat des **Absolut Vodka**. Mehr als eine halbe Million Flaschen der weltbekannten Spirituose werden hier täglich abgefüllt. Im Sommer öffnet die Brennerei an einigen Tagen ihre Tore für Besucher (www.absolut.com).

! *Baedeker* TIPP

Aal satt

Im Spätsommer und Herbst, wenn die ausgewachsenen Aale ihre Wanderung zur Saragossasee beginnen, schlägt an der »Aalküste« südlich von Åhus die große Stunde der Aalfischer. Dann kommt Leben in die Fischerhütten, und die Reusen sind prall gefüllt mit den fetten, sehr beliebten Speisefischen. Dann wird in den Aalhütten entlang der Strände »Ålagille« gefeiert. Bei Kerzenschein serviert man hier Gerichte mit unterschiedlich zubereitetem Aal, singt Trinklieder und erzählt Geschichten.

★★ Kullaberg (Kullen-Halbinsel)

C 2

Landschaft: Skåne (Schonen)
Einwohnerzahl: 23 900
Provinz: Skåne Län
Höhe: 0 – 187 m ü.d.M.

Zerklüftete Klippen, lange Sandstrände, anmutige Orte, Töpferkunst und Gourmetküche: Die Kullaberg-Halbinsel im Nordwesten von Schonen gehört zu den schönsten Ecken der Öresundregion.

»Sündenbabel« an der Gneisküste

Den Berlinern war der **»Kullen«** einst bestens bekannt: Von 1910 bis zum Ausbruch des Zweiten Weltkriegs verkehrte im Sommer ein Direktzug von der deutschen Hauptstadt bis nach **Mölle**, von wo die Badelustigen den kurzen Spaziergang nach Ransvik machten, um stärkende Meerbäder zu nehmen. Das Ungeheuerliche dabei: Männer und Frauen badeten gemeinsam in den Fluten – welch ein Skandal!

KULLABERG ERLEBEN

AUSKUNFT

Kullabergs Naturreservat
Blåkullavägen 6, SE – 26042 Mölle
Tel. 042 / 34 72 01, http://k.inventit.dk

Höganäs Turistbyrå
Stadshuset; Centralgatan 20
SE – 26382 Höganäs
Tel. 042 / 33 77 74, www.hoganas.se

Ängelholms Turistbyrå
Stortorget, SE – 26232 Ängelholm
Tel. 043 / 18 21 30
www.turist.angelholm.se

SHOPPING IM TÖPFERLAND

Boda Nova Höganäs
Gärdesgatan 7, Höganäs
www.bodanova.se
Fabrikverkauf mit Keramik, Glas und Heimtextilien
Ende Juni – Mitte Aug. Mo. – Fr. 9.00 – 19.00, Mitte Aug. – Ende Juni Mo. – Fr. 10.00 – 18.00, Sa./So. ganzjährig 10.00 – 17.00 Uhr

Höganäs Saltglaserat
Bruksgatan 36 B, Höganäs
Tel. 042 / 21 65 40
www.hoganassaltglaserat.se
Juli – 20. Aug. Mo. – Fr. 10.00 bis 18.00, Sa./So. 11.00 – 15.00, 21. Aug. bis Juni Di. – Fr. 11.00 – 17.00, Sa. bis 15.00 Uhr

Mölle Krukmakeri
Hamnallé 9, Mölle
Tel. 042 / 34 79 91
www.mollekrukmakeri.se
Cremefarben ist die Keramik von Lisa Wohlfahrt, die im Café neben dem Atelier gleich Anwendung findet.

Antik &Trädgård
Kullensväg 269, Krapperup
Sa./So. 11.00 – 17.00 Uhr
Edler Trödelshop in einer urigen alten Tankstelle

ESSEN

► Fein & teuer

Niklas Viken
Hamnplan, Viken
Tel. 042 / 23 82 75
www.niklasekstedt.se
Sommerrestaurant von Fernsehkoch Niklas Ekstedt

► Erschwinglich

Baedeker-Empfehlung

Flickorna Lundgren
Skäretvägen 19, Nyhamnsläge
Tel. 042 / 34 60 44 www.fl-lundgren.se
Richtig bekannt wurde das 1938 von den Lundgren-Schwestern Greta, Ebba, Marta und Rut eröffnete Café erst nach dem Zweiten Weltkrieg, als König Gustav Adolf VI. hier Stammgast war. Manchmal brachte er seltene Setzlinge mit, um sie gegen seine Lieblingskekse zu tauschen: Vanille-Herzen. Trotz aller Prominenz ist das reetgedeckte Häuschen bis heute herrlich nostalgisch: Im Sommer schmeckt der selbst gebackene Kuchen im duftenden Garten, im Winter in der falunroten Bauernkate. Einfach köstlich: die Prinzessinnen-Torte mit giftgrünem Marzipanüberzug.

► Günstig

Ellen's Café Ransvik
Italienska vägen, Mölle
Tel. 042 / 34 76 66, www.ransvik.se
Romantisches Picknick-Café an einer felsigen Badebucht beim Golfclub von Mölle. Die Klassiker: selbst gemachte Waffeln und Smörgasbrod.

ÜBERNACHTEN

► Luxus

Grand Hotel Mölle
Bökebolsvägen 11, SE – 26042 Mölle
Tel. 042 / 36 22 30
www.grand-molle.se, 48 Zi.
Schneeweiß erhebt sich das Grand Hotel über dem Badeort und lädt zu noblen Übernachtungen und kulinarischen Entdeckungen im Restaurant Maritime.

► Komfortabel

Kullagårdens Wärdshus
Auf dem Gelände des Golfplatzes
SE – 26042 Mölle
Tel. 042 / 34 74 20, Fax 042 / 34 74 31
www.kullagardenswardshus.se, 12 Zi.
Schon Carl von Linné nächtigte 1749 in dem bezaubernden alten Gutshof.

Rusthållargården
SE – 26043 Arild
Tel. 042 / 34 65 30, Fax 042 / 34 67 93
www.rusthallargarden.se
25 Z., 5 Cottages, 3 Villen
1675 erbaute Hofstelle am Meer mit nostalgischen Zimmern und stilvollen Speiseräumen, in denen schwedische Hausmannskost mit französischem Flair von Küchenchef Claes Ljustander serviert wird.

Das sündhafte Tun wurde erst 1869 mit dem Besuch von König Oskar II. gesellschaftsfähig – und so beliebt, dass auch **Kaiser Wilhelm II.** es sich nicht nehmen ließ, hier die gesundheitsfördernde Wirkung eines Meerbades persönlich zu testen. 1909 wurde in Mölle für gut betuchte Badegäste das Grand Hotel eröffnet, 1921 eine Hütte am Strand gebaut, wo man »Kaffee mit Gebäck« servierte.

** Kullen

Heute kommen die Gäste nicht nur zum Baden hierher. Sie genießen rund um den 183 m hohen **Kullaberg**, der seit 1971 unter Naturschutz steht, den kompakten Mix aus Natur und Kultur, Outdoor-Erlebnissen und Verwöhngenüssen. Seine Geländeformation ist einmalig in Südschweden: Der Kullen ist, geologisch gesehen, eine 15 km lange Gneisscholle, die stehen blieb, als sich das umliegende Land senkte. Entstanden ist ein **wildes Szenario**: Die roten Gneisfelsen, in die die Brandung Grotten und Schluchten gefressen hat, fallen mitunter bis zu 50 m senkrecht zum Meer ab. Im Landesinnern stößt man auf Laub- und Nadelwälder, Wiesen und Moore. Die höchste Erhebung ist der 187 m hohe Berg Håkull. Aktive entdecken die Halbinsel auf gut markierten Radwegen, wandern durch lichte Buchenwälder, reiten auf robusten Island-Ponys über Koppeln und Feldwege, tauchen zu Wracks wie Holmen VI oder erklimmen auf mehr als 700 Klettersteigen wie »Carstens Ränna« die schroffen Felsen der Küste.

* Rundfahrt über die Kullen-Halbinsel

Höganäs

Höganäs ist Schwedens Hochburg für Steingut. Ganz und gar traditionell gestaltet sind die Töpfe, Krüge, Teller und Tassen von Höganäs Saltglaserat, das seit 1835 mit dem Anker als Markenzeichen

Steingut mit Salzglasur fertigt (► Fabrikverkauf, S. 189). Bei Höganäs Keramik, das ab 1909 zunächst auch robustes Steingut mit brauner Salzglasur produzierte, dominieren heute bunte Farben und modernes Design. Einfarbig matt in funktionellen Formen stapeln sich die Teller und Tassen im riesigen Fabrikshop. Das dritte Unternehmen vor Ort, CC Höganäs Byggkeramik, lieferte die 1,4 Mio. Kacheln, die das Sydney Opera House bedecken – je nach Lichteinfall geben sie dem Dach eine andere Farbe.
Einblicke in die reiche Töpfergeschichte der Region gibt das **Höganäs Museum och Konsthall** in der Polhemsgatan 1 mit seiner Sammlung und den jährlich zehn Wechselausstellungen (Öffnungszeiten: Di. bis So. 13.00 – 17.00 Uhr, www.hoganasmuseum.se). Und wer noch etwas für ein Picknick braucht: Oldsbergs Ost in der Köpmansgatan 6 (www.oldsbergsost.se) führt 80 Käsesorten und andere leckere Delikatessen aus Schweden.

Skärets Konsthall

Sie nennt sich die kleinste Kunsthalle der Welt: die 25 qm große Ausstellungshalle in einer typisch schwedischen Stuga, die sich seit 2002 mit ihren ungewöhnlichen Werksschauen einen Namen in der Kunstszene gemacht hat (Öffnungszeiten: wechselnde Ausstellungen von Mai – Aug., Tel. 042 / 34 61 69, www.skaretskonsthall.se).

★ Krapperup Slott

Bereits kurz hinter Höganäs wird die Landschaft merklich hügeliger. Vorbei an den Nyhamnsläge und Lerhman wird Schloss Krapperup erreicht. Der Stammsitz der Familie Gyllenstierna ist so schön wie ungewöhnlich: Weiße, siebenzackige Sterne auf falunrotem Grund – das Familienwappen – zieren die Fassade ihres Renaissanceschlosses

◄ Weiter auf S. 194

Seit fast 100 Jahren arbeiten Töpfer und Meisterglasierer in Höganäs.

SKULPTURENSTREIT AM STRAND

Nimis nennt sich ein eigenwilliges Kunstwerk, das seit mehr als einem Vierteljahrhundert für juristischen Streit am Strand Ladoniens sorgt. Ungeachtet dessen hat sich das Land-Art-Projekt auf der Kullaberg-Halbinsel zu einer der beliebtesten Attraktionen von Skåne entwickelt.

Mit riesigen Wurzeln klammern sich die Buchen am Steilhang der kleinen Bucht fest, moosbewachsen blockieren Granitfelsen den Weg, fast transparent leuchten weiße Pilze an regennassen Rinden: Schroff, wild und urtümlich bahnt sich vom **Himmelstorp-Hof** der Wanderweg mit gelbem N zum legendären **»Nimis«**. 1980 hatte **Lars Endel Roger Vilks** am abgelegenen Steinstrand von Håle Stenar an der Nordwestküste der Kullaberg-Halbinsel mit seinem Bau begonnen. Zwei Jahre lang hämmerte und nagelte der Künstler aus Helsingborg aus **Treibholz**, Wurzeln und alten Ästen seine riesige Interpretation einer Ritterburg ungestört zusammen, bis der Landeigentümer den Bau entdeckte, die Behörden reagierten und ein **langwieriger Streit** seinen Anfang nahm. Doch auch unzählige Gerichtsverhandlungen und Forderungen, Nimis sofort zu entfernen, konnten den streitbaren Kunstprofessor nicht bewegen, den Bau zu beenden. Auch Vandalismus, Feuer oder Motorsägen-Attacken konnten seine Stadtutopie nicht zerstören.

Aus Treibholz und Steinen

Mit Nimis schuf Vilks das wohl prominenteste Beispiel schwedischer Land-Art. Diese Landschaftskunst, die Ende der 1960er-Jahre in den USA aufkam, hat immer eine **gesellschaftskritische Komponente**. Um zu verhindern, dass Kunst zum Konsumgut und Spekulationsobjekt wird, entstehen die Projekte der Land-Art-Künstler an abgelegenen Orten und in einer solchen Größe, dass kein Museum sie ausstellen könnte. Wenn jemand die Kunstwerke sehen will, dann muss er sich auf eine **innere und äußere Reise** begeben und die Skulptur direkt in der Landschaft unter freiem Himmel bei Wind und Wetter mit all seinen Sinnen erleben.

Die Besucher, die den steilen Hang hinabklettern, interessiert nur wenig die Theorie, die Nimis transzendiert. Für sie ist das Kunstwerk Kult – und mit mehr als 30 000 Besuchern pro Jahr eines der beliebtesten Ausflugsziele von Schonen. Kinder klettern in den »Wehrgängen« und »Türmen« umher, im »Burghof« picknickt eine japanische Reisegruppe, und Sprach-

fetzen aus aller Welt vermischen sich mit dem Plätschern der Wellen, dem Rauschen der Bäume und den Schreien der Möwen. Wild und ungestüm wie die Natur ringsum, ist Nimis kein Fremdkörper, sondern Interpretation, **Vision und Provokation**. Mehr als 6000 Mal ist Vilks den Hang hinauf- und hinabgeklettert, hat Material gesammelt und verbaut und nicht nur künstlerisch, sondern auch körperlich Grenzen gesprengt. Und statt vor Justizia zu kapitulieren, baut Vilks besessen weiter – und umgeht kreativ alle bürokratischen Hürden.

Grenzüberschreitendes Happening

Denn für die hageren, hartnäckigen Schweden ist Kunst nicht beendet, wenn das Objekt in die Welt gesetzt wird, sondern beginnt erst dann. Und damit ist auch der Streit um das Kunstwerk Teil dessen Inszenierung, ist Nimis ein Happening, das alle Genres, alle Grenzen sprengt. Der Wind, der die Bauteile Stück für Stück im Kattegat angeschwemmt hat, bläst unerlässlich und zerstörerisch und fordert immer wieder des Meisters Hand. Um der schwedischen Gerichtsbarkeit zu entgehen, verkaufte Vilks 1984 sein »Nationalmonument«

Jeder darf mitgestalten: Treibholzkunst »Nimis« auf der Landspitze Kullaberg

aus 75 Tonnen Holz und 160 000 Nägeln an den deutschen Aktionskünstler **Joseph Beuys**. Ob der Kauf nur auf dem Papier stattfand oder der Kaufpreis von 1500 US-Dollar tatsächlich gezahlt wurde, gehört zu den Mythen, die sich um Nimis ranken. Nach dem Tod von Beuys ging das Kunstprojekt 1986 in die Hände von Jeanne-Claude, die Frau des Verpackungskünstlers **Christo**, über.

Virtuelles Königreich

Heute steht Nimis nicht mehr auf schwedischem Grund und Boden, sondern erhebt sich in **Ladonia**, einer »monarchischen Republik«, die Vilks 1996 am Strand ausgerufen hat. Als jüngstes Projekt realisierte Vilks 1999 die 1,60 m hohe Betonstatue Ompfalos. Als auch dieses Werk angezeigt und mit Bußgeld belegt wurde, verkaufte es Vilks an den schwedischen Künstler **Ernst Billgren**, der den Betonklotz zum 100. Geburtstag von Alfred Nobel mit Dynamit in die Luft jagen wollte – am 7. Dezember 2007 kam die Polizei diesem explosiven Happening auf der Halbinsel aber zuvor, **www.ladonia.net**.

www. krapperup.se ► von 1570, das ein breiter Wassergraben vor ungebetenen Gästen schützt. Der **romantische Landschaftspark** von Krapperup hingegen ist das ganze Jahr für Besucher geöffnet. Meterhohe Rhododendren säumen den Sandweg hinab zu einem stillen Buchenwäldchen. Leise gurgelt und gluckert es im Untergrund; eine chinesische Brücke überspannt das Bächlein, auf einer Lichtung leuchtet ein Feuerahorn im Herbstlicht. In den Stallungen von Krapperup präsentiert eine Galerie die Werke lokaler Künstler, ein kleines Museum die Geschichte von Gut und Gegend (Öffnungszeiten Café und Hofladen: Mai, Mitte Aug. – Sept. Fr. – So. 11.00 – 17.00 Uhr, Juni – Mitte Aug. tgl.; Tel. 042 / 34 62 03). Zum Gelände gehört auch die **Bräcke Mölla**, eine Holländerwindmühle aus dem 19. Jh., in der mehrmals pro Jahr gezeigt wird, wie einst das Korn gemahlen wurde.

Mölle Hauptort des Kullen ist das beliebte Seebad Mölle, das imposant der weiße Holzpalast des Grand Hotels dominiert. Von Mölle führt die schmale, mautpflichtige Landstraße 111 mit bis zu 12 % Steigung durch das dicht bewaldete Naturreservat vorbei an Golfplatz und Wildgehege zum **Kullens Fyr**. Der stärkste Leuchtturm Schwedens wurde 1898 nach Plänen von Magnus Dahlander aus massivem Stein hoch über den zerfurchten Klippen errichtet, wo er seitdem aus 78,5 m Höhe vier Mal pro Minute sein Licht bis zu 50 km weit über die viel befahrene Meeresstraße des Öresund wirft.

Zuvor hatte 1000 Jahre lang ein Leuchtfeuer Seefahrern den Weg durch die oft stürmische See gewiesen. Findige Bewohner der Kullaberg-Küste hatten damals öfter dafür gesorgt, dass das Signal seinen Standort wechselte – und prompt ein Handelsschiff auf Grund lief oder an den Klippen zerschellte. Noch im Dunkel der Nacht wurde die Schiffsladung »gerettet«. Nicht verpassen sollten Sie das **»Naturum«**, eine kostenlose Ausstellung zur Geologie, Flora, Fauna und Kulturgeschichte des Kullaberg direkt am Parkplatz.

Grotten und Land Art Zwei Dutzend Grotten hat die See in den Fels genagt. Sie liegen vorwiegend an der Nordküste und waren teilweise bereits in der Steinzeit bewohnt. Eine ganz andere Siedlung hat Lars Endel Roger Vilks in Håle Stenar vor über 25 Jahren am Strand errichtet: **Nimis** (►Baedeker Special S. 192), ein umstrittenes Land-Art-Projekt aus Treibholz, Wurzeln und alten Ästen, das mit 30 000 Besuchern pro Jahr zu den beliebtesten Ausflugszielen der südschwedischen Provinz Skåne zählt. Achtung: Der Wanderweg von Himmelsstorp hinab zum Nimis-Projekt ist steil und auch bei gutem Wetter rutschig!

★ Arild Hauptort der Nordküste ist das idyllische Arild mit seinem kleinen Hafen, üppig blühenden Gärten, anspruchsvollem 18-Loch-Golfplatz und **bunten Holzhäusern**, die terrassenförmig am Hang liegen.

Ängelholm In Ängelholm (23 000 Einw.) an der Mündung der Rönneå in die Skälderviken-Bucht weichen Fels und Kies den langen Sandstränden

der Westküste. Die 1516 vom dänischen König Christian II. gegründete Kleinstadt, bis ins 18. Jh. Schauplatz vieler Auseinandersetzungen zwischen Dänen und Schweden, ist berühmt für ihre **Kuckucksflöten** – heute fertigt nur noch die Keramikerin Sofia Nilsson die tönernen »lergök«. (Tel. 04 31 / 801 05, www.sofianilsson.se). Ebenfalls aus Ängelholm kommen Kerzen, die auch im schwedischen Königshaus brennen – die **Skånska Stearinljusfabriken** (Ängeltoftavägen 91, www.stearinljusfabriken.se) verfügt nach eigenen Worten über das größte Kerzensortiment Schwedens. Durch die engen Gassen wirkt das Stadtzentrum von Ängelholm noch immer recht altertümlich. Am Stortorget stehen das alte Rathaus von 1775 und die 1516 errichtete, im 19. Jh. umgebaute Kirche. Der Lokschuppen am Bahnhof birgt heute das **Sverige Järnvagsmuseum**, das für seine riesige Modelleisenbahn, seine historischen Loks und das Veteranenloktreffen »Dieseltage« im Frühjahr bekannt ist (Öffnungszeiten: Di. – So. 10.00 bis 17.00 Uhr, Juni – Aug. tgl.; www. banverket.se).
Wer einmal einen Kampfjet oder eine Cessna fliegen möchte, kann sich im **Flygmuseum** an die Simulatoren setzen und im Hangar in die Geschichte der schwedischen Luftwaffe eintauchen (Öffnungszeiten: Juni – Aug. tgl. 10.00 – 17.00 Uhr, sonst nur Sa./So., www.f10 kamratforening.se).
Auf einer Lichtung im Kronoskogen erinnert das **UFO-Memorial** an ein außerirdisches Flugobjekt, das am 18. Mai 1946 angeblich vom schwedischen Eishockeyspieler Gösta Carlsson gesichtet worden war. Das **Ausflugsschiff »Laxen«** schippert von Mitte Juni bis Mitte August in zwei Stunden von der Stadshusets brygga im Zentrum zum Jachthafen in Skälderviken (Tel. 0431 / 203 00, www.skanemarin.se).

Landskrona

C 1

Landschaft: Skåne (Schonen)
Einwohnerzahl: 28 600
Provinz: Skåne Län
Höhe: Meereshöhe

Gleich mehrere Herrscher erkoren das ehemalige Fischerdorf Södra Säby zum militärischen Stützpunkt und bauten es als Landskrona zum Bollwerk gegen feindliche Nachbarn aus. Geblieben aus unruhigen Zeiten ist die große Zitadelle. Auf der vorgelagerten Insel Ven studierte einst der Astronom Tycho Brahe das Weltall.

Dem Meer entrissen

Erik von Pommern verlieh dem Fischerort Södra Säby 1413 Stadtrechte und nannte es »Landeskrone«. Der neue Name war Programm: Landskrona sollte die Kapitale der seit 1389 in der Kalmarer Union vereinigten nordischen Länder werden. 1416 jedoch war der Traum vorbei: Erik von Pommern zog weiter nach Kopenhagen und gab die hochfliegenden Pläne für Landskrona auf. **Dänenkönig Christian III.** wandelte 1549 durch den Bau der Zitadelle die Stadt zur Fes-

LANDSKRONA ERLEBEN

AUSKUNFT

Landskrona Turistbyrå
Storgatan 36
SE – 26131 Landskrona
Tel. 04 18 / 47 30 00, Fax 0418 / 47 30 02
www.landskrona.se
www.landskronaplus.se

KOSTENLOS INS ZENTRUM

Vom Bahnhof, der etwas außerhalb liegt, fahren Shuttlebusse ins Zentrum. Wer seinen Zugfahrschein vorzeigt, benötigt kein Busticket!

ESSEN

► Erschwinglich

Erikstorps Kungsgård
Borstahusen (5 km nördl.)
Tel. 04 18 / 260 75, www.erikstorp.com
Susanne und Christer verwöhnen ihre Gäste in einem historischen Herrenhaus mit kulinarischen Leckerbissen.

Farbror Elofs Skafferi
Kvarngården 1, Billeberga (12 km westl.), Tel. 04 18 / 43 11 77
http://elofsskafferi.se
Onkel Elofs Speisekammer nennt sich der schonische Hof, der von Feinschmeckern in den höchsten Tönen gelobt wird. Sie speisen rustikal-edel und können auch übernachten.

Stefan Palsson
Örjaleden 4, Landskrona
Tel. 04 18 / 583 71
www.stefanpalssonab.se
Stefan Pålssons geräucherte Lachse werden nicht nur von König Gustav und Familie, sondern auch am englischen Hof genossen. Probieren Sie den Chili- oder den Whiskylachs!

► Preiswert

Pumpans Café & Restaurang
Landsvägen 134
Tel. 04 18 / 725 10, www.pumpans.com
Hausgemachte Bio-Backwaren und Vollkorn-Pasta, vegetarische Spezialitäten, Tee- und Kaffeesorten aus der ganzen Welt; Mai – Sept. geöffnet

ÜBERNACHTEN

► Luxus

Örenäs Slott
SE – 26163 Glumslöv
Tel. 04 18 / 702 30
Fax 04 18 / 731 81
www.orenasslott.com
Zehn der 114 Zimmer befinden sich in dem Schloss, das Zuckerkönig Carl Tranchell 1914 – 1918 im deutschen Barockstil auf einer Anhöhe mit Blick zum Öresund erbauen ließ. In der Nobelherberge wird exquisit gekocht.

► Komfortabel

Baedeker-Empfehlung

Hotel Öresund
Selma Lagerlöfs Väg 4
SE – 26131 Landskrona
Tel. 04 18 / 47 40 00, Fax 04 18 / 47 40 10
www.hoteloresund.se, 132 Z.
Schickes Traditionshaus im Stadtzentrum mit Fitnessraum und Parkplatz. Im Restaurant Carolin empfiehlt sich das große Salatbuffet. Gourmets treffen sich unter dem Steingewölbe des Restaurants Nils Holgersson – ein Muss: das herbstliche Gänseessen.

► Günstig

Borstahusens Semesterby
Borstahusen (5 km nördl.)
Tel. 04 18 / 47 47 30
www.borstahusenssemesterby.se
Feriendorf mit 68 Häuschen, nur 100 m vom Strand entfernt

tung um. Auch die schwedischen Könige Karl X. und Karl XI. hatten Großes vor, Landskrona sollte Bischofssitz und Universitätsstadt werden. In ihren Plänen spielte die **Zitadelle** eine wichtige Rolle, und so war sie Anfang des 18. Jh.s schließlich eine der größten im Norden. 1747 beschloss der schwedische Reichstag, die mittelalterliche Stadt abzureißen, um noch mehr Platz für Befestigungsanlagen zu schaffen. Die neue Stadt entstand nach Plänen von Schlossbaumeister Carl Hårleman im französisch-klassizistischen Stil auf Neuland, das dem Meer abgerungen worden war.

Sehenswertes in Landskrona

Rund um den Rådhustorg

Das Zentrum bildet der **Rathausplatz** mit dem neugotischen Rathaus von 1882 und der Skulptur »Västanvinden«, die Anders Olsen 1929 entwarf. Am Kasernplan in der ehemaligen Adolf-Fredriks-Kaserne aus dem 18. Jh. erzählt das **Landskrona-Museum** die 600-jährige Geschichte von der Garnisons- zur Industriestadt (Öffnungszeiten: Di., Fr.–So. 12.00–17.00, Mi., Do. 15.00–20.00 Uhr, www.landskronakultur.se). Über die Storgatan erreicht man südlich die **Sofia-Albertina-Kirche** aus dem 18. Jh. mit Glasmalereien von Martin Emond (Öffnungszeiten: tgl. 11.00–18.00 Uhr). Im 1757–1769 erbauten **Haijiska Huset** in der Kungsgatan Nr. 13 wohnte Selma Lagerlöf von 1885 bis 1891 und verfasste ihren Roman »Gösta Berling«.

Landskrona Slott

Wahrzeichen von Landskrona ist die einstige **Zitadelle** aus rotem Ziegelmauerwerk, die bei ihrem Bau 1549 als modernste Wehranlage des Nordens galt. Das ringsum geschlossene, von einem Wassergraben umzogene Karree umschließt eine weitere Wall- und Grabenanlage. Im südwestlichen Eckturm befindet sich eine kleine Fotodokumentation, im südöstlichen Eckturm zeugen die Zellen noch von der 1825 bis 1940 bestehenden Haftanstalt (Besichtigung an ausgewählten Terminen im Sommer, Tel. 0418 / 44 82 50, www.citadellet.com). Die Festungswälle der Zitadelle sind seit mehr als 100 Jahren in der Hand der Laubenpieper – die Zitadellengärten bilden die ältesten Schrebergärten Schwedens. Mit der **Rothoffska-Kolonie** besitzt Landskrona auch das einzige schwedische Museum zum Kleingartenwesen. In ihrem idyllischen Garten gedeihen nach ökologischen Gesichtspunkten Gemüse und Blumen; die kleine Laube wurde behutsam renoviert und in ihren Originalzustand von 1903 rückversetzt.

Konsthall

Bei der Brücke, die über den äußeren Graben ins Stadtzentrum führt, zeigt die Kunsthalle ambitionierte **Wechselausstellungen**. Das flache Gebäude mit viel Glas wurde zum 550-jährigen Stadtjubiläum 1963 als Ausstellungsort für Industriedesign entworfen. Das Café, noch original eingerichtet, wird vom Landskrona Dagcenter betrieben, einer Einrichtung für Behinderte. Probieren Sie die selbst gemachten Kuchen (Öffnungszeiten: Di., Do.–So. 13.00 – 17.00, Mi. 12.00–20.00 Uhr, www.landskronakultur.se).

Umgebung von Landskrona

✶ **Golferparadies** Mit 90 Golfplätzen im Umkreis von 90 Minuten besitzt die Öresundregion die höchste Golfplatzdichte Skandinaviens. 58 davon liegen in Schonen. Warum, verrät das **Svenska Golfmuseet**: Sie sind hier länger bespielbar als im übrigen Schweden, da der Frühling eher einsetzt und der Herbst später beginnt. Verpassen Sie auch nicht die »Hall of Fame« der Spieler, die für diese Sportart bahnbrechend gewesen sind wie Erik Runfelt, Ove Sellberg, Annika Sörenstam und Jesper Parnevik (Öffnungszeiten: April – Sept. Mo. – Fr. 8.00 bis 17.00, sonst Sa./So. 8.00 – 14.00 Uhr, www.svenskagolfmuseet.se).

> ! **Baedeker TIPP**
>
> **Pitchen und putten**
>
> Wer im *Barsebäck Golf & Country Club* abschlägt, erhält die atemberaubende Aussicht gratis dazu. Auf den beiden anspruchsvollen 18-Loch-Meisterschaftsplätzen werden alle zwei Jahre die Scandinavian Masters und die Compaq Open der Frauen ausgetragen (www.bgccklubbsidor.com).

Direkt am Ufer des Öresund ist im Fischerdorf **Borstahusen** das Kulturzentrum Pumphuset mit Festsaal, Restaurant, Kunsthalle und Museum entstanden. Seine Ausstellung widmet sich dem harten **Leben der Fischer** und der Entwicklung der Fischkutter. In der 2006 preisgekrönten Kunsthalle ist in Wechselausstellungen **Kunst der Moderne und Gegenwart** zu sehen (Öffnungszeiten: Di., So. 11.30 – 17.00 Uhr, Mi., Do. bis 20.00, Fr., Sa. bis 21.00 Uhr, www.pumphuset.net).

✶ **Ven** Einst gehörte die 4,3 km nordwestlich vor der schwedischen Küste liegende Insel Ven zu einer Landverbindung zwischen Schonen und dem dänischen Seeland. Die von Landskrona (Fahrtdauer 25 Min.) bzw. im Sommer auch von Helsingborg und Råå kommenden Schiffe legen im Hafen von Bäckviken an, wo 1200 **Leihräder** für Besucher bereitstehen. Die 7,6 km² große Insel lässt sich auch bequem zu Fuß durchstreifen. Auf Ven haben sich zahlreiche Künstler niedergelassen, die alljährlich zu Christi Himmelfahrt die **»Kunstrunde«** veranstalten und Besuchern ihre Ateliers öffnen.

✶ Kulinarisch unterwegs ► Ven hat auch unter **Feinschmeckern** einen sehr guten Ruf. Würzigen Ziegenkäse gibt es bei der Meierei Hvens Getost, frisch geräucherten Fisch aus dem Öresund beim Fiskboden, köstliches Sahneeis mit Insel-Aromen bei der Hvens Glassfabrik. Wer Hochprozentiges schätzt, sollte bei der Whisky-Distillerie »Spirit of Hven – Backafallsbyn« in Sankt Ibb vorbeischauen und einer Führung mit Whiskyprobe (Norreborgsvägen 55, www.backafallsbyn.se).

Tycho Brahe Der dänische Astronom Tycho Brahe lebte von 1578 bis 1598 im **Schloss Uranienborg**, das mitten auf Ven stand. Dänemarks König Frederik II. – Ven wurde erst 1658 schwedisch – hatte dem Astronomen die Insel mit ihrer klaren, staubfreien Luft für seine Forschungen zur Verfügung gestellt. Vom Schloss ist heute nichts mehr zu sehen. Stattdessen gibt es in der ehemaligen Allerheiligenkirche seit

2005 ein **Museum**, das multimedial und mit skalengetreuem Planetenweg über das Leben und »Die himmlische Neuordnung« des Sternenforschers berichtet. Auch zwei von Brahe verwendete Instrumente wurden rekonstruiert: der Große Stahlquadrant und der Astronomische Sextant (Öffnungszeiten: Mitte April – Ende Sept. tgl. 10.00 bis 16.00, Juli bis 18.00 Uhr, www.tychobrahe.com).

★ ◄ Tycho Brahe-Museum

Im Observatorium Stjerneborg entdeckte Tycho Brahe **die erste Supernova** – wohlgemerkt mit bloßem Auge, denn das Fernrohr war noch nicht erfunden. Er war auch nicht der Einzige, der die Erscheinung sah, die von 1572 an 16 Monate lang hell wie ein Stern am Himmel strahlte. Aber Brahe war derjenige, der den Mut hatte, die bislang geltende aristotelische Theorie von der Unveränderlichkeit des Sternenhimmels zu widerlegen. Seine Aufzeichnungen des Phänomens erlauben es heute, dieses als Supernova zu identifizieren.

In Tschechien für das Tycho Brahe Museum rekonstruiert: der Große Stahlquadrant und der Astronomische Sextant

Im Nordwesten der Insel thront beim Hafenörtchen Kyrkbacken die im 13. Jh. geweihte Kirche **St. Ibb** stolz über den steilen Felsen des Backafalls. In der Kirche steht noch Tycho Brahes Kirchbank. Von St. Ibb bietet sich eine grandiose Aussicht über den Öresund sowie die dänische und schwedische Küste.

★ Linköping

F 4

Landschaft: Östergötland
Einwohnerzahl: 142 000
Provinz: Östergötland Län
Höhe: 40 m ü.d.M.

In der modernen Hauptstadt Östergötlands geht man behutsam mit den Zeugnissen der Vergangenheit um: Bei der Neubebauung wurden viele alte Häuser aus dem Zentrum nicht einfach wegsaniert, sondern sorgsam in Gamla Linköping wieder aufgebaut. Ein Erlebnis ist auch Schloss Ekenäs mit seinen Ritterspielen.

Stadtgeschichte

Urkundlich erstmals erwähnt wurde die Stadt 1120 bei der Gründung des Klosters Vreta. 1152 wurde bei Linköping beschlossen, Schweden der römischen Kirche anzugliedern. Hier besiegte 1598 Herzog Karl von Södermanland, der später als **König Karl IX.** die Reformation in Schweden durchsetzen wollte, den katholischen König Sigismund von Polen. Dessen Gefolgsleute wurden 1600 im Blutgericht von Linköping auf dem Marktplatz hingerichtet. Den wirtschaftlichen Aufschwung brachte 1937 die Verlegung der Flugzeugproduktion von **Saab** nach Linköping. Heute werden hier die Gripen-Kampfjets der schwedischen Luftwaffe gebaut.

Sehenswertes in Linköping

Stora Torget

Den größten der drei Stadtplätze schmückt der **Folkunga-Brunnen**. Der 1927 fertiggestellte Brunnen gehört zu den bekanntesten Werken von Carl Milles und trägt die Skulptur von »Folke Filbyter« aus der Folkungersaga. Östlich des Hauptplatzes erhebt sich die 1802 erbaute St.-Lars-Kirche, deren Turm aus dem 12. Jh. stammt. Den Altar schmücken Bilder von Pehr Hörberg (1746 – 1816).

Zeitgenössische Kunst aus aller Welt zeigt Linköpings **Kunstmuseum** in den Ateljé Passagen am Stora Torget. Der Nachwuchs wird von Museumspädagogen mit diversen Programmen und Events an die schönen Künste herangeführt – auch bei einem spontanen Besuch! (Öffnungszeiten: Di. – So. 11.00 bis 16.00, Do bis 20.00 Uhr).

! *Baedeker* TIPP

Heiß auf Eis?

Wenn Bosses Glassbar seine Tore wieder öffnet, wissen die Einheimischen, dass der Sommer begonnen hat. In der legendären Eisdiele an der Platensgatan 3 genießen Sie die beste Eiscreme der Stadt – in der Waffel oder im Becher an den begehrten Tischen im Freien. Auch wenn die Schlange lang ist, die Eissorten sind das Warten wert! (Mai – Sept., Tel. 013 / 31 06 20).

✶ **Domkyrka**

Öffnungszeiten: tgl. 9.00 – 18.00

Der Dom in einem kleinen Park nordwestlich vom Stora Torget gehört zu den bedeutendsten Kathedralen Schwedens. Der ursprünglich romanische Bau von 1230 wurde später durch Um- und Ausbauten gotisch vollendet, an den Flanken der Seitenschiffe sind noch romanische Bauteile zu entdecken. Sein 107 m hoher Turm, das **Wahrzeichen Linköpings**, wurde erst 1886 angefügt. Das Innere birgt neben einer wuchtigen Barockkanzel und einem Flügelaltar mehrere »Laubgesichter«: gemeißelte Antlitze, umrahmt von begrünten Ranken (www.linkopingsdomkyrka.se).

Slotts- och Domkyrkomuseum

Im Nordflügel des Schlosses dokumentiert das Schloss- und Domkirchenmuseum die Hassliebe zwischen **Kirche und Staat**, zwischen König Gustav Wasa und dem letzten katholischen Bischof, Hans Brask. Makabre Unikate unter den Ausstellungsstücken sind die beiden mumifizierten Hausratten aus der bischöflichen Toilette (Öffnungszeiten: April – Sept. Di. – So. 12.00 – 16.00 Uhr, http://lsdm.se).

Linköping Orientierung

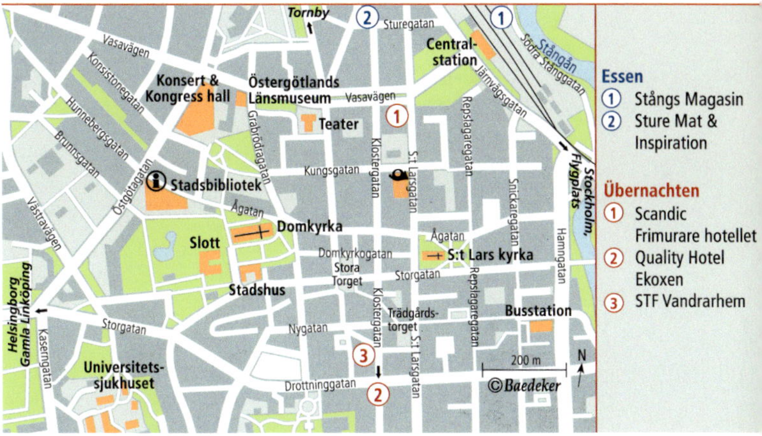

Östergötlands Länsmuseum

Nördlich vom Dom residiert eines der ältesten und größten Provinzmuseen des Landes in einem funktionalistischen Gebäude von 1939. Gezeigt werden Sammlungen zur Vor- und Frühgeschichte, **schwedische Kunst** vom Mittelalter bis zur Gegenwart sowie eine kleine medizingeschichtliche Sonderausstellung. Seit 2010 hat auch Schwedens einziges Computermuseum hier seine neue Heimat: das **IT-ceum**, das spannend die Entwicklung der Informationstechnologie von 1950 bis heute vorstellt (Öffnungszeiten: Di. – So. 11.00 – 16.00, Do. bis 20.00 Uhr, www.ostergotlandslansmuseum.se).

◄ Svenska Datamuseet

Trädgårdsföreningen

Seit 150 Jahren ist der Park der Garten-Gesellschaft die größte Grünanlage der Stadt – und bei den Einheimischen sehr beliebt. Sie spazieren hier an **exotischen Pflanzen** vorbei, genießen ihr Lunch inmitten der tropischen Vegetation des Tropikhuset, nehmen an den kostenlosen Open-Air-Sportkursen teil, lauschen im Sommer den mittäglichen **Freiluftkonzerten**, besichtigen das Naturzentrum oder besteigen den Belvedere, der von oben weite Ausblick auf die Stadt und ihr Umland eröffnet.

★ **Gamla Linköping**

Öffnungszeiten: Mo. – Fr. 11.00 – 17.00, Sa., So. 12.00 – 16.00

Das Freilichtmuseum »Alt-Linköping« wirkt durch seine **vielen Handwerksbetriebe**, Tante-Emma-Läden und Kunstgewerbeateliers überaus lebendig. Auch ein Schul-, Apotheken- und Polizeimuseum sowie das Museum der Bank von Östergötland sind in den Holzhäuschen zu finden. Im Phänomen-Magasinet kann man technisch und naturwissenschaftlich experimentieren. Fast 100 Häuser umfasst das Gelände, die meisten stammen aus dem Zentrum von Linköping. Da viele Häuser von Gamla Linköping bewohnt sind, wirkt es nicht wie ein klassisches Freilichtmuseum, sondern eher wie ein **nostalgischer Stadtteil**. Im Sommer pendelt eine Kleinbahn zwischen Gamla

Südschweden um 1900: In Gamla Linköping ist es lebendig.

Linköping und **Valla Fritidsområde**, einem nur zehn Gehminuten entfernten Erholungsgebiet mit großem Spielplatz, Café, Eisenbahn-, Wagen- und Landwirtschaftsmuseum, Kleintierzoo und Ponystall (www.linkoping.se/gamlalinkoping).

Umgebung von Linköping

Kinda Kanal

Lohnend ist eine Fahrt auf dem Kinda-Kanal, der den Roxensee mit einigen südlich gelegenen, von der Stångån durchflossenen Seen verbindet. Wer auf dem Kanal unterwegs ist, muss auf 80 km Länge **15 Schleusen** passieren. Die Fahrt führt am Herrenhaus Sturefors am Erlangsee vorbei und endet in Horn am Südende des Åsundsees. Der Kanal folgt im Wesentlichen dem natürlichen Flusslauf der **Stångån**. Nur zwischen Stora Rängen und Hovetorp musste ein 6 km langes Stück künstlich angelegt werden. Seine Schleusen sind heute beliebte Ausflugsziele. Die Schleuse von Hackefors war beim Bau die tiefste in ganz Europa, an der Schleuse von Brokind informiert ein kleines **Kanalmuseum** über die Geschichte der Wasserstraße. Für die Berufsschiffer ist der Kinda-Kanal schon lange nicht mehr rentabel, deshalb sind hier heute nur noch Freizeitkapitäne unterwegs (Infos zu Schleusen, Öffnungszeiten und Preisen unter www.kindakanal.se).

? WUSSTEN SIE SCHON ...?

- ... dass zwischen Linköping und Västervik auf einer 80 km langen Strecke der erste Biogas-Zug der Welt verkehrt? Auch alle Innenstadt-Busse fahren mit Biogas.

Flygvapen-museum

www.sfhm.se ▶

Die nach Umbau 2010 wiedereröffnete Sammlung auf dem Flugplatz von Malmen dokumentiert die Geschichte der **schwedischen Luftstreitkräfte** mit fast 50 Flugzeugen, darunter ein 1936 von SAAB hergestellter Jagdbomber Junkers Ju 86 und ein 2008 gebauter Jetfighter SAAB JAS 39 Gripen (Öffnungszeiten: Di. – So., Juni – Aug. tgl. 11.00 – 17.00, Mi. bis 20.00 Uhr, Führung um 14.00 Uhr).

LINKÖPING ERLEBEN

AUSKUNFT

Turistbyrå
Im Gebäude der Stadsibliotek
Östgötagatan 68
SE – 58223 Linköping
Tel. 013 / 20 68 35, Fax 013 / 20 66 19
www.visitlinkoping.se

SHOPPING

Die drei Stadtplätze *Stora Torget*, *Trädgårdstorget* und *Lilla Torget*, verbunden durch die Tannerforsgatan und Nygatan, sind eine endlose Flaniermeile für Shoppingfreunde. Eines der größten Einkaufszentren Schwedens ist 2 km außerhalb das *Tornby Köpcentrum* mit IKEA und mehr als 50 Modeboutiquen im IKANO-huset (www.tornbykopcentrum.com).

ESSEN

► Erschwinglich

① ***Stångs Magasin***
Södra Stånggatan 1
Tel. 013 / 31 21 00
www.stangsmagasin.se
So., Mo. Ruhetag
Perlhuhnbrust mit Pilzrisotto und glasierten Schwarzwurzeln – im 200 Jahre alten Gasthaus am Wasser wird hervorragend gekocht.

② ***Sture Mat & Inspiration***
Sturegatan 7, Tel. 013 / 14 14 08
Französisch inspirierte Küche. Wer will, kann die Köstlichkeiten im angeschlossenen Delikatessengeschäft auch kaufen.

ÜBERNACHTEN

► Komfortabel

① ***Scandic Frimurarehotellet***
St. Larsgatan 14
SE – 58224 Linköping
Tel. 013 / 495 30 00, Fax 013 / 495 30 11
www.scandichotels.com, 208 Z.
Modernes Haus im nordischen Stil, zentral an Linköpings Flaniermeile. Das Kindermenü hat Starkoch Jamie Oliver kreiert.

② ***Quality Hotel Ekoxen***
Klostergatan 68
SE – 58223 Linköping
Tel. 013 / 25 26 00, Fax 013 / 12 19 03
www.ekoxen.se, 190 Z.
Sympathisches Hotel der Quality-Kette, im Zentrum beim Stadtpark. Große Spa-Abteilung mit Pool, Sauna und Aromatherapie. Probieren Sie in der »Brasserie Britto« die Hirschkeule mit Apfel-Meerettich an Mandelkartoffeln.

► Günstig

③ ***STF Vandrarhem***
Klostergatan 52
SE – 58223 Linköping
Tel. 013 / 35 90 00
Fax 013 / 35 90 80
www.lvh.se, 35 Z.
Zentral gelegenes Wanderheim mit Unterkünften auf Jugendherbergs- und Hotelniveau. Alle Zimmer haben Dusche/WC, Telefon und Kabelfernsehen, Miniküche oder Zugang zu einer Küche.

Ekenäs Slott

Das stattliche weiße Renaissanceschloss 20 km östlich von Linköping veranstaltet alljährlich Anfang Juni ein farbenfrohes **Ritterturnier** (Öffnungszeiten: Mai – Aug. Sa., So. 13.00 – 16.00, im Juli Di. – So. 13.00 – 16.00 Uhr, www.ekenasslott.nu).

★★ Schleusentreppe von Berg

In Berg überwindet die größte Schleusentreppe des **Göta-Kanals** (s. Baedeker Special S. 118), die den Roxensee mit Berg verbindet, in **sieben Schleusenstufen** einen Höhenunterschied von 18,8 m.

★ Vreta Kloster

www.vretaklosterforening.se ►

2010 feierte das Vreta-Kloster 8 km nordwestlich von Linköping das 900-Jahre-Jubiläum seiner Gründung. Es wurde 1110 von Ingo I. und seiner Frau Helena auf Anraten des Papstes eingerichtet und ist damit **das erste Kloster Schwedens**. Anfänglich lebten hier Benediktinernonnen, 1162 wurde das Kloster zur Heimat von Zisterziensernonnen und erhielt damit königliche Landgüter und eine Residenz Karls VII. Die Blütezeit des Klosters – die Nonnen hat das Recht zum Ablasshandel erhalten – endete abrupt 1533, als König Gustav Wasa die Konvertierung der Kirchengemeinde zum lutherischen Glauben erreichte. Im Frühjahr 1568 verließen die letzten Nonnen das Kloster.
Geblieben ist nur eine Ruine, eingebettet in eine Gartenlandschaft, die die alten Strukturen nachzeichnet. Vorbildlich erhalten ist jedoch die Klosterkirche, die noch ein »Hagioskop« besitzt, eine Spalte im Mauerwerk, durch die im Mittelalter die Leprakranken von außen auf den Altar blicken konnten. Fundstücke aus der Kirchengeschichte zeigt ein kleines **Museum** in der Kirche; unbedingt sehenswert sind auch die kunstvollen Steinmetzarbeiten an den Säulen.
Ganz modern läuft die **Führung**: Die dreiminütige Minitour kann mit jedem Mobiltelefon empfangen werden. Die entsprechenden Nummern stehen am Haupteingang zum Friedhof (Öffnungszeiten: Mo. – Fr. 7.30 – 15.30, 23. Juni – 15. Aug. Mo. – Fr. bis 17.30, 10. Mai bis 24. Aug. auch Sa./So. 10.00 – 18.00 Uhr).

Kornettgarden

In der Nähe des Vreta-Klosters bewahren Birgitta und Lars-Erik Johansson den Zeitgeist der **1950er- und 1960er-Jahre** mit authentisch eingerichteten Räumen, darunter ein Café, Friseursalons für Damen und Herren und eine alte Küche (Öffnungszeiten: 1. Juni – 15. Aug. Di. – Fr. 11.00 – 16.00, Fr. – So. 10.00 – 16.00, Kulla Kornettgård 1, Vreta Kloster, www.kornettgarden.se).

★★ Lund

D 1

Landschaft: Skåne (Schonen) **Provinz:** Skåne Län
Einwohnerzahl: 101 400 **Höhe:** Meereshöhe

Die beiden Türme des gewaltigen Doms beherrschen die Silhouette der berühmten Universitätsstadt Lund, die bereits vier Nobelpreisträger hervorgebracht hat. Mehr als 40 600 Studenten sind hier eingeschrieben – sie machen die kulturelle Kapitale Südschwedens zu einer sehr lebendigen Stadt.

LUND ERLEBEN

AUSKUNFT

Turistbyrå
Kyrkogatan 11, SE – 22100 Lund
Tel. 046 / 35 50 40, Fax 046 / 12 59 63
www.lund.se

FILM AB!

Alljährlich Mitte September feiert Lund Skandinaviens größtes Filmfest für Fantasy, Fiktion und Horror: das *Fantastisk Filmfestival* FFF. Seit Beginn im Jahr 1995 wurden bereits mehr als 1000 Filme aus 40 Ländern gezeigt – darunter mehrere Weltpremieren (www.fff.se).

MARKT

Jeden Vormittag außer sonntags werden Obst, Gemüse und Blumen auf dem *Mårtenstorg* angeboten.

ESSEN

▶ Fein & teuer

① ***Dalby Gästis***
Tingsgatan 67, Dalby
12 km südöstl. von Lund
Tel. 046 / 20 00 06
www.dalbygastis.com
Lokale Erzeugnisse werden nach mediterranen Rezepten zu feinsten Gaumenfreuden veredelt. Mit seiner 300-jährigen Geschichte eine der ältesten Gaststätten Schonens, die mehrfach zu den Top Ten des Landes gewählt wurde.

② ***Grand Hotel***
Bantorget 1, Lund
Tel. 046 / 280 61 00
www.grandilund.se
Bestellen Sie das fantastische Gourmetmenü im eleganten Speisesaal des Grand Hotels oder probieren Sie Sten Bromans Whisky-Fleischbällchen mit Kartoffelpüree in der entspannten Atmosphäre des Gambrinus Bistro.

▶ Erschwinglich

③ ***Bantorget 9***
Bantorget 9, Lund
Tel. 046 / 32 02 00
In den drei kleinen Häusern aus dem 19. Jh. wurde einst Brot gebacken – heute wird das selbst gebackene Brot zu regionalen Spezialitäten gereicht. Die ansprechenden Speisezimmer sind im Stil von 1900 eingerichtet.

Baedeker-Empfehlung

④ ***Godset***
Bangatan 3, Lund
Tel. 046 / 12 16 10, www.godset.se
Chic, modern und köstlich ist die Küche in Lunds »guter« Bahnhofsgaststätte, die mit ungewohnten Kreationen begeistert. Kosten Sie nach dem Hirsch an Kastanienpüree die Crème brûlée mit Lakritz-Eis!

ÜBERNACHTEN

▶ Luxus

① ***Hotel Concordia***
Stålbrogatan 1, SE – 22224 Lund
Tel. 046 /13 50 50, Fax 046 /13 74 22
www.concordia.se, 63 Z.
Erstklassiges Hotel mit langer Geschichte. Im 19. Jh. wohnten hier Gelehrte, die den Schriftsteller August Strindberg im gegenüberliegenden Haus kopfschüttelnd beobachteten, wie er auf alchimistischem Wege versuchte, Gold herzustellen.

▶ Komfortabel

② ***Hotel Ahlström***
Skomakeregatan 3, SE – 22350 Lund
Tel./Fax 046 / 211 01 74
http://graddhyllan.dana1.se
Bereits Sven Hedin nächtigte im ältesten Hotel von Lund, das in einer ruhigen Seitenstraße 16 modern-

gemütliche Zimmer bereithält. Internationale Küche serviert das angeschlossene Café Gräddhyllan.

► **Günstig**

③ ***STF Vandrarhem Tåget Lund***
Vävaregatan 22
SE–22237 Lund
Tel. 046 / 14 28 20, Fax 046 / 32 05 68
www.trainhostel.com, 108 Betten

Originell und urgemütlich ist die Jugendherberge von Lund: Auf einem stillgelegten Gleis 200 m vom Bahnhof stehen drei Schlafwagenwaggons mit 36 Abteilen sowie je ein Café- und Waschwaggon und warten auf Gäste.

»Dänische Metropole«

Gegündet wurde Lund wahrscheinlich um 990 vom dänischen König Sven Gabelbart. Seit 1666 ist Lund Sitz einer Hochschule, wo man heute Naturwissenschaften, Jura, Medizin und Theologie studieren kann. Vom 12. bis 15. Jh. war es die größte Stadt Skandinaviens und Sitz eines dänischen Bischofs, 1104 sogar des Erzbischofs – deshalb wurde sie damals auch »Metropolis Daniae« genannt.

✶✶ Domkykra

Öffnungszeiten:
Mo. – Fr. 8.00 – 18.00,
Sa. 9.30 – 17.00,
So. bis 18.00

www.lundsdomkyrka.org

Der Dom von Lund ist die **älteste und bedeutendste Kathedrale Schwedens**. Begonnen wurde sie 1103 anlässlich der Ernennung von Asker zum Erzbischof. 1123 wurde die Krypta geweiht, 1145 das gesamte Gotteshaus, obgleich erst 1161 die Apsis am Hauptchor fertig war. 1530 beendete die Reformation Lunds Stellung als geistliches Zentrum des Nordens. Der Dom verfiel zusehends und wurde von der Universität für Vorlesungen genutzt. Nach der gründlichen Innenrenovierung im 19. Jh. erhielt der Sakralbau Mitte des 20. Jh.s auch seine ursprüngliche Außengestaltung zurück. Die Architektur ist für Skandinavien ungewöhnlich. Die deutschen und italienischen Steinmetze nahmen als Vorbild Kirchen aus dem Rheintal und der Lombardei. Typisch für den norditalienischen Einfluss ist der Grundriss der Domkirche mit ihrer großräumigen Krypta, der Zwerggalerie um den Chor herum und den Hausteinschmuck.

! Baedeker TIPP

Kostenlos

Von Mitte Juni bis Mitte August werden zweimal täglich Gratis-Führungen durch den Dom von Lund angeboten. Die 30-minütigen Rundgänge beginnen täglich außer Sonntag um 11.15 Uhr auf Schwedisch und um 14.50 Uhr auf Englisch; Treffpunkt ist am Haupteingang.

Krypta

Die Krypta nimmt die gesamte Breite des Gebäudes ein. **18 skulptierte Säulen** tragen ihre Decke. Eine von ihnen zeigt laut Legende den Riesen **Finn**, der die Kirche für den hl. Laurentius baute, sie aber im Zorn über die ausgebliebene Bezahlung wieder zerstören wollte. Doch der Riese und seine Frau wurden überlistet und erstarrten zu Stein. Anderen Deutungen zufolge stellt die männliche Steinfigur den biblischen Simson dar, wie er den Tempel in Jerusalem zerstört.

Um die Wasserquelle in der Gruft schuf der westfälische Meister Adam van Düren, der 1512–1527 in Lund lebte, um 1513 einen **Brunnen** mit satirischen Motiven und niederdeutschen Texten. Für Lunds Einwohner war der Brunnen lange Zeit die einzige Trinkwasserversorgung. Ebenfalls von Adam van Düren stammt der Sarkophag für den letzten Erzbischof von Lund, Birger Gunnarsen. Er ruht neben seinem Amtskollegen, Erzbischof Herman.

Hauptschiff

Während das gewaltige Hauptschiff ein gotisches Kreuzrippengewölbe überspannt, besitzen die Seitenschiffe noch romanische Gewölbe. Rechts vom Haupteingang erklingt die berühmte **Astronomische Uhr** von Mo. bis Sa. um 12.00 und 15.00 Uhr, So. um 13.00 und 15.00 Uhr. Dann erheben hölzerne Bläser ihrer Hörner zu den Klängen des Lobgesanges »In dulci jubilo«, und die Heiligen Drei Könige schreiten an Maria und dem Jesuskind vorbei. Die ältesten Teile des »Horologium mirabile Lundense« stammen aus dem Jahr 1424, 1923 wurde das Uhrwerk sorgsam restauriert – und dabei der Kalender für weitere 200 Jahre aktualisiert. Angezeigt werden nicht nur die Stunden auf einer 24-Stunden-Uhr und die Mondphasen, sondern auch die Tierkreise.

★★

◄ Horologium mirabile Lundense

Lund Orientierung

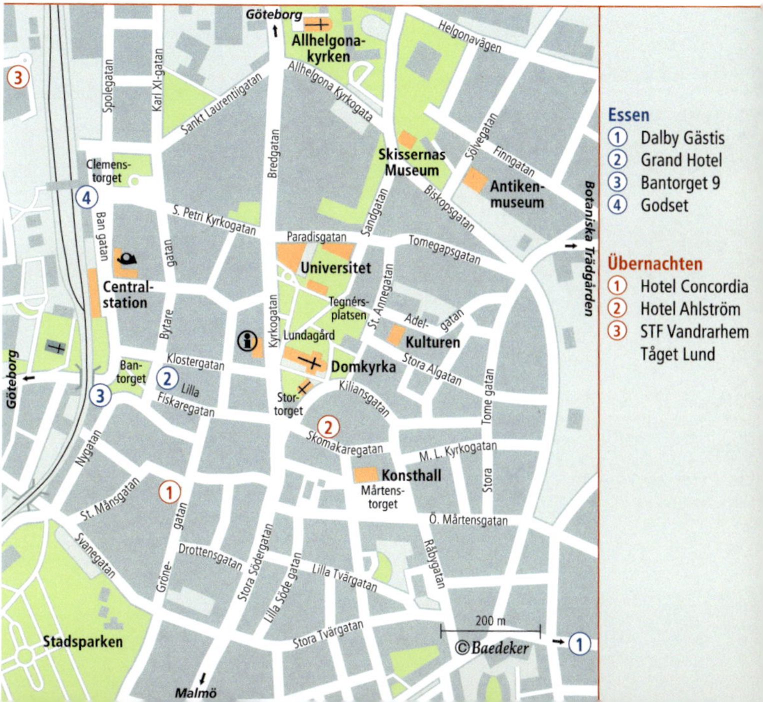

Den **Chor** beherrscht ein fast 6 m großes Christusmosaik, das der dänische Künstler Joakim Skovgaard 1925–1927 ausführte. Den geschnitzten Hochaltar von 1398, einer der ältesten gotischen Retabeln Schwedens, zieren 40 Figuren. Aus der gleichen Zeit stammt auch das Chorgestühl aus Eichenholz, das bis heute in Gebrauch ist. Der 3,5 m hohe, siebenarmige Leuchter wurde vermutlich in Hamburg Ende des 15. Jh.s hergestellt. Johannes Ganssog aus Frankfurt an der Oder schuf 1592 die **Kanzel** als Meisterwerk aus Alabaster, Sand- und Kalkstein. Die 1934 eingeweihte **Orgel** ist mit 101 Registern und vier Manualen die größte des Königreichs. Sie erklingt mehrmals pro Jahr bei Konzerten.

? WUSSTEN SIE SCHON ...?

- ... dass in Lund zahlreiche berühmte Künstler geboren wurden? Aus Lund stammen die Schauspieler Max von Sydow (*1929), Jan Malmsjö (*1932) und Torkel Petersson (*1969), die sieben Mal verheiratete Erziehungsikone und Bestseller-Autorin Anna Wahlgren (*1942), der populäre Schweden-Rapper Timbuktu (*1975) und der erfolgreiche Krimiautor Per Wahlöö (1926–1975, ►Special Guide S. 4).

Historiska museet med Domkyrkomuseet

Altarbilder, liturgische Gewänder und andere Zeugnisse aus der fast 800-jährigen Geschichte der Kirche birgt das **Dommuseum**, das direkt mit dem bereits 1805 gegründeten **Historischen Museum** verbunden ist. Seine Sammlungen zeichnen die Entwicklung der Menschheit von der Prähistorie bis ins Mittelalter unter dem Blickwinkel der Sozialgeschichte nach. Höhepunkte sind ein gut erhaltenes Bronzehorn, Grabfunde aus der Wikingerzeit und die auf 1300 datierte **Madonna von Östra Tommarp** (Öffnungszeiten: Di. – Fr. 11.00 – 16.00, So. 12.00 – 16.00 Uhr, www.luhm.lu.se).

Weitere Sehenswürdigkeiten in Lund

Lundagård

Zwischen Dom und Universität erstreckt sich der Lundagård, ein Park mit alten Bäumen, die Carl Hårlemann Mitte des 18. Jh.s anpflanzen ließ. Westlich erhebt sich das turmgeschmückte **Kungshus** aus dem 16. Jahrhundert. Der Überlieferung nach soll hier der schwedische König Karl XII. die Wendeltreppe hinaufgeritten sein, als er, von Feldzügen auf dem europäischen Festland kommend, sein Lager in Lund aufschlug.

Tegnérsplatsen

An der Südostecke des Lundagård grüßt auf dem Tegnérplatz das Standbild des schwedischen Romantikers **Esaias Tegnér** (1782 bis 1846). Die Wohnung des Dichters an der Stora Gråbrödersgatan 11 ist ein Museum (Öffnungszeiten: Juli, Aug. Sa. 12.00–15.00 Uhr). Den Tegnérplatz beherrscht Schonens größter Museumskomplex »Kulturen«. Eine Unterführung verbindet die kulturhistorischen Sammlungen im klassizistischen Haupthaus mit dem 1892 eröffneten **Freilichtmuseum**, das mit 43 Bauten die Wohnkultur von Stadt und

★ ◄ Kulturen

← *Zum Lobe des Herrn erklingt die Astronomische Uhr im Dom von Lund.*

Land seit dem Mittelalter lebendig hält. Zum Ensemble gehört auch die **Hökeriet** an der Ecke St. Annegatan/Tomegapsgatan, ein nostalgischer Kramladen, bis unter die Balken gefüllt mit Haushaltswaren, Leckereien, Kitsch und Kunst aus der guten alten Zeit (Öffnungszeiten: Mitte April – Ende Sept. Di. – So. 11.00 – 17.00, sonst 12.00 bis 16.00 Uhr, www.kulturen.com).

Konsthall Südöstlich vom Lundagård zeigt die **Kunsthalle** am Mårtenstorget moderne schwedische Kunst und Sonderausstellungen (Öffnungszeiten: Di., Mi., Fr., So. 12.00 – 17.00, Do. bis 20.00, Sa. ab 10.00 Uhr, www.lundskonsthall.se).

Universitet Von 1438 bis 1537 gab es in Lund die erste Hochschule Skandinaviens. 1882 wurden die heutigen Universitätsgebäude im Norden des Lundagård im klassizistischen Stil erbaut. Über die Geschichte der Hochschule seit 1666 informiert das **Universitätsmuseum**. Weiter nördlich kann man in der neogotischen Universitätsbibliothek von 1901 wertvolle Handschriften aus dem 12. Jh. bewundern. Östlich in der Sölvegatan sind im **Antikenmuseum** griechische und römische Skulpturen ausgestellt (Öffnungszeiten: Mo. – Fr. 9.00 – 14.00 Uhr). Ebenfalls zur Universität gehört das **Skissernas Museum – Arkiv för dekorative Konst**, das mit mehr als 25 000 Entwürfen und Modellen die Entstehung monumentaler Kunst im öffentlichen Raum dokumentiert (Öffnungszeiten: Di. – So. 12.00 bis 17.00, Mi. bis 21.00 Uhr, www.adk.lu.se).

> **! *Baedeker* TIPP**
>
> **Handgemacht**
>
> Skånekraft nennt sich der Zusammenschluss von rund 20 Kunsthandwerkern aus Lund, die mit Keramik, Textilien, Silber und Glas arbeiten. Ihre gelungensten Arbeiten zeigt eine Verkaufsgalerie, die auch als Ausstellungsraum genutzt wird (Östra Mårtensgatan 3, 046 / 14 47 77, www.skanekraft.com).

Umgebung von Lund

Dalby Die um 1060 gegründete **Heligkorskyrka** von Dalby, 17 km südöstlich von Lund an der Landstraße 16, zählt zu den ältesten Steinkirchen des Nordens. Hinter der weiß getünchten Fassade birgt das Innere ein Sandstein-Taufbecken aus dem 12. Jh. mit großen Tier- und Menschenköpfen im Sockelbereich sowie Reliefs an den Seiten, die u. a. die Taufe Christi zeigen. Das Chorgestühl entstand im 15. Jh., Altar und Kanzel wurden im 18. Jh. gefertigt.

Der kleine Nationalpark **Dalby Söderskog** schützt seit 1918 auf 36 ha einen Laubwald, der sonst eher weiter südlich anzutreffen ist. Erlen, Eichen und Eschen, Ulmen, Buchen, Rosskastanien und Salweiden wachsen hier. Im Frühling blühen Butterblumen und Buschwindröschen, Goldstern und Scharbockskraut auf dem kalk- und kreidereichen Waldboden. Um die einzigartige Vegetation zu schonen, wurden zahlreiche Wanderstrecken als Plankenwege angelegt.

Häckeberga Slott

◄ www.hackebergaslott.se

Das Märchenschloss, 1872–1975 auf einer Insel im Häckebergasee erbaut, ist schwedischen Fernsehzuschauern aus der beliebten Samstagsserie »Stjärnorna på Slottet« (Sterne im Schloss) bekannt. Heute lädt der Neorenaissancebau aus rotem Backstein und hellem Putz zum Schlemmermahl im Schlossrestaurant und zur noblen Übernachtung. Vorher sollten Sie aber ein Gläschen des berühmten Mackmyra Whisky kosten, der im Keller lagert.

Bosjökloster Slott

Öffnungszeiten: Mai–Sept. tgl. 10.00–18.00

www.bosjokloster.se

Auf einer Landzuge im Ringsee erhebt sich 32 km nordöstlich von Lund strahlend weiß das **Schloss Bosjökloster**, das 1080 von Benediktinerinnen als Kloster gegründet wurde und heute im Besitz der Familie Bonde af Björnö ist. Giebeldächer zieren den Bau mit einem Museum zur Geschichte der Nonnen und Räumen für wechselnde **Kunstausstellungen**. Auf den Terrassen rund um das Schloss blühen im Frühjahr Narzissen, Tulpen, Pfingstrosen und Lilien, den Schlosshof rahmen Buchsbaumhecken Rosen und Hortensien ein. Den Eingang zum Park, in dem man zwischen Ponys, Lamas und Ziegen spazieren gehen kann, markiert eine 1000-jährige Eiche.

✶ Skånes Djurpark

Lämmer, Ziegen, Kaninchen und Kälber – der Streichelzoo von Skånes Djurpark, 10 km nordöstlich von Bosjökloster hinter Höör, verspricht Spaß für die ganze Familie. Erleben Sie die nordische Tierwelt mit 75 einheimischen Arten, darunter **Wölfe, Elche, Luchse und Adler**. Und auch die Bären haben fast jedes Jahr Nachwuchs! Von Mai bis Mitte Aug. sind zudem zwei 70 m lange Wasserrutschen in Betrieb (Öffnungszeiten: Mai–Aug. tgl. 9.00–17.00, Sept., Sa., So. nur bis 15.00, sonst tgl. 9.00–15.00 Uhr, www.skanesdjurpark.se).

✶ Nationalpark Söderåsen

Dass Skåne nicht nur sanft gewellt ist und auch dramatische Landschaften besitzt, beweist 50 km nordöstlich von Lund der 2001 eingerichtete Nationalpark Söderåsen mit steilen Schluchten und Tälern, die bei Skäralid beim **Aussichtspunkt Kopparhatten** fast 90 Höhenmeter überwinden. Geradezu sagenhaft ist auch die Entstehung: Der Riese Alle habe einst einen Sack mit Kies auf seinem Rücken getragen, mit dem er eine Brücke nach Dänemark bauen wollte. Doch der Sack hatte ein Loch, der Kies rieselte hinab und bildete den Bergrücken. Geologen zufolge ist die Hügelkette vor 150 Mio. Jahren bei einer Senkung des umliegenden Landes entstanden. Heute bedeckt Buchenwald den Fels, zahlreiche Flüsse wie der fischreiche Skärån bahnen sich ihren Weg durch die Schluchten. Marder und Dachse leben im Unterholz, Mäusebussarde ziehen am Himmel ihre Kreise. Über das 1625 ha große Schutzgebiet informiert die Ausstellung **Skäralids Naturum** bei Ljungbyhed (Öffnungszeiten: Feb.–April, Okt., Nov. Di.–So. 11.00–16.00, Mai–Sept. Mo.–Fr. 10.00–16.00, Sa., So. 10.00–18.00 Uhr, www.nationalpark-soderasen.lst.se). Wer den Nationalpark per GPS erwandern oder zur **Geocaching-Schatzsuche** starten will, kann sich Navigationsgeräte beim Touristenbüro ausleihen (Tel. 04 35 / 913 53, www.soderasen.com, www.geocaching.com).

★★ Mälaren · Mälarsee

G/H 5

Landschaft: Södermanland, Uppland und Västmanland

Mehr als 1000 Inseln machen den verschlungenen Mälarsee zu einem der beliebtesten Ferienziele Schwedens. Mit ► Stockholm an seiner Ostseite war der See schon früh für den Adel attraktiv, der hier stattliche Schlösser und Herrensitze errichten ließ. Die zugehörigen Ländereien wurden nie bebaut, deshalb ist auch heute um den See noch sehr viel Grün zu finden.

Labyrinth aus Wasser und Land

Der mit 1140 km² **drittgrößte See Schwedens** erstreckt sich von der Ostsee, mit der er durch eine Meerenge verbunden ist, fast 120 km landeinwärts. Die Ufer des bis zu 50 km breiten Sees sind durch zahlreiche Buchten, Inseln und Wasserarme zergliedert. Bis zur Wikingerzeit war der **»Mälaren«** eine Ostseebucht, erst durch die postglaziale Landhebung wurde er ab dem 10. Jh. allmählich vom Meer getrennt. Heute liegt die Seeoberfläche rund 70 cm über der Ostsee.

Sehenswertes am Mälarsee

Södertälje

www. sodertalje.se ►

Södertälje, gegründet als Handelsplatz der Wikinger, ist als Exilstadt Tausender Iraker und Syrer bekannt – die 22 000 Flüchtlinge stellen mehr als ein Drittel der Bevölkerung. Hauptarbeitgeber ist **Scania**, größter Nutzfahrzeughersteller der Welt, der in Södertälje mit Hauptverwaltung, Forschung, Entwicklung und Produktion ansässig ist. Am Stadtrand liegt Scanias Teststrecke. Auch Volkswagen hat in der Industriestadt seine Schweden-Zentrale. Berühmtester Sohn der Stadt ist der ehemalige Tennisspieler **Björn Borg**. Am Stortorget stehen die **St.-Ragnhild-Kirche** mit Überresten aus dem 13. Jh. und das 1965 erbaute Rathaus, dessen Vorgängerbau an den Kanal versetzt wurde. Das **Torekällbergets Friluftsmuseum** lässt seit 1929 in seinen Bereichen Stadt und Land den Alltag zwischen 1800 und 1915 wieder aufleben. Ein Erlebnis ist das Mittsommarfest im Open-Air-Museum (Öffnungszeiten: Juni – Aug. tgl. 10.00 – 18.00, Sept. – Mai 10.00 bis 16.00 Uhr).

Mit mehr als 600 Experimenten lässt sich im Wissenschaftszentrum **Tom Tits Experiment** an der Storgatan 33 die Faszination der Technik erleben (Öffnungszeiten: Mo. bis Fr. 10.00 – 16.00, Sa., So. 10.00 bis 17.00 Uhr, www.tomtit.se).

? WUSSTEN SIE SCHON ...?

- ... dass zahlreiche Szenen aus Inga-Lindström-Filmen wie »Wind über den Schären«, »Die Farm am Mälarsee« oder »Sprung ins Glück«, die von Millionen Zuschauern im ZDF verfolgt wurden, in Sörmland und rund um Strängnäs und Mariefred gedreht wurden? Unter http://ingalindstrom.se zeigt eine Karte sämtliche Drehorte; lesenwert ist auch das Interview mit Regisseur Dieter Bächle.

★ **Tullgarn Slott**

Führungen: Juni – Aug. Di. – So. 11.00 – 16.00

www. kungahuset.se

Das Lieblingsschloss von Gustav V. und **Sommerresidenz der königlichen Familie bis 1950** wurde um 1720 südlich von Södertälje bei Trosa an einer Ostseebucht errichtet und gehört zu den bekanntesten Inga-Lindström-Drehorten. Höhepunkte der 43 m langen, zweiflügeligen Schlossanlage sind die Suite im Stil des schwedischen Klassizismus, das Frühstückszimmer im Stil der süddeutschen Renaissance und eine einzigartige Sammlung original holländischer Kacheln. Der englische Garten stammt aus dem frühen 19. Jh., gebadet werden darf an der Königlichen Brücke. Den Hunger stillt das **Gasthaus Tullgarn** mit frischem Fisch oder Wildschweinfilet, im Hofstall von Königin Viktoria werden Kaffee und Kuchen serviert.

★★ **Birka Vikingastaden**

Öffnungszeiten: Mai – Sept, Mo. – Fr. 10.00 – 16.00 Sa., So. bis 17.00

www.raa.se/birka

Mit seinen Zeugnissen über und unter der Erde gehören Birka auf der Insel Björko und Hovgården auf der Nachbarinsel Andelsö zu den besterhaltenen **Handelsplätzen der Wikinger**. Seit 1995 sind sie **UNESCO-Weltkulturerbe**. Auf der Adelsö ließ der König in Ergänzung zum Handelsplatz für sich und sein Gefolge einen Königshof erbauen, den **Hovgården**. Birka wurde um 760 gegründet. Während Birkas Blütezeit lebten bis zu 1000 Menschen in der befestigten Stadt. Handwerker stellten begehrte Tausch- und Handelswaren her. Das Rohmaterial lieferten das Mälartal und die Wälder des Nordens. Eisen und Felle wurden gegen arabisches Silber und Perlen aus Osteuropa getauscht. 829 kam der Benediktinermönch Ansgar im Auftrag Kaiser Ludwigs des Frommen nach Birka, und zahlreiche Bewohner ließen sich taufen. Von dem über 200 Jahre lang währenden Stadtleben auf der Insel zeugen heute nur noch Reste von Verteidigungsanlagen, starke Erdwälle mit Toröffnungen.
Im Norden grenzt mit 3000 Grabhügeln der größte Friedhof der Wikingerzeit an die einstige Stadt. Wie der Hafen, das Handwerksviertel und der Königshof auf Adelsö einst ausgesehen haben, vermitteln anschaulich drei große Modelle im **Birka Museum**. Rekonstruiert wird auch die einstige Siedlung, dabei werden nur Werkzeuge und Techniken der Wikinger verwendet. Fünf Häuser sind bereits fertiggestellt.

Von der Wikingerzeit erzählt ein Runenstein aus dem 11. Jh. in Mariefred vor Schloss Gripsholm.

Die idyllische Kleinstadt **Mariefred** westlich von Södertälje geht auf das 1493 gegründete **Kartäuserkloster** Pax Mariae zurück, das bis zur Reformationszeit bestand. Der Ort wird seit

MÄLARSEE ERLEBEN

AUSKUNFT

Eskilstuna Turistbyrå
Rademachergatan 50
SE–63186 Eskilstuna
Tel. 016 / 10 70 00, www.eskilstuna.se

Mariefred Turistbyrå
Rådhuset, SE–64730 Mariefred
Tel. 01 59 / 297 95, www.strangnas.se

Sigtuna Turistbyrå
Storgatan 33, SE–19323 Sigtuna
Tel. 08 / 59 48 06 50, Fax 08 /59 48 06 59
www.sigtuna.se, www.sigtunaturism.se

Strängnäs Turistbyrå
Västerviken, Storgatan 38
SE–64530 Strängnäs
Tel. 01 52 / 296 99, www.strangnas.se

RITTERTURNIER

Ende Juli finden die *Skoklosterspiele* im gleichnamigen Schloss statt, ein fünftägiges Spektakel mit Rittern, Musik und bunten Turnieren.

! *Baedeker* TIPP

Mit dem Dampfschiff

Sehr nostalgisch ist die Anreise von Stockholm zum Schloss Gripsholm mit dem 1903 erbauten Dampfer *»Mariefred«*. Fahrzeiten: Mitte Mai–Anfang Sept. Di.–So. 10.00 ab Stockholm, 13.30 an Mariefred; 16.30 ab Mariefred, 20.00 Uhr an Stockholm (www.mariefred.info).

ESSEN

▸ Fein & teuer

Oaxen Krog
Auf der Insel Oaxen in der Himmerfjärden-Bucht, Mini-Fähre ab Mörkö, Tel. 08 / 55 15 31 05
www.oaxenkrog.se
In Thymian glasierte Lammschulter auf Pfifferlingpüree – mit den Kochkünsten von Magnus Ek gelang dem Edel-Krog 2009 der Sprung unter die 50 weltbesten Restaurants, die das britische Magazin »Restaurant« alljährlich nach einer Umfrage unter Gastronomen veröffentlicht. Trotz hoher Preise für die köstlichen Menüs (sie sind es wert!) muss man vorher reservieren.

▸ Erschwinglich

Baedeker-Empfehlung

Jernberghska
Rademachergatan 48, Eskilstuna
Tel. 016 / 14 65 05, www.jernberghska.se
Sanfte Jazzklänge von Miles Davis, Charlie Parker oder Chet Baker, Kerzenlicht und französisch inspirierte Küche: Romantischer kann man in Eskilstuna nicht speisen.

▸ Preiswert

Café Tingsgården
Rådhustorget 2, Eskilstuna
Tel. 016 / 14 20 70
www.cafetingsgarden.se
Mit hausgemachtem Kuchen und herzhaften Spezialitäten ist das charmante Café im nostalgisch-gelben »Hedströmska huset« von 1856 ein beliebter Mittagstreff. Im Sommer schmeckt der Lunch auch im Hof.

Konditori Fredman
Kyrkogatan 11, Mariefred
Tel. 01 59 / 121 10
Etwas für Gaumen und Auge sind die grünen Marzipantorten.

Café Ångbåtsbron
Strandvägen, Strängnäs
Tel. 01 52 / 184 00

GRIPSHOLMS SLOTT

★★ Wohl kein Ort hat das Schwedenbild der Deutschen so nachhaltig geprägt wie das 1931 von Kurt Tucholsky in seiner Sommerlieben-Novelle beschriebene »Schloss Gripsholm«. Bo Jonsson Grip ließ um 1383 eine erste Burg auf der Insel im Mälarsee errichten, die aber niedergebrannt wurde. Renaissancefürst Gustav I. Wasa baute Schloss Gripsholm, Karl XV. war der Letzte, der das romantische Bilderbuchschlösschen bis 1864 bewohnte.

Öffnungszeiten:
Mitte Mai – Mitte Sept. tgl. 10.00 – 16.00,
Mitte Sept. – Nov. Sa., So. 12.00 – 15.00 Uhr
www.kungahuset.se, www.royalcourt.se

① Wasa-Burg

Das Schloss wurde 1537 – 1545 auf Initiative von Gustav I. Wasa als Teil eines neuen landesweiten Verteidigungssystems erbaut. Gleichzeitig sollte Gripsholm als repräsentative Residenz des Renaissancefürsten dienen.

② Theaterturm

Eine neue Glanzzeit erlebte das Schloss unter dem »Theaterkönig« Gustav III., der 1782 in einem der Renaissancetürme ein exklusives Schlosstheater einrichten ließ. Aus derselben Zeit stammt auch der Runde Salon mit Porträts von Gustav III. und den Regenten seiner Zeit.

③ Großer Reichssaal

Im Renaissancestil Gustav I. Wasas ausgeführt mit einer Kassettendecke aus dem Jahr 1570. Hier hängen Porträts des Renaissancefürsten und anderer europäischer Monarchen seiner Zeit.

④ Schlafzimmer Gustavs III.

Zunächst für Christina II. eingerichtet, u. a. mit japanischer Lacktruhe, Elfenbeinspiegel und Standuhr.

⑤ Statthalterflügel

Der Anbau wurde 1690 ergänzt.

⑥ Kavalierflügel

In der Regierungszeit Gustavs III. kam in der zweiten Hälfte des 18. Jh.s dieser Flügel mit 28 Gästezimmern und vier Halbetagen hinzu.

⑦ Hauptmannflügel

Zwischen 1550 und 1590 wurde der Eingangsbereich um eine rechtwinklige Gebäudegruppe erweitert. Seit 1596 befindet sich das Haupttor an dieser Stelle.

Gripsholm – Märchenschloss am Mälarsee

Wenn es an der Dampferanlegestelle nach Zimt und frisch Gebackenem duftet, sollten Sie die süßen Stückchen unbedingt probieren. Genau das Richtige für einen Sommertag.

ÜBERNACHTEN

► Luxus

Gripsholms Värdshus & Hotel
Kyrkogatan 1, SE – 64723 Mariefred
Tel. 01 59 / 347 50, Fax 01 59 / 347 77
www.gripsholms-vardshus.se, 45 Z.
Am 13. Februar 1609 erhielt Jocim Smock die erste Konzession für das älteste Wirtshaus Schwedens, heute eine exquisite Nobelherberge mit Blick auf Schloss Gripsholm. Buchen Sie einen Kochkurs, entspannen Sie sich nach einer Wanderung vor dem prasselnden Feuer des offenen Kamins oder nehmen Sie an einer Weinprobe im Gewölbekeller aus dem 15. Jh. teil.

Sundbyholms Slott
9 km nordöstl. von Eskilstuna am Mälarsee, Tel. 016 / 42 84 00
www.sundbyholms-slott.se
Die sechs Luxussuiten im Herrenhaus sind wie gemacht für ein romantisches Wochenende zu zweit. Genießen Sie eine Partie Golf auf dem benachbarten 18-Loch-Platz (www.sundbyholmsgolf.se), den Afternoon Tea am Kamin oder ein Gourmet-Dinner im Restaurant. Ganz in der Nähe säumt einer der wenigen Sandstrände das Ufer des Mälarsees.

Ulvhälls Herrgård
Ulvhälls Allé, SE – 64540 Strängnäs
Tel. 01 52 / 186 80, Fax 01 52 / 177 97
www.ulvhall.se, 13 Zi.
Pompöses Gutsherrenhaus. Im Speisesaal fühlt man sich unter Kristallleuchtern wie um 1900. Spartipp: Wochenendpaket mit Vier-Gänge-Abendessen.

► Komfortabel

Hotel Laurentius
Östra Strandvägen 12
SE – 64530 Strängnäs
Tel. 01 52 / 104 44, Fax 01 52 / 104 43
www.hotellaurentius.com, 12 Zi.
Kleines Hotel in einem historischen Holzhaus am Mälarsee und doch nur wenige Fußminuten vom Zentrum entfernt

Baedeker-Empfehlung

Sigtuna Stads Hotell
Stora Nygatan 3, SE – 19330 Sigtuna
Tel. 08 / 59 25 01 00, Fax 08 / 59 25 15 87
www.sigtunastadshotell.se, 26 Z.
Perfekt kombiniert: das Ambiente von 1909 mit skandinavischen Designklassikern in 26 wunderschönen Zimmern mit Blick auf den See. Für besondere Anlässe: das 6-Gänge-Menü mit Hummer, Wild und hausgemachtem Apfel-Vanille-Eis.

Quality Hotel Park
Saltsjötorget, SE – 15171 Södertälje
Tel. 08 /550 265 00
Fax 08 /550 265 66
www.parkhotell.com
Modernes Haus im Herzen der Stadt mit ausgezeichneter Küche – Andreas Ericson hat auch schon für Gripsholms Värdshus gekocht.

► Günstig

Låsta Rum & Frukost
6 km außerhalb von Strängnäs
Tel. 0705 / 59 22 60, www.lastad.se/de
Sieben nette, behindertengerechte Familienzimmer gehören zu dem kleinen Bauernhof der Familie Wetterberg. In der Dämmerung grasen Rehe, Hirsche oder Elche vor den Fenstern des im Schwedenrot gestrichenen Gehöftes aus dem 16. Jh.; tolles Frühstück.

1624 überragt von der auf einem bewaldeten Hügel thronenden Kirche. Unterhalb säumen malerische Holzhäuser die engen Gassen der Altstadt. Nach einem Großbrand 1682 wurde die Stadt mit eingeschossigen Holzhäusern wieder aufgebaut.
Am Marktplatz nördlich der Kirche beherbergt das **Rathaus**, ein attraktiver Holzbau von 1784, das Touristenbüro. Im ehemaligen **Gripsholm Kungsladugård** zeigt heute ein internationales Zentrum für grafische Kunst wechselnde Ausstellungen. 1895 wurde die Bahnlinie nach Mariefred eröffnet; heute wird die Östra Södermanlands Järnväg als älteste **Schmalspurbahn** Schwedens von einem Museumsverein betrieben (mehrmals tgl. Fahrten auf der Strecke Mariefred-Läggesta, Dauer ca. 45 Min., www.oslj.nu).

Tucholskys letzte Ruhestätte

Der Friedhof von Mariefred liegt nordöstlich außerhalb des Zentrums. Hier ruht der deutsche Schriftsteller **Kurt Tucholsky**, der im Sommer 1929 in Mariefred wohnte und hier den Stoff für seine Sommergeschichte »Schloss Gripsholm« fand. Später kehrte er als Emigrant nach Schweden zurück und nahm sich 1935 schwerkrank in Hindås bei Göteborg das Leben. Sein schlichtes Grab unter einer alten Eiche ziert das Goethe-Zitat »Alles Vergängliche ist nur ein Gleichnis.«

★★ Gripsholms Slott

Auf einer Insel im Mälarsee thront malerisch Schloss Gripsholm. Es spielte in der Geschichte des Landes mehrmals eine Rolle, so 1809, als König **Gustav IV. Adolf** hier zur **Abdankung** gezwungen wurde. Im Sommer gibt es die Möglichkeit, das Schloss auf eigene Faust oder mit Führung zu besichtigen (Öffnungszeiten und 3-D-Abb. ►S. 216, Anreise mit dem Schiff S. 214).

Åkers Styckebruk Skottvång

Ein Fahrradweg verbindet Mariefred mit Åkers Styckebruk, das aus einer 1580 gegründeten Kanonengießerei von Herzog Karl, dem späteren König IX., entstand. Über die Ortsgeschichte und die Gießerei informiert das **Bruksmuseum** (Öffnungszeiten: Ende Mai – Aug. Fr. – So. 13.00 bis 16.00 Uhr, Juli tgl., www.akershembygd.se).
Ebenso alt ist der Betrieb, der das Pulver für die Kanonen lieferte, die Åkers Krutbruk. Das Erz für den Kanonenbau kam aus den Gruben der Region wie **Skottvång**, wo heute im Värdshuset der **Skottvångs Grufva** erstklassige Küche und wundervolle Konzerte geboten werden (www.skottvangsgrufva.se).

! *Baedeker* TIPP

Wandern auf dem Sörmlandsleden

Åkers Styckebruk ist Station auf dem *Sörm-landsleden*, mit mehr als 1000 km das längste Wanderwegenetz Schwedens. Mit rund 100 Sektionen lädt er ein, das seenreiche Södermanland auf Tagestouren von 3 bis 17 km Länge zu Fuß zu entdecken. Die Startpunkte sind gut mit öffentlichen Verkehrsmitteln zu erreichen, unterwegs gibt es zahlreiche Rast- und Schutzhütten, Zeltplätze, Feuerstellen und Plumpsklos (www.sormlandsleden.se).

Weit über die Grenzen Schwedens hinaus ist die roße Staatliche Porträtsammlung ekannt, in der berühmte Persön-ichkeiten von Gustav I. Wasa bis ute zu sehen sind, darunter auch elma Lagerlöf, Greta Garbo, Olof lme und die königlichen Familie. Das abgebildete Gemälde von Alexander Roslin (1715 – 1795) zeigt Gustav III. mit seinen Brüdern.

Im Museumsshop kann man das Gripsholmer Kronen-Porzellan nach Vorbildern aus dem 18. Jh. erwerben.

Gefängnisturm →

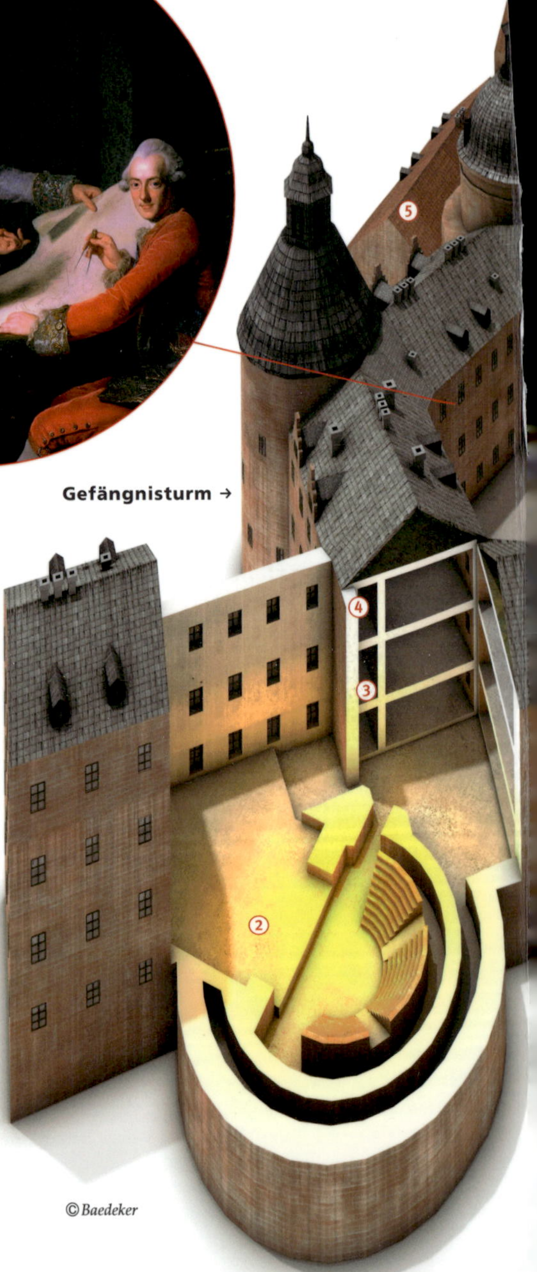

©Baedeker

Über dem Eingangstor halten die Folkunger-Löwen das schwedische Staatswappen.

Der kunstvoll verzierte Holzerker über dem Eingang im Wasaturm ist eine Schöpfung der 1890er-Jahre, als auch das dritte Stockwerk ergänzt

»Keiler« und »Bache« heißen die beiden Bronzekanonen im Schlosshof, die 1579 gegossen wurden und wahrscheinlich 1581 in der Schlacht von Narva gegen Russland zum Einsatz kamen. Seit 1623 stehen sie hier.

Strängnäs

◄ www.strangnas.se

►Hotels, S. 215

Die Anfänge von Strängnäs reichen bis in die Wikingerzeit zurück. Nach einem Brand 1871 wurden große Teile der Stadt am südlichen Ufer des Mälarsees neu errichtet. Nur einige Bereiche um den Dom und die Mühle waren vom Feuer verschont geblieben. Seit dem 12. Jh. ist die Stadt Sitz eines Bischofs, in dessen befestigter Residenz Roggeburg am **6. Juni 1523** Gustav Wasa zum König ausgerufen wurde. Der 6. Juni ist heute Nationalfeiertag in Schweden.

✶ ◄ Dom

Die stattliche Domkirche wurde 1291 geweiht, später mehrmals verändert und 1907 – 1910 restauriert. 1470 erhielt der dreischiffige gotische Backsteinbau seinen 96 m hohen Turm. Im Innern befinden sich u. a. die Gräber Sten Stures d. Ä., der 1503 verstarb, und des 1611 verschiedenen König Karls IX., dem Vater Gustav Adolfs. Zu sehen ist auch das **Kindergrab von Prinzessin Isabella**, der Tochter Johans III. – sie starb 1566, als ihr Vater im Gefängnis von Gripsholm saß. Der Schnitzaltar aus Flandern wurde 1490 in Brüssel vollendet und zeigt in geschlossenem Zustand Mariä Verkündigung und das Jüngste Gericht.

Ganz in der Nähe der Domkirche ließ Bischof Kort Rogge im 16. Jh. seine Residenz errichten. Heute birgt die **»Roggeborgen«** Teile der königlichen Bibliothek. Zu den wenigen Bauten, die den Stadtbrand von 1871 überstanden, gehört der **Grassagården** in der Kvarngatan 2, ein gut erhaltener Bürgerhof aus dem 17. Jh., der heute Heimatmuseum ist. Von der Gyllenhjelmsgatan schwärmte der Dichter Bo Setterlind: »Sie ist die **schönste Straße Schwedens**.«

◄ www.arsenalen.se

Bis 2011 entsteht in Strängnäs am Standort des erst kürzlich abgezogenen Panzerregimentes P 10 das neue Militärmuseum **»Arsenal«**, das neben einer umfangreichen Sammlung von Zinnfiguren und der Schwerpunktausstellung zum Kalten Krieg auch die Geschichte des Södermanland-Regimentes sowie die Entwicklung der Militärmusik und den Einsatz schwedischer Armeefahrzeuge erzählen wird.

✶ Eskilstuna

Schwedisches Solingen

Eskilstuna bildet das Bindeglied zwischen dem Mälarsee und dem Hjälmaren-See. Namensgeber war der englische Missionar Eskil, der im 11. Jh. im Handelsplatz Tuna begraben wurde. Die Anfänge der Eisenindustrie reichen in dieser Gegend bis ins 16. Jh. zurück. Karl X. Gustav beauftragte 1654 den Livländer Reinhold Rademacher, eine große **Eisenschmiede** einzurichten. Den Plan für die Schmiede lieferte Jean de la Vallée, der auch für die Stadtplanung von Eskilstuna zuständig war. Glasbläser zeigen in der Altstadt im alten Handelshof **Tingsgård** aus dem 18. Jahrhundert ihr Können.

Rademachersmedjorna

Die Industriegeschichte dokumentieren drei Museen. Im Freilichtmuseum Rademacherschmiede nordwestlich des Zentrums lassen sich Gold-, Silber- und Kupferschmiede in historischen Häusern aus dem 17. Jh. bei der Arbeit über die Schulter schauen (Öffnungszeiten: Mai – Sept. Di. – So. 11.00 – 16.00 Uhr, Rademachergatan 50).

Baedeker TIPP

Bunte Bilder

Einzigartig in Europa ist Eskilstunas Kinderbildarchiv, in dem seit 1977 nur Zeichnungen von Kindern gesammelt werden, die in Eskilstuna, Schweden und der ganzen Welt gemalt wurden (Svenskt Barnbildarkiv, Öffnungszeiten: Mo. – Fr. 10.00 – 16.00 Uhr, Portgatan 2, Munktellstaden).

Mit der Industriegeschichte des Ortes befasst sich das **Munktellmuseum** jenseits des Flusses. In der einstigen Fabrikhalle von Bolinder-Munktell, heute **Volvo**, stehen aufgereiht die Oldtimer der schwedischen Automobilgeschichte, darunter der erste schwedische Traktor aus dem Jahr 1913 (Öffnungszeiten: Mo – Fr. 10.00 – 16.00, Sa., So. 12.00 bis 16.00 Uhr, Munktellstorget, www. volvo.com). Im benachbarten **Faktorimuseet** wird jeden ersten Sonntag im Monat die Dampfmaschine angeworfen (Öffnungszeiten: Di. – So. 11.00 bis 16.00 Uhr, Faktorihomarna).

Parken-Zoo

Westlich außerhalb im weitläufigen Parken-Zoo warten Abenteuerland und Tiergarten. Spazieren Sie durch das Flamingotal und den Märchenpark und bewundern Sie die **weißen Tiger**, die hier gezüchtet werden (Öffnungszeiten: Mai – Sept. tgl. 10.00 – 16.00, am Wochenende bis 18.00 Uhr, www.parkenzoo.se).

Umgebung von Eskilstuna

★ Sigurdsristning

Knapp 10 km nordöstlich von Eskilstuna steht in einem der nördlichsten Buchenwälder Schwedens der berühmte **Runenstein** Sigurdsristning. Die Zeichnung auf dem Granitblock zeigt **Sigurd**, wie er den Drachen Fafnir tötet. Als er dessen Herz brät und sich dabei die Finger verbrennt, versteht er plötzlich die Sprache der Vögel. Sie verraten ihm, dass ein Zwerg seinen Bruder in jenen Drachen verzaubert habe. Die Rache: Sigurd enthauptet den bösartigen Gnom namens Reigen und wird dafür mit Gold überhäuft. Diese Episode aus der Volksunga-Sage wird auch in der »Edda« wiedergegeben.

★ Torshälla

Wo der Fluss Eskilstunaån in den Mälarsee mündet, befand sich einst ein Opferplatz für Thor. 1317 von König Birger I. mit Stadtrechten ausgestattet, war Torshälla lange Zeit bedeutender als Eskilstuna – erst mit dem Brand von 1798 und dem Bau des Kanals nach Eskilstuna im Jahr 1860 kehrten sich die Verhältnisse um. Seit 1971 ist der einst blühende Handelsort Teil der Großkommune Eskilstuna, konnte sich dabei jedoch einige Sonderrechte sichern.

Verwinkelte Gassen und formschönes Kunsthandwerk ►

Rund um den Rådhustorget, die Gassen St Olofs gränd, Birgersgatan, Lilla Gatan und im Südteil der Storgatan konnten zahlreiche Holzbauten aus dem frühen 19. Jh. bewahrt werden. Das Bürgerhaus **Bergströmska Gården** aus dem 18. Jh. in der Lilla Gatan 12 ist heute Sitz des Heimatmuseums. Neben der Kirche von Torshalla, deren Chor und Sakristei auf das 12. Jh. zurückgehen, gründete die Glaskünstlerin **Åsa Brandt**, deren Werke auch im New Yorker Museum of Modern Art zu bewundern sind, 1968 ihre Studioglashütte. 1999 folgte der Showroom Brandt Contemporary Glass. Gemälde, Keramik und Skulpturen des vielseitigen Künstlers Allan Ebeling (1897 – 1975) zeigt das **Ebelingmuseet** (Öffnungszeiten: Mi. – So. 12.00 – 16.00 Uhr, Eskilstunavägen 5), ferner Gemälde und Grafiken seiner Tochter Marianne Ebeling (1930 – 1979) sowie zahlreiche Fotos von Torshälla. Im Museumsgebäude hat auch der Keramiker **Rolf Berg** seine Werkstatt – seine Weihnachtsmänner gehören zu jedem schwedischen Weihnachtsfest.

◄ Stadtpark

In ein grünes Kunstwerk hat Georg Nyström (1861 – 1944) die Hänge des **Holmberget** verwandelt: Der Stadtgärtner schuf dort einen Stadtpark mit verschlungenen Wegen, Statuen und immer wieder neuen Ausblicken auf das alte Torshälla. Aussichtsreich ist auch der Klockberget. Zum Baden am Seeufer empfiehlt sich 5 km nördlich von Torshälla Mälarbaden.

◄ Bootsausflüge

Zwischen Torshälla und Eskilstuna verkehrt von Juni bis Aug. mehrmals pro Woche das in den 1950er-Jahren erbaute **Kanalboot M/S St Olof**. Eine Tour dauert rund 1,5 Std. (Infos Tel. 019 / 10 73 59). Auf dem **Hjälmaren Kanal**, der ältesten Wasserstraße Schwedens, ist das Motorschiff M/S Gustaf Lagerbjelke unterwegs (Arboga Rederi, Tel. 019 / 10 71 91, www.lager bjelke.com, zurück per Bus).

★★ Julita Gård

Öffnungszeiten:
Mai, Sept.
tgl. 10.00 – 16.00,
Juni – Aug.
tgl. 10.00 – 17.00,
www.nordiska
museet.se/julita

Der Julita-Hof am **Öljaren-See** 40 km südwestlich von Eskilstuna ist ein **intaktes Gut mit 350 Gebäuden**, darunter auch eine Ziegelbrennerei und eine Kirche. Gegründet wurde Julita als Zisterzienserkloster, 1527 enteignete Gustav Wasa die katholische Kirche, und Julita wurde königlicher Hof. 1630 machte der Österreicher Melchior Wurmbrandt Julita zu einer Waffenschmiede, in der leichte Feldartillerie, sogenannte Lederkanonen, hergestellt wurden. Später wechselte Julita als Besitz von Freiherrn und reichen Bürgern, 1877 kaufte es der wohlhabende Tabakhändler Johann Bäckström. Dessen kinderloser Sohn Arthur Bäckström vermachte das riesige Gut dem Nordischen Museum.

◄ Schloss und Mustergut

Heute ist Julita nicht nur ein Herrenhof, sondern auch Schwedens **Genbank** für Obst, Gemüse und traditionelle Rinder-, Schweine- und Gänserassen. Den Zeitgeist der verschiedenen Epochen spiegelt nicht nur die Architektur, sondern auch die Landschaftsgestaltung wider – mit einem streng gestutzten Versailles-Park des 17. Jh.s, einem naturnahen englischen Landschaftspark aus dem 18. Jh. und dem von Deutschland inspirierten Park des 19. Jh.s mit tropischen Pflanzen und Rondellen. Auf dem Gutsgelände wachsen zudem **340 Apfelbäume von 123 schwedischen Sorten**. Alljährlich im Juni wird hier groß das schwedische Midsommarfest gefeiert, eine Woche später ein großer Landwirtschaftsmarkt abgehalten.

◄ Petterson und Findus

Ein Muss für den Nachwuchs sind zwei Figuren, die hier leben: der eigenbrötlerische alte Mann Petterson und sein frecher Kater Findus aus den bekannten Kinderbüchern von Sven Nordquist. In **Pettersons Haus** – nachgebaut im Maßstab 1:45, damit die Kleinen sich größer fühlen – können Kinder die Tischlerwerkstatt und Küche besichtigen oder die Rutschbahn runtersausen. Sogar das Hühnerhaus ist vorhanden. Und wer länger bleiben will: In den Flügeln des gelb verputzten Gutshauses, das im 18. Jh. für eine polnische Adelsfamilie entstand, gibt es **Gästezimmer**. Im Restaurant steht **Tommy Myllymäki** am Herd, Schwedens Koch des Jahres 2007.

Västerås ►dort

✶ Enköping Enköping besaß einst das Privileg, den Königshof mit Gemüse zu versorgen, besonders die Meerrettichfelder machten die Stadt am Nordufer des Mälarsees bekannt. Heute ist die Stadt an der Mündung der Enköpingså für ihre **24 Parks** berühmt – jeder von ihnen hat sein eigenes Gesicht. Eindrucksvoll ist vor allem der Drömparken, in dem mehr als 220 Staudensorten mit verschiedensten Gräsern kombiniert sind. Entworfen hat den Park der Träume der holländische Gartenarchitekt **Piet Oudolf**, von dem auch die Gärten der Erinnerung in New York stammen. Regelmäßig werden Führungen durch die Grünanlagen angeboten (www.enkoping.se/parker). Kulturhistorisch bedeutsam ist die kleine Dorfkirche von **Härkeberga**, einem Weiler ca. 10 km nordöstlich von Enköping. Die hervorragend erhaltene, nahezu lückenlose gotische Ausmalung des Kirchleins mit biblischen Szenen aus dem 13./14. Jh. ist einzigartig.

! Baedeker TIPP

Lidingby Gård

Der Hof Lidingby, 9 km südöstlich von Enköping, ist seit acht Generationen im Besitz der Familie Vallin, die die Einkünfte aus der Landwirtschaft mit Angeboten für Gäste aufbessert. Sie können in roten Schwedenhäuschen auf dem Hof oder in der ehemaligen Funkstation von Vallby schlafen, im Holzofen Fladenbrote backen, Weine verkosten, im Mälarsee baden und angeln oder die Gegend mit dem Fahrrad erkunden (www.lidingby.nu).

Bålsta
Åberg-Museum

Öffnungszeiten:
Di., Mi.
11.00 – 15.00,
Do. – So.
11.00 – 17.00

www.
abergsmuseum.se

In einer renovierten Scheune in Bålsta bei **Håbo** haben der schwedische Künstler Lasse Åberg und seine Frau Inger im **Åberg-Museum** eine einzigartige **Disney-Sammlung** zusammengetragen. In der ersten Abteilung werden Spielzeug, Porzellan, Uhren, Bücher, Comic-Hefte und Sparbüchsen aus den Jahren 1928 bis 1938 gezeigt. In der eigentlichen Kunsthalle sind Originale berühmter Comic-Zeichner ausgestellt wie Burne Hogarth, der Tarzan zeichnete, und Hal Foster, der Prinz Eisenherz schuf. Zu sehen sind auch Yellow Kid und Mickey Dugan, der erste moderne Comic, der 1895 in der New York World erschien. Ausgestellt sind außerdem von Comics beeinflusste Kunstwerke von Pablo Picasso bis Keith Haring.

✶ Sigtuna

Schwedischer Holzhaustraum

Die idyllische Gartenstadt am Sigtunafjärden, einer nördlichen Verzweigung des Mälarsees, gehört neben ►Lund zu den ältesten Städten Schwedens und wurde bereits 980 von König Erik Segersäll ge-

Beschauliches Shopping: Sigtunas Ortskern ist autofrei.

gründet. Unter König Olov Eriksson, der englische Münzmeister ins Land holte, wurden ab 995 die **ersten schwedischen Münzen** mit der Aufschrift »Situne Dei« geschlagen. Mitte des 11. Jh.s wurde Sigtuna **Bischofssitz**, doch 1130 verlegte der Bischof von Svea seine Residenz in das nahe ► Uppsala. Verheerend wirkten sich 1187 der Überfall und die Brandschatzung durch die Esten aus. Erst 50 Jahre später hatte sich die Stadt erholt und gewann durch die Gründung eines Dominikanerklosters 1237 erneut an Bedeutung. Mitte des 12. Jh.s wurde der Bischofssitz nach Östra Aros verlegt. Die Reformation brachte die Schließung des Klosters, die Kirchen wurden bis auf die Marienkirche dem Verfall preisgegeben. Sigtuna versank in einen Dornröschenschlaf, aus dem es erst Mitte des 20. Jh.s erwachte. Heute ist Sigtuna eine betriebsame Schul- und Konferenzstadt, die durch den Bau des nahen Flughafens Stockholm-Arlanda weitere wirtschaftliche Impulse erhielt.

◄ www.sigtunaturism.se

►Hotel, S. 215

Zentrum

Im Sommer kommen zahlreiche Tagesurlauber mit dem Ausflugsboot von ► Stockholm oder ► Uppsala herüber, um durch die **Stora Gatan** zu bummeln mit ihren schmucken Holzhäusern, Cafés und Geschäften. Das angeblich **kleinste Rathaus Schwedens** ist auf 1744 datiert; seine Säle blieben seitdem unverändert (Öffnungszeiten: tgl. 12.00 – 16.00 Uhr, von Sept. bis Mai nur an Wochenenden).

Sigtuna Museum

Wo vor 1000 Jahren der Königshof von Erik Segersäll lag, stellt heute das Sigtuna-Museum Funde aus der **Wikingerzeit und dem frühen Mittelalter** aus (Öffnungszeiten: tgl. 12.00 – 16.00 Uhr, Sept. – Mai Mo. geschl., Stora Gatan 55, www.sigtunamuseum.se).

Mariakyrkan

Dominikanermönche waren im 13. Jh. die Bauherrn der kleinen **Marienkirche** am Altstadtrand. Im Innern des gotischen Backsteinbaus sind ornamentale Malereien aus der Erbauungszeit zu sehen.

✶ Skokloster

www.skoklostersslott.se ►

Das weithin sichtbare **Barockschloss** Skokloster, 22 km nordwestlich von Sigtuna, ist der größte, jemals in Schweden erbaute Privatpalast. Der weiße Vierflügelbau mit laternengekrönten Ecktürmen entstand auf dem Gelände eines 1244 gegründeten Zisterzienserkonventes, der jedoch 1574 bis auf die Kirche abgerissen wurde. Das zugehörige Gut erhielt 1611 der Feldmarschall Herman Wrangel. Sein Sohn Karl Gustav, der spätere Reichsadmiral und Reichsmarschall von Schweden, ließ während der schwedischen Großmachtzeit in den Jahren 1654 – 1657 das heutige Schloss zur **prunkvollen Residenz** ausbauen. Baumeister war zunächst Jean de la Vallée, später löste ihn Nicodemus Tessin d. Ä. ab. Für die Inneneinrichtung engagierte Wrangel Agenten, die in seinem Auftrag in Europa und Übersee Möbel, Tapeten, Kunstwerke, Bücher, Werkzeuge und Waffen einkauften. Nach dem Tod Wrangels übernahm die Familie Brahe das Schloss und verlieh einigen Sälen den Stil des 18. und 19. Jh.s.

Die gut erhaltenen Prunkräume mit kunstvollen Deckengemälden sind im Rahmen einer Führung zugänglich. Beeindruckend sind auch die Wrangelsche Rüstkammer voller Jagdgewehre und Schwerter und die Drechselkammer mit kunstvollen Drechselstücken und Drehmeißeln (Öffnungszeiten: Juli, Aug. tgl. 10.30 – 17.30, Juni Di. – So. ab 11.30 Uhr, April, Mai Di. – So. 11.30 – 16.00, Sept. Di. bis Fr. 12.30 – 16.30, Sa., So. 11.30 – 16.30 Uhr).

Im Spätsommer lässt Schloss Skokloster die rauen Sitten des Mittelalters wieder aufleben.

★ Malmö

C/D 1

Lage: Skåne / Schonen (Schweden) **Einwohnerzahl:** 285 000

Die Öresundbrücke bescherte Schwedens drittgrößter Stadt einen bis heute ungebrochenen Boom. Malmös Wandel vom Industriestandort zur modernen Metropole drückt sich in ambitionierten Bauprojekten wie Västra Hamnen, einer lebendigen Kunst- und Kulturszene und Schwedens jüngster Universität aus.

Stadtgeschichte

Erwähnt wurde Malmö bereits 1259 als Landungsplatz in der seichten Lomma-Bucht, wo Schiffe der Hanse auf Heringsfang gingen. Die Befestigungsanlagen ließ Dänenkönig Erich von Pommern erbauen. Seit dem Frieden von Roskilde **1658** gehört Malmö zu Schweden. Ihren Aufschwung im 18. Jh. hat die Stadt sowohl dem Hafen als auch Kaufmann Franz Suell (1744 – 1817) zu verdanken, dessen Standbild in der Norra Vallgatan grüßt. Weiteres Wachstum brachte 1856 der Bau der Eisenbahn nach ►Stockholm.

Seit den 1990er-Jahren wandelt sich Malmö von einer Industriehochburg zu einer **Metropole des Wissens**. 1998 wurde die jüngste Universität des Landes eingeweiht: Heute studieren an der Malmö University mehr als 21 000 Studenten aus aller Welt. 2005 wurde im ehemaligen Werftgebiet Västra Hamnen der 190 m hohe **»Turning Torso«** nach Entwürfen von Santiago Calatrava fertiggestellt, der den Wohn- und Büroturm vom Erdgeschoss bis zum 54. Stockwerk um 90° verdrehte. Bis 2011 wird ein neuer **Citytunnel** gebaut, der den Hauptbahnhof mit der Öresundbrücke verbinden soll. Die 11 km lange Direktverbindung soll nach über 100 Jahren Malmös isolierte Lage als Kopfbahnhof beenden und für schnellere Nord-Süd-Verbindungen sorgen. Für den Bau der neuen unterirdischen Bahnstation am Zentralbahnhof und der Haltestellen »Triangeln« am gleichnamigen Shoppingcenter sowie »Hyllie« am Stadtrand fräst sich seit 2004 eine 200 m lange Bohrmaschine durch den Malmöer Kalk im Untergrund, unbemerkt von Bürgern und Besuchern. Auch im Sport stürmt Malmö voran: Berühmter Sohn der Stadt ist der schwedische Fußballer und FC-Barcelona-Spieler Zlatan Ibrahimovic.

? WUSSTEN SIE SCHON ...?

- ... dass sich in Malmö zahlreiche Läden, Restaurants und Dienstleister der Vermarktung und Verwendung ökologisch erzeugter Produkte und dem fairen Handel mit den Entwicklungsländern verschrieben haben? Malmö wurde dafür 2006 als erste »Fair Trade City« Schwedens ausgezeichnet.

Sehenswertes in Malmö

★ Altstadt

Die meisten Sehenswürdigkeiten befinden sich innerhalb des Ringkanals, der die Altstadt umschließt, und sind daher gut zu Fuß erreich-

Malmö Orientierung

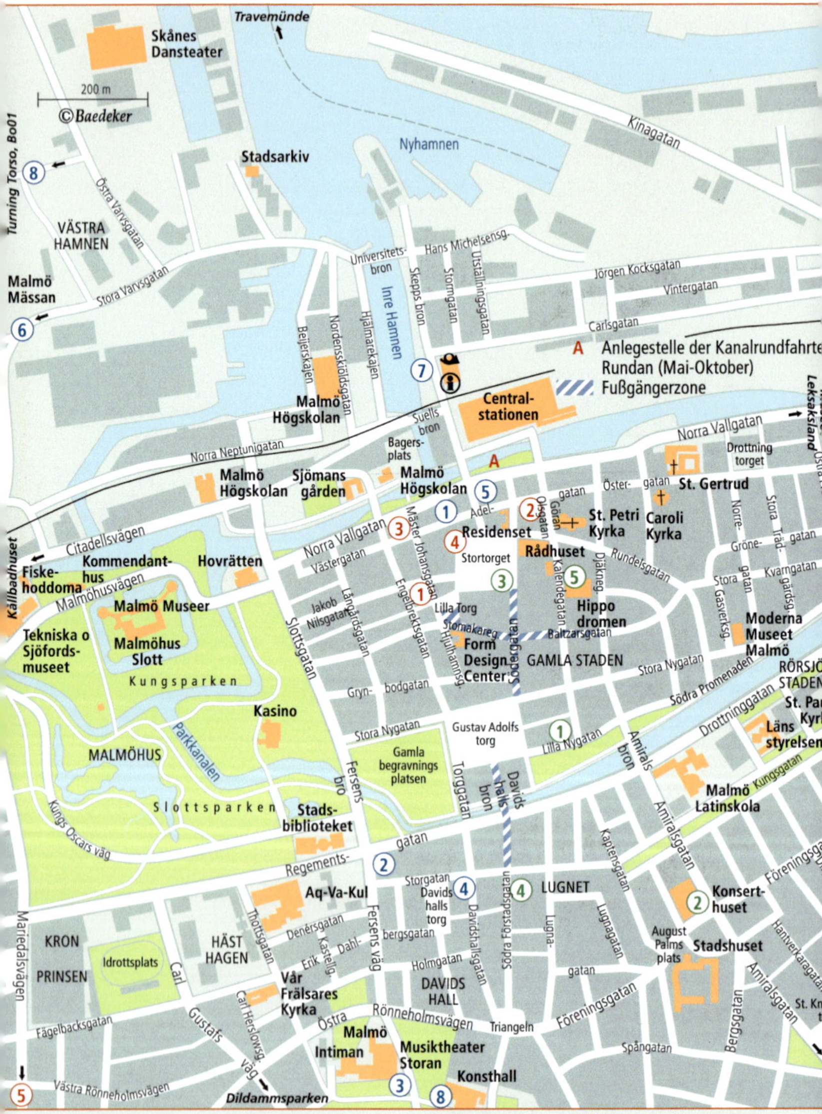

Essen

1. Årstiderna i Kockska huset
2. Atmosfär
3. Bloom in the Park
4. Mrs Brown
5. Vendel at Sturehof
6. Salt & Brygga
7. Skeppsbron 2
8. Torso Twisted
9. Smak

Übernachten

1. Renaissance Hotel Marriott
2. Ramada Mayfair
3. Hotel Duxiana
4. Scandic Hotel Kramer
5. Villa Hilleröd

Ausgehen

1. Club Privé
2. Crown Nattklubbar
3. Étage
4. Jazz i Malmö
5. Hipp

bar. Auf Geheiß von Jörgen Kock, dem einst mächtigen Bürgermeister und Münzmeister von Malmö, wurde 1536 der **Stortorget** als neuer Marktplatz angelegt. Den einstigen Standort des Stadtbrunnens markiert eine Bronzeskulptur. Die 1896 gegossene Reiterstatue zeigt **König Karl X. Gustav**, der die dänische Provinz Skåne 1658 nach dem Frieden von Roskilde mit Schweden vereinigte.

◄ Rådhuset

An der Ostseite des Stortorget, den stattliche Gebäude aus der Zeit um 1900 umgeben, erhebt sich das prachtvolle Renaissance-**Rathaus** von 1546, in dessen Keller seit dem 16. Jh. der Rådhuskällaren die Gaumen verwöhnt. Das einstige Wohnhaus des Bürgermeisters, das denkmalgeschützte **Kocksa Huset** mit reich verziertem Treppengiebel, ist Standort des Schlemmerlokals »Årstiderna & Kockska huset« (► S. 230). Hinter der Neorenaissance-Fassade des **Residenset** wohnt der Regierungspräsident. Am Stortorget 8 ist die **Lejonet Apotek** von 1890 erhalten.

Die **St. Petri Kyrka** an der Kyrkogatan entstand im 14. Jh. als gotischer Backsteinbau nach dem Vorbild der Lübecker Marienkirche. Das weiß verputzte Innere überspannen schmucklose Gewölbe, die Pfeiler zieren Epitaphe aus der Renaissance. Der Kirchenschatz ruht in einer Panzerglasvitrine im Nebenschiff. Zu den eindrucksvollsten **alten Bürgerhäusern** Malmös gehören das Flensburgska Hus von 1589 in der Södergatan 9, das Jörgen Kocks Hus von 1525 sowie das Rosenvingeska Hus von 1534 in der Västergatan 2 bzw. 5. Das Tunnelns Hus in der Adelgatan 4 ist auf 1519 datiert, das Diedenska Hus in der Östergatan 6 auf 1620, das benachbarte Thottska Hus auf 1558.

! *Baedeker* TIPP

Nöje für Nachtschwärmer

Nächtliche Vergnügungen, auf Schwedisch »nöje«, hat Malmö jede Menge zu bieten. Neben dem Theater an der Kalendegatan 12 verwöhnt im Hippodrom des 19. Jh.s ein preisgekröntes Restaurant die Sinne. Freitag und Samstag mutiert das ⑤ *Hipp* von 22.00 bis 3.00 Uhr früh zu einem der besten Nachtklubs der Stadt (So. geschlossen, Tel. 040 / 97 40 30, www.hipp.se).

★ Lilla Torg

Schönster Platz der Altstadt ist der Lilla Torg mit seinen **farbigen Fachwerkhäuschen** aus dem 16.–18. Jh. – ein dänisches Erbe. Im Sommer wird in den kleinen Straßenlokalen geschlemmt, gelacht und geflirtet, im Winter werden auf dem Platz zu Pop und Rock Pirouetten auf dem Eis gedreht.

★ ◄ Skandinavisches Design

Hinter einem Torweg versteckt sich der Hedmanska Gården – hier präsentiert und verkauft seit 1964 das **Form Design Center** skandinavisches Design von 50 Firmen – Klassiker von Georg Jensen, Marimekko, Kosta Boda und Orrefors, aber auch Werke junge Designer (Öffnungszeiten: Di. – Fr. 11.00 – 17.00, Do. bis 18.00, Sa. bis 16.00, So. 12.00 – 16.00 Uhr, www.formdesigncenter.com).

Kungsparken Slottsparken

Die Malmöer mieten sich gerne ein Tretboot und schippern ins Grüne, zum weitläufigen Gelände von Kungs- und Slottsparken westlich der Altstadt. Kungsparken, **Malmös ältester Park**, wurde 1872 von

MALMÖ ERLEBEN

AUSKUNFT

Malmö Turism
Centralstationen
SE–21120 Malmö
Tel. 040/34 12 00, Fax 040/34 12 09
www.malmo.se
www.malmotown.com

ANREISE

Der Flughafen *Malmö-Sturup*, 20 km östlich, ist zwar der drittgrößte Schwedens, doch an Kopenhagens internationalem Drehkreuz *Kastrup Lufthavn* ist Malmö weitaus besser angebunden. Nur 30 Minuten brauchen die Züge von dort zur Malmöer Centralstation. Das *Öresund-Rundt-Ticket* beinhaltet zwei Öresund-Überquerungen, ein Mal Brücke, ein Mal Fähre (►Baedeker Special S. 236).

MALMÖKORTET

Die bei Malmö Turism erhältliche *Malmökarte* für 1, 2 oder 3 Tage gewährt freie Fahrt mit den Stadtbussen, kostenloses Parken, freien Eintritt in die städtischen Museen, eine Sightseeingtour und Rabatte bei Kanalrundfahrten, Events, Restaurants und Geschäften.

FESTIVAL & SIGHTSEEING

Höhepunkt im Kulturkalender ist das alljährliche *Malmöfestival* in der dritten Augustwoche mit über 900 Stunden kostenloser Unterhaltung, viel Musik und kulinarischen Spezialitäten. Mit 1,5 Mio. Besuchern ist es das größte Festival Südschwedens (www.malmofestivalen.se). Gegenüber vom Hauptbahnhof legt von April bis Sept. mehrmals tgl. das Ausflugsboot *Rundan* zur Rundfahrt durch die Kanäle und den Schlosspark ab (www.rundan.se). Preiswert wird die Stadtrundfahrt mit der Ringbuslinie 3.

SHOPPING

Wichtigste Einkaufsmeilen sind die Fußgängerzone *Södergatan* und ihre angrenzenden Straßen. Am Lilla Torg verkauft das *Form Design Center* schwedisches Kunsthandwerk; größte Shopping Mall ist das *Hansa-Zentrum* an der Stora Nygatan. Di.–Do. und So. 8.00–13.00 Uhr gibt es am *Fiskehoddorna* fangfrischen Fisch, Mo.–Sa. von 8.00 bis 14.00 Uhr auf dem *Möllevångstorget* einen großen Wochenmarkt. Flohmarktfreunde treffen sich So. an der *Södra Promenaden* und auf dem Drottningtorget.

AUSGEHEN

Malmö hat zwei große Zentren des Nachtlebens: Lilla Torg und Möllevången.

① ***Club Privé***
Malmborgsgatan 7
Tel. 040/97 46 66, www.clubprive.nu
Fr. und Sa. abtanzen auf vier Stockwerken mit fünf schicken Bars und drei Tanzflächen

② ***Crown Nattklubbar***
Admiralsgatan 23, Tel. 040/611 80 88
www.crownnightclub.se
Einer der angesagtesten Treffs für Nachtschwärmer im Herzen der City

③ ***Étage***
Stortorget 6
Tel. 040/23 20 60, www.etage.se
Für die zwei Tanzflächen legen DJs House Music und die Hits der 1980er- und 1990er-Jahre auf.

④ ***Jazz i Malmö***
Victoriateatern
Södra Förstadsgatan 18
Tel. 040/30 17 36
www.jazzimalmo.com

Bei rund 50 Konzerten im Jahr Bühne für Jazz aller Stilrichtungen. Hier traten schon Elvin Jones, Phil Woods, Bill Frisell, Joe Abercrombie und Joe Zawinul auf.

⑤ ***Hipp***
► Baedeker Tipp S. 227

ÜBERNACHTEN

► Luxus

① ***Renaissance Hotel Marriott***
Mäster Johansgatan 15
SE – 21121 Malmö
Tel. 040 / 768 97 22 00
Fax 040 / 40 97 70 70
www.marriott.com
Anfang 2010 eröffnete die Nobelherberge in den ehemaligen Markthallen am Lilla Torg. 128 Zimmer im klassischen Stil mit extravaganten Akzenten in warmen Tönen. Konferenz- und Business-Center, Fitnessbereich, Bar und drei Toprestaurants – probieren Sie im »Johan P.« die fangfrischen Austern.

② ***Ramada Mayfair***
Adelgatan 4, SE – 21122 Malmö
Tel. 040 / 10 16 20, Fax 040 / 10 16 25
http://en.themayfairhotel.se, 70 Z.
Als das im 13. Jh. begonnene Gebäude noch Wohnsitz des Gouverneurs von Malmö war, logierten hier dänische und schwedische Könige. Das Frühstück wird im »Red Café« im Gewölbekeller serviert, wo schon George Harrison und Paul McCartney saßen.

► Komfortabel

③ ***Hotel Duxiana***
Mäster Johansgatan 1
SE – 21121 Malmö
Tel. 040 / 607 70 00, 22 Z.
www.malmo.hotelduxiana.com
Junges Designerhotel mit persönlicher Atmosphäre im Stadtzentrum. Erholsame Nächte garantieren die erstklassigen Betten des schwedischen Herstellers Dux.

④ ***Scandic Hotel Kramer***
Stortorget 7, SE – 20121 Malmö
Tel. 040 / 693 54 00
Fax 040 / 693 54 11
www.scandic-hotels.com, 113 Z.
Fünf Minuten vom Bahnhof bietet der liebevoll restaurierte Bau aus dem 19. Jh. großzügige Zimmer im nordischen Stil mit Blick auf den Stortorget. Wellnessbereich, mahagonigetäfelte Bar und Feinschmeckerrestaurant mit schwedischen Klassikern.

► Günstig

⑤ ***Villa Hilleröd***
Ängdalavägen 38
SE – 21747 Malmö
Tel. 040 / 26 56 26
www.villahillerod.se, 10 Z.
Kleine, persönliche Jugendherberge in einer weißen Villa im Westen Malmös; einfache, gepflegte Zwei- und Vierbettzimmer; kostenloses Internet

ESSEN

Hochburg der Genießer
Dass man in Malmö das gute Essen liebt, beweisen mehr als 600 Restaurants. Freiluftfans schlemmen lässig in den Lokalen am Lilla Torg, exotische Genüsse gibt es rund um den Möllevångstorget.

► Fein & teuer

① ***Årstiderna i Kockska huset***
Frans Suellsgatan 3, Tel. 040 / 23 09 10
www.arstiderna.se; So. geschl.
Scholle Walewska oder Steinbutt in Champagnersauce? Im Backsteinkeller aus dem 16. Jh. servieren Marie und Wilhelm Pieplow schwedische Gabelhappen für Gourmets. Auch Kochkurse mit Drei-Gänge-Menü.

② ***Atmosfär***
Fersens Väg 4, Tel. 040 / 12 50 77
www.atmosfar.com
Hummer, Hering und die beste Crème Brûlée – Feinschmeckeroase mit vielen Stammgästen, die im Sommer Henrik Regnérs gute Küche gern unter freiem Himmel genießen.

③ ***Bloom in the Park***
Pildammsvägen 2, Tel. 040 / 793 63
www.bloominthepark.se
Wie wäre es vor dem Konzertbesuch im Pildammsparken mit einem Abendessen im Bloom, das für die köstlichen Kreationen ausschließlich lokale Erzeugnisse verwendet? Stardesigner Jonas Lindvall verwandelte das Edellokal in einen futuristischen Iglu, der in Gold, Grau und Weiß schwelgt.

④ ***Mrs Brown***
Storgatan 26
Tel. 040 / 97 22 50, www.mrsbrown.nu
Himmlische Variationen schwedischer Delikatessen mit ökologischen Zutaten der Region

⑤ ***Vendel at Sturehof***
Adelgatan 13
Tel. 040 / 12 12 53
www.vendelrestauranger.se
Anders Vendel zaubert einen sterneverdächtigen »Middag«: Hier baden Hummer und Seehecht in einem Sud aus gelben Tomaten, umgibt sich Dorsch mit saftigen Muscheln, begleiten in Milch gekochte Mandeln das geschmorte Lamm.

► Erschwinglich

Baedeker-Empfehlung

⑥ ***Salt & Brygga***
Sundspromenaden 7, Västrahamnen
Tel. 040 / 23 09 10, http://eng.saltobrygga.se
2010 vom White Guide als bestes Bio-Restaurant ausgezeichnet mit mediterran beeinflusstem Slow-Food, gestyltem Öko-Interieur und Traumblick auf den Öresund. Zum Winzer-Dinner werden edle Tropfen aus Italien kredenzt.

⑦ ***Skeppsbron 2***
Børshuset, Skeppsbron 2
Tel. 00 40 / 30 62 02
www.skeppsbron2.com
Fantastische Geschmackserfahrungen mit Blick aufs Wasser – Andreas Pieplow veranstaltet auch Kochabende.

⑧ ***Torso Twisted***
Västra Varvsgatan 44, Västra Hamnen
Tel. 040 / 12 68 50
www.torsotwisted.com
Kulinarischer Designtempel am Fuße des Turning Torso. Probieren Sie die saftigen Steaks von Långaröd-Kälbern. Wechselnde Gastköche aus ganz Europa mit spannenden Menüvorschlägen.

⑨ ***Smak***
Konsthall, St. Johannesgatan 7
Tel. 040 / 50 50 35
www.restaurangsmak.se
»Smak« heißt Geschmack und der Name ist Programm. Gekocht wird mit saisonalen Zutaten aus der Region. Kunstsinnige Genießer kommen sonntags zum Brunch.

Einladend und seit mehr als 500 Jahren Treffpunkt der Stadt: der gemütliche Lilla Torg

König Oscar II. der Öffentlichkeit übergeben. Der Landschaftspark im englischen Stil besitzt neben zahlreichen exotischen Baumveteranen einen Pavillon von 1912, heute das **Casino Cosmopol** mit jeder Menge Glücksspiel und Shows (www.cosmopol.se).
Weit und offen präsentiert sich der Slottsparken, der seit Ende des 19. Jh.s an den Königspark anschließt und ein beliebter Platz für Sport, Spiel und Picknick ist. Die Pegasus-Statue im Schlosspark stammt von Carl Milles. Südlich des Schlossgrabens erstreckt sich der **Slottsträdgården**, ein Öko-Idyll mit schnatternden Gänsen, Gärtnerei mit Gemüseverkauf und Malmös kleinstem und romantischstem Café. Neben dem Schlossgarten dreht sich die Slottsmöllan, eine Holländerwindmühle von 1851.

★ **Malmöhus Slott**

Öffnungszeiten:
Juni – Aug.
tgl. 10.00 – 16.00,
sonst ab 12.00

Uralte Kastanien und ein breiter Wassergraben umgeben Malmös **Renaissanceschloss**, das bereits 1436 unter dem Dänenkönig Erich von Pommern angelegt wurde, der Malmö 1473 auch den Greif als Stadtwappen verlieh. Auf den Grundmauern eines zerstörten Kastells begann Dänenkönig Christian III. 1537 mit dem Bau eines Schlosses. Als Malmö schwedisch wurde, bauten die neuen Herren es zu einer vierflügeligen Festung aus, die nach dem Brand ihr jetziges Aussehen erhielt. Heute dient Malmöhus als Museum.

◀ Malmö Museer

Im Erdgeschoss befindet sich das **Naturmuseet** mit Tropikarium, Aquarium und Nachttierhaus. Darüber präsentiert das **Kunstmuseet** skandinavische Künstler des 20. Jh.s. Im **Stadsmuseet** lassen sich neben Modellen der Stadt auch mittelalterliche Keramik, königliche Gemächer und ein **Rittersaal** bestaunen (www.malmo.se/museer).

★ **Tekniska o Sjöfardsmuseet**

Vorbei am **Kommandanthuset**, das für Wechselausstellungen dient, und den falunroten **Fiskehoddorna**, in denen Fischer Lachs und Makrelen frisch aus dem Rauch verkaufen, geht es zum **Technik- und Seefahrtsmuseum**. Hier werden Flugtechnik, Schienen- und Straßenverkehr, Lebensmitteltechnologie und Kernkraft dokumentiert. Besichtigen Sie auch das U-Boot (Öffnungszeiten: Juni – Aug. tgl. 10.00 – 16.00, sonst ab 12.00 Uhr; www.malmo.se/museer).

Vor dem Gebäude hält die nostalgische **Museumsstraßenbahn**, die von Mai bis Sept. Sa. und So. in 15 Min. zwischen Banerskajen, Bastionen und der **Stadtbibliothek** hin- und herrattert. »Kalender des Lichts« lautet der Spitzname für den Anbau, den die Bibliothek 1997 vom dänischen Architekten Henning Larsen erhielt (www.mss.se).

★ **Ribersborg**

Richtung Meer geht der Schlosspark in den Öresund-Park über, der an Malmös »Copacabana« endet: Ribersborg. Gut 2 km lang säumt feinster **Sandstrand** die seicht abfallende Badebucht, an der die »Blaue Flagge« ausgezeichnete Wasserqualität garantiert. Im leuchtend weißen **Kallbadhus**, das 1898 im Jugendstil entstand, können Abgehärtete ganzjährig im Salzwasser baden, in der holzbefeuerten Sauna schwitzen und im gemütlichen Café die Aussicht auf den Sund genießen (Öffnungszeiten: Mo. – Fr. 8.30 – 19.00, Sa., So. 8.30 – 16.00 Uhr, www.ribban.com). Hinter dem Grün des Parks erheben sich mehrere Quader in Gelb, die als **Musterbeispiele des schwedischen Funktionalismus** gelten: kantige Mehrfamilienhäuser, die heute – meist in Eigentum umgewandelt – zu den begehrtesten Wohngebäuden der Stadt gehören. Die 1975 eröffnete **Konsthall** stellt zeitgenössische schwedische Künstler aus und lädt im **Smak** zum Lunch (► S. 230, Öffnungszeiten: tgl. 11.00 – 17.00, Mi. bis 21.00 Uhr, www.konsthall.malmo.se).

! *Baedeker* TIPP

Wellen, Wasserrutschen, Whirlpools

Das Erlebnisbad *Aq-Va-Kul* im Malmöer Westen ist Schwimmfans wohlbekannt: 1997 stellte hier der Deutsche Jörg Hoffmann mit einer Zeit von 7:36.24 den bis heute ungebrochenen Europarekord über 800 m Freistil auf. Zum Badeland gehören neben dem 29° C warmen Pool auch ein Wellenbassin, Rutsche und Relaxbereich mit Spa und Türkischem Bad (Regementsgatan 24, Tel. 040 / 30 05 40, www.simma.se).

★ **Moderna Museet Malmö**

Öffnungszeiten: Di. – So. 11.00 – 18.00, Do. bis 21.00

Seit 2010 hat das ► Stockholmer Museum für Moderne Kunst, zu dessen Schätzen Werke von Picasso, Dalí und Matisse gehören, eine Dependance in Malmö. Neue Heimstatt der **Moderne des 19. und 20. Jh.s** ist das 1901 von John Smedberg errichtete Elektrizitätswerk in der Gasverksgatan 22. Der historische Backsteinbau erhielt vom Architekturbüro Tham & Videgård Hansson, das sich schon mit dem Kunstmuseum in ►Kalmar einen Namen machte, einen futuristischen Anbau in Form eines orangenen Kubus. Eine erste Ausstellung präsentierte die 1960er-Jahre mit Arbeiten von Rauschenberg, Warhol und Claes Oldenburg (www.modernamuseet.se).

Weitere Museen

Der Sportgeschichte Schwedens widmet sich das **Sportmuseum** in den Baltiska-Hallen am Eric Perssons väg (Öffnungszeiten: Mo. bis Fr. 8.00 – 16.00, Sa. 11.00 – 15.00 Uhr). Requisiten, Kostüme und Wissenswertes über Nils Poppe zeigt das **Theatermuseum** an der Kalendegatan 5c (Öffnungszeiten: Di., Fr., So. 10.00 – 16.00 Uhr). Wie einst unterrichtet wurde, verrät das **Schulmuseum** an den Södra Promenaden 9 (Öffnungszeiten: Do. 10.00 – 15.00 Uhr). Im Stil von 1910 ist Malmös kleinstes Museum eingerichtet, **Ebbas Hus** an der Snapperupsgatan 10 (Öffnungszeiten: Mi., Sa. 12.00 – 16.00 Uhr).

✶ ◄ Museet Leksaksland

Barbie, Winnie Pooh und Harry Potter: Mehr als 10 000 Spielsachen der letzten 50 Jahre machen das Museum in der Frederiksberggatan 16 zum Erlebnis für die ganze Familie. Gruselig wird es im »Läbbiga rummet«, dem »unheimlichen Zimmer« (Öffnungszeiten: Di. – So. 11.00 – 18.00 Uhr, www.leksaksland.se).

✶ Västra Hamnen · Westhafen

Neues Leben im alten Werftviertel

Wo ab 1909 auf Kockum's Werft U-Boote und Ozeanriesen vom Stapel liefen und Saab-Scania in der damals modernsten Autofabrik Europas seine Fahrzeuge fertigte, entsteht derzeit **Malmös modernstes Stadtviertel**: Västra Hamnen (www.malmo.se/westernharbour).

✶ ◄ »Gedrehter Körper«

Sein Wahrzeichen ist längst weltberühmt: der **»Turning Torso«**, ein futuristischer Wohnturm mit bestem Blick und allem Luxus, dessen Baukosten von 180 Mio. Euro ebenso Schlagzeilen machten wie seine Architektur. Am einstigen Standort von Kockums Kran, der demontiert und nach Korea verfrachtet wurde, ragt der Wohnriese heute 190 m in die Luft. Aber nicht gerade, sondern um die eigene Achse gedreht. Dazu wurden neun Kuben mit jeweils fünf Geschossen im Winkel von 90 Grad übereinandergesetzt – aus der Ferne wirkt das höchste Gebäude Skandinaviens wie ein Mensch, der gerade zum Golfschlag ausgeholt hat. Als Vorbild für den spektakulären Bau in Weiß diente die Skulptur »Twisting Torso« des spanischen Architekten **Santiago Calatrava**. Die untersten beiden Kuben sind für Büros bestimmt, die oberen drei Kuben bergen 143 Luxus-Apartments, die beiden obersten Etagen die Versammlungsräume von Turning Torso Meetings. Rückgrat des höchsten Wohnturms in Europa ist der Fahrstuhlschacht, in dem ein Lift in 38 Sekunden sämtliche 54 Stockwerke emporsaust. Oben angekommen, reicht die Aussicht kilometerweit über den Sund, von den Stränden bei Ribersborg über die plötzlich klein wirkende Öresund-Brücke bis hin zu Dächern von Kopenhagen, die in der Abendsonne am Horizont funkeln. Wie die Fenster gereinigt werden, die Stockwerke 53 und 54 aussehen und wie das Leben im Turning Torso verläuft, verrät eine interaktive Ausstellung im **Auditorium**, das den Turm als Erlebnis für alle Sinne präsentiert – samt Windmaschine (www.turningtorso.com).

Wohngebiet Bo01

Zu Füßen des Turning Torso erstreckt sich ein preisgekröntes ökologisches Wohngebiet, das 2001 für die große **europäische Wohnmesse**

Bo01 fertiggestellt wurde. Sonnenkollektoren, Meereswärme und Windkraft versorgen es mit regenerativer Energie; Regenwasser wird aufgefangen und in den Wasserkreislauf eingebunden. Der organische Abfall wird in den Wohnhäusern über Fallrohre in einen unterirdischen Sammler geleitet und von dort aus einer Biogasanlage zugeführt. Die Entwürfe lieferten international bekannte Architekten wie Ralph Erskine, Gert Windgårdh und Mario Campi. Immer wieder banden sie Flora und Fauna, Strand und Meer, Kunst und Kultur in ihre Kompositionen ein – mit einer Bühne am Sund, »Segeln« aus Stein, Teichen, Bootsliegeplätzen, Badebuchten und Hausbooten.

Öresund-promenade

Der neue Stadtteil ist nahezu autofrei. Fußgänger und Fahrradfahrer haben Priorität. Für sie wurde eine durchgehende Erholungs- und Flanierzone geschaffen. Grünes Zentrum ist der **Ankerpark**, der weite, offene **Daniapark** erinnert an eine Festung am Meer. Sein nördlichster Punkt betont als Bastion die exponierte Lage des Parks. An drei Stellen durchbrechen »Späher« die zur Ufersicherung aufgeschütteten Felsbrocken. Breite **Badetreppen** aus Beton führen hinab zum Meer; eine Liegewiese lädt zum Sonnenbad. Auch der abgesenkte **Scania-Park** reicht bis ans Wasser. Alle drei Parks verbindet die **Öresundpromenade**. Ihre Holzdecks werden im Sommer zu Sonnendecks mit Blick auf die Stadt und die nahe Öresundbrücke.

Malmö Högskola

Für die lebendige Atmosphäre von Västra Hamnen sorgen nicht nur Trendlokale und zukunftsorientierte IT-Betriebe, die hier mit einer recht jungen Mannschaft tätig sind, sondern auch die neue **Malmö-**

Nachts lassen 14 000 Leuchtdioden den Turning Torso erstrahlen.

Universität. Sie öffnete erst 1998 ihre Tore, ist aber inzwischen mit mehr als 21 000 Studenten schon die achtgrößte Lehranstalt des Landes. Die Hochschule im einstigen Zentrum der Schwerindustrie sorgte für einen eindrucksvollen demografischen Wandel: Heute sind über die Hälfe der 285 000 Einwohner Malmös jünger als 35 Jahre.

Stapelbädds-parken

Sportbegeisterte Jugendliche zieht es zur einstigen Helling, auf der ein **Skatepark** der Weltklasse entstand: Im Stapelbäddsparken wird alljährlich der internationale Spitzenwettbewerb »Quicksilver Bull-riders Competion« ausgetragen (www.stapelbaddsparken.se).

Weitere sehenswerte Stadtteile

✶ Möllevangen

Immigranten aus dem Mittleren Osten haben das einstige Arbeiterviertel in ein buntes Quartier verwandelt, das Szenegänger begeistert. Falafel-Buden, Thai-Restaurants und Asien-Shops konkurrieren mit cool gestylten Bars und Boutiquen.

Feinschmecker zieht es zu **Möllans Ost** am Möllevångstorget, wo zwischen Parmaschinken und Ziegenkäse ein ganz besonderer Käse ruht, gereift im Kümmelschnaps der Hafenstadt: Malmö Akvavit Ost (www.mollansost.com).

Kinder lieben den **Folketspark**, der 1893 nach dem Vorbild des Kopenhagener Tivoli entstand. Aus jener Zeit stammen noch der Moriska Paviljongen und der japanisch inspirierte Eingang. Ende der 1930er-Jahre folgte der Bau des »Amiralen«, damals der größte Tanzpalast des Nordens (http://malmofolketspark.se).

! *Baedeker* TIPP

Zartschmelzende Genüsse

Katzenaugen, Ingwerschokolade oder lieber Rumtrüffel? Bei der Ausübung ihrer Kunst lassen sich die Chocolatiers in der 120 Jahre alten Fabrik von Möllevangen gern auf die Finger schauen. Eine Nostalgiereise verspricht das Schokomuseum (Chokladfabriken, Möllevångsgatan 36B, Öffnungszeiten: Mo. – Fr. 12.00 bis 18.00, Sa. 10.00 – 14.00 Uhr, Eintritt frei; www.malmochokladfabrik.se). Die frühere Schokoladenfabrik Mazetti an der Bergsgatan 29 ist heute indes Kulturzentrum mit Theater, Film, Lesungen und angesagtem Nachtklub (www.inkonst.com).

Pildammsparken

Der größte Park von Malmö wurde zur Baltic Expo 1914 angelegt. Aus jener Zeit sind noch der Margareta-Pavillon und der Echo-Tempel erhalten. Mitten im Park verwöhnt das Gourmetrestaurant **»Bloom«** die Feinschmecker, am Wochenende wandelt sich das Edellokal zum Terrassencafé (► S. 230). Auf der Freilichtbühne werden im Sommer kostenlos Theater und Musik aufgeführt.

Augustenborg

Große Umwandlungen erlebt auch der Stadtteil Augustenborg, der 1948 – 1952 nach Plänen von Gunnar Lindmann erbaut wurde: Er wandelt sich zur **Ekostaden** mit Solarstrom, Car-Sharing und Mülltrennung in neuen Holzhäusern und maßgeschneiderten Domizilen für Senioren. 2001 bereits eingeweiht wurde der 9500 m² große **Botaniska Takträdgård**, der erste Botanische Dachgarten Nordeuropas.

◄ Weiter auf S. 238

Seit dem 1. Juli 2000 ist Schweden mit der Öresundbrücke ans europäische Festland angebunden, wächst eine ganze Region über die Meeresgrenze hinweg zusammen.

BRÜCKENSCHLAG AM ÖRESUND

Was die Eiszeit vor mehr als 8000 Jahren auseinanderriss, ist seit 2000 durch die Öresundbrücke wieder vereint: Dänemark und Schonen, das bis 1658 dänisch war. Die schnelle Verbindung zwischen Kopenhagen und Malmö schuf auch ein neues Zusammengehörigkeitsgefühl: Wir, die Öresundregion.

Die 16 km lange Brückenpassage über den Öresund beginnt in Dänemark überraschend: mit einem fast 4 km langen Tunnel, dessen tiefster Punkt 13 m unter dem Meeresspiegel liegt. Über dem Tunnel spielt sich der Hauptteil des Schiffsverkehrs ab, befinden sich die Jets im Landeanflug auf Kopenhagens Flughafen Kastrup. Doch dann folgen **9 km zwischen Himmel und Meer**. Windräder drehen sich vor der Küste im Wasser, mächtige Granitfelsen werden von den Fluten umspült. 65 m hoch über der Fahrrinne Flintrännan schwebt die Brücke zwischen zwei 203,5 m hohen Pylonen, gehalten von 85 cm dicken Stahlseilen. Der Verkehr rollt über zwei Stockwerke – unten die Züge, oben die Autos. Wer die Höchstgeschwindigkeit von 110 Stundenkilometern einhält, ist in neun Minuten an der für mehr als 10 000 Fahrzeuge ausgelegten Mautstelle Lernacken, dem **Tor zu Schonen**.

Die Planungen für den Bau der Öresundbrücke begannen bereits Anfang 1991. Ein Jahr später wurde ein dänisch-schwedisches Konsortium gebildet, das die Bauarbeiten international ausschreiben ließ. Den Auftrag erhielt im Herbst 1995 das Joint Venture »Sundlink Contractors HB«, zu dem neben der schwedischen Firma »Skanska« und der dänischen »MT Höjgaard« auch die deutsche **HOCHTIEF** aus Essen gehörte.

Ab November des gleichen Jahres wurde der Meeresboden für die Fundamente der Pylone vorbereitet. Sowohl die 203,5 m langen Pylone in H-Form als auch ihre 20 000 t schweren Fundamente wurden in Malmö im Trockendock gefertigt und mit dem Schwimmkran »Svanen« zum Einsatzort gebracht. In **Karlskrona** wurden die Einzelsegmente des 32 m breiten Überbaus vorgefertigt und ebenfalls nach Malmö transportiert. Die 49 je 140 m langen Teile für die Vorlandbrücken entstanden indes 3800 km weiter südlich im südspanischen **Cadiz**. In **Malmö** anschließend mit Geländern und anderen Sicherheitseinrichtungen versehen, wurden auch sie vom Schwimmkran »Svanen« an der festgelegten Stelle montiert. Die 51 tragenden Pfeiler gründen in 15 m tief

im Meer liegenden Senkkästen (Caissons). Die 80 Schrägseile, 52 bis 275 m lang, wurden von einer **französischen Spezialfirma** zu beiden Seiten der Pylone mit jeweils 12 m Abstand in Harfenform angeordnet. Beim Bau konnten fast 90 % der Arbeiten an Land erledigt und die Anlage samt Tunnel und Nebengebäuden schon im Frühjahr 2000 fertiggestellt werden. 320 000 m³ Beton, 82 000 t Baustahl und 60 000 t Schlaffstahl waren dabei verbaut worden. Die Baukosten von fast **2 Mrd. Euro** werden seitdem über die Mautgebühren refinanziert.

Rekordleistung

Kernstück der Öresundquerung ist die 1092 m lange Hochseilbrücke mit Auto- und Schienentrasse. Mit einer **Spannweite von 490 m** ist sie eine der längsten Schrägseilbrücken der Welt. Dem Autoverkehr stehen vier Fahrspuren und zwei Standstreifen zur Verfügung. Pro Tag nutzen mehr als 2000 Fahrzeuge den Weg hoch über dem Meer. Der Schienenverkehr rollt über das gut 8 m tiefer liegende Unterdeck. Das Geschehen auf der Brücke wird rund um die Uhr vom Kontrollzentrum überwacht. Die **Maut** wird stets auf schwedischer Seite fällig, wo elf Spuren eine zügige Abwicklung garantieren. Autofahrer, die vorab unter www.oeresund-bruecke.de online bezahlen, erhalten einen Sender, mit dem sie das für Vielfahrer und Pendler entwickelte **BroBizz-System** nutzen – und dann ohne anzuhalten durchfahren können.

Wirtschaftsboom am Öresund

Durch die Einweihung der Öresundbrücke am 1. Juli 2000 und den gleichzeitigen Bau der Brücke über den Store Baelt ist es heute möglich, ohne Fährfahrt vom europäischen Festland nach Skandinavien zu reisen. Mit dem Brückenschlag begann nicht nur ein intensiver Pendlerverkehr, sondern auch ein ungeahnter wirtschaftlicher Boom: Die 20 860 km² große **Öresundregion** gehört derzeit zu den dynamischsten Wirtschaftsräumen Europas. Hier wird ein Viertel des Bruttosozialproduktes von Schweden und Dänemark erwirtschaftet. Biotech- und Pharmaunternehmen haben die Wachstumsregion in ein **»Medicon Valley«** verwandelt, das mittlerweile mehr als 30 000 Menschen beschäftigt. Auch IT-Unternehmen sind zunehmend vertreten. Weitere Wachstumsimpulse werden von der Fehmarnbelt-Brücke erwartet, die 2018 eingeweiht werden soll (**www.oresundsbron.com**).

Er lässt sich auf Laufstegen entlang der Dächer entdecken. Ratschläge zur eigenen Dachbegrünung gibt es im Besucherzentrum am Ystadvägen 56 (www.greenroof.se).

Brostaden Malmös Antwort auf Kopenhagens Ørestad heißt Brostaden. Die »Brückenstadt« soll bis 2020 auf 240 ha am Kopf der Öresundbrücke entstehen. Auf dem einstigen Ackerland sind 10 000 neue Arbeitsplätze und 5000 Wohnungen geplant. Wahrzeichen des neuen Stadtteils sollte der 325 m hohen **Scandinavian Tower** des schwedischen Architekten Gert Wingårdh werden – das Projekt wurde jedoch erst einmal auf Eis gelegt.

Hyllie Gestoppt wurde auch der Bau des 216 m hohen **Malmö Tower** nach Plänen des Dänen C. F. Møller. Stattdessen werden bis 2013 zwei kleinere Türme als Wahrzeichen von **Point Hyllie** errichtet, dem neuen Shopping-, Wohn- und Bürokomplex an der City-Tunnel-Station Hyllie. 2011 soll dort auch das gigatische **Emporio-Einkaufszentrum** eröffnet werden nach Entwürfen von Gert Win-gårdh. Bereits umgezogen in ihr neues Heimstadion sind die Eishockeyspieler der Malmö Redhawks – neben Sportereignissen werden in der Multifunktionsarena **Malmö Arena** auch Konzerte für rund 15 000 Zuschauer veranstaltet wie der schwedische Vorentscheid zum Eurovision Song Contest (www.malmoarena.com).

Die »Geheimnisse des Wassers« präsentiert unterhaltsam der 75 m hohe **Hyllie Vattentorn** mit einer farbig sprudelnden, dampfenden, zischenden Ton- und Lichtshow über die verschiedenen Formen des Wassers. Mit dem Fahrstuhl fahren Sie dann ganz nach oben, wo Sie nach Computerspielen, Experimenten und Filmen zum Thema Wasser einen Fernblick auf den Öresund und Malmö genießen können (nur nach Voranmeldung, Tel. 040 / 635 10 00, www.vasyd.se).

Umgebung von Malmö

Katrinetorps Herrgård Der Herrenhof am südlichen Stadtrand, 1813 vom wohlbetuchten Kaufmann Erland Bager erbaut, ist beliebt für Hochzeitsfeiern. Im Gutshaus sind heute ein Café, Restaurant und Tagungsräume untergebracht. Die Grünanlage besteht aus einem **romantischen englischen Garten** und einem streng symmetrischen Park im Stil des französischen Klassizismus. Gemüse und Blumen vom Gut verkauft der Hofladen. Im Sommer können Sie Konzerte genießen, im Herbst das Erntefest feiern und im Winter den traditionellen Weihnachtsmarkt besuchen (Katrinetorps allé 1, www.malmo.se/katrinetorp).

Torup Slott Eine der besterhaltenen mittelalterlichen Schlossanlagen ist Schloss Torup 20 km östlich bei Boskogen. Der dreistöckige Backsteinbau, dessen Ursprünge bis ins Jahr 980 zurückreichen, schrieb 1811 blutige Geschichte. Damals versammelten sich rund 1500 Bauern vor dem viereckigen Prachtbau, um gegen Karl XIV. Johann und die lan-

desweite Zwangsmusterung zu protestieren. Der sich daraus entwickelnde Bauernaufstand wurde binnen kürzester Zeit brutal niedergeschlagen. Wie hart das Leben der einfachen Leute einst war, zeigt das **Statarmuseet** mit original erhaltenen Wohnungen eines Tagelöhners und eines Landarbeiters (Öffnungszeiten: Di. – Fr. 10.00 – 16.00, Sa., So. 11.00 – 16.00, Juli, Aug. tgl. bis 17.00 Uhr, Torupsvägen 606-59, Brara, www.statarmuseet.com).
Direkt an das Schloss schließt ein 365 ha großer **Erholungswald** an, der zu den größten Buchenwäldern von Schonen gehört. Mit etwas Glück lassen sich bei einem Picknick Hasen und Rehe beobachten.

★ Norrköping

G 4

Landschaft: Östergötland
Einwohnerzahl: 125 460
Provinz: Östergötland Län
Höhe: Meereshöhe

Die Wasserkraft des Motala Ström, der mitten durch die Stadt fließt, lieferte einst die notwendige Energie für Textilfabriken. So wurde im 19. Jh. aus Norrköping das »Manchester Schwedens«. Zwar ist die Textilindustrie längst in Billiglohnländer abgewandert, doch die stattlichen Fabrikgebäude existieren noch und werden heute von Unternehmen, Museen und der Universität genutzt.

Fast 50 km weit zieht sich die Ostseebucht **Bråviken** ins Landesinnere bis nach Norrköping (sprich: Norrtchöping) an der Mündung des Motala Ström. Die Bråviken-Bucht bildet die natürliche Grenze zwischen der Waldlandschaft Kolmården im Norden und dem fruchtbaren Vikbolandet im Süden.

Sehenswertes in Norrköping

Auf dem **Karl Johans Park** südlich vom Bahnhof entsteht jedes Jahr im Juni ein neues, kunstvolles Kakteenmotiv aus über 25 000 dieser stachligen Pflanzen. Das Denkmal für Karl XIV. Johan schuf 1846 der klassizistische Münchner Bildhauer Ludwig Schwanthaler. Für den deutschen Teil der Bevölkerung wurde jenseits des Motala Ström der **Tyska Torg** (Deutsche Platz) mit der Hedwigskirche angelegt. Das Glockenspiel des zwischen 1907 und 1910 erbauten Rathauses an der Südseite des Platzes erklingt täglich um 12.00 und um 17.00 Uhr.

! *Baedeker* TIPP

Industrielles Erbe

Norrköpings stattliche Backsteingebäude von Webereien, Papiermühlen und Baumwollspinnereien aus der Zeit zwischen 1850 und 1917 sind heute allesamt restauriert und werden auf unterschiedlichste Weise genutzt. Vorbei an den historischen Werkshallen, Schleusen und Kanälen der »Industrielandskapet« und dem Wasserfall Kungsfallet auf der Laxholm-Insel führen markierte Fußwege und Fußgängerbrücken. Wie zu Beginn des 20. Jh.s kann man die Stadt im Sommer mit der historischen Straßenbahn Veteranspårvagnar erkunden.

NORRKÖPING ERLEBEN

AUSKUNFT

Uppler Norrköping
Holmentornet, Dalsgatan 9
SE–60181 Norrköping
Tel. 011 / 15 50 00
www.upplev.norrkoping.se

»Ein schwedisches Märchen« (1897), auch Carl Larsson ist im Kunstmuseum von Norrköping vertreten.

ESSEN

► Fein & teuer
Fiskmagasinet
Skolgatan 1 B, Tel. 011 / 13 45 60
www.fiskmagasinet.se; So. Ruhetag
Innovative Kreationen rund ums Meer verspricht das beste Fischrestaurant der Stadt – im Laden gibt es Fisch, Meeresfrüchte und Sushi für daheim.

► Erschwinglich
Palace
Bråddgatan 13, Tel. 011 / 18 96 00
www.palacenorrkoping.com
Restaurant, Nachtklub mit Livemusik, Diskothek und Kasino unter einem Dach am Ufer des Motala Ström

► Preiswert
Krågholmen
Dalsgatan 4, Tel. 011 / 15 50 30
Sommertreff für eine Kaffeepause oder ein leichtes Mittagessen

ÜBERNACHTEN

► Komfortabel
Hotel Kneippen
Kneippgatan 7, SE–60236 Norrköping
Tel. 011 / 13 30 60, Fax 011 / 16 77 73
www.kneippen.se
Um 1900 bevorzugten Prominenz und Adel das Kur- und Wellnesshotel. Helle Zimmer, 10 Min. vom Zentrum

► Günstig
Marieborgs Kursgård
Marieborgsvägen, SE–60116 Norrköping, Tel. 011 / 21 96 11
Fax 011 / 21 96 28, www.marieborg.net
54 einfache Zimmer mit Dusche und WC in einem weißen Gründerzeitbau 5 km nördlich von Norrköping am Motala-Fluss

★ **Arbetetsmuseum**

Öffnungszeiten: tgl. 11.00 – 17.00

Die im Motala Ström künstlich angelegte Insel **Laxholmen** verdankt ihren Namen dem einstigen Lachsfang. Heute dokumentiert hier ein Museum die harten Arbeitsbedingungen während der **frühen Industrialisierung**. Die Wechselausstellungen werden in einer Baumwollspinnerei von 1917 gezeigt, die wegen ihrer Form im Volksmund »Strykjärnet« genannt wird, Bügeleisen (www. arbetetsmuseum.se).

Holmens Museum

Wo ab 1633 in der Holmens Bruk von Louis de Geer Papier hergestellt wurde, demonstrieren heute ehrenamtliche Mitarbeiter, die lange Jahre für die **Papiermühle** tätig waren, anschaulich die Papierherstellung von der Lumpensammlung bis zum handgeschöpften Papier. Norrköping ist bis heute ein Zentrum der Papierherstellung, mehr als 2 Mio. t Papier für die Druckindustrie stellt heute Holmen Papier alljährlich in der hochmodernen Bråviken-Papiermühle 13 km östlich von Norrköping her. Umweit vom Museum erhebt sich das architektonisch außergewöhnliche **Louis de Greer Konserthus**, in dem regelmäßig Rock, Pop und Klassik zu Gast sind.

Öffnungszeiten: Di. – Do. 9.00 – 12.00

www.holmenpaper.com

Konstmuseet

Am Kristinaplatsen am Südende der Drottninggatan zeigt das Kunstmuseum **schwedische Künstler des 19. / 20. Jh.s**. Die Sammlung mit Werken von Carl Larsson, Isaac Grünewald, Sigrid Hjertén, Olle Bærtling, Lena Cronqvist, Maria Friberg und Cecilia Edefalk gilt als eine der besten des Landes. Ausdrucksstarke schwedische Plastik ist im Skulpturengarten ausgestellt (Öffnungszeiten: Juni – Aug. Di. bis So. 12.00 – 16.00, Mi. bis 20.00, Sept. – Mai Di. – So. 11.00 bis 17.00, Do. bis 20.00 Uhr, www.norrkoping.se/kultur-fritid/museer/konstmuseum).

Norrköpings Stadsmuseum

Im Stadtmuseum, das sich westlich vom Zentrum am Motala Ström auf mehrere Gebäude verteilt, lebt die große **Zeit der Textilindustrie** wieder auf (Öffnungszeiten: Di. – Fr. 10.00 – 17.00, Mi. bis 20.00, Sa., So. 11.00 – 16.00 Uhr, Västgötagatan 19 – 21, www.norrkoping.se/kultur-fritid/museer/stadsmuseum).

✶ Knäppingsborg

An der Brücke Järnbron befindet sich die frühere Wohnstatt des wohlhabenden Schnupftabakfabrikanten Swartz und seiner Familie. Ringsherum erstreckt sich das angesagteste **Flanierviertel** von Östergötland: Knäppingsborg. Seine ältesten Häuser stammen aus der Mitte des 18. Jh.s und dienten früher zur Mehl- & Schnupftabakherstellung. Heute beherbergen sie kleine Boutiquen und Kunsthandwerkerateliers, Cafés, Kneipen und Lokale, von denen einige auch ein eigenes Kulturprogramm anbieten (www.knappingsborg.se).

✶ Felszeichnungen

Südwestlich vom Zentrum wurden im Freizeitgebiet **Himmelstalund** rund 1600 bronzezeitliche Felsritzungen mit Darstellungen von Schiffen, Tieren und Menschen entdeckt (► Baedeker Special S. 136) Im nahen **Hällristningarmuseet** werden die Felsbilder erläutert (Öffnungszeiten: Juni – Ende Juli tgl. 11.00 – 18.00, Mai, Aug. tgl. 10.00 – 16.30 Uhr).

Umgebung von Norrköping

✶ Kolmården Djurpark

Das Nordufer der Ostseebucht Bråviken säumt der Bergrücken Kolmården. Bis in die 1960er-Jahre wurde hier Marmor abgebaut, der u. a. für die Pariser Oper und das New Yorker Rockefeller Center verwendet wurde. Seit 1965 ist Kolmården Heimat des bekannten Zoos, in dem rund 750 Tiere aus allen Kontinenten und Klimazonen

Öffnungszeiten: Mai – Aug. 10.00 – 17.00, Juli bis 18.00

leben. Die weitläufige Anlage besteht aus zwei Bereichen: dem eigentlichen **Tierpark** mit Elefanten- und Raubtierhaus, dem Themenpark Tiger World, der Tropenschau und Delfinshow in der Marine World sowie einem **Safaripark**, den Besucher ohne eigenen Wagen bei einer Busrundfahrt entdecken können. Auf Kinder warten außerdem eine Märchenwelt, ein Wild Camp, Schwedens längste Rutschbahn und ein Kuschelzoo (www.kolmarden.com).

Löfstads Slott

Knapp 10 km südlich der Stadt wurde im 15. Jh. das Bilderbuchschloss Löfstad erbaut. 1926 ist hier die Zeit stehen geblieben. Nichts wurde verändert seit mit Emilie Pipers die letzte adelige Besitzerin starb, sodass man auf dem Adelssitz ganz authentisch das Leben der **besseren Gesellschaft um 1900** erleben kann (Führungen auf Anfrage, Tel. 011 / 33 50 67, www.lofstad.nu).

Zarah Leander Museum

Öffnungszeiten: Sa. 11.00 – 14.00

www.zarahleander.se

Rund 30 km westlich von Norrköping lebte die Sängerin und Schauspielerin Zarah Leander (► Berühmte Persönlichkeiten). Die gebürtige Deutsche Brigitte Pettersson war ein großer Fan des gefeierten **Ufa-Stars** und hat bereits in jungen Jahren alles über ihr Idol gesammelt. Später wurde sie Zarah Leanders Privatsekretärin und war 25 Jahre lang ihre Freundin. Ihre umfangreiche Sammlung wurde 2007 zum 100. Geburtstag der Sängerin als »Zarah Leander Museum« der Öffentlichkeit vorgestellt und ist seitdem eine gefragte Anlaufstelle für Leander-Fans, die im 14 km entfernten **Lönö** noch das Gut vorfinden, wo sie von 1939 bis zur ihrem Tode lebte. Ihre letzte Ruhestätte fand die als Sara Stina Hedberg Geborene auf dem Häradshammar-Friedhof.

Nyköping

Dass die moderne Provinzhauptstadt an der Mündung der Nyköpingsån in die Ostsee während des Mittelalters eine der wichtigsten Städte war, kann man nur noch beim Besuch der **Schlossruine Nyköpingshus** erahnen. Diese steht südlich des Stortorg etwas erhöht am Fluss. Der Vorgängerbau ist vermutlich schon in der Zeit der Folkunger entstanden. König Birger Jarl setzte dort 1318 seine beiden Brüder, die ihm die Krone streitig gemacht hatten, gefangen und ließ sie verhungern. Nachdem das Schloss 1665 niedergebrannt war, wurde es später nur zum Teil wiederaufgebaut. Erhalten blieben das Haupttor, die Vasaporten, und der weiß gekalkte dreistöckige Kungstornet, in dem sich ein Modell der einstigen Burg sowie Funde aus dem Mittelalter und Glaskunst befinden.
Die Sammlung im Königsturm gehört zum gegenüber der Burg liegenden **Södermanlandsmuseum**, das Ende 2012 in die Speicher am Hafen umziehen wird und daher wie auch die Konsthallen und das Båthuset geschlossen ist (www.sormlandsmuseum.se). Empfehlenswerte Hotels in Nyköping und Umgebung sind das moderne **Park Inn** in der Fußgängerzone von Nyköping (www.rezidorparkinn.com) und das hübsche Hotel Blommenhof (www.blommenhof.se), das nur fünf Autominuten vom Flughafen entfernt ist.

Ein Kleinod unter den schwedischen Landkirchen ist 25 km nordwestlich von Norrköping in Risinge die Marienkirche aus der zweiten Hälfte des 12. Jh.s. Der anonyme Meister, der im 15. Jh. die **Kalkmalereien** im Innern schuf, ging als »Risinge-Meister« in die Kunstgeschichte ein (Öffnungszeiten: Ende Juni – Mitte Aug. Mo. – Fr. 10.00 bis 17.00, Sa. 10.00 – 13.00, So. 13.00 – 17.00 Uhr).

★ **Risinge Gamla Kyrka**

★★ Öland

G/H 2/3

Landschaft: Öland **Provinz:** Kalmar Län
Einwohnerzahl: 25 000

Nur der schmale Kalmarsund trennt Schwedens beliebteste Sommerinsel vom Festland. Auch die Königsfamilie verbringt ihren Urlaub gern auf der kinderfreundlichen Insel Öland mit kilometerlangen Sandstränden, dem Skördefest und romantischen Windmühlen.

Insel des Windes

137 km lang, aber nur 6 bis 14 km breit und 57 m hoch, ist Öland ideal zum Radfahren – solange der Wind aus der richtigen Richtung kommt. Das ganze Jahr hindurch bläst er, mal kräftiger, mal sanfter über das Land. Einst trieb er mehr als 2000 **Windmühlen** auf Öland an, 400 von ihnen sind noch erhalten. Die hölzernen Windräder sind das Wahrzeichen der Insel und stehen unter Denkmalschutz.

Dünen, Heide und Kraniche

Öland wie auch die Nachbarinsel ► Gotland ist ein nahezu ebenes, leicht nach Osten geneigtes Kalkplateau, dessen Westrand eine scharf abfallende Kante bildet. Die Ostküste hingegen flacht sanft ab und ist von Dünen und Flugsand bedeckt. Vor rund 10 000 Jahren hinterließ die letzte Eiszeit Moränenablagerungen aus Lehmschiefer auf dem Kalkplateau. Sie bilden die Grundlage der öländischen Landwirtschaft – Acker- und Weideflächen finden sich besonders am Westrand des Plateaus, das auch dichter besiedelt ist. Zum Wahrzeichen wurde die **Stora Alvar**. Die in Europa einzigartige Landschaft einer verkarsteten, durch niedrige Steinmauern unterteilten Steppenheide ist südlich von Färjestaden als **UNESCO-Welterbe** geschützt. Doch im Frühjahr verwandelt sich die Landschaft in einen bunten Blütenteppich aus gelben Sonnenröschen, duftendem Klee und blauen Kugelblumen, gefolgt von seltenen **Orchideen** – einige der 30 Arten, die auf Öland wachsen, gibt es nur hier. Im Herbst hingegen rasten hier zu Tausenden graue **Kraniche** auf ihrem Zugweg, ein unvergesslicher Anblick.
Die Mitte Ölands zwischen Borgholm und Färjestaden ist in Küstennähe von Laub- und Nadelwald geprägt, während das Inselinnere von Haselbüschen und Waldwiesen bedeckt ist. Der Norden schließlich geht im Westen in eine Felsküste über, während im Osten Landzungen und flache Buchten miteinander abwechseln.

Schifffahrt tut Not! Dass das auch für das jenseitige Leben gilt, symbolisiert das Gräberfeld von Gettlinge mit einer gewaltigen Schiffssetzung aus 23 Granitsteinen.

Die Ölandsage Glaubt man einer alten Sage, soll die Insel folgendermaßen entstanden sein: Ein **Schmetterling**, viele Meilen lang und mit riesigen, blau und silbern schillernden Flügeln, wagte sich einst auf die Ostsee hinaus. Doch sein Körper war zu groß und zu schwer für seine Flügel. Als ein Sturm aufzog, rissen die Flügel ab, der Körper fiel ins Meer und strandete vor Småland auf einem Felsenriff. Und da blieb er liegen, so groß und lang und flügellos, wie er war.

Sehenswertes südlich von Färjestaden

★ **Ölandsbron** Seit 1972 überquert die Ölandbrücke von Kalmar aus die engste Stelle des Kalmarsunds. 156 Pfeiler tragen die 6 km lange Brücke, deren Länge je nach Jahreszeit und Temperatur um 4 m schwankt. Wer sie überquert, wird oft mit heftigem Seitenwind konfrontiert. Dafür bietet sich für die Beifahrer ein schöner Rückblick auf Kalmar. Radfahrer befördert der **Cykelbuss** kostenlos über die Brücke.

Färjestaden Die Brücke endet von Kalmar aus im Norden des Hafenortes Färjestaden, der für den **Ölands Djur & Nöjespark** bekannt ist, ein Freizeitzentrum mit Zoo, Dinosaurierpark, Schwimmbad und Märchenland (Öffnungszeiten: Mai – Sept. tgl. 11.00 – 16.00, Ende Juni – Mitte Aug. tgl. 10.00 – 20.00 Uhr, www.olandsdjurpark.com).

Träffpunkt Öland Träffpunkt Öland ist ein Informationszentrum mit »Historium«, einer Ausstellung zur **Geschichte Ölands**. Für die Fahrt nach Süden empfiehlt es sich, nicht die im Inselinnern verlaufende Straße Nr. 136, sondern die Landstraße in Ufernähe zu nehmen.

★ **Karlevistenen**

In Karlevistenen, 4 km südlich, steht der älteste **Runenstein** der Insel. Seine Inschrift besagt, dass der Stein von Sibbe dem Weisen, einem dänischen Seekönig, am Ende des Jahres 1000 gesetzt wurde.

Mysinge Hög

Rund 3 km östlich von Mörbylånga ragt der **bronzezeitliche Grabhügel** Mysinge Hög auf, von dessen Höhe sich ein weiter Blick über die Stora Alvaret öffnet. In der Umgebung sind mehrere sehenswerte Kammergräber aus der jüngeren Steinzeit erhalten.

Gettlinge

Auf der Straße Nr. 136 in südlicher Richtung folgt das Gräberfeld von Gettlinge mit mehr als 200 **Gräbern aus der Eisenzeit**. Im nördlichen Teil des 2 km langen Feldes sind Steinsetzungen in Schiffsform und etliche Monolithen zu sehen. Hinter Degerhamn und Grönhögen stößt man auf die historische **Mauer Karls X**. Seit 1653 durchzieht sie auf 45 km die gesamte Südspitze Ölands und trennt das Krongut, heute ein Gestüt, von der übrigen Insel. Gebaut wurde sie, um das Damwild des Königs am Davonlaufen zu hindern. Gleichzeitig unterstrich die Mauer aber auch die Macht des Monarchen.

Ottenby

Das **königliche Gut** Ottenby im äußersten Süden Ölands gehörte im 13. Jh. Gustav Wasa und seinen Söhnen. Die Gutsgebäude stammen von 1804. Nördlich davon erstreckt sich ein eisenzeitliches Gräberfeld, 2 km weiter westlich liegen die Kungsstenarna, die Königssteine.

Långe Jan

Von Ottenby führt eine Stichstraße durch das Naturreservat bis zur Südspitze von Öland, wo der Långe Jan steht, mit 42 m der **höchste Leuchtturm Schwedens**. Nach 197 Stufen belohnt ein Panoramablick über die Insel und den Kalmarsund die Mühen des Aufstiegs. Am Fuß des Leuchtturms informiert das **Ottenby Naturum** über die Natur und Kultur Ölands. Von der Vogelwarte Ottenby, die bereits 1946 gegründet wurde, starten von Frühling bis Herbst geführte Touren zur Vogelbeobachtung (Tel. 04 85 / 66 10 93, www.sofnet.org).

★ **Eketorp**

An der Ostküste sollten Sie einen Abstecher zur Eketorpsborg einplanen, einer **rekonstruierten Ringfestung**, die in drei Siedlungsphasen von der Eisenzeit bis zum Mittelalter bewohnt war. In ihrem Schuttkegel fanden Archäologen menschliche Knochen und 26 000 Fundstücke – die schönsten zeigt das **Museum**, das innerhalb einer zinnengekrönten Ringmauer im größten der reetgedeckten und mit Kuhdung isolierten Häuser residiert. Ausgestellt sind auch Repliken damaliger Hausgeräte und ein Schnittmodell durch den Grabungshorizont. Im Sommer wird vorgeführt, wie Handwerker in der Eisenzeit und im Mittelalter arbeiteten. Wer will, kann selbst mitmachen oder original eisenzeitliche Suppe kosten.

Öffnungszeiten:
Mai – Aug.
tgl. 10.00 – 17.00,
Sept. nur Sa., So.

www.eketorp.se

Gräsgård

Fischfang und Seefahrt sind für die Bewohner Ölands wichtige Erwerbszweige. Im kleinen Hafen von Gräsgård gehen bis heute Berufsfischer auf Lachs- und Dorschfang.

ÖLAND ERLEBEN

AUSKUNFT

Borgholms Turist/Resecentrum
Sandgatan 25, SE – 38731 Borgholm
Tel. 04 85 / 890 00, Fax 04 85 / 890 10
www.olandsturist.se

Träffpunkt Öland
Box 44, am Brückenkopf Färjestaden
SE – 38621 Färjestaden
Tel. 04 85/56 06 00, Fax 04 85 / 56 06 05
www.olandsturist.se

BADEN, RADELN & EVENTS

Die schönsten Sandstrände, an denen man freilich selten allein ist, liegen in der *Böda-Bucht.* Öland ist ideal zum Radeln, da es kaum Hügel gibt. *Fahrräder* kann man an vielen Orten mieten. Komplette Fahrradpakete mit Unterkunft können über www.olands turist.se oder www.bikeisland.se gebucht werden. Öland besitzt auch sieben erstklassige Golfplätze. Von Borgholm und Byxelkrok starten Boote zur Insel Blå Jungfrun. Ende April flammen an der Schlossruine Borgholm die *Walpurgisfeuer* auf. Am 14. Juli wird Kronprinzessin *Victorias Geburtstag* ausgiebig auf Öland gefeiert. Ein Fest für die ganze Familie ist *Ölands Skördefest* – beim größten schwedischen Erntefest dreht sich alles um den Kürbis (www.skordefest.nu).

ESSEN

► **Erschwinglich**

Baedeker-Empfehlung

Halltorps Gästgiveri
Borgholm, Tel. 04 85 / 850 00
www.halltorpsgastgiveri.se
Bezaubernder Landgasthof am Kalmarsund mit 36 persönlich eingerichteten Doppelzimmern, Bäderbereich und preisgekrönter Gourmetküche. Spezialitäten sind Lamm von den Alvar-Weiden und Ostseefische. Zum Programm gehören auch Weinproben, Vogelsafaris und Angeltouren.

Lammet & Grisen
Löttorp, Tel. 04 85 / 203 50
www.lammet.nu
Bei den Brüdern Richert werden Lamm und Schwein über dem offenen Feuer gegrillt. Preisgekrönte Vinothek.

Bullerbü ist überall – Urlaub auf Öland

► **Preiswert**

Sandviks Kvarn
nördl. von Sandvik, Tel. 04 85 / 261 72
www.sandvikskvarn.com
Die weithin sichtbare, 24 m hohe Holländerwindmühle stand 1856 in Vimmerby, bevor sie 1885 nach Sandvik geschafft wurde. Probieren Sie den Heringsteller oder Lufsa, Kartoffelpuffer mit Pökelfleisch.

Kafé & Restaurang Bojen
Färjestaden, Hamnplan
Tel. 04 85 / 310 37
Am besten schmecken die öländischen Kartoffelklöße mit Speckfüllung draußen mit Blick auf See.

ÜBERNACHTEN

► **Komfortabel**

Guntorps Herrgård
Guntorpsgatan, SE – 38736 Borgholm
Tel. 04 85 / 130 00, Fax 04 85 / 133 19
www.guntorpsherrgard.se
Charmanter öländischer Herrenhof mit 32 geschmackvollen Gästezimmern und Wellnessoase in der Orangerie. Erstklassiges Restaurant mit typisch schwedischem Smörgåsbord und lokalen Spezialitäten wie Henriks Knäckebrot mit Thymiangewürz, in Gin und Wacholderbeeren gebeizter Lachs, mit Ingwer und Meerrettich eingelegter Hering, Elchsalami und Lammpastete.

Hotel Skansen
Tingshusgatan
SE – 38630 Färjestaden
Tel. 04 85 / 305 30, Fax 04 85 / 348 04
www.hotelskansen.com
Nahe der Öland-Brücke logiert man im 1811 erbauten ehemaligen Landgericht in 51 hübschen Zimmern mit persönlicher Note. Spa-Bereich mit Pool und Sauna, gepflegtes Restaurant mit nordischen Gerichten. In der Bar stehen 100 Whiskys zur Auswahl.

► **Günstig**

Residence Byxelkroks Marina Sea Resort
Neptunivägen 5, SE – 38075 Byxelkrok, Tel. 04 85 / 285 50
www.byxelkroksmarina.se
Schwedenrote Selbstversorger-Apartments mit Balkon für 2 – 6 Personen, direkt am Meer.

Sehenswertes nördlich von Färjestaden

★ **Himmelsberga**
Öffnungszeiten:
15. Mai – Aug.
tgl. 10.00 – 17.30

www.olands museum.com

Gen Norden prägen zunehmend Kiefernwälder und Wacholderheiden die Landschaft. Bei Länglöt zweigt eine Nebenstraße ab zum Dörfchen Himmelsberga, in dem die Zeit stehen geblieben ist. Heute bilden das Herrenhaus und die vier stattlichen Bauernhöfe aus dem 18./19. Jh. ein **Freilichtmuseum**. Ausgestattet sind die Gebäude mit original öländischem Mobiliar, auf dem Gelände stehen landwirtschaftliche Geräte von anno dazumal. **Authentisches Kunsthandwerk** und regionale Köstlichkeiten gibt es im Handelsboden, kleine Leckereien in der gemütlichen Kaffestugan.

Ismantorpsborg

Knapp 5 km westlich von Himmelsberga dominiert die **gewaltige Burg** Ismantorp eine Waldlichtung. Die eigenartigste der 16 Wallburgen der Insel wurde wahrscheinlich im 5. Jh. mit einem Durchmesser von gut 125 m angelegt. Innerhalb der gut erhaltenen Ringmauer wurden 88 Hausfundamente freigelegt. Ob die Anlage Fluchtburg, geschützte Wohnstätte oder religiöses Zentrum war, ist nicht geklärt.

Gärdslösa Gärdslösa besitzt die besterhaltene mittelalterliche Kirche der Insel, ein romanischer Bau aus dem 12. Jh. mit gotischem Chor. Dessen Wände schmücken Malereien nach alttestamentlichen Motiven. Beachtung verdienen auch die Fragmente gotischer Fresken, die reich bemalte Kanzel von 1666 und ein Rokoko-Altar von 1764. Etwas weiter trifft man an der Straße auf mehrere **Windmühlen**. Es handelt sich um kleine Bockwindmühlen, die auf einem dicken Eichenstamm ruhen und mit einem langen Hebel in den Wind gedreht werden müssen.

Egby Die kleine Kirche von Egby wurde um 1100 erbaut. Trotz des Umbaus von 1818, bei dem der Turm angefügt wurde, zeigt sie noch weitgehend ihren romanischen Stil. Das Taufbecken und der steinerne Altar sind auf das 12. Jh. datiert, die barocke Kanzel und der Altaraufsatz auf die Zeit um 1750.

Trollskogen Die Nordspitze von Öland ist von einem rund 6000 ha großen Parkgelände bedeckt, in dem mehr als 50 Baumarten wachsen. Ein Teil des Parks wird wegen der vom Seewind skurril geformten Kiefern »Trollskogen« oder »Zauberwald« genannt.

Byxelkrok In der Nähe des kleinen Fischerdorfs Byxelkrok erstreckt sich das von Carl v. Linné als **Neptuni Åkrar** (Äcker des Neptun) bezeichnete Gebiet. Diese eigenartige Strandformation besteht aus losen Steinen, auf denen im Hochsommer das Borretschgewächs »Natternkopf« meerblau blüht. Auf dem Strandwall hat ein Feld mit 35 Gräbern die Zeiten überdauert, zu dem auch ein Schiffsgrab der Wikinger gehört. Vom Strand blickt man auf **Blå Jungfrun**. Diese Insel aus rötlichem Granit ist Nationalpark und gilt als Treffpunkt von Hexen. Tatsächlich wirkt der Ort dank vieler Grotten und eines undurchdringlichen Waldes je nach Stimmung geheimnisvoll bis schauerlich, bei Schönwetter aber recht sympathisch. Wer sich selbst ein Bild machen will, kann im Sommer an einer Bootstour teilnehmen und auf gut markierten Wanderwegen die Insel erkunden.

Långe Erik Die Nordspitze der Insel markiert der Leuchtturm Långe Erik. Weiter südlich gehört die **Bödabucht** wegen ihrer schönen **Sandstrände** zu den beliebtesten Urlaubszielen auf Öland.

Borgholm Auf dem Rückweg verläuft die Landstraße 136 abseits der Küste durch das Inselinnere nach Süden und an der achtstöckigen, holländischen Windmühle **Sandviks Kvarn** (► S. 247) vorbei bis nach Borgholm. Die einzige Stadt der Insel ist mit ihrer Hafenpromenade, großem Jachthafen, Restaurants und Geschäften ein Anziehungspunkt für alle Inseltouristen und entsprechend überlaufen. Im Sommer bestehen Bootsverbindungen nach Oskarshamn auf dem schwedischen Festland und zur Insel Blå Jungfrun.

✶ ◄ Borgholm Slott

Knapp 1 km südwestlich der Stadt überragt die mächtige Ruine von Schloss Borgholm das Land. Es wurde im Jahre 1572 an der Stelle einer alten Burg errichtet, später umgebaut und 1806 durch einen Brand zerstört. Heute dient die Ruine als malerische **Kulisse für Konzerte**; die schwedische Popgruppe Roxette drehte hier ein Musikvideo, Status Quo, Opernstars und Liedermacher standen in Borgholm Slott schon auf der Bühne (Öffnungszeiten: April – Mitte Sept. tgl. 10.00 – 16.00, Mai – Aug. bis 18.00 Uhr, www.borgholmsslott.se).

! *Baedeker* TIPP

Königin der Kräuter

Austernkraut, Meerfenchel, Dufttagetes und Zitronenverbene wachsen im Kräutergarten hinter dem *Hotell Borgholm*, in dem Karin Fransson ihre Gäste mit immer neuen Kräuter-Kreationen und wundervollen mediterranen Geschmackserlebnissen beglückt. Auch das schwedische Königspaar hat schon das Möhrenpüree mit Zimt und Ingwer zum Maishuhn mit frischer Minze probiert (Trädgårdsgatan 15-19, Borgholm, Tel. 0485 / 770 60, www.hotellborgholm.se).

✶✶ **Solliden Slott**

Keine 3 km südlich von Borgholm urlaubt Schwedens Königsfamilie: Schloss Solliden ist seit 1906 ihre **Sommerresidenz**. Alljährlich feiert Kronprinzessin Victoria am **14. Juli** in dem weißen, klassizistischen Schlösschen ihren Geburtstag. An diesem Tag können Sie die volksnahen Royals live erleben, treten verschiedene Künstler auf, wird der begehrte Sportpreis mit dem Victoria-Stipendium vergeben.

Öffnungszeiten: Park Mitte Mai bis Mitte Sept. tgl. 11.00 – 18.00

www. sollidensslott.se

Als Vorbild für den Bau diente die Villa San Michele von Axel Munthe auf Capri, mit dem Königin Viktoria (1862 – 1930) eine enge Freundschaft verband. Die königliche Villa lässt sich nicht besichtigen, der **Schlosspark** hingegen ist für Besucher geöffnet. Direkt an den königlichen Landsitz schließt sich der mit Buchsbaumhecken geschmückte »Italienische Garten« an. Vorbei am rankenbewachsenen Spielhaus, in dem einst der Gärtner mit seiner Familie wohnte, führt der Weg zum »Englischen Garten«, einem Landschaftspark mit uralten Bäumen und weiten Rasenflächen. Der »Holländische Garten« ist ein Geschenk der niederländischen Königin Wilhelmina und mit Marmorskulpturen und Rosen geschmückt. Die Kaskaden unterhalb des Schlosses schenkte das schwedische Parlament dem König.

✶ **VIDA Museum & Konsthall**

Malerei, Fotokunst, Bildhauerei und Design zeigt die 2002 eröffnete VIDA-Kunsthalle in Halltorp, 8 km südlich von Borgholm. Ein Flügel ist der Glaskünstlerin Ulrica Hydman gewidmet, die mit ihren eigenwilligen Kunstwerken für Kosta Boda weltberühmt wurde. In Vida kann man auch ihre weniger bekannten Arbeiten als Malerin und Bildhauerin bewundern (Öffnungszeiten: Mai – Sept. tgl. 10.00 bis 17.00 Uhr, Juli, Aug. bis 18.00, Okt. – Dez., April Sa./So. 10.00 bis 17.00 Uhr, www.vidamuseum.com).

Karums Alvar Rund 15 km südöstlich von Borgholm birgt das große eisenzeitliche Gräberfeld Karums Alvar die 30 m lange **schiffsförmige Steinsetzung** »Arche Noah«. An den beiden nahen Kalksteinhügeln soll der Sage nach Odin sein Ross Sleipnir angebunden haben.

Gråborg Bis ins Mittelalter genutzt wurde die **Fluchtburg** Gråborg, 8 km nordöstlich von Färjestaden. Die bis zu 6,40 m hohe Ringmauer umschließt ein elliptisches Areal von 220 x 165 m.

★ Örebro

F 5

Landschaft: Närke
Einwohnerzahl: 130 000
Provinz: Örebro Län
Höhe: 22 m ü. d. M.

Seit mehr als 700 Jahren wacht das mächtige Schloss im Svartån-Fluss über Örebro. Schon früh nutzten Reisende hier die Furt, um den Fluss zu überqueren, der den Hjälmarsee nach Westen hin entwässert – heute ein Naturidyll für Spaziergänger, Radfahrer, Jogger und Vogelbeobachter.

Sehenswertes in Örebro

Sankt Nikolai Im Zentrum der Provinzhauptstadt erhebt sich am lang gestreckten **Stortorget** die Nikolaikirche aus dem 18. Jh., in der 1810 der französische Marschall Jean Baptiste Bernadotte zum Thronfolger gewählt wurde, da das schwedische Königshaus keine Nachkommen hatte. In der Kirche ist der legendäre schwedische Volksheld und Reichshauptmann **Engelbrekt Engelbrektsson** bestattet; sein 1865 von Carl Gustav Qvarnström geschaffenes Bronzestandbild steht vor dem neugotischen Rathaus. Jeden Tag um 12.03, 18.03 und 21.03 Uhr erklingt das Glockenspiel des Rathauses.

★ Örebro Slott Auf einer Insel mitten im Svartån thront das stattliche viertürmige **Renaissanceschloss**. Seit über 200 Jahren hat hier der Regierungspräsident des Bezirks Örebro seinen Amtssitz. Die Wurzeln der Festung

Örebro *Orientierung*

reichen ins späte 13. Jh. zurück, als sie nur aus einem Verteidigungsturm mit umschließender Mauer bestand. Zur nächsten Jahrhundertwende wurde der Turm zur Burg ausgebaut. 1573 ließ Herzog Karl, der spätere Karl IX., die mittelalterliche Festung niederreißen und das heutige Prunkschloss bauen. Eine Besichtigung ist nur im Rahmen einer **Führung** möglich. Unabhängig davon kann die Ausstellung im **Südwestturm** angesehen werden, die sich Örebroner Persönlichkeiten wie Lasse-Maja, Drottning Kristina, Olaus Petri und Jean Baptiste Bernadotte widmet. Wechselausstellungen werden im Vasasalen gezeigt (www.orebroslott.com)

? WUSSTEN SIE SCHON ...?

- ... dass auf Örebro Slott die Säulen der schwedischen Staatsordnung entstanden? 1347 verfasste ein von König Magnus Eriksson einberufenes Parlament Schwedens erstes landesweites Grundgesetz, 1617 führte Gustav II. Adolf auf Schloss Örebro die erste schwedische Reichstagsverordnung ein.

Öffnungszeiten: Mo. – Fr. 10.00 bis 18.00, Juni – Aug. auch Sa., So.

Örebro Länsmuseum

Das 2009 umgebaute Provinzmuseum in der Engelbrektsgatan 3 stellt **zeitgenössische Künstler** der Region vor und zeigt wechselnde kunsthistorische Austellungen (Öffnungszeiten: Di. – So. 11.00 bis 17.00, Mi. bis 21.00 Uhr, www.orebrolansmuseum.se).

★ Wadköping Friluftmuseum

Östlich vom Schloss beginnt der Stadsträdgården, der sich am Schwarzen Fluss entlang zieht bis zum **Freilichtmuseum** Wadköping. Seine roten Holzhäuschen und Höfe des 17. bis 19. Jh.s standen früher in Örebro. Zum historischen Stadtteil gehören Handwerksbetriebe, Museen, Läden und Cafés, die frei zugänglich sind (Öffnungszeiten: Mai – Aug. Di. – So. 11.00 – 17.00, sonst bis 16.00 Uhr).

Gustavsvik

In Gustavsvik, 1 km südlich vom Zentrum, wartet ein weitläufiges **Abenteuerbad** mit Wasserrutsche, großen Liegewiesen und allerlei Sportmöglichkeiten (Öffnungszeiten: tgl. 9.00 – 19.00 Uhr).

★ Karlslunds Herrgård

Auf dem **königlichen Herrenhof** Karlslunds am westlichen Stadtrand erhält man einen guten Eindruck, wie man auf einem großen Gut im 19. Jh. lebte. Im ehemaligen königlichen Stall des 16. Jh.s haben sich **Museen, Läden und Künstler** etabliert. In der Meierei zeigt das Tagelöhnermuseum, wie die Ärmsten der Armen in den 1930er-Jahren wohnten. In der alten Mühle können Kinder im Tekniska Kvarnen spannend experimentieren. Auch das Elektrizitätswerk von 1897 lohnt einen Besuch (ganzjährig geöffnet).

Svampen

Der pilzförmige **Wasserturm** an der Dalbygatan 4, der nördlichen Ausfallstraße Richtung Falun, wurde zum Vorbild aller modernen Wasserspeicher Schwedens. Interessant ist die Bauweise des 1958 errichtete »Schwammerl«: Zuerst wurde die Kuppe geschaffen und diese dann Meter für Meter in die Höhe gehoben. Heute ist der 50 m hohe Turm der beste Aussichtspunkt mit weitem Rundblick über die Stadt. Im Hut gibt es ein Café, ein **Restaurant** und das »Aqua Nova«,

★ ◄ Panoramablick

ÖREBRO ERLEBEN

AUSKUNFT

Örebrokompaniet
Olof Palmes Torg 3, SE – 32800 Örebro
Tel. 019 / 21 21 21, Fax. 019 / 10 60 70
www.visitorebro.se

SHOPPING

In der City konzentrieren sich die Geschäfte entlang von Storgatan, Drottninggatan, Stortorget und Våghustorg. 9 km südl. von Örebro vereint die *Marieberg Galleria* 100 Geschäfte, die auch So. von 11.00 – 18.00 Uhr offen sind (www.marieberg.nu).

LEINEN LOS!

Im Hochsommer verkehren Ausflugsboote der Arboga Rederi und der Stromma-Kanalbolaget (www.stromma.se) auf dem *Hjälmarkanal* 40 km nordöstlich von Örebro (Tel. 05 89/ 871 51; www.arboga.se) und Kungsör (Tel. 02 27 / 60 01 01, www.kungsor.se). Dort gibt es auch Routenbeschreibungen und Adressen von Kanuvermietern, denn der Kanal ist ein beliebtes Paddlerrevier.

ESSEN

► Erschwinglich

① ***Slottsskänken***
Im Schloss von Örebro
Tel. 019 / 12 23 39, www.orebroslott.se
Hier speist man entweder im *Schlossrestaurant* (Mi. – Sa. 17.00 – 22.30 Uhr) oder günstiger im *Tornkaféet*, das werktags 11.30 – 15.00 Uhr ein preisgünstiges Mittagsbuffet anbietet. Auch die Terrasse wird bewirtschaftet.

ÜBERNACHTEN

► Luxus

① ***Behrn Hotell***
Stortoget 12, SE – 70211 Örebro
Tel. 019 / 12 00 95, Fax 019 / 12 00 59
www.behrnhotell.se
Nobelherberge in bester Lage mit 52 individuell gestalteten Zimmern von Mittelalter bis hochmodern, Wellnessbereich und Vinothek

► Luxus/Komfortabel

Baedeker-Empfehlung

② ***Grythyttans Gästgivaregård***
Prästgatan 2, SE – 71281 Grythyttan
Tel. 05 91 / 147 00, Fax 05 91 / 141 24
www.grythyttan.com
1640 wurde der Grundstein gelegt für den stilvollen Gasthof 70 km nordwestlich von Örebro. 60 liebevoll eingerichtete Zimmer, Spa und raffinierte Gourmetküche mit sensationeller Weinkarte – im Keller lagern mehr als 7000 Flaschen. Tipp: das Golfpackage mit Übernachtung, 4-Gänge-Menü und Greenfee auf den Golfplätzen in Saxå oder Nora.

► Komfortabel

③ ***Hotel Göta***
Olaigatan 11, SE – 70361 Örebro
Tel. 019 / 611 53 63, Fax 019 / 18 31 56
www.hotellgota.nu
Klein, aber fein sind die 20 Zimmer des charmanten Hotels in unmittelbarer Nähe des Schlosses. Wellness-Abteilung mit Sauna und Massage.

► Günstig

④ ***Bäcks Bed & Breakfast***
Bäck 517, SE –71991 Vintrosa
Tel. 0768 /48 42 94, www.backsgard.se
Vier Gästezimmer hat der gemütliche Schwedenhof aus dem 19. Jh., 12 km westlich von Örebro. Romantiker sollten das Zimmer Nr. 2 buchen. Wer will, kann am Svartån fischen gehen und den Fang gleich am Lagerfeuer grillen.

Wegpunkt am Wasser: das stattliche Renaissanceschloss von Örebro

eine erlebnisreiche Schau rund ums Wasser (Öffnungszeiten: Mai bis Aug. tgl. 10.00 – 18.00, sonst Sa., So. 11.00 – 16.00 Uhr).

Umgebung von Örebro

Glanshammar

Bekannt wurde Glanshammar, 12 km nordöstlich, durch seine Marmorbrüche, die auch das Material für das Stadthaus und das Dramaten in ►Stockholm lieferten. Die Kirche des Ortes stammt aus der Mitte des 12. Jh.s und besitzt kunstvolle **Renaissance-Malereien**.

✶ Arboga

Kulturgut von nationalem Interesse

Anno 1710 war Arboga, 40 km nordöstlich von Örebro, für ein halbes Jahr (!) **Schwedens Hauptstadt**. Da in ►Stockholm in jenem Jahr die Pest wütete, wurden viele Ämter und der königliche Senat ins 150 km entfernte Städtchen verlegt, die Schiffe in Quarantäne gesteckt. Arboga entstand im 12. Jh., als der Fluss schiffbar gemacht wurde, und entwickelte sich rasch zu einem betriebsamen Handelsplatz. Diese Bedeutung verlor sich allerdings, als man im 17. Jh. die Bergbausiedlungen Nora und Lindesberg gründete und den Hjälmarkanal anlegte. Der **mittelalterliche Stadtkern** mit seinen historischen Kaufmanns- und Handwerkshäusern wurde aufgrund seiner Geschlossenheit zum Kulturgut von nationalem Interesse erklärt.

Mittelalterlicher Stadtkern

Älteste Straße Arbogas ist die **Västerlånggatan**, in der noch Steinhäuser und Gebäude mit Kellern aus dem Mittelalter erhalten sind – schauen Sie doch einmal in den Hof von Nr. 1. Das Rathaus am Storatorget wurde im 15. Jh. als Kirche errichtet, aber von Gustav Wasa bei der Reformation säkularisiert und neuer Verwaltungssitz. Gleichzeitig nutzte König Gustav das Gebäude auch für sich und seine Familie als Königshof. Zum Königshof gehörte auch der Kungsgården bei der Gamla Bron.

Järntorget Auf dem 1650 angelegten Järntorget erinnert die Kopie der Originalwaage daran, dass all das Eisen, das von Bergslagen hierher transportiert wurde, vor der weiteren Verschiffung gewogen wurde. Jede Schiffsladung musste versteuert werden und brachte der Stadt Einkünfte. Ganz und gar kämpferisch gibt sich **Engelbrekt Engelbrektsson** als Bronzestatue von Carl Eldh. Der Volksheld hatte einen Aufstand gegen den König der Union, Erik von Pommern, angeführt und war in Arboga 1435 zum Reichshauptmann gewählt worden – diese Zusammenkunft gilt als die erste Versammlung zum Reichstag in Schweden. Doch Engelbrekt hatte viele Feinde: Bereits 1436 wurde er auf einer kleinen Insel im Hjälmarensee ermordet.

Heliga Trefaldighets Kyrka ► Hinter der Statue erhebt sich die **Heiliggeistkirche**, die im 13. Jh. ursprünglich als Klosterkirche für den Franziskanerorden entstand. Zu Beginn des 16. Jh.s, als Gustav Wasa mit der katholischen Kirche brach, schenkte er Arboga das Gotteshaus als Stadtkirche. Ihren Turm erhielt sie jedoch erst im 17. Jh. bei der Renovierung. Die Kanzel wurde 1736 vom Hofbildhauer Buchard Precht geschnitzt, die Kronleuchter aus Messing gehören zu den größten Lüstern von Schweden. An der Südwand erzählen Wandmalereien des 15. Jh.s über den hl. Franziskus. Auf dem Friedhof fand 1847 ein landesweit berüchtigter Dieb und Abenteurer seine letzte Ruhestätte: Lars Molin, besser bekannt als **Lasse-Maja**. Der meist als Frau verkleidete Schurke ist auch auf einem Wandbild im Örebro Slott abgebildet.

Spannende Museen Seit Jahrhunderten ist Arboga Sitz einer **Brauerei** – probieren Sie das ungewöhnlich starke Arbogaöl! Wie es gebraut wird, verrät ein Besuch des Bryggerimuseet (Öffnungszeiten: 12. Juni – 17. Aug. Fr. – So. 11.00 – 15.00 Uhr).

Im großbürgerlichen Örströmska Huset, das Kaufmann Anders Örström 1846 für sich und seine Familie an der Nygatan 37 errichtete, informiert das **Arboga Museum** über die große Zeit der Zünfte und zeigt Objekte aus Silber und Zinn (Öffnungszeiten: Di. – Do. 13.00 bis 16.00, Sa. 13.00 – 15.00 Uhr, www.arbogamuseum.se).

An den Bau des Hjälmaren-Kanal und die Blütezeit der Binnenschifffahrt erinnert das **Kanalmuseet Arboga** in einem alten Speicher am Hjälmare Dock. Technikfans begeistert das **Arboga Robotmuseum** in der Glasbrukgatan 1 mit seinen Sammlungen zur Technikgeschichte seit 1940. Highlights sind 25 verschiedene Raketen des Heeres, der Marine und der Luftwaffe, der Flugsimulator J35 Draken und das Gefechtsführungssystem STRIL 60 (Öffnungszeiten: Do. 9.00 – 12.00, 1. Sa. im Monat 10.00 – 16.00 Uhr, www.robotmuseum.se).

Jädersholm Dass das Robotmuseum gerade im idyllischen Arboga zu finden ist, hat seinen Grund: 1551 hatte Gustav Wasa auf der Insel Jädersholm eine **Waffenfabrik** gegründet. Bis 1630 wurden dort Klingen und andere Stichwaffen hergestellt. Als die Waffenproduktion zum Erliegen kam, wurden stattdessen Metalldraht und Produkte für die Zivilbevölkerung geschmiedet. 1757 kaufte Wilhelm Neumann, der später unter dem Namen »Mannerstråle« geadelt wurde, Jädersbruk. Der mehrstöckige **Herrenhof** mit 22 Räumen wurde 1883 errichtet. Im Wintergarten verwöhnt heute ein gemütliches Café mit hausgemachtem Kuchen und Kaffee (www.jadersbruk.se). Wunderschön ist auch der Julemarket im Advent.

Hjälmarsee

Die Verbindung zwischen Arboga und Hjälmarsee bildet der 13,7 km lange **Hjälmarkanal**, der mit neun Schleusen eine Höhendifferenz von gut 21 m überwindet (www.hjalmarekanal.se). Schwedens älteste künstliche Wasserstraße wurde 1639 gebaut und bis in die 1970er-Jahre zum Transport von Eisen aus Bergslagen über Örebro nach Stockholm genutzt. Der 483 km² große Hjälmarsee reicht östlich bis Södermanland und steht über den Kanal und den Fluss Arbogaån mit dem ►Mälarsee in Verbindung. Im Naturschutzgebiet **Rynningeviken** säumen heute wieder ursprüngliche Uferwiesen, seichte Schilfbuchten und ein Wasserpark mit Dämmen und verschlungenen Pfaden das Westufer des Sees. Das Naturreservat **Oset** ist von Wander- und Radwegen durchzogen, die gleichzeitig als Dämme zur Regulierung des Wasserstands dienen. So lassen sich im Frühjahr die Uferwiesen überschwemmen, um der Vogelwelt Brutmöglichkeiten zu bieten. Im preisgekrönten **Naturens Hus** gibt es knackige Salate und schwedische wie italienische Spezialitäten (www.orebro.se/naturenshus).

★ ◄ Naturidyll

! *Baedeker* TIPP

Schwanentanz

Auf ihrem Weg nach Russland und Finnland rasten jedes Jahr gegen Ende März bis zu 3000 Singschwäne am *Tysslingen-See* westlich von Örebro. Die leicht an dem geraden Hals und dem gelben Schnabel zu erkennenden Tiere vollführen vor allem am Morgen ihre Tänze und trompeten lautstark. Rund um den See gibt es mehrere gute Beobachtungsplätze. Nachdem das Gewässer in den 1980er-Jahren renaturiert wurde, lohnt auch ein Besuch außerhalb der Schwanenrast, da heute wieder viele Vögel am Tysslingen-See brüten.

★ **Opera på Skäret**

Internationale Solisten und Orchester treten alljährlich im August beim zehntägigen **Opernfestival** im ehemaligen Sägewerk am See Ljusnaren auf, der gut 70 km nördlich von Örebro liegt. Die Idee für die Opernbühne stammt von dem schwedischen Bassbariton **Sten Niclasson**, der 1996 zum ersten Mal in die Bergbausiedlung **Skäret** kam – 2004 feierte sein Openfestival Premiere. Der besondere Reiz liegt in dem Gegensatz von Kunst und ungebändigter Natur. 100 m lang und 18 m hoch ist die riesige Halle aus Holz, in der früher die Planken zum Trocknen aufgestapelt wurden. Auf der Bühne werden »Rigoletto«, »Aida«, »Tosca« und »La Bohème« von großen Stimmen wie Stuart Neil, César Augusto Gutiérrez und Gitta-Maria Sjöberg gegeben. Bis zu zehn Aufführungen stehen auf dem Programm, zu denen mehrere Tausend Besucher vom dreieinhalb Autostunden entfernten ►Stockholm anreisen. Hinter der Sägemühle hält am Wochenende ein Sonderzug aus der Hauptstadt (Ticketservice: Tel. 0580/711 00, www.operapaskaret.se).

★ Simrishamn · Österlen

E 1

Landschaft: Skåne **Provinz:** Skåne Län
Einwohnerzahl: 7000 **Höhe:** Meereshöhe

Bis in die 1980er-Jahre besaß Simrishamn die größte Fischereiflotte Schwedens. Heute verbreitet die einzige Stadt der Obstbauregion Österlen mit gepflasterten Gassen und pastellfarbenen Häuschen eine gelassene Gemütlichkeit. Man schmeckt förmlich die vielen Sonnenstunden, die in den saftigen Äpfeln der Region stecken.

Südostspitze Schwedens

Simrishamn erlebte seine große Blüte in der Regierungszeit des dänischen Königs Christian IV. – sie endete abrupt, als die Pest 1655 große Teile der Bevölkerung dahinraffte. Der gut geschützte **Fischereihafen** an der Südostspitze Schwedens ist bis heute ein Drehkreuz zwischen der westlichen Ostsee, Ostschweden und dem Baltikum.

Sehenswertes in und um Simrishamn

St. Nicolai

Die St. Nicolaikirche wurde im 12. Jh. aus grauem Halla-Stein erbaut, doch lange war ihre Fassade hinter Zementputz versteckt. Als der Künstler **Carl Milles** Mitte der 1950er-Jahre in Simrishamn zu Besuch war, versprach er, dem Ort eine seiner Skulpturen zu schenken, wenn man nur die Kirche von ihrem hässlichen Putz befreien würde. Der Handel war erfolgreich, denn heute hat die Kirche wieder ihre unverputzte Fassade, und auch Carl Milles hat Wort gehalten: Auf dem Rasen steht eines seiner Werke. Im Innern sind die Kanzel mit einem Monogramm von König Christian IV., das prächtige Taufbecken und ein Votivschiff von 1776 sehenswert.

Österlens Museum

Das Museum an der Storgatan 24 widmet sich der **Fischerei und Seefahrt** sowie der Klöppeltradition in Österlen. Alljährlich im Mai erblühen im Museumsgarten beim **Tulpenfest** historische Tulpenarten in allen erdenklichen Farben. Gartenfreunde können den städtischen Gärtnermeister Rolf Carlsson auf einer Blumen-Exkursion begleiten (Öffnungszeiten: Mitte Juni – Mitte Sept. Di. – Fr. 11.00 – 17.00, Sa. 10.00 – 14.00, sonst Di. – Fr. 12.00 – 16.00, Sa. bis 14.00 Uhr).

★★ Glimmingehus

Öffnungszeiten: Juni – Aug. tgl. 10.00 – 18.00, April, Mai, Sept. tgl. 11.00 – 16.00

Auch Selma Lagerlöf muss von Glimmingehus beeindruckt gewesen sein, sonst hätte sie den kleinen Nils Holgersson kaum so ausführlich über die besterhaltene **mittelalterliche Burg** Skandinaviens berichten lassen. Begonnen wurde die Festung südöstlich von Simrishamn 1499. Reichsadmiral und Reichsrat **Jens Holgersen Ulfstand** war der Auftraggeber, Adam van Düren, der sich schon in Köln und Lund einen Namen gemacht hatte, lieferte die Pläne. Zahlreiche Verteidigungsanlagen und Wassergräbern betonen den Festungscharakter. Eindringlinge konnten mit kochendem Wasser oder Pech begossen

Ein dänischer Ritter legte den Grundstein zu Glimmingehus.

werden, jedes Stockwerk war einzeln zu verteidigen, und notfalls wurde die enge Treppe mit schweren Steinplatten blockiert. Im Treppenhaus steht der »Vildmann«, eine Kalksteinskulptur, die noch von Adam van Düren stammt und wahrscheinlich den Bauherrn mit Keule und erlegtem Hasen darstellt. Archäologische Funde von venezianischem Glas, gepresstem Glas aus dem Rheingebiet und spanischer Keramik belegen, dass der Haushalt auf Glimmingehus im 16. Jh. sehr exklusiv war. Im Sommer finden in der Burg **Ritterspiele**, Mittelalterfestivals und nächtliche Führungen statt (www.raa.se).

Kronovall Slott

Auf einer Insel, umgeben von Wallgräben, wurde **Schloss Kronovall** im 18. Jh. im Stil des französischen Barocks nach Entwürfen von Isak Gustaf Clason errichtet. Das strahlend weiße Anwesen bei Tomelilla ist ein echtes Weinschloss: In seinem Keller ruhen mehrere Tausend Flaschen Schaumwein. Jedes Jahr wird ein großes Weinfest gefeiert, und für daheim gibt es die edlen Tropfen im Schlossladen. Seit 1998 ist Petripumpa Herr auf Schloss Kronovall, veranstaltet dort **Weinproben** und verarbeitet im Restaurant beste Regionalprodukte zu Hochgenüssen. Und wer mag, kann hier am Wochenende auch nächtigen (www.kronovall.se).

★ ◄ Edle Tropfen

Kivik

Mitten im **Apfelanbaugebiet** von Österlen liegt 20 km nördlich von Simrishamn der kleine Küstenort Kivik mit dem größten Rollsteingrab Schwedens. Das **Königsgrab aus der Bronzezeit** ist leicht an dem beeindruckenden Steinhaufen mit 75 m Durchmesser zu erkennen. Auf Steinritzungen der inneren Kammer sind Sonnenräder, Pferde und Wagen zu sehen (Öffnungszeiten der Grabkammer: Mai – Aug. tgl. 10.00 – 18.00 Uhr).

Welche Apfelsorten um Kivik angebaut werden, lässt sich im **Kiviks Musteri och Äpplets Hus** entdecken, das auch süffigen Cidre, Smoothies, Glögg und Marmelade verkauft (Öffnungszeiten: Sept., Okt.

SIMRISHAMN UND ÖSTERLEN ERLEBEN

AUSKUNFT

Simrishamn Turistbyrå
Tullhusgatan 2
SE – 27280 Simrishamn
Tel. 04 14 / 81 98 00
www.simrishamn.se

KUNSTRUNDE

Jedes Jahr im April öffnen die Künstler von Österlen ihre Ateliers, um ihre Arbeiten in Öl, Aquarell, aus Glas, Edelmetallen, Holz und Keramik zu präsentieren. Die erfolgreiche Idee zur Kunstrunde, an der inzwischen mehr als 100 Künstler und Kunsthandwerker teilnehmen, entstand bereits 1968 (www.oskg.nu).

ESSEN

► Fein & teuer

Karlaby Kro
Karlaby, SE – 27293 Tommarp
Tel. 04 14 / 203 00, www.karlabykro.se
Weiß getünchte Wände, Reetdach, Rapsfelder und saftige Weiden: Inmitten der fruchtbaren Landschaft Österlens bringt Küchenchef Linus Persson nur beste regionale Saisonküche auf den Tisch. Wem's gefällt, bucht gleich das Bett dazu und eine Massage im Spa (►Abb. S. 14).

► Erschwinglich

Maritim Krog & Hotell
Hamngatan 31
SE – 27231 Simrishamn
Tel. 04 14 / 41 13 60, www.maritim.nu
Fisch aus Nord- und Ostsee ist die Spezialität von Tore Gustavson. Bei ihm treffen sich Familien und genießen mit Blick auf den Hafen fangfrische Meerestiere.

Buhreskrog
Hamnplan, SE – 27730 Kivik
Tel. 04 14 / 702 12, www.buhres.se
Rote Bete ist für Schweden ein Muss zum Steak. Ob es schmeckt? Probieren Sie es im Hafenrestaurant von Peter Hall. Lage, Aussicht und Küche sind fantastisch!

ÜBERNACHTEN

► Komfortabel

Brösarps Gästgiveri
Albovägen 21, SE – 27350 Brösarp
Tel. 04 14 / 736 80, Fax 04 14 / 733 05
www.brosarpsgastgiveri.se
Ländliche Romantik mit bemalten Holzmöbeln in der Wirtsstube, ein großer Weinkeller zur ausgezeichneten Küche und 37 Zimmer mit persönlicher Note. Kein Wunder, dass sich seit 325 Jahren die Gäste hier wohlfühlen.

Baedeker-Empfehlung

Hotel Kockska Gården
Storgatan 25, SE – 27231 Simrishamn
Tel. 04 14 / 41 17 55, www.kockskagarden.se
»Stilrein« nennen Eva und Christian ihre 20 hellen, freundlichen Zimmer, in denen die Farbe Weiß dominiert – ganz bewusst im Kontrast zur Fassade des traditionellen Fachwerkhofes, der erstmals 1706 Erwähnung fand. Zum »Play and Stay«-Paket gehören Übernachtung und Greenfee für zwei der besten Golfanlagen des Landes: Lilla Vik und Djupada.

► Günstig

Aurora B & B
Christian Barnekowsgatan 8
SE – 27232 Simrishamn
Tel. 04 14 / 177 07
www.aurorabedbreakfast.com, 13 Z.
Ruhige Pension mit tollem Frühstück, Garten und Parkplatz; wenige Gehminuten vom Jachthafen

tgl. 10.00 – 17.00 Uhr, Nov. nur werktags, www.kiviksmusteri.se). Ende September wird das berühmte **Apfelfest** gefeiert mit einem großen Markt am Hafen (www.applemarknaden.se). Zu Beginn wird ein gigantisches **Kunstwerk aus Äpfeln** enthüllt. Für diesen »Äppeltavlan«, dem bereits der Eintrag in das Guinness-Buch der Rekorde gelang, verwendet die Künstlerin Emma Karp Lundström jedes Jahr mehrere Tausend Kilo Äpfel.

★ ◄ Äppelmarknaden

Im Frühling sind die Südhänge der Hügel um das Bilderbuchdörfchen Brösarp 10 km nördlich von Kivik ein **Blütenmeer** mit Millionen von Schlüsselblumen. Auf den kalkreichen Böden der Nordhänge wachsen Graslilien, Sandnelken und Katzenpfötchen.

★ Brösarp Backar

Weit reicht der Blick vom 97 m hohen Gipfel des »Steinernen Hauptes« im nur 4 km² großen **Nationalpark Stenshuvud** südlich von Kivik: Gen Süden sieht man flache Sandfelder mit Heiden und blumenreichen Trockenwiesen, die zum Meer hin an kinderfreundlichen Sandstränden enden. Bei klarem Wetter lässt sich sogar die dänische Insel Bornholm am Horizont erkennen. Das Landesinnere bedeckt Laubwald. Mitten durch den Nationalpark verläuft der Fernwanderweg **Skaneleden**. Von Södra Mellby erreicht eine Stichstraße nach 2,5 km das Besucherzentrum **Naturum**, wo im Sommer tgl. um 10.00 Uhr geführte Touren mit Rangern starten (Öffnungszeiten: Juni – Aug. 11.00 – 18.00, sonst bis 16.00 Uhr, www.m.lst.se).

Stenshuvud

★ Söderköping

G 4

Landschaft: Östergötland
Einwohnerzahl: 14 000
Provinz: Östergötland Län
Höhe: Meereshöhe

Kopfsteingassen, mittelalterliche Kirchen und das angeblich beste Eis Schwedens machen Söderköping zu einem beliebten Stopp für Freizeitskipper, die auf dem Göta-Kanal unterwegs sind.

Stadtgeschichte

Gegründet wurde die Stadt 17 km südöstlich von ► Norrköping im 13. Jh. als Lübecker Handelskolonie. Im Mittelalter war sie einer der wichtigsten schwedischen Handelsplätze, hier fanden Königskrönungen und Reichstreffen statt. Später wurde der Handel durch den ertragreicheren Fischfang in den Schären abgelöst. Für Archäologen ist Söderköping ein Paradies – die Stadt liegt auf dichten Lehmschichten, in denen organisches Material wie Holz und Leder in einzigartiger Qualität erhalten sind, und zudem in Hülle und Fülle – Söderköping ist die schwedische Stadt mit den meisten **Grabungsfunden**. Sie sind an historisch interessanten Plätzen ausgeschildert. Eine ausführlichere Broschüre erhält man im Touristenbüro oder kann sie unter www.soderkoping.se.herunterladen.

Sehenswertes in Söderköping

Innenstadt

Gelb-weiß dominiert das auf mittelalterlichen Fundamenten stehende Rathaus seit 1777 den Rådhustorget. Von hier wurde die Stadt bis in die 1970er-Jahre verwaltet. Im Turm befand sich die Feuerwache, die bei Bränden die Rathausglocke läutete – heute residiert hier die **Galerie Rådhuset**, in der der Künstlerverein blandArt Kunst und Kunsthandwerk ausstellt und verkauft. Im Keller sind noch die Gefängniszellen erhalten. Die **Rathausbrücke** überquert den Storån, der einst nicht ein idyllisch dahinfließendes Flüsschen, sondern ein gewaltiges Fahrwasser war, mit einem Hafen, in dem die Koggen der Hanse mit ihren Waren festmachten. Die **Storgatan** ist die mittelalterliche Hauptachse der Innenstadt. Reizvolle kleine Häuschen, die heute Cafés und charmante Läden beherbergen, spiegeln die Blütezeit der Stadt vom 13. bis 16. Jh. wider.

! *Baedeker* TIPP

Freundlich, warmherzig und zeitlos

»Dass du ein Mädchen geworden bist, das muss reinweg ein Irrtum sein«, sagt Linus-Ida, die jeden Freitag zum Waschen und Scheuern nach Birkenlund kommt. Hier erlebt Astrid Lindgrens eigenwillige *»Madita«* immer wieder abenteuerliche Situationen. In Söderkoping wurden 1978/1979 die Madita-Erzählungen verfilmt. Jeden Sommer veranstaltet das Touristenbüro mit der Magd Sofia Führungen durch das Stadtviertel, das als Kulisse diente: von Dr. Berglunds Sprechzimmer am Rathausplatz über den Spielwarenladen in der Storgatan bis zur Lokalredaktion der Zeitung NT, für die Maditas Vater Artikel verfasste, dass alle Menschen dieser Welt es besser haben sollten.

✶ Drothemskvateren

Urig ist besonders das ehemalige **Klosterviertel** mit seinen verwinkelten Gassen und niedrigen Häusern aus dem 18. Jh., die Namen wie »Das Haus des Glöckners Kalle« und »Der Hof des Knäckeweibleins« tragen. Über der niedrigen Bebauung erheben sich gleich zwei Kirchen: die Drothemskyrka und die **St. Laurentii Kyrka** aus dem späten 13. Jh. – den Märtyrer zeigt im Innern ein Kalkgemälde an der Stirnseite der Sakristei. Der 50 m hohe Glockenturm aus Holz wurde 1583 von Anders »Stapelmakare« (Turmbauer) erbaut.

St. Ragnhilds Stadshistoriska Museum

In dem historischen Gebäude Skolgatan 10, das vom Mittelalter bis 1861 als Schule, später als Altenheim und Bibliothek diente, hat der Heimatverein St. Ragnhilds Gille ein Stadtmuseum eingerichtet. Besonders sehenswert ist die große **Fotosammlung** aus den 1920er- und 1930er-Jahren (Öffnungszeiten: Juni – Aug. tgl. 10.00 – 16.00, Sept. – Mai nur Mo. – Fr.).

Bryggaren

In dem Handelshof am Hagatornet, einst Standort der Göta-Brauerei, fanden Archäologen einen mittelalterlichen rot-blauen Wollrock. Es handelt sich um das älteste und das einzige zweifarbige mittelalterliche Gewand in ganz Skandinavien. Eine Perle für Rosenfreunde ist das **Rosarium** am Hagatornet. Wenige Schritte weiter gibt es in der Skönbergagatan einen wundervollen Kräutergarten.

SÖDERKÖPING ERLEBEN

AUSKUNFT

Söderköping Tyristbyrå
Stinsen, Margaretagatan 19
SE – 61480 Söderköping
Tel. 011 / 15 50 00
www.soderkoping.se

Schiff ahoi! Am Göta-Kanal in Söderköping gibt's immer was zu sehen.

ESSEN

▸ Erschwinglich

Arkösund Krog & Hotell
Världens ände 3, Arkösund
Tel. 01 25 / 200 03
www.arkosundshotell.se
Was ist schöner: die Kunstwerke aus der Küche oder der Paradeblick auf die Schären? Beides zusammen!

La Uva
Rådhustorget 1, Söderköping
Tel. 01 21 / 103 38
www.tapasbar.se
Gehobene Tapas-Bar mit über 30 Appetithäppchen, spanisch inspirierten Fisch- und Fleischgerichten sowie gut sortierter Weinkarte

Mons Skärgårdskrog
Mons Friluftsområde Lagnö
St. Anna
Tel. 011 / 18 96 00
www.monsskargardskrog.se
Exotische Spezialitäten wie Robbe oder Kormoran führt der Krug im Schärengarten auf der Karte.

▸ Preiswert

Bondens Crêperie & Lanthandel
Kanalhamnen, Söderköping
Tel. 01 21 / 105 42
www.bondenscreperie.se
Unter den vielen Lokalen am Kanalufer ist Bondens der Klassiker – im Lanthandel gibt es leckere regionale Produkte für ein Picknick, in der Crêperie werden herzhafte Galettes, süße Crêpes und knackige Salate zubereitet. Gegessen wird in der gemütlichen Berghütte oder draußen im Freien direkt am Kanal. Abends unterhält Bondens mit Poetry-Slams, Konzerten und Comedy.

Jannes Hembageri
Habatorget, Söderköping
Tel. 01 21 / 100 52
www.janneshembageri.se
Köstliche Torten, belegte Brote und bester Kaffee: In einer der ältesten Konditoreien Schwedens wird die kleine Pause zum Hochgenuss.

Baedeker-Empfehlung

Simply the best!
Bei Smultronstället am Kanalhafen gibt es für viele das beste Eis von Schweden. Mehr als 60 verschiedene Eisspezialitäten lassen sich vom 30. April bis 27. August in der größten Eisdiele des Landes direkt am Göta-Kanal genießen (Slussplan, www.smultronstallet.se).

ÜBERNACHTEN

► Komfortabel

Söderköpings Brunn
Skönbergagatan 35
SE – 61421 Söderköping
Tel. 01 21 / 109 00
Fax 01 21 / 16 77 73
www.soderkopingsbrunn.se, 103 Z.
Ein Hauch von einst weht durch das alte Kurhotel am Göta-Kanal, das heute mit hervorragendem Spa und Restaurant zu den besten Hotels der Wasserstraße gehört.

► Günstig

Garvargården
Gamla Skolgatan 2
SE – 61434 Söderköping
Catharina Fogdeson
Tel. 07 30 / 25 06 36
www.garvargarden.se
Der Gerberhof aus dem 18. Jh. birgt heute im Erdgeschoss eine moderne Ferienwohnung mit Blick auf einen alten Garten.

Baedeker-Empfehlung

Lilla Uppäng
Väg 210, St. Anna
SE – 61497 Söderköping
Tel. 01 21 / 400 74, www.lillauppang.se
Inga Maj, Anna Rolandsson und Carola Sandell haben im Schärengarten von St. Anna ein verstecktes Bilderbuchidyll geschaffen mit bester Küche, geschmackvollem Nostalgie-Design und einem kleinen, feinen Spa. Willkommen in der Welt von Astrid Lindgren – und natürlich hat die einstige Hofstelle im Schwedenrot ein weißes Tor ...

Söderköpings Brunn

An Söderköpings Vergangenheit als Kurort erinnert das Heilbad Söderköpings Brunn, heute ein **charmantes Viersternehotel** (s. oben). Ältestes Gebäude der Kuranlage ist das Slottet aus den 70er-Jahren des 18. Jh.s mit Anbauten von 1851. Im Kurpark erhalten ist der Heilquellensalon aus dem Jahr 1819 und auf der anderen Seite des Flusses die Quellenkirche von 1898 und das Heilquellenlazarett, das 1893 – 1976 genutzt wurde und jetzt als Schule dient. Nicht mehr vorhanden sind die Gästehäuser und das frühere Badehaus. Der Kurbetrieb wurde 1719 aufgenommen und 1842 durch eine Wasserkuranstalt ergänzt, die viele Gäste nutzten. Seit den 1960er-Jahren wird das Heilwasser nicht mehr getrunken.

Korskullen

Ursprünglich als **Freilichtmuseum** geplant war Korskullen, für das der 1918 gegründete Heimatverein St. Ragnhilds Gille ganze Gebäude hierher verlegen ließ. Zwar wurde der Plan schon bald aufgegeben, doch auch die wenigen Häuser sind durchaus sehenswert. Zu ihnen gehören die Grindstuga aus dem 18. Jh., das Hauptgebäude vom Ende des 19. Jh.s und das Lusthaus auf dem Hügel, einst ein kleines Heimatmuseum. Die Windmühle und der Schuppen stammen von der Küste, ebenso das Fischerhäuschen aus Västra Husby.

Ramunderberg

Der Berg, auf dem der Sage nach einst der Riese Ramunder lebte, erhebt sich fast senkrecht 73 m über dem Kanal. Wer die 278 Stufen zum Gipfel hinaufsteigt, hat einen weiten Blick über die Stadt und ihre Umgebung. Neben der **fantastischen Aussicht** bietet das Naturreservat schöne Spazierwege und Fitnesspfade.

Göta-Kanal

In der Nähe des Ramunderberges fließt der 1832 eingeweihte Göta-Kanal (► Baedeker Special S. 118) durch Söderköping. Im Sommer zählen der Kanalhafen und die Schleuse mitten in der Stadt wegen ihrer Cafés, Restaurants und Handwerksläden zu den angesagtesten Treffpunkten. Größter Beliebtheit bei Kindern erfreut sich die **Skulptur »Rabbit Crossing«** von Eva Fornåå – sie zeigt hilfsbereite Kaninchen auf beiden Seiten des Kanals

✶ Die Schären von Östergötland

Von Aspöja im Norden bis zur Södra Finnö im Süden säumt der Schärengarten von St. Anna mit rund 1000 Inseln und Inselchen auf 25 km Länge und rund 15 km Breite die Ostseeküste. Im Unterschied zu den meisten anderen schwedischen Schärengärten besitzt St. Anna eine **sesshafte Bevölkerung** – fast 800 Menschen leben ganzjährig auf den Inseln und weiden auf den inneren Inseln ihre Rinder und Schafe. Weiter draußen, auf den unzähligen Klippen, Felsen und kleinen Schären ist die Natur karger, sonnen sich Robben auf den Felsen, tummeln sich Barsch, Zander und Kabeljau in den

Eine Insel ganz für sich? Das ist schon wenige Seemeilen vor Söderköping im Schärengarten von St. Anna möglich.

kühlen Fluten. In Tyrislöt gibt es ein **Schärenmuseum**, das von den Lebensbedingungen um 1900 in den Schären erzählt. Der Heimatverein St. Anna betreibt das Museum, das im Sommer geöffnet ist (Führungen nach Voranmeldung).

★ **Unterwegs in den Schären**

Seinen Namen erhielt der idyllische Schärengarten nach der Mutter der Jungfrau Maria, der Schutzheiligen aller Seefahrer. Wer nicht mit dem eigenen Wagen oder Boot unterwegs ist, kann mit den Linienschiffen von **Skärgårdslinjen** von Mai bis September auf Inseltour gehen (www.skargardslinjen.com). Die Schärenboote verkehren regelmäßig auf drei verschiedenen Routen zwischen 20 Inseln. Infos zu Fahrplänen gibt es in den Touristenbüros von Norrköping, Söderköping und Valdemarsvik. Knotenpunkt der Bootslinien von St. Anna ist der Hafen Tyrislöt im Süden der Insel Norra Finnö. Meerespaddeln im Kajak, **Wasserscooter-Safaris** und andere Natur-Aktivitäten bietet Äventyrsbolaget an (www.aventyrsbolaget.se). Wer im Winter die Schärenlandschaft besucht, kann mit Langlauf-Schlittschuhen, die vor Ort verliehen werden, zum Inselhopping starten.

Arkösund

Als **Zentrum des Schärengartens** gilt Arkösund auf der Halbinsel **Vikbolandet** mit seinem Gasthafen, in dem auch große Jachten festmachen können. Besonders schön ist der Holzbohlenweg, der zwischen den Bootsstegen den Kvarnberget umrundet und dabei am Badholmarna vorbeiführt, einem kleinen Naturbad mit großartiger Aussicht auf das offene Meer. Im **Arkösunds Krog och Hotell** wird – passend zur Landschaft ringsum – ein Schärengartenmenü serviert; Pirglass ist für sein selbst gemachtes Eis bekannt. Einen Besuch wert ist auch die **Töpferei Arkösunds Krukmakeri** von Marie Söderholm am Fyrvägen 24 (www.arkosundskrukmakeri.se). Ebenfalls auf Vikbolandet befindet sich das wohl edelste Hotel des Schärengartens: **Mauritzberg Slott** (www.mauritzberg.se), ein Golf- und Wellnesshotel in einem mehr als 400 Jahre alten Schloss direkt am Meer, zu dem auch ein feines Restaurant mit bester regionaler Küche gehört.

Stegeborg

An Ritterzeiten erinnert die Burgruine Stegeborg auf einer Insel in der Slätbaken-Bucht. Die Burg, im 13. Jh. zum Schutz der Handelsstraße von Söderköping zur Ostsee errichtet, war im Mittelalter eine von Schwedens wichtigsten Festungen und gleichzeitig ein königliches Schloss. 1537 wurde hier König Johan III. geboren, ein Sohn von **Gustav Wasa**. Ein paar Hundert Meter weiter steht das 1806 erbaute neue Schloss Stegeborg. Einen Kilometer von der Ruine entfernt wird im **Hamnkrog** beim Gästehafen jeden Mittwoch im Juli ein Wildschwein gegrillt, freitags kommt den ganzen Sommer lang ein Garnelenbuffet auf den Tisch. Wer hier bleiben möchte: Im **Stegeborg Tradgardshotell** können Sie in demselben Zimmer übernachten, in dem schon die königliche Familie geschlafen hat (www.stegeborg.se). Alternativ gibt es auch zwei Ferienhäuser und einen Campingplatz.

★ Wildschwein und Meeresfrüchte ▸

★★ Stockholm

H/J 5

Landschaft: Södermanland
Einwohnerzahl: Stadt: 1,2 Mio., Großraum 2 Mio.

Provinz: Stockholm Län
Höhe: Meereshöhe

Ein Wochenende ist nicht viel Zeit, aber ein guter Anfang, um das »Venedig des Nordens« kennenzulernen. Seine Mischung aus Großstadtflair, Natur und allgegenwärtiger Nähe zum Wasser verleiht Stockholm einen besonderen Charme. Auf 14 Inseln am Übergang vom ► Mälaren in die Ostsee erbaut, prägt die schwimmende Hauptstadt seit mehr als 750 Jahren die Geschichte und Kultur Schwedens. Heute ist Stockholm eine internationale Metropole, genauso traditionell wie trendbewusst, mit Unzähligem zum Staunen und Genießen. Eines ist daher sicher: Sie werden wiederkommen!

Kapitale Skandinaviens

»Stockholm ist nicht nur **Schwedens Hauptstadt**, sondern auch die Kapitale Skandinaviens«, erklärt Bürgermeister Sten Nordin stolz, »und eine der schönsten und aufregendsten Städte der Welt.« Stock-

Stadtsilhouette mit Sehnsuchtsfaktor. Stockholms Nähe zum Wasser entfaltet einen eigenen Charme – zu allen Jahreszeiten.

holm ist Sitz von Parlament, Regierung und höchstem Gericht sowie eines katholischen Bischofs und mehrerer Universitäten. Die **größte Metropole Skandinaviens** gleicht einem Puzzle aus Inseln, Kanälen und Brücken an der Mündung des Mälaren in die Ostsee, die hier eine tiefe Bucht bildet. Seen und Kanäle verbinden die Stadt mit dem Binnenland. Die beiden Weltkriege überstand die elegante Hauptstadt unbeschadet, sodass **viele alte Prachtbauten** erhalten blieben. Stockholms Vorstädte sind großenteils aus Villenvierteln hervorgegangen, doch mittlerweile legen sich mehrere moderne und teils gesichtslose Satellitenstädte ringförmig um den Stadtkern. Wie andere Großstädte hat auch Stockholm seine Problemviertel mit hoher Arbeitslosigkeit und wachsender Kriminalität wie der Vorort Rinkeby – drei Viertel der Einwohner stammen hier aus Asien oder Afrika.

Stadtgeschichte

Stockholm heißt wörtlich **»Pfahlinsel«**. Keimzelle der Hauptstadt ist das Inselchen Helgeandsholmen, das heute fast ganz vom Reichstag eingenommen wird. Von dort breitete sich die Siedlung auf die Inseln Stadsholmen und Riddarholmen aus. Die Letztere ließ Reichsverweser **Birger Jarl** 1252 befestigen, um die Bürger vor den ständigen Überfällen, besonders von See her, zu schützen. Diese Inseln bilden heute die Altstadt **Gamla Stan**. Ende des 13. Jh.s entstand eine befestigte Burg auf Stadsholmen, genannt die **Tre Kroner** – die »drei Kronen«, die das Staatswappen noch heute zeigt. Sie symbolisieren die vereinigten Königreiche von Götaland, Svealand und Norrland.
Im 14. Jh. hatte die Hanse großen Einfluss auf die Geschicke Stockholms. **Viele Deutsche** siedelten sich hier an, und die Hälfte aller

Highlights Stockholm

Gamla Stan
Im Herzen der City hat Stockholm den größten mittelalterlichen Stadtkern des Nordens bewahrt.
► Seite 267

Vasa Museet
Das prachtvolle Kriegsschiff »Vasa« sank 1628 auf der Jungfernfahrt.
► Seite 302 – 305

Moderna Museet
Fantastische Sammlung schwedischer und internationaler Meisterwerke des 20. Jh.s
► Seite 295

Stockholm vom Wasser
Verpassen Sie nicht eine Sightseeingtour per Boot – vom Wasser aus eröffnen sich völlig neue, herrliche Ausblicke auf die schwimmende Hauptstadt.
► Seite 272

Skansen
Das älteste Freilichtmuseum Skandinaviens ist zugleich das schönste: Zu Schweden in Miniaturformat gehören auch nordische Tiere wie Elch, Rentier, Bär und Luchs.
► Seite 306

Skärgården
Fast 30 000 Inseln, Eilande und Felsen bilden Stockholms Schärengarten – ein Paradies für Segler und Badenixen direkt vor der Haustür.
► Seite 312 – 314

Stadträte hatten Deutsche zu sein. Wegen seiner strategisch wichtigen Lage wurde Stockholm immer wieder in kriegerische Auseinandersetzungen verwickelt. Zum Dank dafür, dass sich die Stadt beim Aufstand gegen den dänischen König auf die Seite der Aufständischen gestellt hatte, wurde sie **1634 zur Hauptstadt Schwedens** ernannt und damit das Zentrum des schwedischen Ostseereichs.

1252	Stadtgründung
1520	Stockholmer Blutbad
1634	Stockholm wird Landeshauptstadt.
1760	Stockholm hat rund 60 000 Einwohner.
1897	Kunst- und Industrieausstellung auf der Insel Djurgården
1912	Olympische Sommerspiele in Stockholm
1923	Einweihung des Stadshuset, Wahrzeichen der Stadt
1986	Ermordung von Olof Palme in Stockholm
2010	Stockholm wird erste »Grüne Hauptstadt Europas«. 19. Juni – Hochzeit von Kronprinzessin Victoria

Im 18. und 19. Jh. zerstörten wiederholt Brände viele Holzhäuser der Stadt, und so überwiegen heute Stein- und Betonbauten. Im 19. Jh. stieg die Bewohnerzahl explosionsartig von 75 000 auf 300 000 an, was zu gravierenden Problemen führte: Stockholm hatte bis 1861 keine Kanalisation und galt als eine der schmutzigsten Städte Europas. Immer wieder brach die Cholera aus. Im Zuge der baulichen Entwicklung verschob sich das Stadtzentrum nach Norrmalm. Das ab 1950 angelegte neue Stadtzentrum konzentriert sich um die Plätze Hötorg und Sergels Torg. Heute leben im Großraum Stockholm gut 2 Mio. Menschen. Dank seiner beispielhaften Umweltarbeit wurde Stockholm **2010 zu Europas erster Umwelthauptstadt** ernannt.

★★ Gamla Stan

Das Herz Stockholms

Alle Wege führen in die **Altstadt**, die sich auf drei Inseln verteilt, die wie eine Sperre in der engen Mündung des ►Mälarsees in die Ostsee liegen. Ihre strategische Lage ermöglichte hervorragend die Kontrolle von Handel und Warenumschlag sowie die Verteidigung Stockholms: die Stadtinsel **Stadsholmen**, wo Birger Jarl seine Burg erbaute und heute das Schloss steht, die Ritterinsel **Riddarholmen** und die Heiliggeist-Insel **Helgeandsholmen** mit dem Reichstag. Vier Brücken schließen nördlich die **Keimzelle der Stadt** an die neueren Stadtteile an. Gamla Stan gehört zu den besterhaltenen historischen Stadtkernen der Welt. Für das **besondere Flair** sorgen Prachtbauten und verwinkelte Gassen mit hübschen kleinen Läden, Bars und Restaurants. Wer auf der Suche nach Kunsthandwerk, Kuriositäten und Souvenirs ist, wird hier bestimmt fündig.

◄ www.gamla-stan-stockholm.se

Stockholm *Orientierung*

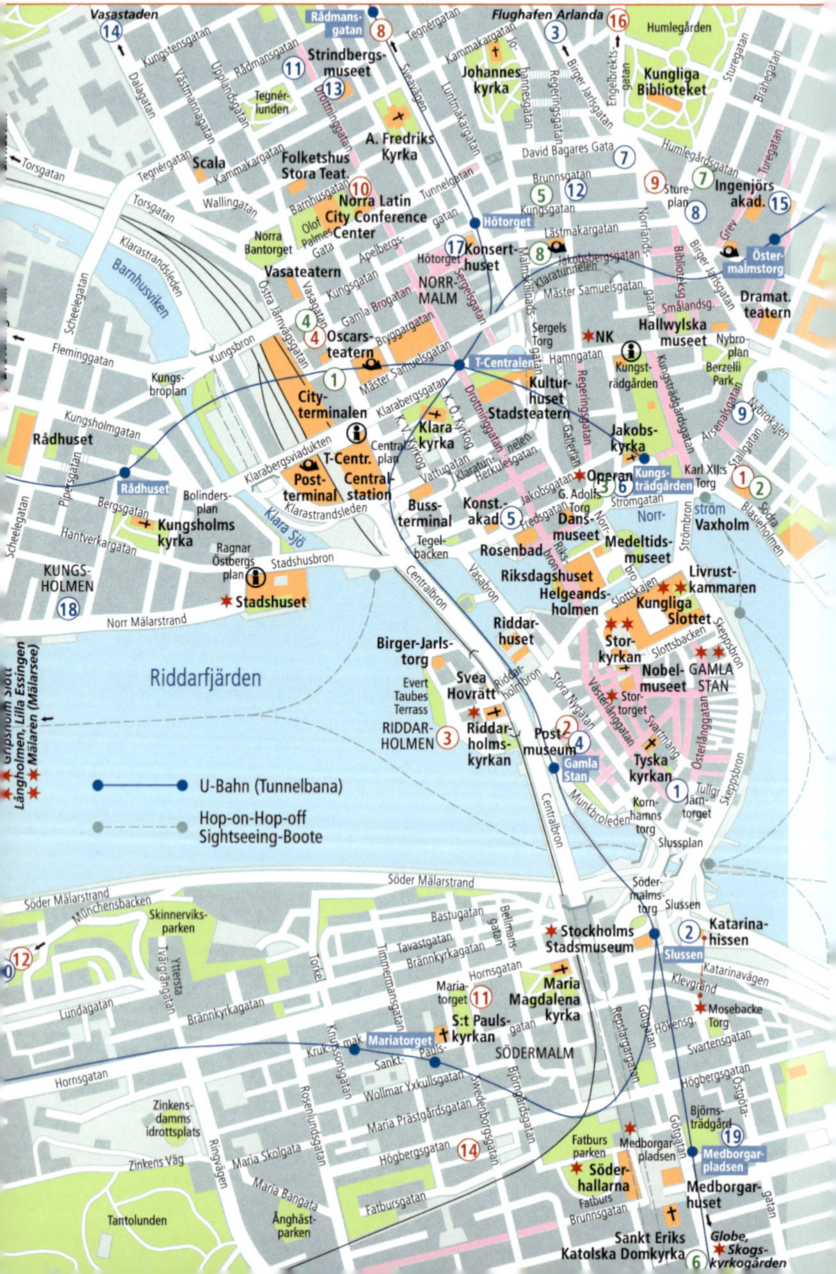

Essen

1. Den Gyldene Freden
2. Eriks Gondolen
3. Esperanto
4. Frantzén/Lindeberg
5. F12
6. Operakällaren
7. Pontus!
8. Sturehof
9. Wedholms Fisk
10. Café Lasse i Parken
11. Grill
12. Restaurant 1900
13. Rolfs Kök
14. Tennstopet
15. Tysta Marie
16. Blå Porten
17. Kungshallen
18. Kungsholmen
19. Kvarnen

Übernachten

1. Grand Hotel Stockholm
2. Victory Hotel
3. Mälardrottningen Yacht Hotel
4. Nordic Light Hotel
5. Anno 1647
6. Columbus Hotel
7. Esplanade
8. Hotel Hellsten
9. Kung Carl
10. Queen's Hotel
11. Rival Hotel
12. Långholmens Vandrarhem
13. STF Vandrarhem Gärdet
14. Tre Små Rum Hotel
15. af Chapman & Skeppsholmen
16. Jumbo Hostel

Ausgehen

1. Absolut Ice Bar
2. Cadierbaren
3. Café Opera
4. Fasching
5. Golden Hits
6. Och Himlen Därtill
7. Sturecompagniet
8. White Room

Fußgängerzone

STOCKHOLM ERLEBEN

AUSKUNFT

Stockholm Visitors Board
Sverigehuset
Hamngatan 27
SE – 10325 Stockholm
(Eingang: Kungsträdgården)
Tel. 08 / 50 82 85 08, Fax 08 /50 82 85 09
beta.stockholmtown.com
www.citysightseeing.com
Vergessen Sie nicht, am Eingang eine Nummer zu ziehen! Nur damit werden Anfragen beantwortet. Zusätzlich gibt es im Stadtgebiet 300 Stockholmterminale mit Live-Chat-Verbindung zur Touristeninformation.

Hotellcentralen
Centralstationen
Stora Hallen
Tel. 08 / 50 82 85 08
hotels@svb.stockholm.se
Zentrale Zimmervermittlung im Hauptbahnhof, kostenlos

»What's on Stockholm« ...
... heißt die monatlich in Englisch erscheinende Broschüre mit dem kompletten Veranstaltungskalender der Hauptstadt. Der *Nöjesguiden* bietet eine Veranstaltungsübersicht für Szenegänger (http://nojesguiden.se).

Stockholm U-Bahn

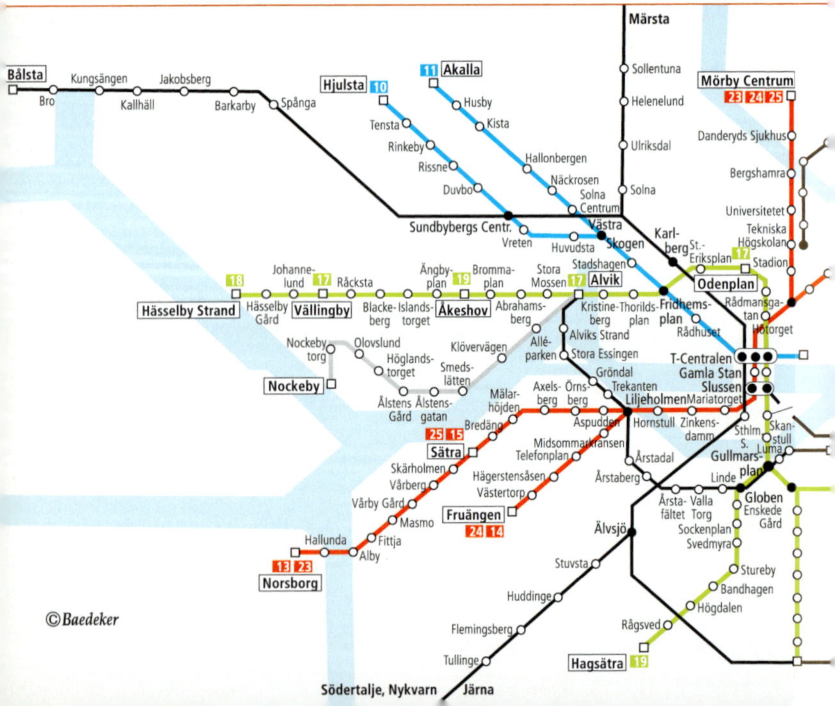

ANREISE

Mit Auto, Bus und Bahn

Wer *mit dem Auto* anreist, sollte es am Stadtrand parken. Die Parkplätze in der City sind rar und teuer; Falschparker werden umgehend abgeschleppt. Seit 2007 erhebt Stockholm unter der Woche eine City-Maut für schwedische Fahrzeuge.
Knotenpunkt für Bahnreisende ist *Stockholm C* (C=Central). Umsteigeverbindungen bestehen zur U-Bahn und zum Arlanda-Express, der von hier abfährt. Endstation für Busreisende ist der *Cityterminalen*, der moderne Busbahnhof am Hauptbahnhof. Von hier starten Flughafenbusse und die Überlandfahrten mit Swebusexpress.

Für die großen *Kreuzfahrtschiffe* gibt es in Stockholm sieben Anleger, mehrere direkt in der Innenstadt. Stockholm wird zurzeit nicht von Deutschland angelaufen. *Fährverbindungen* bestehen nach Riga, Tallinn, Turku und Mariehamn (Åland-Inseln). Die *Göta-Kanal-Schiffe* legen am Skeppsbrokajen 103 in Gamla Stan an.

Flughäfen

Internationale Linienmaschinen landen meist auf dem *Flughafen Arlanda* (www.arlanda.se) 40 km nördlich von Stockholm; mit dem *Arlanda Express* (www.arlandaexpress.com) ist man in 20 Min. am Hauptbahnhof. Zusätzlich verkehren alle 5 – 10 Min. zwischen Arlanda und

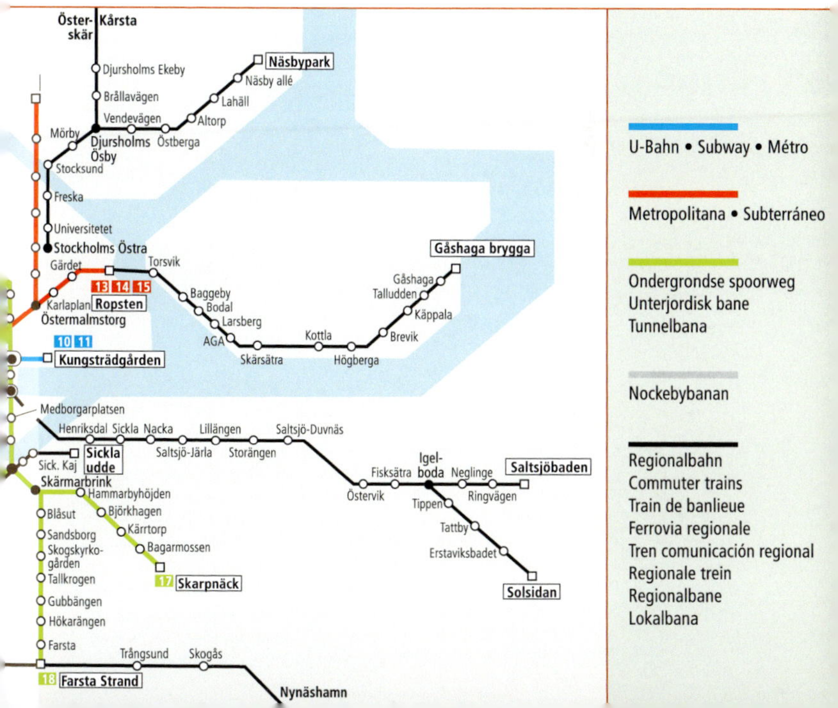

dem Stockholmer Busbahnhof die *Flybussarna*. Für eine Taxifahrt in die City sind rund 500 SEK zu kalkulieren. Hauptsächlich für Inlandsflüge wird der *Flughafen Bromma* genutzt, der zwischen den U-Bahn-Stationen Brommaplan und Sundybergs Centrum liegt und ebenfalls von den Flybussarna angefahren wird. Billigcarrier fliegen meist den gut 100 km südlich von Stockholm gelegenen *Flughafen Skavsta* oder das 110 km entfernte ►Västerås am Mälarsee an; Shuttlebusse nach Stockholm.

UNTERWEGS IN STOCKHOLM

Stockholmskortet
Die Stockholmkarte für 24, 48 oder 72 Stunden gewährt freien Eintritt in 75 Museen, Sehenswürdigkeiten und Freizeiteinrichtungen, kostenlose Fahrten mit öffentlichen Verkehrsmitteln, freies Boot-Sightseeing und Rabatte. Sie ist erhältlich bei den Tourismusinformationen, Pressbyrå-Kiosken und vielen Hotels im Stadtbereich. Oder vorab online unter http://beta.stockholmtown.com/de. Tolle Ergänzung: mit der *Båtluffarkortet* kann man die Stockholmer Schären 5 Tage unbegrenzt per Boot erkunden (www.waxholmsbolaget.se).

Baedeker-Empfehlung

Hop-on Hop-off
Stockholm vom Wasser aus zu sehen, ist ein genussvolles Muss. Hafenrundfahrten macht man am besten mit den *Hop-on-hop-off-Booten*, die zwischen Altstadt, Nybroplan, Skeppsholmen, Djursgarden und Södermalm pendeln. Man kann beliebig oft ein- und aussteigen und ist damit sehr flexibel. Das 24-Stunden-Ticket ist auch als Kombifahrkarte für *Boote und offene Doppeldeckerbusse* erhältlich. Zwischen 50 Min. und 2,5 Std. dauern verschiedene Kanalrundfahrten, Dinner Cruises und Good Morning-Bootstouren durch Stockholm (www.stockholmsightseeing.com, www.citysightseeing.com und www.stromma.se).

U-Bahn *Plan S. 270/271*
Wichtigstes und bequemstes innerstädtisches Verkehrsmittel ist die 1930 angelegte *Tunnelbana* (U-Bahn), die heute mit drei Linien auch das nahe Umland erschließt. Wer die *Stockholm-*

Boot statt Bus: Entdecken Sie die schwedische Hauptstadt vom Wasser aus mit den nostalgischen Hop-on-Hop-off-Booten.

karte besitzt, fährt kostenlos. Sonst kann man Netzkarten für 24 oder 72 Stunden erwerben. Fährt man nur in der Innenstadt, empfiehlt sich die *Rabattkuponger*, auf der man je nach Zonenzahl Felder abstempelt.

Stockholm City Bikes
Beim Stockholm Visitors Board oder im Internet können Sie eine Leihkarte für drei Tage oder die ganze Saison kaufen und damit an 70 Stellen in der Stadt von April bis Okt. ein Fahrrad mieten. Auch Helme werden verliehen (www.stockholmcitybikes.se).

Nach Drottningholm und Birka
Vom Kai am Stadshus verkehren Ausflugsschiffe nach Drottningholm (ca. 1 Std.) und Birka (ca. 2 Std.). Fahrplan unter www.stromma.se oder Tel. 08 / 12 00 40 00.

Djurgårdslinjen
Nostalgie pur verspricht eine Fahrt mit der *Museumsstraßenbahn* aus den 1920er-Jahren von Norrmalmstorg nach Djugården mit dem Freilichtmuseum Skansen (Abfahrt alle 12 Min., Sept. – Mitte Mai nur Sa., So., Mitte Mai – Aug. tgl., jeweils 11.00 – 18.00 Uhr, www.sparvagssallskapet.se).

Stadtführungen, Segway-Touren, Dachwandern und Ballonflüge
Es gibt ein breites Angebot an Stadtspaziergängen und Themenführungen (beta.stockholmtown.com). Gut gesichert, können Schwindelfreie von April bis Sept. Riddarholmen auf einer Führung über die Dächer entdecken (utv.upplevmer.se). Segway-Touren und Ballonfahrten veranstaltet Upp & Ner (www.uppner.se). Lautlos im Ballon über die Hauptstadt schweben kann man auch mit Far & Flyg (www.farochflyg.se).

Im Kajak durch die City
Stockholms Kajak Club logiert im Smedsuddsvägen 23 am Ufer des Riddarfjärden im Rålambshovs-Park. Leihen Sie sich hier ein Seekajak oder Kanu und paddeln Sie auf dem stillen Långholmskanal, am Rathaus vorbei oder an den herrlichen Buchten des Mälarsees entlang – schöne Badeplätze gibt es überall (Kafé Kajak, Smedsuddsvägen 23, Tel. 08 / 738 06 00, www.kafekajak.se).

EVENTS IM JANUAR

Svenska Idrottsgalan
www.globearenas.se,
www.idrottsgalan.com
Schwedische Sportgala in der Multifunktionshalle Globen

Musik på Slottet
www.royalfestivals.se
Renommierte Schlosskonzerte mit nationalen und internationalen Künstlern

FEBRUAR

Värsalongen
www.liljevalchs.stockholm.se
Frühjahrssalon mit ausgesuchten Werken schwedischer Künstler, die es zu entdecken lohnt

Stockholmsmässan
www.stockholmfurniturefair.com
Möbelmesse im nordischen Stil

MÄRZ

Allt För Sjön
www.alltforsjon.com
Internationale Bootsausstellung auf dem Messegelände

APRIL

Stockholms Bilsalong
www.bilsalongen.com
Größte Automesse Skandinaviens

MAI

Verleihung des Astrid Lindgren Memorial Award (ALMA)
www.alma.se
Am letzten Mittwoch im Mai wird auf der Freilichtbühne von Skansen der höchstdotierte Kinderbuchpreis der Welt verliehen (► Special S. 352).

JUNI

Stockholm Marathon
www.stockholmmarathon.se
Ziel der 18 000 Läufer ist nach 42,2 km das Olympiastadion.

Sthlm Jazz Fest
www.stockholmjazz.se
Topevent mit Stars der Jazz-, Blues- und Soulszene auf Skeppsholmen

JULI

Stockholm Pride
www.stockholmpride.org
Höhepunkt des schwul-lesbischen Festivals ist die Pride Parade durch die Innenstadt.

Stockholm Summer Games
www.summergames.se
Internationale Sommerspiele für 10- bis 20-Jährige

AUGUST

Kulturfestivalen
www.kulturfestivalen.stockholm.se
Riesiges Kulturspektakel mit Tanz, Theater, Musik und Kunst – zu 99 % sind die Veranstaltungen kostenlos!

Tjejtmilen
www.tjejmilen.se
Für den 10,3 km langen Laufwettbewerb gehen gut 25 000 Frauen auf Djurgården an den Start.

Midnattsloppet
www.midnattsloppet.com
Mitternachtslauf durch Södermalm

SEPTEMBER

Stockholm Beer & Whisky Festival
www.stockholmbeer.se
Konzerte, Ausstellungen und Gastro-Events ergänzt eine Fachmesse für Wein, Bier und Calvados im Nacka Strand Fair & Conference Center.

Lidingöloppet
www.lidingoloppet.se
30 km langer Cross-Country-Lauf rund um die Insel Lidingö

OKTOBER

Stockholm Open
www.ifstockholmopen.se
Zu den Rekordsiegern des ältesten Hallenturniers der ATP-Tour gehört Boris Becker – er gewann vier Mal das seit 1969 jährlich ausgetragene Tennisturnier.

NOVEMBER

Filmfestival
www.stockholmfilmfestival.se
Seit 1989 versteht sich das Filmfestival als Wegweiser zu modernen Produktionen aus Schweden und aller Welt.

DEZEMBER

Nobeldagen
Alljährlich am 10. Dezember überreicht König Carl XVI. Gustaf im Stockholmer Konzerthaus den Nobelpreis (► Baedeker Special S. 58).

Luciafirande
www.skansen.se
Die Lichterkönigin Lucia wird alljährlich im Freilichtmuseum Skansen gekrönt und verteilt am 13. Dezember Pfefferkuchen und Glögg.

Weihnachtsmärkte
Besonders schön sind die Weihnachtsmärkte von Skansen und auf dem Stortorget.

SHOPPING

In *Norrmalm* ballen sich Stockholms große Kaufhäuser und Filialen preiswerter Modeketten. Beliebteste Bummelmeilen sind hier Drottninggatan und Kungsgatan. Originelle Boutiquen drängen sich in *Södermalm* auf der Verkehrsachse Götgatan – schauen Sie in Nr. 25 beim Textil-Kollektiv »10 Designers« vorbei (www.tiogruppen.com). Stockholms Antwort auf SoHo heißt *SoFo* – südlich der Folkungatan erstreckt sich das Revier der Vintage-Läden. Schick shoppen lässt sich auf der *Birger Jarlsgatan*, für Antiquitätensuche steht die Kommendörsgatan, Östermalm liebt es zeitlos elegant und exklusiv.

Acne
Nytorgsgatan 36
und Norrmalmstorg 2
www.acnestudios.com
Concept Stores des trendigen schwedischen Jeans-Labels

Åhléns City
Klarabergsgatan50
www.ahlens.se
Stockholms größter Konsumtempel mit Riesenauswahl an Kosmetik, Mode, Medien, Haushalt und Einrichtung – wer den Überblick verliert, kann einen Personal Shopper engagieren. Super sortierte Schlemmerabteilung im Untergeschoss.

Bruka Design Stockholm
Regeringsgatan 44 und
Humlegårdsgatan 1,
www.brukadesign.se
Nordisches für Küche und Garten

Baedeker-Empfehlung

Design House Stockholm
Smålandsgatan 11
www.designhousestockholm.com
Erlebnisreich shoppen mit allen Marken skandinavischer Designer

Bei Bruka Design gibt es Formschönes für drinnen und draußen.

Gallerian Hamngatan
Hamngatan 37, www.gallerian.se
60 Geschäfte auf zwei Ebenen mit junger, preiswerter Mode

H & M
Hamngatan 22, www.hm.com
Nur in Stockholm gibt es die kompletten Kollektionen des weltweit vertretenen schwedischen Modelabels.

Hötorgshallen
Hötorget, www.hotorgshallen.se
Mo. – Fr. 10.00 – 18.00, Sa. 10.00 – 15.00, So. bis 16.00 Uhr
Bodenständige Markthalle mit Spezialitäten aus aller Welt. Oben auf dem Platz ist werktags Wochenmarkt, sonntags Flohmarkt.

IKEA
Modulvägen 1, Kungens Kurva
www.ikea.com
Das größte IKEA-Einrichtungshaus der Welt eröffnete 1963 südlich von Stockholm. Damals war der Kundenandrang so groß, dass das Personal nicht zum Bedienen ausreichte. Kurzerhand wurde das Lager für Kunden geöffnet – und IKEAs Selbstbedienungsprinzip erfunden.

Konsthantverkarna
Södermalmstorg 4
www.konsthantverkarna.se
Im Showroom von Stockholms ältester Kunsthandwerkerkooperative ist jedes Material vertreten, ob Glas, Keramik, Holz, Textilien, Gold oder Silber.

Loppmarknaden
Fjärdholmsgränd 4
Vårberg Centrum, Skärholmen
www.loppmarknaden.se
Mo. – Fr. 11.00 – 18.00, Sa. 10.00 – 16.00, So. 11.00 – 16.00 Uhr
Auf dem größten Flohmarkt des Landes können Sie stundenlang nach Tand und Trödel stöbern.

Nordiska Kompaniet
Hamngatan 18 – 20, www.nk.se
»NK« ist Schwedens Ausgabe von Harrod's. Das Nobelkaufhaus huldigt seit 1902 auf sechs Etagen der luxuriösen Lebensart – von edler Designermode bis zu kubanischen Zigarren.

Baedeker-Empfehlung

Östermalms Saluhall
Östermalmstorg
www.ostermalmshallen.se
Öffnungszeiten: Mo. – Mi. 9.30 – 18.00, Do., Fr. bis 19.00, Sa. bis 16.00 Uhr
Unter dem Dach der 1888 von Isak Gustaf Clason und Kaspar Salin eröffneten Markthalle überbieten sich die Händler und Gastronomen in Auswahl und Qualität ihrer schwedischen Spezialitäten. Kein Wunder, dass sogar die Königsfamilie hier sehr gern einkauft.

PUB
Hötorget, www.pub.se
Schon 1882 eröffnete Paul Urbanus Bergström sein Warenhaus PUB, heute ein kreativer Mix aus Mode, Medien, Kosmetik, Schmuck und Second-hand. Die oberen vier Stockwerke gehören der Designherberge *Rica Hotel Kungsgatan* (www.rica-hotels.com).

Sturegallerian
Stureplan, www.sturegallerian.se
Preisgekrönter Einkaufstempel mit 60 hochpreisigen Geschäften, Cafés und Restaurants

Svenskt Tenn
Strandvägen 5
www.svenskttenn.se

Schauen und schlemmen in der Östermalms Saluhall

Textilien, Geschirr und Möbel im fantastischen Design Josef Franks

AUSGEHEN

Epizentrum des Nachtlebens ist der Stureplan. Viele Nachtclubs säumen auch die Prachtstraßen Kungsgatan und Birger Jarlsgatan. Ein dritter Hotspot ist der Bezirk um den Kungsträdgården.

① *Absolut Ice Bar*
Vasaplan 4, Nordic Sea Hotel
Tel. 08 / 50 56 31 24
www.absoluticebar.com
Im angesagten Szenetreff liegt die Temperatur immer bei -5 °C, alles außer den Drinks ist hier aus Eis.

② *Cadierbaren*
Södra Blasieholmshamnen 8
im Grand Hotel, Tel. 08 / 679 35 85
www.cadierbaren.se
Elegante Bar mit bequemen Sitzgruppen und schöner Aussicht auf das Schloss. Tagsüber gute Adresse für Brunch und Afternoon Tea, abends tolle Cocktails – probieren Sie »Ebony & Ivory« aus Butterscotch, Vanille und Chocolate-Cream.

Baedeker-Empfehlung

③ *Café Opera*
Karl XII:s Torg, Tel. 08 / 676 58 07
www.cafeopera.se
Schon Mick Jagger, Madonna und die Backstreet Boys haben unter den barocken Fresken und gewaltigen Kronleuchtern in der Oper geschlemmt und gefeiert.

④ *Fasching*
Kungsgatan 63, Tel. 08 / 53 48 29 60
www.fasching.se
Spitzenjazz, Soul und Latin gehören seit 1977 zum abwechslungsreichen Programm des Clubs.

⑤ *Golden Hits*
Kungsgatan 29, Tel. 08 / 50 55 60 80
Wer Pop und Karaoke liebt, ist hier richtig. Doch Achtung: Am Wochenende gibt es lange Warteschlangen vor dem hippen Club im Retrostil der 1970er-Jahre.

⑥ *Och Himlen Därtill*
Götgatan 78, Tel. 08 /660 60 68, www.restauranghimlen.se/cocktailbar

Von der eleganten Skybar mit Cocktaillounge in einem Hochhaus auf Södermalm öffnet sich ein Traumblick über die Wasserstadt.

⑦ ***Sturecompagniet***
Sturegatan 4, Tel. 08 / 54 50 76 10
www.sturecompagniet.se
Skandinaviens größter Nachtklub mit vier Tanzsälen auf zwei Ebenen um ein beeindruckendes Atrium

⑧ ***White Room***
Jakobsbergsgatan 29
Tel. 08/ 54 50 76 65, www.whiteroom.se
Woher hat der wilde Nachtklub wohl seinen Namen? Weiß ist dort nichts, bunt sind Publikum und Dekor.

ESSEN

Schlemmerhochburg
Mit sieben michelinbesternten Restaurants, schicken Bistros und traditionsreichen Gourmettempeln ist Stockholm Skandinaviens Schlemmerhochburg. Und die Lage der Lokale potenziert noch den Genussfaktor: Gut essen an langen schwedischen Sommertagen unter freiem Himmel, im Designerambiente oder in frischer Seeluft, direkt am oder hoch über dem Wasser – was gibt es Schöneres?

► **Fein & teuer**
Mathias Dahlgren
► Grand Hotel, S. 280

① ***Den Gyldene Freden***
Österlånggatan 51, Gamla Stan
Tel. 08 / 24 97 60
www.gyldenefreden.se
Am Stammtisch des 1722 eröffneten Kellerlokals sollen einst die Nobelpreisträger bestimmt worden sein, gehört das Gebäude doch der Svenska Akademie. Nicht minder legendär ist die schwedische Küche mit Krabben, Köttbullar, Ryggbiff und geräuchertem Rentier.

② ***Eriks Gondolen***
Stadsgården 6, Södermalm
Tel. 08 / 641 70 90, www.eriks.se
Ob im großen Matsalen, dem Bistro Köket oder an der Cocktailbar, ob Hummer, Entenbrust oder Gondolens Schokoladendessert – die sensationelle Küche und die spektakuläre Aussicht in 36 m Höhe über Stockholms Hafeneinfahrt suchen ihresgleichen.

③ ***Esperanto***
Tel. 08 / 696 23 23, Kungstensgatan 2
www.esperantorestaurant.se
Esskultur aus aller Welt inspiriert Daniel Höglander und Sayan Isaksson, die in einem ehemaligen Theater fantastisch kochen – unser Tipp: Lamm mit karamellisierten Zwiebeln und Jerusalem-Artischoken.

④ ***Frantzén/Lindeberg***
Lilla Nygatan 21, Tel. 08 / 20 85 80
www.frantzen-lindeberg.com
Nur 18 Plätze hat das Altstadtlokal von Björn Frantzén und Daniel Lindeberg, deren Experimente für Furore sorgen: Das Petit Four wird im Teelicht, das Dessert als Burger aus Maronen und Schoko»fleisch«klops serviert.

Baedeker-Empfehlung

⑤ ***F12***
Fredsgatan 12, Stockholm
Tel. 08 / 24 80 52, www.f12.se
Entenleber auf Haselnussbrot oder Senneby-Kalbshaxe an Kürbis mit Ingwerschalotten? Je nach Jahreszeit ändern Melker Andersson und Danyel Couet ihre sagenhaften Menüvorschläge. Zwischen Politikern, Künstlern und Promis diniert man in einem Seitenflügel der Kunstakademie in modern-stilvollem Ambiente.

⑥ ***Operakällaren***
Karl XII:S Torg, Tel. 08 / 676 58 00
www.operakallaren.se
Kulinarische Höhenflüge in fürstlichem Ambiente, mit Panoramablick aufs Schloss: Das michelinbesternte Restaurant in der Oper ist eine Institution! Im Weinkeller Nobis lagern erlesene französische Raritäten.

⑦ ***Pontus!***
Brunnsgatan 1, Tel. 08 / 54 52 73 00
www.pontusfrithiof.com
Edler Treffpunkt am Stureplan mit Austern- und Champagnerbar, Dim-Sum und Sushi-Theke. »Fleisch, Gemüse und Obst von Biobauern schmecken einfach besser«, meint Küchenchef Daniel Rins – 2009 wurde das Pontus vom White Guide zum »Ökorestaurant des Jahres« gekürt.

⑧ ***Sturehof***
Stureplan 2, Tel. 08 / 440 57 30
www.sturehof.com
Gegrillter Steinbutt, Lachs mit Dillkartoffeln oder Sturehofs Bouillabaisse? Die Brasserie mit Terrasse steht für hervorragende Meerestiere.

⑨ ***Wedholms Fisk***
Nybrokajen 17, Tel. 08 / 611 78 74
www.wedholmsfisk.se
Lachstartar, Scholle mit Krabben, in Knoblauch gedünstete Riesengarnelen, Mönchsfisch mit Entenleber und zum Nachtisch flambierter Apfelkuchen – Wedholms steht für fangfrische Hochgenüsse.

► Erschwinglich

⑩ ***Café Lasse i Parken***
Högalidsgatan 56, Södermalm
Tel. 08 / 6583395, www.lasseiparken.se
Romantisches Plätzchen mit verwunschenem Garten. Im Sommer Jazz- und Bluesabende. Einfach göttlich: die Schokoladentrüffeltorte.

⑪ ***Grill***
Drottninggatan 89
Tel. 08 / 31 45 30, www.grill.se
Isst Du noch – oder wohnst Du schon? Das Trendlokal wird vom Möbelhersteller Fogia alle sechs Monate neu ausstaffiert. Aus der offenen Küche kommen saftige Grill-Gerichte aus dem Holzkohleofen, vom amerikanischen Barbecue Smoker (BBQ), von einer französischen Rotisserie, vom Steinkohlegrill und vom asiatischen Tischgrill.

⑫ ***Restaurant 1900***
Regeringsgatan 66
Tel. 08 / 20 60 10, http://r1900.se
Fernsehkoch Niklas Ekstedt verwendet in seiner offenen Küche nur beste heimische Produkte wie Lamm aus Österlen oder Bohuslän-Austern. Göttliche Cocktails und Bio-Weine.

Baedeker-Empfehlung

⑬ ***Rolfs Kök***
Tegnérgatan 41, Tel. 08 / 10 16 96
www.rolfskok.se
Hier treffen sich die Kenner. Die Schalotten für das knusprige Rocklunda-Spanferkel werden in Bier mariniert. Sensationell: Ochsenschwanz mit gotländischem Trüffelpüree und zum Nachtisch Rhabarber-Meringen. Perfekter Service. Im Sommer kann man auch draußen sitzen.

⑭ ***Tennstopet***
Dalagatan 50 / Ecke Odengatan
Tel. 08 / 32 25 18
www.tennstopet.se
Sechs Sorten eingelegter Hering gehören zum Sillbricka des populären Lokals, das seit 1867 schwedische Hausmannskost auf den Tisch bringt. Ein Muss: die Flusskrebse zum alljährlichen Krebsfest im August.

⑮ ***Tysta Marie***
Östermalms Saluhall
Östermalmstorg, Tel. 08 / 76 67 58 54
Fangfrisches aus Melanders Fischhandel: Gravad Lachs, marinierter Brathering oder Fischsuppe mit Rouille

► Preiswert

⑯ ***Blå Porten***
Djurgårdsvägen 64, Tel. 08 / 663 87 59
www.blaporten.com
Bestellen Sie in dem herrlich nostalgischen Lokal mit wunderschön begrüntem Innenhof die Mousse-au-Chocolat-Torte oder hausgemachte Meringen. Mittags gibt es ein warmes Tagesgericht und leckere Sandwiches.

⑰ ***Kungshallen***
Kungsgatan 44, Hörtorget
Tel. 08 / 21 80 05, www.kungshallen.nu
Tacos, Woks, Pizza, Sushi oder Wraps? In der gläsernen Markthalle laden 15 Lokale zur kulinarischen Weltreise ein.

⑱ ***Kungsholmen***
Norr Mälarstrand, Kai 464
Kajplats 464, Tel. 08 / 505 24 450
www.kungsholmen.com; So. Ruhetag
Sushi, Gegrilltes, knackige Salate oder lieber an die Cocktailbar? Ideale Mischung aus Lounge und Restaurant direkt am Ufer des Mälaren. Sieben offene Küchen, eine große Terrasse mit weiß gedeckten Tischen auf dem Bootssteg und traumhafter Aussicht auf den Riddarfjärden – lässt es sich schöner preiswert schlemmen?

⑲ ***Kvarnen***
Tjärhovsgatan 4, Tel. 08 / 643 03 80
www.kvarnen.com
Die »Windmühle«, einst Trinkhalle der Arbeiter von Söder, ist heute ein populärer Pub, der sich spätabends zum Dancefloor wandelt. Richtig deftig: die Rentierpfanne mit Pilzen und Preiselbeeren. Sa., So. Brunch.

ÜBERNACHTEN

► Luxus

① ***Grand Hotel Stockholm***
Södra Blasieholmshamnen 8
SE – 10327 Stockholm
Tel. 08 / 679 35 00, Fax 08 / 611 86 86
www.grandhotel.se
Staatsgäste, Promis und Nobelpreisträger logieren seit 1874 gegenüber vom Schloss im Grand Hotel. Das Fünfsternehaus mit 359 luxuriösen Zimmern und Suiten ist Mitglied der »Leading Hotels of the World«. Nachtschwärmer treffen sich in der Hotelbar *Cadierbaren* (► S. 277). *Mathias Dahlgren* erhielt 2010 als erster schwedischer Koch drei Michelin-Sterne: zwei für sein Nobelrestaurant *Matsalen* und einen für das Menü seiner Foodbar *Matbaren* (www.mathiasdahlgren.com).

Baedeker-Empfehlung

② ***Victory Hotel***
Lilla Nygatan 5, Gamla Stan
SE – 111 28 Stockholm
Tel. 08 / 50 64 00 00, Fax 08/ 50 64 00 10
www.thecollectorshotels.se
Maritimes Boutiquehotel, das seinen Namen von Lord Nelsons Flaggschiff HMS Victory erhielt. Die 45 nostaligischen Zimmer im Stil des 18. Jh.s erinnern indes an schwedische Seehelden. Angeschlossen sind das michelinbesternte Restaurant *Leijonhornet*, in dem frische Smögen-Austern und saftiges Rentiersteak serviert werden (Tel. 08 / 750 64 00 80, www.leijontornet.se), und das kleine *Bistro Djuret*, in dem jeden Tag nur eine Tierart auf der Speisekarte steht, diese aber in köstlichen Variationen (Tel. 08 / 506 400 84, www.djuret.se).

③ ***Mälardrottningen Yacht Hotel***
Gymnasiegränd, Riddarholmen
SE – 11128 Stockholm

Tel. 08 / 54 51 87 90, Fax 08 / 24 36 76
www.malardrottningen.se
Die 1924 für den New Yorker Millionär Billing gebaute Luxusjacht mit 61 eleganten Kabinen ist seit 1982 fest vor Riddarholmen vertäut. Für Entspannung sorgt eine Sauna. Das Restaurant an Bord serviert Di. – Sa. schwedische Spezialitäten (www.restaurangmalardrottningen.se).

④ ***Nordic Light Hotel***
Vasaplan 7, SE – 101 37 Stockholm
Tel. 08 / 50 56 30 00
Fax 08 / 50 56 30 30, 175 Z.
www.nordiclighthotel.se
Polarlicht taucht das Hotel in Farbspiele von Blau bis Rot. Im Kamin knistert das Feuer, kunstvoll arrangierte Teelichter setzen Akzente. Für Kai Piipoos ausgefallene Lichtspiele erhielt das Designhotel am Hauptbahnhof die European Light Trophy. Gleich nebenan: die angesagte Absolut Ice Bar (►S. 277).

► Komfortabel

⑤ ***Anno 1647***
Tjärhovsgatan 11, Södermalm
SE – 11646 Stockholm
Tel. 08 / 442 16 80, Fax 08 / 442 16 47
www.anno1647.se, 42 Z.
Das Vorderhaus von 1647, das Hinterhaus aus dem 18. Jh., das Innere schick und zeitgenössisch. Das sympathische Hotel in einer ruhigen Seitengasse bezaubert auch durch die herrlichen Ausblicke auf Stockholm.

⑥ ***Columbus Hotel***
Mariagränd 37, Södermalm
SE – 11621 Stockholm
Tel. 08 / 50 31 12 00, Fax 08 /50 31 1201
www.columbushotell.se
Brauerei, Armenhaus, Spital und seit 1970 Hotel: Das denkmalgeschützte Gebäude mit grünem Innenhof hat schon viel erlebt und seine lauschige Atmosphäre dabei bewahrt. 40 schöne Zimmer, die Lorentz-Sifvert-Suite hat sogar eine Sauna im Bad.

⑦ ***Esplanade***
Strandvägen 7A
SE – 11456 Stockholm
Tel. 08 / 663 07 40, Fax 08 / 662 59 92
www.hotelesplanade.se
Liebevoll restauriertes und persönlich geführtes Jugendstilhotel mit 34 großzügigen Zimmern und tollem Frühstück. Buchen Sie ein Zimmer mit Blick auf Nybroviken.

Baedeker-Empfehlung

⑧ ***Hotel Hellsten***
Luntmakargatan 68
SE – 113 51 Stockholm
Tel. 08 / 661 86 00, Fax 08 / 661 86 01
www.hellsten.se
Charmantes Designhotel in einem auf 1898 datierten Stadthaus mitten in Stockholm. Alle 78 Zimmer tragen die Handschrift von Per Hellsten, der die Möbel von seinen Reisen nach Afrika und in die arabischen Länder mitgebracht hat. Dort entstanden auch seine einfühlsamen Schwarzweiß-Porträts, die in der holzgetäfelten Bar im Kolonialstil hängen. Gefrühstückt wird im lichtdurchfluteten Wintergarten oder im Innenhof. Preisgünstige Alternative: das angeschlossene *Hotel Rex* direkt gegenüber.

⑨ ***Kung Carl***
Birger Jarlsgatan 21
SE – 11145 Stockholm
Tel. 08 / 463 50 00, Fax 08 / 463 50 50
http://hotellkungcarl.se
Gepflegtes Best Western Hotel im Vergnügungs- und Einkaufsviertel um den Stureplan. Jan Andersson verwöhnt seine Gäste im Bakficka-Pub mit schwedischen Spezialitäten.

⑩ ***Queen's Hotel***
Drottninggatan 71 A
SE – 11136 Stockholm
Tel. 08 / 24 94 60, Fax 08 / 21 76 20
www.queenshotel.se; 53 Z.
Kristallleuchter und Antiquitäten zieren das zentrale, 2008 sorgsam restaurierte Gebäude des 19. Jh.s. Wellness pur mit Pool, Sauna und Massagen verspricht nebenan das *Centralbadet* mit Jugendstildekor.

⑪ ***Rival Hotel***
Mariatorget 3, Södermalm
SE – 11891 Stockholm
Tel. 08 / 54 57 89 00, Fax 08/ 54 57 89 24
www.rival.se, 99 Z.
Das Haus von ABBA-Sänger Benny Andersson genießt Kultstatus. Buchen Sie ein Zimmer mit Blick auf den Park. Im Hotelkino der 1930er-Jahre wurde die Weltpremiere des erfolgreichen Musicalfilms »Mamma Mia« gefeiert. Art-déco-Cocktailbar, Bistro, Café und eigene Bäckerei.

► **Günstig**

⑫ ***Långholmens Vandrarhem***
Gamla Kronohäktet, Långholmsmuren 20, SE – 10272 Stockholm
Tel. 08 / 720 85 00, Fax 08 / 720 85 75
www.langholmen.com
Hier können Sie hinter »schwedischen Gardinen« schlafen: Neben Jugendherbergsbetten gibt es im ehemaligen Gefängnis auch komfortablere Einzel- und Doppelzimmer.

⑬ ***STF Vandrarhem Gärdet***
Sandhamnsgatan 59
SE – 11528 Stockholm
Tel. 08 / 463 22 99, Fax 08 / 463 22 90
www.svenskaturistforeningen.se
Alle Zimmer der Jugendherberge im Naherholungsgebiet Gärdet beim Hafen Värtahamnen wurden von schwedischen Designern entworfen! Gegenüber: das Freibad Kampementsbadet.

⑭ ***Tre Små Rum Hotel***
Högbergsgatan 81
SE – 11854 Stockholm
Tel. 08 / 641 23 71, www.tresmarum.se
Kleinstes Hotel der Stadt, dafür richtig gemütlich. Nicht mit drei Räumen, wie der Name glauben macht, sind doch seit der Gründung 1993 immerhin vier neue dazugekommen.

Baedeker-Empfehlung

⑮ ***af Chapman & Skeppsholmen***
Flaggsmansvägen 8, SE – 11149 Stockholm
Tel. 08 / 463 22 66, Fax 08 / 611 71 55
http://svenskaturistforeningen.se/afchapman
Schönste Jugendherberge Stockholms! Sie können entweder in den komfortablen Kajüten an Bord des 1888 erbauten Dreimasters oder auf Skeppsholmen in einem Holzlager aus dem 19. Jh. in Stockbetten übernachten – rechtzeitig reservieren! Die »Bar Chapman« serviert auch Drinks im Freien.

⑯ ***Jumbo Hostel***
– Ein Bett am Rollfeld –
Jumbovägen 4, SE-19047 Stockholm Arlanda, Tel. 08 / 593 604 00
www.jumbohostel.com
Bis zu 85 Gäste können am *Flughafen Arlanda* im Bauch einer ausgedienten Boeing 747 logieren. Die Kojen sind zwar sehr eng, aber preisgünstig. Teuerste Variante: die Suite für zwei im Cockpit.

Gen Norden wird die Stadtinsel vom **Königlichen Schloss** beherrscht, das 1754 nach Plänen von Nicodemus Tessin d. J. vollendet wurde. Das Schloss steht an der Stelle der mittelalterlichen Wasaburg, die 1697 durch einen Brand zerstört worden war. Es gilt als **einer der bedeutendsten Barockbauten Nordeuropas** und umfasst mehr als 600 Räume. Heute ist das Schloss der **Arbeitsplatz des Königs**, als Wohnsitz der königlichen Familie dient Drottningholm.

★ **Kungliga Slottet**

Am 19. Juni 1976 fand im Schloss ein rauschender Ball statt zu Ehren des frisch vermählten Königspaares Carl XIV. Gustaf und Silvia. Genau 34 Jahre später feierte ihre älteste Tochter Victoria an gleicher Stelle ihre Hochzeit mit Daniel Westling. Die üppig ausgestatteten Repräsentationsräume sind über die Südseite am Slottsbacken zu erreichen. Im ersten Stock liegen die Wohnräume König Oskars II. († 1907), im zweiten Stock die Prunkräume und Gästezimmer. Besonderes Schmuckstück ist die spätbarocke **Galerie Karls XI.**, die dem Spiegelsaal von Versailles nachempfunden ist. Der 1650 angefertigte Silberthron von Königin Kristina steht im prachtvollen **Reichssaal** im Südflügel. Hier ist außerdem eine höfische Tracht mit dem Band des **Seraphinenordens** ausgestellt, dem höchsten Verdienstorden des Königreichs Schweden. Zu den sonntäglichen Gottesdiensten in der **Schlosskapelle** ist jeder willkommen. Im Sommer werden hier Orgel- und klassische Konzerte aufgeführt.

Öffnungszeiten:
Juni – Aug.
tgl. 10.00 – 17.00,
15. – 31. Mai,
1. – 14. Sept.
bis 16.00,
Feb. – April
Di. – So.
12.00 – 15.00

www.royalcourt.se

Pickelgarde: Lassen Sie sich nicht die tägliche Wachablösung vor dem Schloss entgehen!

Verpassen Sie auf keinen Fall die **Schatzkammer** im Keller, in der mit Schlüssel, Reichsapfel und Zepter die schwedischen Reichsinsignien aufbewahrt werden. Ausgestellt sind ferner der Krönungsmantel Oskars II. von 1873, eine stattliche Zahl von Königskronen, Krönungs- und anderen Prunkschwertern, darunter auch das Reichsschwert Gustav Wasas aus dem 16. Jh. und ein riesiges silbernes Taufbecken aus dem 17./18. Jahrhundert.

Ebenfalls im Keller untergebracht ist das **Museum Tre Konor**, das eindrucksvoll die Schlossgeschichte dokumentiert. In der **Rüstkammer** funkeln Prunkharnische, Festgewänder und Staatskarossen. Die mehr als 200 Skulpturen und Statuen, die König Gustav III. auf seiner Italienreise zusammengetragen hat, zeigt seit 1794 das **Gustav III. Antikmuseum**. Nur im Rahmen von Veranstaltungen lässt sich die **Bernadotte-Bibliothek** besichtigen, die 1796 vollendet wurde und neben den 100 000 Büchern aus dem Besitz der Könige auch eine halbe Million Fotografien im Bestand hat.

★★ Wachablösung ►

Im halbrunden, äußeren **Schlosshof** findet im Sommer vor den Augen vieler Zuschauer die traditionelle Wachablösung mit Marschmusik unter lauten militärischen Kommandos statt. Meist nimmt auch die **Svea Livgarde** daran teil, die zu den ältesten Regimentern der Welt zählt – die 35 Soldaten der Leibgarde schützen seit 1523 die schwedische Königsfamilie (Wachablösung: Juni – Aug. Mo. – Sa. 12.15, So. 13.15, sonst Mi., Sa. 12.15, So. 13.15 Uhr, ►Abb. S. 283).

★ **Storkyrka**

Öffnungszeiten: Mai – Aug. tgl. 9.00 – 18.00, sonst bis 16.00

Die halbe Welt konnte vor ihren Fernsehern live miterleben, wie sich **Kronprinzessin Victoria und Daniel Westling** am 19. Juni 2010 in der frisch renovierten Stockholmer **Domkirche** das Jawort gaben. Auf den Tag genau 34 Jahre nachdem aus der Heidelbergerin Silvia Sommerlath an gleicher Stelle Königin Silvia geworden war. Die **Hochzeits- und Krönungskirche** der schwedischen Monarchen ist das älteste Gotteshaus der Stadt. Schon während der Reformation spielte es eine entscheidende Rolle: Von hier verbreitete Olaus Petri (1493 bis 1552) die lutherische Lehre. Wie eng die Verbindung von Kirche und Staat einst war, zeigt die Architektur: Die Fassade der 1306 geweihten Kirche ist wie das Schloss im italienischen Barock gehalten. Die fünfschiffige Basilika wurde mehrfach umgebaut, zuletzt 1736 bis 1743 barockisiert.

Neben dem großen, in Silber und Schwarz gehaltenen Renaissancealtar ist die vom Lübecker Meister Bernt Notke († 1509) geschaffene berühmte Skulpturengruppe des **hl. Georg mit dem Drachen** einzigartig. Links neben dem Altar prunkt das Renaissance-Doppelgrab für den Reichsschatzmeister Jesper Mattson Kruus († 1622) und seine Familie. Das Grab von Olaus Petri befindet sich unter der Kanzel. In den beiden rechten Seitenschiffen sollte man einen Blick auf die schönen gotischen Gewölbemalereien werfen. Wer aufmerksam hinschaut, entdeckt auch die älteste bekannte Stadtansicht von Stockholm – das Gemälde **Vädersolstavlan**. Es zeigt ein seltenes Wetterphänomen: sechs funkelnde Sonnenringe, die am 20. April 1535 über der Stadt zu sehen waren. Den **Obelisken** vor der Rückseite des Doms schenkte Gustav III. den Stockholmer Bürgern zum Dank für ihren Einsatz im schwedisch-russischen Krieg 1788 bis 1790.

Kungliga Myntkabinettet

Ebenfalls am Slottsbacken erzählt das **Königliche Münzkabinett** auf drei Etagen die Geschichte des Geldes von den ersten Münzen der Griechen, die 625 v. Chr. geprägt wurden, bis zum schwersten Geldstück der Welt mit 19,7 kg (Öffnungszeiten: tgl. 10.00 – 16.00 Uhr; www.myntkabinettet.se).

Finska Kyrkan

Das benachbarte schlichte, gelbe Gebäude an der Südseite des Slottsbacken wurde 1653 errichtet, um dem König im Winter das französische Ballspiel Jeu de Paume – Vorläufer des Tennis – zu ermöglichen. Heute dient das Gebäude der finnischen Gemeinde als Gotteshaus. Im Park hinter der Kirche lässt sich die kleinste Skulptur Stockholms bewundern: Die nur 14 cm große Plastik **»Der Junge, der in den Mond schaut«** wurde 1967 von Liss Eriksson geschaffen.

★ Stortorget

Mittelpunkt von Stadsholmen ist der Großmarkt, einst Hauptplatz der Stadt und Standort des Prangers. Seine Nordseite beherrscht die Säulenfassade der klassizistischen **Börse**, die 1778 von Erik Palmstedt

Gamla Stan ist wie gemacht für gemütliche Spaziergänge. Und am Schluss sucht man sich einen Sonnenplatz auf dem historischen Stortorget.

errichtet wurde. Im oberen Stock legen alljährlich die Mitglieder der Schwedischen Akademie die künftigen Nobelpreisträger fest. Das **Nobelmuseum** vermittelt Wissenswertes zur Geschichte des Nobelpreises und zu den Preisträgern (Öffnungszeiten: Mitte Mai – Mitte Sept. tgl. 10.00 – 17.00, Mitte Sept. – Mitte Mai Di. 11.00 – 20.00, Mi. – So. 11.00 – 17.00 Uhr, engl. Führungen 11.15, 15.00 Uhr; www.nobelmuseum.se, ►Baedeker Special S. 58).

Romantischer als das Börshus sind die schmalen Patrizierhäuser mit ihren Staffelgiebeln und stattlichen Renaissancefronten. Vor dieser Kulisse spielte sich 1520 eine Gräueltat ab: Um die Schweden unter seine Krone zu zwingen, ließ Dänenkönig Christian II. 1520 beim **Stockholmer Blutbad** 94 politische Gegner hinrichten. Die benachbarten Cafés **Chokladkoppen** und **Kaffekoppen** tischen himmlische Obstkuchen, pikante Snacks und hausgemachtes Eis auf – einfach hinsetzen und genießen! Seit fast 400 Jahren werden in Schweden die rot bemalten **Dalapferdchen** aus Fichtenholz geschnitzt. Am Stortorget 14 bei Runstenen erzählt ein Museum die Geschichte des Holzpferdchens – heute das Schweden-Souvenir Nr.1 (tgl. geöffnet).

Tyska Kyrkan

www. svenska kyrkan.se/deutsche gemeinde ►

Eine schmale Gasse führt zur **Deutschen Kirche St. Gertrud**, dem einstigen Gotteshaus der deutschen Kaufmannsgilde. In der spätgotischen Backsteinkirche mit starkem Renaissance-Einschlag werden bis heute sonntags um 11.00 Uhr Gottesdienste auf Deutsch abgehalten. Der 96 m hohe Turm wurde im 19. Jh. vom Architekten des Berliner Doms, Julius Raschdorff, erneuert. Nach dem Glockenschlag um 8.00, 12.00 und 16.00 Uhr lässt das **Glockenspiel** einige Takte der Kirchenlieder »Nun danket alle Gott« und »Lobet den Herren« erklingen. Nicodemus Tessin d. Ä. entwarf die Kanzel aus Ebenholz und Alabaster (Öffnungszeiten: Mai – Sept. tgl. 12.00 – 16.00, sonst Sa., So. 12.00 – 16.00 Uhr).

** **Bummeln, Shoppen und Schlemmen**

Ein deutscher Kaufmann – Martin Traubtzig aus Wittenberg, der 1581 nach Stockholm gekommen war und 1617 auf einer Geschäftsreise nach Dalarna von Dieben erschlagen wurde – gab der Mårten Trotzigs Gränd, der schmalsten Gasse der Altstadt, ihren Namen. Die engste Stelle ist sie nur 90 cm breit.

Auf dem **Järntorget** wurde einst das für den Export bestimmte Eisen (schwed. Järn) gewogen. Vor dem Bankohus, dem ehemaligen Gebäude der schwedischen Reichsbank, erinnert ein Denkmal an den Stockholmer Sänger Evert Taube. Sein Stammlokal war das Gasthaus De Gyldene Freden im ersten Gebäude an der **Österlånggatan**, heute ein Gourmettreff (► S. 278). Wie die weiter westlich verlaufende **Västerlänggatan** folgt sie dem Verlauf der einstigen mittelalter-

! *Baedeker* TIPP

Für Frühaufsteher

Entdecken Sie Gamla Stan frühmorgens und stärken Sie sich, wenn die Besuchergruppen kommen, in *Sundberg's Konditorei* am Järntorget 83 mit einem Morgenkaffee. Falls auch der Magen jetzt knurrt: Das älteste Café der Stadt (1785) ist für seine Mehlspeisen berühmt!

lichen Stadtbefestigung. Bummeln Sie ausgiebig durch die kopfsteingepflasterten Gassen mit ihren hohen Häusern, prachtvollen Portalen, schmiedeeisernen Gittern und immer wieder lauschigen, kleinen Plätzen wie Branda Tomten an der Ecke Kindstugatan und Sjalagardsgatan, wo das Flair von einst noch wunderbar erhalten ist.

Postmuseum

Unterhaltsam präsentiert das Postmuseum in der Lilla Nygatan 6 anhand der **Reise eines Briefes** durch die Jahrhunderte die 370-jährige Postgeschichte des Königreichs. Fürs bessere Verständnis gibt es einen digitalen Führer auf Englisch, und der Nachwuchs kann im Kinderpostamt das Postwesen spielend nacherleben (Öffnungszeiten: Di. bis So. 11.00 – 16.00 Uhr, www.postmuseum.posten.se).

Riddarhustorget

Zwei Paläste beherrschen den Riddarhustorget: Der **Bondeska Palatset**, der seinen Namen vom Schatzmeister Gustav Bonde (1620 bis 1667) erhielt, wurde von Tessin d. Ä. im barocken Stil errichtet und diente zwei Jahrhunderte als Stockholmer Rathaus. Seit 1949 residiert dort das Reichsgericht. Im **Riddarhuset** hielten von 1668 – 1866 die schwedischen Ritterschaften ihre Versammlungen ab. Das Gebäude entstand 1641 – 1674 nach Plänen des französischen Architekten Simon de la Vallée. Die Hauptfront des Gebäudes wird von zwei frei stehenden Eckpavillons flankiert. Vor dem Haus steht eine Statue Gustav Wasas, auf der anderen Seite des Platzes ein Abbild des schwedischen Reichskanzlers Axel Oxenstiernas.

Riddarholmen

Die **»Ritterinsel«** ist heute das Justizzentrum des Landes, das für seine Aufgaben viele der ehemaligen Adelspaläste nutzt. Auf dem **Birger Jarlstorg** (► Abb. S. 288) grüßt von hoher Säule ein Standbild des Stadtgründers. Umrahmt wird der Platz von **Prachtbauten** des 17. und 18. Jh.s wie dem Wrangelska Palats (Nr. 16), der einst der durch einen Schlossbrand obdachlos gewordenen Königsfamilie als Unterkunft diente. Sehenswert sind auch das Hessen-steinka Hus (Nr. 2), der Stenbocksa Palatset (Nr. 4) und der Schering Rosenhannes Palats (Nr. 10).

An der Südseite des Platzes erhebt sich die **Riddarholmskyrkan**. Die dreischiffe Backsteinkirche entstand zwischen 1280 und 1300 im gotischen Stil auf dem Gelände eines Franziskanerklosters. 1835 er-

Riddarholm-Kirche Orientierung

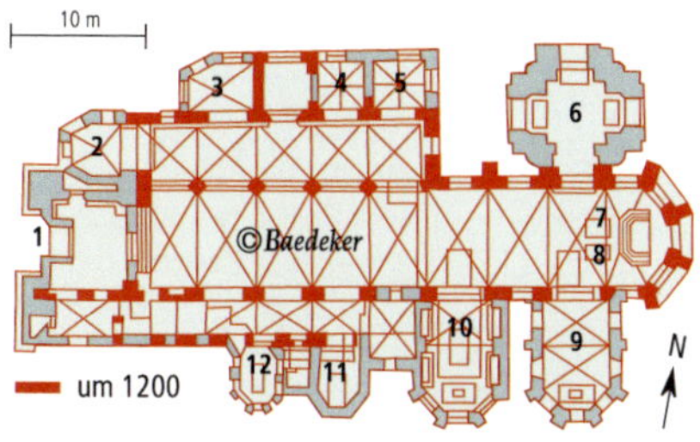

1 Westeingang
2 Torstensonsche Kapelle (1651)
3 Wachtmeistersche Kapelle (1654)
4 Lewenhauptsche
5 Kapellen (1654)
6 Karolinische Kapelle (1671 – 1743)
7 Grabmal von Magnus Ladulås († 1290)
8 Grabmal von Karl Knutsson († 1470)
9 Gustav-II-Adolf-Kapelle (1633 – 1634)
10 Bernadottsche Kapelle (1858 – 1860)
11 Vasaborgsche Kapelle (1647)
12 Banérsche Kapelle (1636)

Frisch renoviert: Am Birger Jarlstorg grüßt von hoher Säule Stockholms Stadtgründer.

Öffnungszeiten: Mai – Aug. tgl. 10.00 – 16.00, Sept. Sa., So. 12.00 – 15.00

hielt sie nach einem Brand ihren 90 m hohen Westturm mit dem markanten durchbrochenen Turmhelm. Seit 1807 wird sie nur noch als Beisetzungskirche genutzt und ist **Grablege der schwedischen Könige**. Von Magnus Ladulås bis Gustav V. fehlen nur wenige Monarchen. Den dreischiffigen Kirchenraum zierten Wappenschilde des 1336 gegründeten Seraphinenordens – Mitglied können nur Angehörige der Königsfamilie oder bedeutende ausländische Staatsmänner werden.

Evert Taubes Terrass

Von Evert Taubes Terrass, die mit einem Denkmal von Willy Gordon an den populären Poeten, Künstler und Sänger erinnert, blickt man über de Riddarfjärden auf das Stadshuset und Södermalm.

Helgeandsholmen

Riksdaghuset

www.riksdagen.se ▶

Auf der kleinen Insel gegenüber vom Schloss thront Schwedens heutiges Zentrum der Macht: der **Reichstag**. Sein Bau wurde bereits 1888 beschlossen, doch erst neun Jahre später konnte König Oskar II. den Grundstein legen – denn erst einmal mussten 37 000 m³ Erdreich abgetragen und 9000 Eichenpfähle in den Grund gerammt werden, um das Gebäude zu tragen. Erbaut wurde der Reichstag wie die nahe Oper im neobarocken Stil. Das Gebäude barg neben dem Parlament einst auch die Reichsbank, die durch den Neubau des Plenarsaals in den 1970er-Jahren zum Brunkebergstorg umziehen musste (Besichtigung nur auf Führungen, engl. Touren: Sept. – Juni Sa., So. 13.30, Juli, Aug. Mo. – Fr. stdl. 12.00 – 15.00 Uhr).

Medeltidsmuseet

Unter der Brücke Norrbro entführt das **Mittelaltermuseum** in die Vergangenheit. Unter den 850 Exponaten sind das 22 m lange Riddarholmsschiff und Reste der alten Stadtmauer besonders sehenswert. Gezeigt werden auch ein Nachbau des mittelalterlichen Hafens sowie Kleidung und Werkzeug aus jener Zeit (Öffnungszeiten: Di. bis Fr. 11.00 – 19.00, Sa./So. 11.00 – 17.00 Uhr).

◄ www.medeltidsmuseet.stockholm.se

Kungsholmen

Bevozugtes Wohnviertel

Die **»Königsinsel«** nordwestlich von Gamla Stan hat viele Wandlungen durchlebt: von der Klosterinsel zum königlichen Jagdgebiet bis zum Industrie- und Arbeiterviertel. Heute gehört sie zu den beliebtesten Wohnlagen der Stadt, da zentral und doch ruhig. Nach dem Verschwinden der Handwerksbetriebe Anfang des 20. Jh.s entwickelte sich **Norr Mälarstrand** entlang des Riddarfjärden zur Prachtstraße. In den 1930er-Jahren kamen Wohngebiete im Stil des Funktionalismus wie Kungsholmstrand, Kristineberg und Fredhäll hinzu. 1935 entstand die eindrucksvolle **Västerbron**, die Kungsholmen mit Södermalm verbindet. Als Interpretation der Burg von Vadstena, mit Einflüssen von Nationalromantik und Art nouveau, entwarf Carl Westman das Amtsgericht an der Bergsgatan, das zwar **Rådhuset** heißt, aber kein Verwaltungssitz ist. Weiter westlich an der Bergsgatan folgt der **Kronobergsparken** mit dem ältesten jüdischen Friedhof Stockholms. An der Alströmergatan 39 illustriert das **Tullmuseet** die Arbeit des schwedischen Zolls, besonders spannend ist die Sammlung zum Schmuggel (Öffnungszeiten: Do. – Di. 11.00 – 16.00 Uhr, www.tullverket.se/museum). Haupteinkaufsstraßen von Kungsholmen sind die St. Eriksgatan und Fleminggatan mit zahlreichen Geschäften rund um die U-Bahn Station **Fridhemsplan**.

! *Baedeker* TIPP

Shoppen bei Grandpa

Schuhe, Schmuck und Secondhand, Kleidung, Kuriosa und häufig Livemusik oder DJs: Der »Laden des Großvaters« in der Fridhemsgatan 43 entpuppt sich als ultracooler Trendshop – weitere Filiale in der Södermanngatan 21 (www.grandpa.se).

★ **Stadshuset**

Das Stadthaus am Ufer des Riddarfjärden ist eines der **markantesten Wahrzeichen** von Stockholm. Der dunkelrote Klinkerbau mit seinen grün patinierten Kupferdächern wurde 1911 – 1923 von Ragnar Östberg errichtet und am Mittsommerabend eingeweiht. Verbaut wurden angeblich 8 Mio. Ziegelsteine. Die Südostecke bildet ein vierkantiger, von einer offenen Laterne gekrönter 106 m hoher Campanile. Seine Spitze trägt das schwedische Reichswappen mit den drei Kronen. Ein Fahrstuhl fährt hinauf zur Plattform unter dem Glockenstuhl mit herrlicher Rundsicht. An der Nordwand zeigt ein Spielwerk den hl. Georg mit dem Drachen. Unter einem von Säulen getragenen Baldachin am Sockel der östlichen Turmflanke sieht man die ruhende Gestalt des Stadtgründers Birger Jarl. Im Ratssaal, der einem Wikinger-Langhaus nachempfunden wurde, tagen zwei Mal pro Monat die Stadtverordneten.

◄ www.stockholm.se/stadshuset

Nobles Tanzparkett: Millionen von Mosaiksteinchen funkeln im Goldenen Saal des Stadshuset, wo jedes Jahr der Nobelpreis gefeiert wird.

Nobelpreis-bankett ►

Alljährlich am 10. Dezember ist das Stadshuset Schauplatz der Nobelpreiszeremonie. Den Auftakt bildet das Bankett in der **Blauen Halle**, einem gedeckten Innenhof mit Säulengang und einer klanggewaltigen Orgel mit 10 000 Pfeifen und 138 Registern. Danach versammeln sich die Preisträger, die Mitglieder der Königsfamilie und die Gäste im **Goldenen Saal** mit dem Monumentalmosaik der »Mälarkönigin«, die Einar Forseth 1923 aus 18,6 Mio. goldfarbenen Glassteinchen zusammensetzte (Besuch nur im Rahmen von Führungen, engl. Touren tgl. 10.00, 11.00, 12.00, 14.00 Uhr, Juni bis Aug. auch auf Deutsch; ►Baedeker Special S. 58).

Lilla Essingen ★

Schlemmeroase ►

»Totalerlebnis des Jahres« schwärmte die schwedische Gastrobibel »The White Guide« 2009 von **Lux Stockholm**, der ehemaligen Elektrolux-Betriebskantine auf der Nachbarinsel Lilla Essingen. Schlemmen Sie mit Blick auf den Mälarsee innovative schwedische Gerichte. Unwiderstehlich: die hauseigenen Pralinen (Primusgatan 116, Tel. 08 / 619 01 90, www.luxstockholm.com).

Norrmalm & Vasastaden

Geschäftszentrum der Hauptstadt

Als es auf den Inseln von Gamla Stan zu eng wurde, begann im 17. und 18. Jh. die Bebauung Norrmalms. Ende des 19. Jh.s wurden der Hauptbahnhof, wuchtige **Bankpaläste und die großen Kaufhäuser** fertiggestellt. Heute bildet Norrmalm das wirtschaftliche Zentrum der Hauptstadt mit vielen Geschäften und einer großen Fußgängerzone. Sein Gesicht erhielt es in den 1950er- bis 1970er-Jahren, als das gründerzeitliche Klaraviertel abgerissen wurde, um funktionellen Neubauten Platz zu machen.

Sergels Torg

Das Herz des modernen Stockholm schlägt am weiten Sergels Torg mit der allabendlich bezaubernd beleuchteten, 40 m hohen Skulptur **Kristallvertikalaccent**. Der in mehreren Ebenen mit Einkaufspassagen angelegte Platz ist ein zentraler Verkehrsknotenpunkt und **Jugendtreff**. Die Südseite begrenzt seit 1974 das **Kulturhuset**, ein riesiger Komplex aus Beton und Glas nach Entwürfen von Peter Celsing. Geliebt wie gehasst, ist Schwedens Centre Pompidou heute eine der Topattraktionen von Stockholm und vereint unter seinem Dach die sechs Bühnen des Stadsteatern, Ausstellungsräume, Lesesaal mit 500 internationalen Zeitschriften, CD-Bibliothek, Design-Torget-Shop, Panorama-Café, Restaurants und eine Etage nur für Kinder (Öffnungszeiten: Di. – Fr. 11.00 – 18.00, Sa., So. 11.00 – 17.00 Uhr, bei Veranstaltungen länger; www.kulturhuset.stockholm.se). Auf dem Kirchhof der benachbarten **Klarakirche** befindet sich das Grab des Barockdichters **Carl Mikael Bellman** (1740 – 1795).

! *Baedeker* TIPP

Kunst fürs fahrende Volk

U-Bahn-Fahren lohnt in Stockholm gleich doppelt. Denn die *Tunnelbana* ist weit mehr als nur ein bequemes Transportmittel, sie ist auch eine der längsten Kunstgalerien der Welt. Seit mehr als 50 Jahren sind die Bahnhöfe die legale Spielwiese der künstlerischen Avantgarde. Mittlerweile haben die Künstler mehr als zwei Drittel der 100 Stationen fantasievoll und farbenfroh ausgeschmückt.

Einkaufsbummel rund um den Hötorget

Auf dem Hötorget werden werktags Obst und Gemüse verkauft, sonntags ist hier Flohmarkt! Weitere Lebensmittel gibt es in den Hötorgshallen. Das frühere PUB-Kaufhaus von 1882, in dem Greta Garbo einst als Hutverkäuferin arbeitete, ist heute ein Shoppinghotel (s. S. 276). Im Sommer strahlt der »Heuplatz« eine fast mediterrane Atmosphäre aus; Stockholm trifft sich am **Orpheusbrunnen** von Carl Milles und genießt die Sonne. Das blaue, neoklassizistische **Konserthuset**, das 1926 von Ivar Tengbom entworfen wurde, ist Heimstatt der Stockholmer Philharmoniker. Hier werden auch jedes Jahr die **Nobelpreise** verliehen, mit Ausnahme des Friedensnobelpreises, der in Oslo überreicht wird (► Baedeker Special S. 58). Östlich und westlich des Hötorg verläuft die **Kungsgatan**. Flankiert wird die beliebte Einkaufsstraße von den beiden 17-stöckigen Königstürmen. Prinzessinnentorte, Großmutters Fruchtschnitten oder Käsesahnetorte mit Himbeerkompott – die Kuchen im Café **Vete-Katten** sind unwiderstehlich (Kungsgatan 55, www.vetekatten.se).

Adolf Fredriks-Kyrka

Nordwestlich birgt die 1774 erbaute Adolf-Fredriks-Kirche Skulpturen des Bildhauers J. T. Sergel. Hier ist auch das Epitaph des französischen Philosophen **René Descartes** zu sehen, der 1650 in Stockholm starb und dessen Leichnam 1666 nach Paris überführt wurde. An der Kreuzung mit der Olof Palmes Gatan erinnert eine Gedenkpalette daran, dass Schwedens charismatischer Politiker **Olof Palme** am 28. Februar 1986 auf dem Sveavägen nach einem Kinobesuch erschossen wurde.

Vasastaden Dort, wo sich Odengatan und Sveavägen kreuzen, beginnt die Heimat von **Astrid Lindgren**: Vasastaden. 60 Jahre lang wohnte die weltberühmte Kinderbuchautorin (►Baedeker Special, S. 352) in der Dalagatan 46 mit Blick auf den Vasaparken, eine Grünfläche mit Spielplatz. Wie Wein und Spirituosen hergestellt werden, was eine »Duftorgel« ist und womit der schwedische Glögg zu Weihnachten gewürzt wird, erfährt man im **Vin & Spirithistorika Museet** in der Dalagatan 100 (Öffnungszeiten: Di. 10.00 – 19.00, Mi. – So. 10.00 – 16.00 Uhr, Eintritt frei; www.vinosprithistoriska.se)

Als beste Adresse für Antiquitäten in Stockholm gilt die **Upplandsgatan**, eine Stichstraße zum Odenplan. An der Odengatan 55 schuf Stararchitekt Gunnar Asplund ein Meisterwerk der Moderne, das Prinz Eugen im März 1928 einweihte: **Stockholms Stadsbibliothek**. Da sie mit gut 700 000 Büchern im Bestand inzwischen aus allen Nähten platzt und dringend eine Erweiterung braucht, wurde 2006 ein internationaler Wettbewerb ausgeschrieben, bei dem unter 1170 Vorschlägen aus 120 Ländern die Weimarer Architektin Heike Hanada mit ihrem »Delphinium« ausgewählt wurde. Der ursprüngliche Zeitplan mit Baustart 2010 und Fertigstellung zum 85-jährigen Jubiläum am 31. März 2013 wurde inzwischen gestoppt, da u. a. ICOMOS als das UNESCO-Expertenorgan für Kulturfragen und die Schwedische Akademie heftige Kritik am Entwurf geübt haben.

Birkastan Westlich des verkehrsreichen **St. Eriksplan** hat sich rund um die Einkaufsstraße Rörstrandsgatan das nach einer Porzellanfabrik benannte Viertel Birkastan zum **Szenetreff** gemausert. Angesagte Cafés und Restaurants finden sich hier ebenso wie gemütliche Kneipen, Secondhand-Läden und Modeboutiquen schwedischer Designer wie Strayboys, Black Market oder Carin Wester.

Parallel zum Sveavägen verläuft die zum Teil als großzügige Fußgängerzone gestaltete **Drottninggatan**. Im Haus Nr. 85 wohnte der Dichter August Strindberg (1849 – 1912), über dessen Leben und Werk jetzt das **Strindberg-Museum** erzählt (Öffnungszeiten: Di. – So. 12.00 – 16.00, Juli und Aug. ab 10.00 Uhr; www.strindbergsmuseet.se).

! *Baedeker* TIPP

Ta en fika!

Kaffeepause! Machen Sie's wie die Schweden und legen Sie eine Pause mit Kaffee und Kuchen ein. Das *Xoko* in der Rörstrandsgatan 15 ist eine charmante Mischung aus Bäckerei, Chocolaterie und Dessertbistro. Hier können Sie Öko-Sauerteigbrot kaufen, selbst gemachtes Eis, Pralinen und himmlische Schokodesserts aus eigener Herstellung genießen. Konditormeister Magnus Johansson komponierte in den letzten Jahren auch die Desserts für die Bankette der Nobelpreisverleihung (www.xoko.se).

Hamngatan Als Hauptachse der neuen City entstand die Hamngatan, die Sergels Torg und Norrmalmstorg verbindet. 1902 eröffnete an der Hamngatan das Nobelkaufhaus ✶ **Nordiska Kompaniet**, nur NK genannt (NK ► ►S. 276). Fahren Sie zum Dachrestaurant hinauf und genießen Sie den

Rundblick! Nach Vorbildern der italienischen Renaissance entstand 1893 – 1898 das Stadtpalais Nr. 4. Hier vermitteln im **Hallwylska museet** kostbare Möbel des 14. – 17. Jh.s, Gemälde holländischer Meister des 15. Jh.s, Waffen, Silber und chinesisches Porzellan, wie die Grafen von Hallwyl um 1900 lebten (Öffnungszeiten: Di. – So. 11.45 bis 16.00, Mi. bis 19.00 Uhr; www.hallwylskamuseet.se).

Kungsträdgården

Die einst nur Königen vorbehaltene Parkanlage, später als Exerzierplatz genutzt, ist besonders im Sommer ein beliebter Treffpunkt. Im Winter kann man hier Schlittschuh laufen. Die Standbilder stellen die Könige Karl XII. und Karl XIII. dar.

Gustav Adolfs Torg ★

◄ Operan

Wahrzeichen des Gustav Adolfs Torg, den seit 1796 das **Reiterstandbild des Königs** schmückt, sind das 1783 erbaute Erbfürstenpalais, seit 1906 Sitz des Außenministeriums, und die **Königliche Oper**. Die Gründung von Schwedens Nationalbühne für Oper und Ballett war für König Gustav III. eine Herzensangelegenheit. Geradezu makaber erscheint es daher, dass der Monarch 1792 bei einem Maskenball in »seiner« Oper ermordet wurde. Die heutige Spielstätte wurde 1898 eröffnet und 1989 saniert. Mit dem **Operakälleren** besitzt die Oper zudem eine michelinbesternte Schlemmeroase (►S. 279).
Hinter der Oper erhebt sich die 1643 geweihte **St. Jacobs Kyrka**. Einblicke in die Welt des Tanzes vermittelt das **Dansmuseet** (Öffnungszeiten: Di. – Fr. 11.00 – 16.00, Sa., So. 12. 00 – 16.00 Uhr; www. dansmuseet.se). Etwas versteckt an der Fredsgatan 2 widmet sich das **Medelhavsmuseet** der Geschichte und Kultur der Mittelmeerländer (Öffnungszeiten: Di. – Fr. 12.00 – 20.00, Sa., So. 12.00 – 17.00 Uhr; www.medelhavsmuseet.se).

Klassisches Ballett und moderner Ausdruckstanz sind Themen im Dansmuseet.

Rembrandt, Rubens, Renoir & Co. sind im Nationalmuseum zu bewundern.

Blasieholmen

Ursprünglich ebenfalls eine Insel war Blasieholmen, Standort des altehrwürdigen **Grand Hotel** (► S. 280) und Bindeglied zwischen Norrmalm und den Inseln Skeppsholmen und Kastellholmen.

★★ Nationalmuseum

www.nationalmuseum.se ►

Lucas Cranach d. Ä., Rembrandt, Rubens, Goya, Renoir, Degas – mehr als 16 000 Gemälde, Grafiken, Zeichnungen und Skulpturen vom späten Mittelalter bis zum Beginn des 20. Jh.s. nennt **Schwedens größtes Kunstmuseum** sein Eigen. Sein Gebäude entwarf 1866 der deutsche Architekt August Stüler. Schwerpunkt der kolossalen Sammlung zu den wichtigsten europäischen Schulen und Künstlern bildet die **schwedische Malerei** des 16. bis frühen 20. Jh.s mit Arbeiten von Hanna Pauli, Fanny Brate, Bruno Liljefors, Alexander Roslin, Johan Tobias Sergel, Carl Larsson und Anders Zorn (► Berühmte Persönlichkeiten). Larsson schuf ab 1896 auch die **Fresken im Treppenaufgang** (► Abb. S. 40) und 1905 das große Wandgemälde im ersten Stock, das Gustav Wasas Einzug in Stockholm darstellt.

Zu den hochrangigen Werken **französischer Maler** des 18. Jh.s zählen Antoine Watteaus »Liebeslektion«, Édouard Manets »Birnenschäler« und Camille Pissarros »Bäuerin mit Schubkarren«. Die Abteilung »Den moderna formen 1900 – 2000« stellt die Entwicklung des skandinavischen Designs und Kunsthandwerks vor. Sehenswert sind auch die **Zeichnungen und Drucke** vom späten Mittelalter bis 1900 und die herrlichen Arbeiten der Kungsholm-Glaswerke und der **Gustavsberg-Porzellanmanufaktur**. Im Museumscafé gibt es nicht nur köstliche Kuchen, sondern auch knackige Salate und leckere Tagesgerichte (Öffnungszeiten: Juni – Aug. Mi. – So. 11.00 – 17.00, Di. bis 20.00, sonst Mi., Fr. – So. 11.00 – 17.00, Di., Do. bis 20.00 Uhr).

Skeppsholmen & Kastellholmen

Skeppsholmen

Die aus fünf Eisensegmenten zusammengesetzte Skeppsholmbron führt seit 1989 hinüber zur kleinen »Schiffsinsel«, bis in die 1960er-Jahre ein Flottenstützpunkt. Das einstige Segelschulschiff **af Chapman** ist heute Jugendherberge (► S. 282), die früheren Marineeinrichtungen beherbergen Museen. Jazzfans treffen sich auf der Insel im Sommer beim **Stockholm Jazz Festival**.

★★ **Moderna Museet**

Öffnungszeiten:
Di. 10.00 – 20.00,
Mi. – So.
10.00 – 18.00

Als Heimstatt exquisiter **Kunst der Moderne** entwarf der Spanier Rafael Moneo einen Neubau, dessen Architektur genauso spektakulär ist wie die Sammlung selbst. Neben großen Namen wie Picasso, Matisse, Dalí, Robert Rauschenberg, Vera Nilsson, Sigrid Hjertén und Oskar Kokoschka werden Wechselausstellungen zur Gegenwartskunst gezeigt. Im Park vor dem Eingang grüßen dralle farbenfrohe Nanas von Niki de Saint Phalle (►Abb. S. 296, www.modernamuseet.se).

★ ◄ Arkitekturmuseet

Im angrenzenden Gebäude erzählt das **Architekturmuseum** mit Plänen, Erläuterungen und Modellen, wie sich das Verständnis von Funktion, Form und Ästhetik in der schwedischen Baugeschichte beständig verändert hat. Im **Museumsbistro** kann man sich mit Sandwiches, Kuchen und Kaffee stärken und den Blick übers Wasser zur Insel Djurgården genießen (Öffnungszeiten: Di. 10.00 – 20.00, Mi. bis So. 10.00 – 18.00 Uhr, www.arkitekturmuseet.se).

Designforum Svensk Form

»Besser leben durch gutes Design« ist die Maxime des Verbandes Svensk Form, der mit Ausstellungen und Events frühere und aktuelle **Trends der Formgebung** präsentiert (Öffnungszeiten: Di. – Do. 12.00 bis 19.00, Fr. – So. 12.00 – 17.00 Uhr, www.svenskform.se).

Skeppsholms Kyrka

Nicht öffentlich zugänglich ist der auf einer Anhöhe gelegene klassizistische Zentralbau der Skeppsholms Kyrka. Ihre Rundkuppel ist dem Pantheon in Rom nachempfunden. Die Ikonostase mit den Heiligenbildern stammt aus dem 19. Jahrhundert.

Östasiatiska Museet

Das kleine ostasiatische Museum nordwestlich der Kirche zeigt Kunst und Kunsthandwerk aus Fernost und nennt **eine bedeutende Sammlungen chinesischer Kunst** sein Eigen. Gezeigt werden buddhistische Skulpturen, chinesische Malerei und Beispiele erlesenen chinesischen Porzellans. Wechselausstellungen beleuchten die Verbindungen von asiatischer Kunst und westlichem Alltag, wie beispielsweise in der Kunst der Tattoos (Öffnungszeiten: Mi. – So. 11.00 – 17.00, Di. 11.00 bis 20.00 Uhr, www.ostasiatiska.se).

Kastellholmen Namensgeber der kleinen Insel ist das **Kastell**, das auf einer Anhöhe 1846 – 1848 unter Leitung von Frederik Blom errichtet wurde. Wer hier eine kleine Lesepause einlegen möchte: »Der Mord auf Kastellholmen« des Schweden Stieg Trenter (1914 – 1967) ist ein Krimiklassiker von 1960 und spielt auf dem idyllischen Eiland.

Östermalm & Gärdet

Es ist noch gar nicht so lange her, da grasten in Östermalm noch die königlichen Schafherden, denn erst im 19. Jh. wurde das Viertel Teil der City. Das Zentrum bildet der **Östermalmstorg**, den stattliche Häuser mit Geschäften und Restaurants säumen wie das Einrichtungshaus Asplund und die **Östermalms Saluhall**, eine nostalgische Markthalle aus Backstein und Gusseisen, deren Verkaufsstände sich unter der Last der Delikatessen biegen (►S. 276). Bis heute noch stellenweise ländlich ist der östlich anschließende Stockholmer Bezirk Ladugårdsgärdet, meist nur Gärdet genannt.

★ Schlemmertempel ►

★ **Strandvägen** Am Ufer der Bucht Nybroviken verläuft zwischen Nybroplan und Djurgården eine der schönsten Flaniermeilen der Stadt, der 35 m breite Strandvägen mit uralten Linden, edlen Boutiquen und prachtvollen Villen wohlhabender Stockholmer Bürger (►Abb. S.298 / 299). Sein heutiges Aussehen erhielt **Stockholms Nobelboulevard** zur Industrieausstellung 1897. Gemütlich erkunden lässt sich der Strandvägen mit der Museumsbahn **Djurgårdslinjen** (►S. 273).

»Fantastisches Paradies« nannten Niki de Saint Phalle und Jean Tinguely 1966 ihr kunterbuntes Skulpturenspektakel vor dem Museum für Kunst der Moderne.

Kungliga Dramatiska Teatern

In einem 2009 renovierten Gebäude im Wiener Jugendstil, das 1901 bis 1908 nach Plänen von Frederik Liljekvist am Nybroplan entstand, residiert die renommierte Schauspieltruppe des 1788 von Gustav III. gegründeten **Königlich Dramatischen Theaters**. Aufgeführt werden Klassiker wie moderne Stücke (Tickets unter www.dramaten.se).

Musikmuseet

Rund 5600 Musikinstrumente, einige davon mehrere Jahrhunderte alt, andere brandneu: Die **Instrumentensammlung** aus Europa und Skandinavien ist beeindruckend – und darf ausprobiert werden! Ausgestellt werden auch Gemälde zum Thema Musik (Öffnungszeiten: Di. – So. 12.00 – 17.00 Uhr; http://stockholm.music.museum).

Armémuseum

Einen Überblick über Schwedens Militärgeschichte von den Wikingern bis heute gibt das **Königliche Armeemuseum** an der nahen Riddargatan (Öffnungszeiten: Di. 11.00 – 20.00, Mi. – So. 11.00. – 17.00 Uhr; www.sfhm.se).

Kungliga Biblioteket

Nordwestlich begrenzt der ehemals königliche Hopfengarten Humlegården die im 19. Jh. errichtete und später erweiterte Königliche Bibliothek. Zu den Schätzen der **Nationalbibliothek**, deren Archiv in den Fels gehauen wurde, gehört der Codex Aureus, eine kostbar ausgestattete lateinische Evangelienübersetzung aus dem 8. Jahrhundert. Östlich des Parks steht an der Sturegatan Nr. 14 das Gebäude der **Nobel-Stiftung** (►Baedeker Special S. 58).

Östlich an der Linnégatan, Ecke Narvavägen, werden im **Historiska Museet** 1000 Jahre schwedische Geschichte anschaulich dokumentiert. Verpassen Sie auf keinen Fall den unterirdischen **Guldrummet** mit kostbaren Gold- und Silberarbeiten. Ein zweites Highlight sind die Bildsteine aus Gotland (Öffnungszeiten: Di. – So. 11.00 – 17.00, Do. bis 20.00 Uhr; www.historiska.se).

> **! *Baedeker* TIPP**
>
> **Wellness und Entspannung ...**
>
> ... verspricht ein Besuch des *Sturebadet*, ein opulenter Badetempel von 1885. Mehr als 50 Spa-Anwendungen, Massagen und Packungen ergänzen das Planschen im Nostalgiepool (Geöffnet: Mo. bis Fr. 6.30 – 22.00, Sa., So. ab 9.00 Uhr; Sturegallerian 36, www.sturebadet.se).

✶ Ladugårdsgärdet Museumspark

Östlich von Östermalm erreicht man auf dem Strandvägen den »Museumspark« von Ladugårdsgärdet am Djurgårdsbrunnsvägen mit drei sehenswerten Sammlungen. Das **Sjöhistoriska Museet** informiert über Unterwasserarchäologie, die Geschichte der Kriegsmarine und zeigt das rekonstruierte Achterkastell des Schoners »Amphion«. Besonders spannend sind die Sammlungen zu Schmuggel und Piraterie sowie die Schiffsmodellbauwerkstatt (Öffnungszeiten: tgl. 10.00 bis 17.00 Uhr; www.sjohistoriska.se).

In die Welt der Maschinen entführt das **Tekniska Museet**. In der Maschinenhalle sind Verbrennungsmotoren, Bergwerksmaschinen sowie Oldtimer-Autos und -Flugzeuge zu sehen; das Teknorama lädt zum

Experimentieren ein. Ein Erlebnis sind auch der Besuch der nachgebauten Internationalen Raumstation ISS und des 3-D-Kinos Cino4, wo man multisensorisch 30 Minuten lang durch das Universum reist oder das Fliegen lernt (Öffnungszeiten: Mo. – Fr. 10.00 – 17.00, Mi. bis 20.00, Sa., So. 11.00 – 17.00 Uhr; www.tekniskamuseet.se).

Zu abenteuerlichen Entdeckungsreisen zu den Kulturen unserer Erde lädt das **Etnografiska Museet**, dessen Ethno-Restaurant »Matmekka« virtuos Slow Food aus Schweden mit Einflüssen aus aller Welt mixt (Öffnungszeiten: Mo. – Fr. 10.00 – 17.00, Sa., So. 11.00 – 17.00 Uhr; www.etnografiska.se).

Södermalm & Långholmen

Angesagtes Trendviertel

Junge Designer und Künstler haben das einstige Arbeiter- und Schmuddelviertel Södermalm zur angesagten Adresse für Alternative und Trendsetter gemacht. **»Söder«**, wie sie es nennen, ist »in« – und wird daher immer teurer. Doch wer abseits der Einkaufsboulevards Götgatan, Hornbergsgatan und dem Retroviertel SoFo durch Södermalm bummelt, wird noch immer kleine lauschige Plätze und kopfsteingepflasterte Gassen mit niedrigen Holzhäusern entdecken, die an das alte Södermalm erinnern (► Touren. S. 109).

Slussen

Den Übergang von Gamla Stan nach Södermalm bildet ein Verkehrsknotenpunkt, der bei seiner Einweihung 1935 als technisches Wunderwerk galt: Am Slussen verteilt sich der Verkehr auf drei Ebenen. Der **Katarinahissen** saust auf den 46 m hohen Katarinenberg. In der

Große Kulisse vor dem Bug: Den Strandvägen säumen prachtvolle Stadthäuser betuchter Stockholmer Bürger.

Glasbrücke zwischen Berg und Lift lädt das Restaurant **Gondolen** zum Drink oder Dinner mit Aussicht (► S. 278). Am Slussen sollte im einstigen Zollhaus 2009 das Abba-Museum eröffnen. Inzwischen ist das Projekt vertagt, wann, wie und wo es realisiert wird, ist ungewiss. Nur eines sei klar, so Stockholms Bürgermeister: Ein Abba-Museum werde kommen.

★ Stockholms Stadsmuseum

Einen hervorragenden Überblick über Stockholms komplexe Vergangenheit bietet das Stadtmuseum, dessen Bau Nicodemus Tessin d. Ä. in den 1670er-Jahren entwarf. Durch originalgetreu gestaltete Zimmer wandert man durch die Jahrhunderte und erlebt den Wandel der Stadt vom Mittelalter bis zur Nachkriegszeit. Wertvollstes Exponat der Sammlung ist der **Loheschatz** mit 18 000 Silbermünzen. Das Café im Innenhof des Prunkbaus empfiehlt sich für eine Kaffeepause (Öffnungszeiten: Di. – So. 11.00 – 17.00, Do. bis 20.00 Uhr, www.stadsmuseum.stockholm.se).

! *Baedeker* TIPP

Verblendung, Verdammnis, Vergebung

Sind Sie ein Fan von Stieg Larssons Thriller-Trilogie über den Journalisten Mikael Blomkvist und die Häckerin Lisbeth Salander? Das Stadsmuseum veranstaltet Larsson-Touren und gibt einen ausführlichen Stadtplan zu den drei inzwischen verfilmten Millennium-Krimis heraus. In Södermalm spielen mehrere Schlüsselszenen der Bestseller (►Special Guide S. 9).

Fast 180 Jahre alt sind die Webmaschinen der K. A. Almgrens **Siden-**

Öffnungszeiten: Mo. – Fr. 10.00 – 16.00, Sa., So. 11.00 – 15.00

väveri, an denen noch heute gearbeitet wird. Das Familienunternehmen an der Repslagargatan 15 A, das fünf Generationen lang feinste Seide für die Krone und wohlhabende Kaufleute fertigte, ist die einzige **Seidenweberei**, die nördlich der Alpen erhalten ist. Im Museumsshop liegen herrliche Seidenstoffe zum Verkauf (www.kasiden.se/html/museet.html).

Katarina Kyrka

Markantes Wahrzeichen von Södermalm ist die Kuppel der Katharinenkirche. Stockholms älteste Barockkirche brannte 1723 und 1990 aus, wurde aber originalgetreu wiederaufgebaut. Di. und Do. erklingen um 12.15 Uhr **kostenlose Orgelkonzerte**. Es lohnt sich, die **alten Gassen** des Katharinenviertels zu erkunden. Eine besonders schöne Aussicht auf die Innenstadt und Djurgården bietet sich von der Fjällgatan. In der Mäster Mikaels Gatan wohnte einst der Henker. Der Galgen stand auf der Klippenspitze bei der Stigbergsgatan.

✶ Medborgplatsen

Auf dem weiten »Bürgerplatz«, heute beliebter Treff für einen Kaffee oder ein Bier im Freien, erinnert eine Stele daran, dass die populäre schwedische Außenministerin **Anna Lindh** hier am 10. September 2003 ihre letzte Rede hielt – am Tag darauf wurde sie beim Shopping im Kaufhaus Nordiska Kompaniet mit einem Messer niedergestochen. Sie ist auf dem Friedhof der Katharinenkirche begraben. Das **Medborghuset** (Bürgerhaus), 1939 im Stil des schwedischen Funktionalismus erbaut, birgt u. a. das Forsgrénska Badet mit 25-m-Pool und Fitnessbereich sowie eine Bibliothek. Zum Marktbummel laden die Delikatessenstände in der **Söderhallarna**. Das ehemalige Kraftwerk Katarinastation, 1903 vom Architekten der Nordika Kompagniet, Ferndinand Boberg, mit grünen und weißen Ziegeln erbaut, wandelte sich 2000 in Stockholms erste **Moschee** – besichtigt werden können der Gebets- und Predigtraum (www.ifstockholm.se).

✶ SoFo

SoFo, was abgekürzt so viel heißt wie »südlich der Folkungagatan«, ist das Revier der **Secondhand- und Vintage-Boutiquen**. Außerdem haben viele Avantgarde-Künstler hier ihr Atelier. »Beyond Retro« im Kellergewölbe an der Åsögatan 144 steht für Vintage-Look. Eine charmante Mischung aus jungem Design, Trendmode und Kuriosa verspricht »Grandpa« in der Södermanngatan 21 (► Tipp S. 289 und ► Tour 2, S. 110). In der nahen Götgatan 92 verführt **Gunnarssons Specialkonditori** mit hausgemachten Köstlichkeiten. Unser Tipp: die Diamantentrüffel, das Mangoeis und die Sommertorte mit frischen Früchten (www.gunnarsons.se).

Spårvägsmuseet

Im Jahre 1965 verschwand die Straßenbahn aus dem Stockholmer Stadtbild. Wer sie dennoch einmal selbst fahren möchte, kann im Fahrsimulator des **Straßenbahnmuseums** durch die Birger Jarlsgatan rattern. Hauptattraktion für den Nachwuchs ist die Mini-U-Bahn (Öffnungszeiten: Mo. – Fr. 10.00 – 17.00, Sa., So. 11.00 – 16.00 Uhr; Tegelviksgatan 22).

Auf dem Marienplatz kämpft Thor gegen eine Seeschlange. Rund um die sprudelnde Fontäne laden Bänke zum Pausieren ein. Den Platz umgeben kleine Bars und Cafés. Ein altes Kino verwandelte Abba-Sänger Benny Andersson ins **Hotel Rival** (► S. 282).

Mariatorget

Södermalms älteste Kirche ist die **Maria-Madgalena-Kirche** an der Bellmansgatan. 45 Jahre lang, von 1580 bis 1625, wurde an dem Gotteshaus gebaut. Sein Rokoko-Interieur mit dem kunstvollen Orgelprospekt von Carl Frederick Adelcrantz erhielt es jedoch erst nach dem großen Brand von 1759. **Orgelkonzerte** erklingen Do. um 12.15 Uhr sowie abends (Programm: www.mariamagdalena.se). In der Kirche haben einige berühmte schwedische Künstler ihre letzte Ruhestätte gefunden, darunter der Volkssänger Evert Taube.

Maria Magdalena Kyrka

In dem kleinen gelben Häuschen in der Urvädersgränd schrieb der schwedische **Nationaldichter** Carl Michael Bellman (1740 – 1795) an seinem Werk »Fredmans Epistlar«, das die Briefe des Apostels Paulus parodiert. Auszüge aus Bellmans Werk werden das ganze Jahr hindurch bei Abendveranstaltungen präsentiert (www.bellmanhuset.se).

Bellmanhuset

Auf der lang gezogenen Insel im ► Mälarsee, heute ein bevorzugter Platz für Picknick und Badefreuden, befand sich bis 1975 Schwedens **Zentralgefängnis**. Jetzt können hier Besucher in den Zellen hinter schwedischen Gardinen nächtigen (► S. 282). Das **Fängelsemuseum** illustriert die Geschichte der Strafanstalt (Öffnungszeiten: tgl. 11.00 bis 16.00 Uhr; www.langholmen.com).
Im einstigen Zollschreiberhaus erinnert das **Bellmanmuseet** (Öffnungszeiten: 15. Juni – 31. Aug. tgl. 12.00 – 18.00 Uhr, sonst nach Voranmeldung, Tel. 08 / 669 69 69, www.bellmanmuseet.se) an den populären Stockholmer Dichter und Komponisten.

Långholmen

Djurgården

Einst schützte ein Zaun das 279 ha große **Jagdgebiet der Könige**, die hier Hirschen und Rehen nachstellten. Prächtige Sommerpaläste, Gärten und kleine Jagdschlösschen, zum Teil noch heute bewohnt, entstanden. 1809 wurde die Insel der Allgemeinheit zugänglich gemacht – vom Zaun blieb nur noch die Blå Porten, das Portal. Heute ist Djurgården Teil des Ekoparken (► S. 308). Die grüne Lunge der Stadt ist Ausflugsziel zum Wandern, Radeln, Paddeln, Joggen und Skaten – Leihboote und -räder gibt es beim **Djurgårdsbrons Sjöcafé** am Galärvarvsvägen 2 (Tel. 08 / 660 57 57).

Grüne Lunge der Stadt

! *Baedeker* TIPP

Königliche Kutschfahrt

Lassen Sie sich wie einst die Königspaare von Carina Westman durch Djurgården kutschieren! Unterwegs erzählt die Kutscherin amüsante Geschichten über Ihre Hoheiten, und zum Abschluss gibt's auf Wunsch einen Picknickkorb für die Rast im Grünen (Greve von Essens Väg 63, Tel. 70 / 529 97 97, www.hastakeriet.se).

★ **Nordiska Museet**

Den Auftakt zur Museumsmeile bildet das **Nordische Museum**, das ursprünglich drei Mal so groß werden sollte. Eine Ausstellung **samischer Kultur** zeigt Jagd- und Fischfanggeräte, Schnitzereien aus Rentiergeweih, Schamanentrommeln und andere kultische Gegenstände. Weitere Themen sind schwedische **Volkstrachten**, Arbeitskultur und Brauchtum, Puppenstuben, Spielzeug, volkstümliche Keramik, Tischkultur seit dem 17. Jh., das Dalapferd und Weihnachtsbräuche. Die oberste Galerie zieren Möbel von Renaissance bis Jugendstil sowie eine Uhren- und Tabakdosensammlung (Öffnungszeiten: Juni – Aug. tgl. 10.00 – 17.00, sonst Mo. – Fr. 10.00 – 16.00, Sa., So. 11.00 – 17.00, Mi. bis 20.00 Uhr; www.nordiskamuseet.se).

★ **Junibacken**

www. junibacken.se ►

In die Welt von Astrid Lindgren und anderen schwedischen Kinderbüchern und Märchen entführt das **Kindermuseum** Junibacken, das sich auch vom Märchenzug Sagotåget aus entdecken lässt. Die Kindertheaterbühne ist eine der größten des Landes und zeigt täglich mehrere Vorstellungen (Öffnungszeiten: Di. – So. 10.00 – 17.00 Uhr).

★★ **Vasa Museet**

Schon von Weitem ist an den Schiffsmasten das Vasa Museet zu erkennen, das meistbesuchte Museum Skandinaviens (►Baedeker Special S. 303, ►3-D-Abb. S. 304).

Estonia-monumentet

Am 24. September 1994 starben 852 Menschen, als die Fähre Estonia auf ihrem Weg von Tallinn nach Stockholm in den kalten Fluten der Ostsee sank. Seit September 1997 erinnert ein Granitdenkmal vom polnischen Künstler Miroslaw Balka als symbolischer Schiffsbug mit den eingemeißelten Namen der Opfer an die Katastrophe.

Ausgediente Veteranen: Vor dem Vasa Museet dümpeln das Feuerschiff »Finngrundet« und die »St. Erik«, der erste hochseetaugliche Eisbrecher Schwedens.

VASA MUSEET

★★ **So viele Besucher zieht kein anderes Museum in Skandinavien an: Das weltweit einzige erhaltene Kriegsschiff aus dem 17. Jh. begeistert jährlich mehr als 1,8 Mio. Gäste. Nach dem Einführungsfilm in 16 Sprachen stehen sie staunend vor dem Dreimaster, der Schwedens Großmacht sichern sollte – und dann bereits auf der Jungfernfahrt 1628 sank. Wie durch ein Wunder konnte das Regalschiff 333 Jahre später fast vollständig geborgen werden.**

Öffnungszeiten:
Juni – Aug. tgl. 8.30 – 18.00, sonst 10.00 bis 17.00, Mi. bis 20.00 Uhr; Führungen auf Deutsch: Juni – Aug. tgl. 9.30, 11.30, 13.30, 15.30 Uhr; www.vasamuseet.se

① Vasa
Da es in der brackigen Ostsee keinen Schiffsbohrwurm (Teredo navalis) gibt, jene kleine Muschel, die in Salzgewässern alles Holz zerfrisst, besteht die Vasa noch zu 95 % aus Originalteilen. Rund 1000 Eichen wurden für den Bau gefällt, der 1626 auf der Marinewerft Skeppsgården auf Blasieholmen begonnen wurde. Das königliche Kriegsschiff erhielt drei Masten und zehn Segel, maß von Kiel bis Masttop 52,5 m, von Heck bis Bugspriet 69 m und wog 1200 t. Mit 445 Menschen an Bord sollte sie in den Krieg ziehen, 145 davon Besatzung sowie 300 Soldaten. Unter den 30 geborgenen Toten waren auch Frauen.

② Takelage
Rekonstruiert wurden die Masten, Tauwerk, Spieren, Stage, Wanten und Beschläge nach Vorbildern aus dem 17. Jh. – zwei von drei Untermasten sind noch im Original vorhanden.

③ Rumpf
Mit 64 Kanonen – die meisten von ihnen 24-Pfünder, die Kugeln mit einem Gewicht von mehr als 11 kg abfeuerten – war die Vasa das Paradeschiff der schwedischen Marine. Um das Schiff mit dem zweigeschossigen Kanonenaufbau stabil zu halten, wurden im Rumpf 20-t-Steine als Ballast deponiert. Doch das Gewicht reichte nicht aus. Als eine Windböe das Schiff erfasste und Wasser durch die offenen Kanonenluken eindrang, sank die Vasa bis auf den Grund.

④ Werft
Unter der Leitung des holländischen Schiffsbaumeisters Henrik Hybertsson arbeiteten mehr als 400 Zimmerleute, Kransäger, Schmiede, Seiler,

Fantastische Orgie aus Blutrot, Giftgrün und Meerblau: Dralle Engel mit vergoldetem Haar drängten sich am Heck neben farbenprächtigen Meerjungfrauen, Teufeln, Kaiser, Löwen, Kriegern und Göttern.

Segelmacher und andere Handwerker zwei Jahre lang am Bau des Regalschiffs.

⑤ Galionsfigur
Über 3 m lang ist der sprungbereite Löwe auf dem Galion als Symbol des Königs und der Stärke Schwedens – Gustav II. Adolf wurde von seinen Zeitgenossen »Löwe des Nordens« genannt.

⑥ Seegefechte und das Leben an Bord
Modelle zeigen, wie ein Seekrieg im 17. Jh. geführt wurde und gewähren Einblick ins Innere der Vasa, die nicht betreten werden kann. So war die Kapitänskajüte recht luxuriös, hart hingegen der Alltag der Mannschaft, die auf Deck schlafen musste. Kleidung, Geschirr, Münzen, sogar ein Backgammonspiel wurden auf der Vasa gefunden.

DER UNTERGANG DER »VASA«

Unter dem Jubel der Zuschauer lief das stolze Kriegsschiff »Vasa« am Sonntag, dem 10. August 1628 auf seiner Jungfernfahrt aus dem Stockholmer Hafen. Nach etwa einer Seemeile kam eine leichte Brise auf, die die Hauptrahsegel des Schiffs erfasste. Der Dreimaster legte sich zur Backbordseite und sank sofort mit Mann und Maus auf den 30 m tiefen Grund. Was war geschehen?

Gustav II. Adolf gab mit der **»Vasa«** den Auftrag für den Bau des größten und teuersten Kriegsschiffs seiner Zeit als Kernstück der Blockadeflotte gegen Polen im Dreißigjährigen Krieg. Kaum erfuhr der König, dass sein polnischer Rivale ein ebenso mächtiges Kriegsschiff plante, ließ Gustav II. Adolf **mehr Kanonen** als ursprünglich vorgesehen an Bord schaffen. Damit stimmte jedoch die gesamte Statik des Schiffes nicht mehr. Es lag so tief im Wasser, dass selbst bei geringer Segelfläche und wenig Wind die offenen Geschützluken unter Wasser zu liegen kamen. Zwei Windstöße genügten, um die Jungfernfahrt zur Katastrophe werden zu lassen, bei der mehr als 30 Seeleute ihr Leben ließen. Auch dem Kapitän wird Schuld gegeben, weil **die Kanonenluken geöffnet** waren.

Die Wiedergeburt

Schon bald nach dem Unglück wurde versucht, die Vasa zu heben. Doch es gelang lediglich, die Kanonen mit Hilfe einer Taucherglocke zu bergen, damals ein technisches Bravourstück. Dann wurde es still um die Vasa. Normalerweise sorgt der Schiffsbohrwurm dafür, dass kein Wrack lange erhalten bleibt. Doch der Wurm meidet das brackige, sauerstoffarme Wasser der Ostsee, und so blieb die Vasa intakt. Wrackforscher Anders Franzén suchte ab 1953 systematisch nach der Vasa, wurde drei Jahre später fündig und machte sich an die **Bergung**.

1961, genau 333 Jahre nach ihrem Untergang, kam die Vasa wieder ans Tageslicht. Und mit ihr die vollständige Ausstattung eines Schiffes, das gerne als »schwimmender Palast« bezeichnet wird: Fast 14 000 Holzobjekte wurden geborgen, darunter **700 einst farbenprächtige Skulpturen**. Allerlei Gerätschaften geben ein eindrucksvolles Bild vom **Leben an Bord im 17. Jh.** wieder. Die sechs geborgenen Segel der Vasa sind die ältesten erhaltenen Segel der Welt. Wer heute die Vasa besucht, begegnet ihr in einem dämmrigen Raum mit festgelegter Luftfeuchtigkeit. Denn das Schiff muss **aufwendig konserviert** werden, um nicht für immer zu zerfallen.

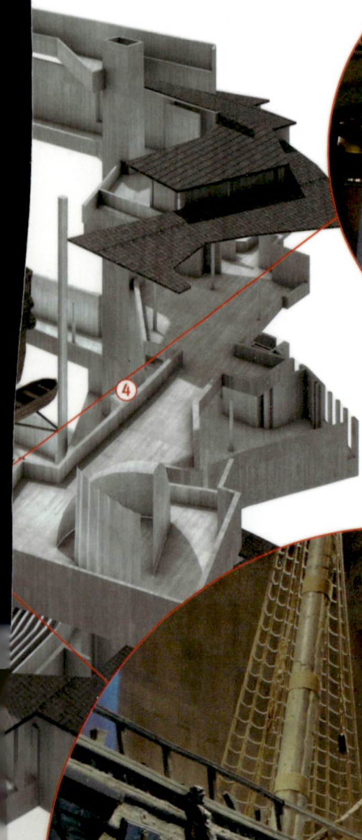

Unter Vollzeug: Ein Modell zeigt die Vasa, wie sie 1628 mit gehissten Segeln zur Jungfernfahrt auslief.

k

t 64 Kanonen
re Schiff sollte
dischen Flotte
nd die offenen
n Verhängnis.

Drei Seeleute konnten rekonstruiert werden: »Gustav« war 40 – 45 Jahre alt, 160 cm groß und einfacher Seemann. Sein Skelett zeugt von harter Arbeit und Skorbut. Krankheiten forderten damals weit mehr Opfer als die Musketen der Feinde.

! **Baedeker TIPP**

MP 3-Führung

Laden Sie sich die Führung durch das Vasa-Museum auf Ihren MP 3-Player – zum Download stehen 15 Stationen bereit, bislang allerdings nur auf Englisch.

Immer wieder kam Gustav II. Adolf selbst auf die Werft nach Blasieholmen, um sich mit He Hybertsson zu besprechen.

Kühne Konstruktion: schwerer bestückt als jedes fr die Vasa der Stolz der sc werden, doch das Gewicl Kanonenluken wurden ihr

Wasahamnen

An den Kais des »Museifartygen« sind **Schiffsveteranen** verankert: der Eisbrecher »St. Erik«, der ab 1915 Dienst tat, das Feuerschiff »Finngrundet« von 1902 (► Abb. S. 302) und das in den späten 1960er-Jahren hochmoderne Torpedoschnellboot T121 Spica, das bis 1989 im Einsatz war und in den Sommermonaten zu mehreren Terminen wieder mit Gästen auf Fahrt geht (Öffnungszeiten: Juni, Aug. 12.00 – 17.00, Juli 12.00 – 19.00 Uhr, www.t121spica.se).
Im nahen **Gästehafen** Wasahamnen, einer von drei auf Djurgården, gibt es 146 Liegeplätze; willkommen sind Jachten bis 15 m Länge (www.wasahamnen.se).

Liljevalchs Konsthall

Der Kaufmann Carl Fredrik Liljevalch jun. stiftete die Kunsthalle, die alljährlich im Frühjahr jungen Talenten mit dem **Värsalongen** (► S. 273) eine renommierte Plattform bietet. Der bronzene Bogenschütze vor dem Bau stammt von Carl Milles. Gönnen Sie sich eine Pause im nostalgischen Ausflugscafé **Blå Porten** (► S. 280).

Aquaria Vattenmuseum

Das **Wassermuseum** vermittelt mit Lachs-, Korallen- und Haifischbecken sowie tropischem Regenwald Einblick in das Leben in Salz- und Süßwasserbiotopen (Öffnungszeiten: Mitte Juni – Mitte Aug. tgl. 10.00 – 18.00, sonst Di. – So. 10.00 – 16.30 Uhr, www.aquaria.se).

Gröna Lund

Achterbahn fahren, ein Geisterhaus mit echten Gespenstern, ein Kettenkarussell so nah am Ufer, dass die Fahrgäste immer wieder über das freie Wasser fliegen, und andere Adrenalinkitzel verspricht ein Besuch im **Freizeitpark** Gröna Lund Tivoli. Seit 1883 drehen sich hier die Karussells, mittlerweile sind Varietés, Musikbühnen, Los- und Würstchenbuden, Cafés und Restaurants dazugekommen (Öffnungszeiten: Juni – Aug. tgl. 11.00/12.00 – 23.00 Uhr, Mai, Sept. nur Fr. – So., Djurgårdsfähre ab Slussen oder Nybrokai, Haupteingang Almänna Gränd; www.gronalund.com).

★★ Skansen

Öffnungszeiten: Juni – Aug. tgl. 10.00 – 22.00, Mai bis 20.00, Sept. bis 17.00, Nov. – Feb. Mo. – Fr. 10.00 – 15.00, Sa., So. bis 16.00

www.skansen.se

An den Hängen hinter Gröna Lund zieht sich das 1891 eröffnete Freilichtmuseum Skansen hin. Gründer der weltweit ersten Anlage dieser Art war der Volkskundler Artur Hazelius, der sich zum Ziel gesetzt hatte, die schwedische Kulturtradition zu bewahren. Auf dem 30 ha großen Gelände versammeln sich über **160 historische Gebäude** aus allen Landesteilen: Bauernhöfe, Herrenhäuser, Fischerkaten, Windmühlen, Handwerksstuben und Dorfplätze, die in die regionale Flora eingebettet wurden. Man kann zusehen, wie Knäckebrot, Zimtschnecken und Semla gebacken werden oder wie in der Glashütte mundgeblasene Kunstwerke entstehen. Außerdem gibt es eine Holzkirche, Spielplätze und Buden mit allerlei Süßigkeiten und Souvenirs sowie eine Konzertmuschel für Open-air-Events. Vom **Aussichtsturm** des Cafés Bredablick überschaut man die ganze Stadt. Auch die Fauna des Nordens ist vertreten. Im kleinen **Zoo** leben Elche, Rentiere, Luchse, Bären und andere Tiere, die für Schwedens Wildmark typisch sind, sowie alte Haustierras-

Im Freilichtmuseum Skansen wird auch das Mittsommerfest stets groß gefeiert.

sen. Und da Skansen ein lebendiges Museum ist, werden die schwedischen Feste wie Walburgisnacht, Midsommar und Lucia stets groß gefeiert.

Auf dem Museumsgelände befinden sich zudem das **Tabakmuseum**, das **Biologische Museum** mit Dioramen nordischer Tiere und ein **Zirkus** (Öffnungszeiten Tabakmuseum: Mai – Sept. tgl. 11.00 – 17.00, sonst bis 15.00 Uhr; Biologisches Museum: April – Sept. tgl. 11.00 bis 15.00, sonst Di. – Fr. 12.00 – 15.00, Sa., So. ab 10.00 Uhr; www.biologiskamuseet.com).

Waldemarsudde

Öffnungszeiten: Mi., Fr. – So. 11.00 – 17.00, Do. bis 20.00

www.waldemarsudde.se

Schlusspunkt der Museumsmeile von Djurgården ist der Prins Eugen Väg. Hier endet auch die **Djurgårdslinje**, die mit historischen Straßenbahnzügen aus den 1920er- bis 1940er-Jahren vom Norrmalmstorg herfährt. Von der Endhaltestelle sollten Sie durch die Parklandschaft von Waldemarsudde wandern. Denn an der Spitze dieser Landzunge im Saltsjön ließ sich Prinz Eugen (1865 – 1947, der Sohn Oscars II.) nach Plänen von Ferdinand Boberg 1903 – 1905 ein Palais bauen. Heute ein Museum, sind darin berühmte Landschaftsgemälde des **Malerprinzen** wie »Die Wolke« und »Das alte Schloss«, aber auch Arbeiten von Künstlern ausgestellt, die der Prinz förderte. Zum Schloss gehört seit 1913 eine Galerie. Im mit Blumen und Skulpturen geschmückten Park befinden sich das Alte Haus und eine Leinölmühle, beide aus der Zeit um 1780.

Rosendals Slott

Wandert man von der Endhaltestelle der Tram nach Norden, erreicht man das Café im **Rosendal Trädgård** mit einem sagenhaften Möh-

Führungen: Juni – 14. Sept. stdl. 12.00 – 15.00

renkuchen. Das nahe Rosendal Slott war Sommerschlösschen von Karl XIV., dem ersten schwedischen Monarchen des heute noch amtierenden Hauses Bernadotte. Erbaut wurde es von Frederik Blom um 1820 im Empire-Stil: Ein Höhepunkt sind die Wandgemälde der Fabel »Eros & Psyche« im Laternenzimmer (www.royalcourt.se).

Thielska Galleriet

Öffnungszeiten: tgl. 12.00 – 16.00

Aus finanziellen Gründen musste der Bankier und Kunstmäzen Ernest Thiel (1859 – 1947) seine schneeweiße Jugendstilvilla an der Südostspitze von Djurgården 1924 an den schwedischen Staat verkaufen. Zu sehen sind hier viele Künstler seiner Zeit, darunter Werke von Edvard Munch, sowie Gemälde von Carl Larsson, Bruno Liljefors, Eugène Jansson und Anders Zorn (www.thielska-galleriet.se).

✶ Nationalpark Ekoparken

www.ekoparken.com

Der **erste innerstädtische Nationalpark der Welt** entwickelte sich aus königlichem Landbesitz. Er erstreckt sich über 27 km² von den Inseln Skeppsholmen und Fjäderholmarna über die königlichen Parks Djurgården, Haga und Ulriksdal und den See Brunnsviken bis nach Sörentorp im Norden. Im Park lassen sich nicht nur Theater und Museen, Schlösser und Herrensitze entdecken, sondern auch Meeresbuchten, Moore, Badeklippen und traumhafte Plätze mit unberührter Natur – und damit lauter Orte, die man nie mitten in einer Großstadt vermuten würde.

Ulriksdal Slott

Führungen: Juni – 14. Sept. Di. – So. stdl. 12.00 – 15.00

www.royalcourt.se

Königin Kristina liebte das königliche Lustschloss am Ufer des Edviken-Sees so sehr, dass sie ihre Krönungsprozession in dem von Hans Jacob Kristler für den Feldherrn Jacob De La Gardie erbauten Palast beginnen ließ – ihre sechsspännige **Krönungskutsche** und die Gewänder der Königin lassen sich in den Stallungen bewundern. Zuletzt wohnten Gustav VI. Adolf und Louise 1923 – 1973 auf Ulriksdal. Einige der Räume mit schönen **Carl-Malmsten-Möbeln** und Antiquitäten können auf Führungen besichtigt werden. Die **Orangerie** birgt eine Sammlung schwedischer Skulpturen, darunter Arbeiten von Johan Tobias Sergel und Carl Milles. Zwei Skulpturen von Milles schmücken auch den herrlichen Schlossgarten. Ein romantischer Schlemmertreff im schwedischen Herrenhofstil ist das 1868 erbaute **Ulriksdal Wärdshus** (www.ulriksdalswardshus.se).

Hagaparken

Am Westufer des 5 km langen Brunnsviken-Sees ließ König Gustav III. ab 1780 von Fredrik Magnus Piper eine bezaubernde Landschaft im Stil eines Englischen Gartens anlegen. Dazu kamen ein türkischer Pavillon und der **Pavillon Gustav III.** nach Entwürfen von Louis Masreliéz. Vom geplanten Palast indes, in dem Gustav seine Sammlung römischer Statuen ausstellen wollte, sind nur noch ein paar Grundmauern erhalten. Da der Monarch 1792 bei einem Maskenball ermordet wurde, stellte der französische Architekt Louis Jean Deprez den Museumspalast nie fertig. Deprez bemalte auch 1787 die

Kupferzelte für die königliche Leibgarde im Stil eines römischen Feldherrnzeltes – heute sind in ihnen das kostenlose Haga-Park-Museum und ein Café untergebracht. Hunderte bunte Schmetterlinge flattern in den tropisch warmen Treibhäusern des **Fjärilshuset** umher (Öffnungszeiten: April – Sept. tgl. 10.00 – 17.00, sonst bis 16.00 Uhr; www.fjarilshuset.se).

Schloss Haga wird **neuer Wohnsitz des Thronfolgerpaars**. Die 40-Zimmer-Villa im toskanischen Stil stammt von 1804 und wurde bis 2010 für mehrere Mio. Euro umgebaut. Victorias Vater König Carl XVI. Gustaf verbrachte hier seine Kindheit. Später diente das Schloss als Gästehaus für Staatsbesuche (http://prinzessinvictoria.de).

◄ Haga Slott

Bergianska Trädgården

Zwischen dem Ostufer des Brunnsviken-Sees und der Universität erstreckt sich der **Botanische Garten**, zu dem zwei Gewächshäuser gehören: das Edvard Andersons Växthus mit Pflanzen des Mittelmeerraums und Australiens und das Victoria Växthus, das seinen Namen von der weltgrößten Wasserpflanze erhielt, der Seerose Victoria mit bis zu 2,5 m großen Blättern (Öffnungszeiten: April – Sept. tgl. 10.00 bis 17.00, sonst bis 16.00 Uhr; www.bergianska.se).

Naturhistoriska Riksmuseet

Auf dem erweiterten Campus der Universität illustriert das Naturhistorische Reichsmuseum mit 9 Mio. Exponaten die Naturgeschichte der letzten 4,5 Mio. Jahre. Schwerpunkt der Megasammlung sind die **Polargebiete**. Zum Museum gehört auch **Cosmonova**, ein IMAX-Kino und größtes Planetarium im Land. Im 3-D-Programm: Reisen in ferne Galaxien, durch Unterwasserwelten und zu Dinosauriern (Öffnungszeiten: Mi. – So. 10.00 – 19.00, Di. 11.00 – 20.00 Uhr).

◄ www.nrm.se

Sehenswertes in anderen Stadtteilen

★ **Millesgården**

Die **Insel Lidingö** im Nordosten des Stadtgebiets ist uraltes Kulturgebiet, wie Grabhügel der Wikinger bezeugen. Mitte des 18. Jh.s stieg die Insel zum bevorzugten Wohngebiet wohlhabender Bürger und Beamter auf. Mit der Ära der Dampfschiffe kamen Sommerfrischler und Künstler. Direkt am Wasser liegt der Millesgården, einst Wohnung und Atelier des Bildhauers **Carl Milles** (1875 – 1955) und seiner Frau, der österreichischen Porträtmalerin Olga Granner. Heute ist ihr Heim Museum. Neben Werken von Milles ist auch seine Sammlung griechischer und römischer Kunstwerke zu sehen. Sein Garten bildet einen in Terrassen angelegten Skulpturenpark. Einige der Repliken seiner Figuren ließ Milles erhöht aufstellen, sodass sie sich wirkungsvoll gegen den Himmel abheben. Einmalig schön ist die Aussicht auf Stockholm und die Hafeneinfahrt.

Öffnungszeiten: Mitte Mai – Juli tgl. 10.00 – 17.00, sonst Di. – So. 12.00 – 17.00

www.millesgarden.se

Ebenfalls auf Lidingö lebte die Malerin Emma Lundberg (1869 bis 1953). Als Beitrag zur Kulturhauptstadt Stockholm wurde 1998 auf dem ehemaligen Kartoffelacker der Familie Milles mit dem **Emma Lundbergs Trädgården** ihr Gartenideal umgesetzt. Zu Mittsommer blüht hier eine einzigartige Sammlung von Pfingstrosen.

Stockholm Globe Arena

An ihrer Architektur scheiden sich die Geister, ihre Superlative sind unbestritten: Die 1989 im südlichen Stadtteil Johanneshov erbaute **Ericsson Globe Arena** ist mit einem Durchmesser von 110 m und einem Volumen von 600 000 m³ einer der größten Kugelbauten der Welt. Bis zu 16 000 Zuschauer können hinter seiner weißen Hülle die jährlich mehr als 140 Großveranstaltungen erleben – von der Eishockey-WM über Jazz- und Popkonzerte bis zur Papstmesse, selbst die Geburtstagsparty zu König Carl Gustafs Fünfzigstem wurde hier gefeiert. Und wer vor- oder hinterher noch einkaufen will: **Globenshopping** vereint ganz in der Nähe 60 Geschäfte unter einem Dach (www.globearenas.se).

! *Baedeker* TIPP

Stockholm SkyView

Seit 2010 sausen zwei Glasgondeln an der Außenseite des Ericsson Globe auf das Dach in 85 m Höhe. Oben erwartet die Passagiere ein sensationeller Blick über die Stadt. Die Fahrt der Gondeln, die jeweils Platz für 16 Personen bieten, dauert etwa 20 Minuten. Stockholm SkyView ist wochentags 10.00 bis 19.00 (im Sommer bis 20.00), am Wochenende 10.00 – 17.00 (im Sommer bis 18.00), an Feiertagen bis 15.00 Uhr geöffnet (www.skyviewstockholm.se).

* **Skogskyrkogården**

Der Waldfriedhof Skogskyrkogården im südlichen Stadtteil Enskede steht auf der Liste des **UNESCO-Weltkulturerbes**. Der 108 ha große Friedhof wurde zwischen 1917 und 1940 auf einer mit Tannen bewachsenen, eiszeitlichen Moräne angelegt. Die Pläne stammten von den schwedischen Architekten **Gunnar Asplund** und Sigurd Lewerentz. Als Stein gewordenes Abbild der nordischen Philosophie gehört der Friedhof zu den wichtigsten Bauten der Moderne. Neben dem Erbauer Gunnar Asplund hat auch **Greta Garbo** hier ihre letzte Ruhestätte gefunden.

Umgebung von Stockholm

** **Kungliga Slott Drottningholm**

Öffnungszeiten: Mai – Aug. tgl. 11.00 – 16.30, Sept. tgl., April Sa., So. 11.00 – 15.30, Okt. – März Sa., So. 12.00 – 15.30, Führungen zur vollen Stunde

www.royalcourt.se

Als erste schwedische Sehenswürdigkeit wurde 1991 der prachtvolle **Wohnsitz der königlichen Familie** in die Liste des **UNESCO-Weltkulturerbes** aufgenommen. Das am besten bewahrte königliche Schloss des Landes thront 11 km westlich von Stockholm auf der kleinen Insel Lovön im ► Mälarsee. Wegen der Kinder zog das Königspaar 1982 aus dem großen Schloss auf Gamla Stan vor die Tore der Stadt nach Drottningholm. Carl Gustaf und Silvia pendelten nun zum Arbeitsplatz in der City, alle drei Kinder gingen auf öffentliche Schulen. Die Zimmer im Südflügel sind der königlichen Familie vorbehalten, der größte Teil des Schlosses und der Park sind aber für Besucher geöffnet. Stilvoll fahren Sie zum Schloss von Stockholm aus mit dem **historischen Dampfschiff**, das eine knappe Stunde nach Drottningholm braucht. Mit der Stockholm Card hat man freien Eintritt.

Königin Eleonora erteilte 1662 den Auftrag für ein **Barockschloss**, das Nicodemus Tessin d. Ä. nach französischen und holländischen Vorbildern ausführte. 1744 erhielt Prinzessin **Luise Ulrike von Preußen**, eine Schwester Friedrichs des Großen, Drottningholm als Hochzeitsgeschenk. Das 18. Jh., als Carl Hårleman und Carl Fredrik Adel-

Drottningholm Slott – zur Residenz erhobenes Lustschloss

crantz die Flügel im verspielten französischen Rokokostil ergänzten, wurde ein Goldenes Zeitalter für die schönen Künste. Auch herausragende Wissenschaftler trafen sich hier wie Carl von Linné, der die königliche Naturaliensammlung bearbeitete. Glanzvolles Zeugnis jener Epoche ist die Bibliothek, die Luise Ulrike einrichten ließ. Die Schlossräume schmücken Gemälde von David Klöker Ehrenstrahl und Johan Philip Lempke sowie Skulpturen von Nicolaes Millich und Burchardt Precht. Besonders prunkvoll sind das Schlafzimmer von Königin Eleonora und das Grüne Gemach Luise Ulrikes.
Der eindrucksvolle barocke **Schlosspark** mit schattigen Lindenalleen und weiten Wasserflächen entstand 1681 nach Entwürfen von Nicodemus Tessin dem Jüngeren. Zentrum ist die Herkulesfontäne mit Bronzefiguren von Adriaen de Vries. Sämtliche Bronzefiguren im Park stammen von de Vries und kamen als Kriegsbeute 1648 aus Prag und 1659 aus dem dänischen Fredriksborg nach Schweden. 1777 wurde unter Gustav III. von Fredrik Magnus Piper im Norden ein romantischer englischer Landschaftspark anlegt.
Weltweit einzigartig und UNESCO-Welterbe ist das **barocke Schlosstheater** von 1766 mit 30 Bühnenbildern jener Zeit und einer 200 Jahre alten Windmaschine. Nach dem Tod Gustavs III wurde das Theater geschlossen und erst 1921 wiederentdeckt. Im Rahmen einer Führung kann man den noch im Originalzustand erhaltenen Zuschauerraum besichtigen. Von Mai bis Sept. werden alljährlich **Opern des 17. und 18. Jh.s** inszeniert, stehen Haydn, Händel, Gluck, Mozart und Monteverdi auf dem Programm (Tickets unter www.dtm.se).

★★

◀ Opernfestival im Barocktheater

Treffpunkt zwischen Land und Meer: Vor dem Seglerhotel in Sandhamn liegt ein schnittiger Schärenkreuzer – elegant, schnell und sensibel zu segeln.

WEITES MEER, WINZIGE INSELN

Graublau und rosa schimmern die kahlen Klippen der kleinen Insel im Abendlicht. Ganz allein. Nur das Boot, der Steg und eine atemberaubende Natur. Ein Traum vieler Segler, den sie auf einem Törn nur wenige Seemeilen vor Stockholm erleben können.

Mit kleinem Kielboot oder Jollenkreuzer lässt sich das steinerne Archipel der **Stockholmer Schären** am schönsten erkunden. Das Revier ist im Sommer meist schwachwindig mit 3 bis 4 Beaufort. An den Schäreninseln sind häufig Ringe zum Festmachen eingelassen, dennoch gehören einige Schärennägel und Heckanker an Bord. Segeljachten von 10 – 15 m Länge gibt es bei **Boat Charter Stockholm** (Slipvägen 7, SE – 18166 Lidingö, Tel. 08 766 02 40, http://boatcharterstockholm.mmksystems.com). **Orientierung im Inselreich** bietet der Führer »Arholma-Landsort med Gotland« von Lars Hässler/Lars Granath, der auf Englisch erhältlich ist (Nautiska Förlaget Schweden 2010). Die deutschen Delius Klasing-Sportbootkartensätze der Schärengewässer haben das Kartenbild der amtlichen schwedischen Seekarten, sind aber besser lesbar und als größere Einzelblätter handlicher (Satz 12, inkl. Navigationssoftware, Delius Klasing 2011).

Nicht nur für Segler

Einen Vorgeschmack auf den Schärengarten gibt **Fjärderholmarna**, das mit der Fähre in 20 Minuten von der City aus erreichbar ist. Genießen Sie in seiner nostalgischen Röda Villa das ausgezeichnete Schweden-Buffet und lassen Sie danach mit Blick auf die See im Liegestuhl die Seele baumeln. Fangfrische Meeresfrüchte werden im Fjädarholmarnas Krog serviert, der Fisch im Restaurant Rökeriet kommt aus der eigenen Räucherei. Die Kunsthandwerker der Insel verkaufen formschönes Glas, Keramik, Webarbeiten und Silberschmuck.

In **Vaxholm** auf der Insel Vaxö ließ einst König Gustav Wasa einen Wehrturm zum Schutz der Hafenein-

fahrt bauen. 1838 erhielt die Festung ihr heutiges Aussehen, verlor aber zugleich ihre strategische Bedeutung, da das Mauerwerk der besser werdenden Artillerie nicht standhalten konnte. Davon und mehr berichtet das Verteidigungsmuseum im Kastell. Typisch für die vielen gut erhaltenen Holzvillen aus der Zeit um 1900 sind aufwendige Schnitzereien und geschlossene Lauben. Vom altehrwürdi-gen **Waxholms Hotel** an der Hamngatan 2 blickt man auf die Festung und den Hafen (www.waxolmshotell.se). Am zweiten Mittwoch im Juni herrscht Hochbetrieb am Hafen. Dann feiert Vaxholm den **Skärgårdsbåtens Dag** mit einer Parade der Schärendampfer, Live-Musik und Volkstanz.

Mit dem Schnellboot wird in einer guten Stunde von Vaxholm aus **Grinda** erreicht, wo man herrlich am Strand oder von den Felsen aus baden kann. Auf einer Anhöhe in Sichtweite des Hafens thront die gelbe Villa des preisgekrönten **Grinda Wärdshus** – probieren Sie den in Zitrone und Aquavit gedünsteten Lachs (www.grindawardshus.se).

Die faszinierende Meereslandschaft der äußeren Schären können Sie in **Sandhamn** erleben. In diesem Punkt sind sich alle einig: »Da muss man hin!« Der einstige Lotsenstandort, in dem 1870 auch August Strindberg Urlaub machte, ist heute ein **Hotspot der Segler** mit dem **Königlich-Schwedischen Jachtclub**. An der Uferpromenade reihen sich Cafés, Eisbuden und kleine Boutiquen aneinander. Aber schon in der zweiten Reihe der engen Gassen scheint die Zeit stillzustehen, umranken Stockrosen rot gestrichene Fassaden in verträumten Gärten hinter weißen Zäunen. Die Inseln hier draußen rauben das Zeitgefühl. Der Rest der Welt scheint ewig weit weg.

Abtauchen

In einer Bucht der kleinen Insel **Nåttarö** im Süden des Stockholmer Schärengartens gibt es seit 2009 einen Schnorchelpfad. Abtauchen und Staunen heißt es auf dem 250 m langen Unterwasserweg, der über Fels und sandigen Untergrund führt. In 1,50 m Tiefe informieren Schilder über Fische, Pflanzen, Kleintiere und ein Schiffswrack in der Ostsee.

Kina Slott ►

Das **Theatermuseum** zeigt Kostüme aus der Zeit um 1770. König Adolf Friedrich überraschte seine Gemahlin Luise Ulrike an ihrem Geburtstag 1753 mit dem exotischen chinesischen Lustschlösschen im Park, das heute einige der schönsten Rokokoeinrichtungen mit Chinoiserien in Europa zeigt.

Saltsjöbaden

Rund 20 km südöstlich der Stadtmitte ließ Knut Agathon Wallenberg ab 1891 auf Ackerland an einer Bucht des Baggensfjärd das **Salzmeerbad** anlegen, das ab 1893 von Stockholm aus auch mit der Bahn erreichbar war. Zwei Luxushotels, ein Sanatorium, Golf- und Tennisplätze sowie ein Jachthafen machten Saltsjöbaden rasch zum Modebad der Oberschicht, die schicke Villen errichten ließ.

✶✶ Björkö

Im ►Mälarsee 28 km westlich von Stockholm liegt die kleine »Birkeninsel« mit der **Wikingersiedlung Birka**, der dritten UNESCO-Weltkulturerbestätte in der Umgebung von Stockholm (►S. 213).

✶✶ Skärgården · Stockholms Schärengarten

Magische Meereslandschaft

Zwischen Singö im Norden und dem uralten Leuchtturm Landsort im Süden schuf die Eiszeit in der Saltsjön-Bucht eine weitläufige, fächerförmige Meereslandschaft mit **fast 30 000 Inseln**, den Stockholmser Schärengarten. Die eiszeitlichen Gletscher schliffen die einstige Berglandschaft zu flachen, runden Höckern ab, später überspülte die See das glatt polierte Steinmeer. Auf der schier unendlichen Zahl von größeren, kleineren und winzigen Eilanden – ein ständiger Kontrast aus roten Felsen, Wasser und Wäldern – bauten sich um die Mitte des 19. Jh.s die ersten Stockholmer ihre **Sommerhäuschen.** Heute ist deren Zahl auf rund 50 000 angewachsen. Eine breite Auswahl an Unterkünften auf den Schären gibt es unter www.skargardsstugor. se/deutsch, www.ferienhaus.se und www.schwedenprivat.com.

Sommarstugor ►

✶✶ Island hopping

Lebendige Häfen oder einsame Buchten, freie See oder bewaldete Ufer – im Sommer ist der Schärengarten ein **Paradies für Segler und Wassersportler**. Eine ganze Flotte von weißen **Schärendampfern**, von denen viele aus der Zeit um 1900 stammen, bricht jeden Tag von der Hauptstadt in die Inselwelt auf. Wer etwas Zeit hat, besorgt sich eine **Båtluffarkortet** mit der man die Schärendampfer beliebig oft benutzen kann (www. waxholmsbolaget.se). Und schon bei der Abreise denkt man an Wiederkehr – ein Ausflug in die Schären bleibt im Kopf und im Herzen (►Baedeker Special S. 312)!

! *Baedeker* TIPP

Mit Highspeed durch die Schären

Wer die Schären in einer temporeichen, abenteuerlichen Fahrt vom Wasser aus kennenlernen möchte, steige in ein *RIB-Boot* (Rigid Inflatable Boat). Mit den bis zu 45 (!) Knoten schnellen Schlauchbooten erreicht man zwischen Mai und Sept. von Stockholm aus in kurzer Zeit selbst entlegene Schäreninseln. Eine Tour dauert etwa 1,5 Stunden (www.ribsightseeing.se).

Seeadler und Robben lassen sich in der unberührten Natur von Roslagen eine Stunde nördlich von Stockholm auf den Schären um **Norrtälje** beobachten, einem hübschen Ort mit kleinen Läden und Straßencafés. In Roslagen kann man herrlich wandern, im Seekajak paddeln oder die Natur vom Sattel aus erleben (www.roslagen.se). Vier Stunden, zwei Tage oder das ganze Wochenende dauern die **Geländeritte** durch die wunderbare Natur Roslagens zwischen Hallstavik und Herräng, die Karin »Kajsa« Grandin auf ihren Islandponys anbietet (Dorrits Kul-Turritter, Karin Grandin, Tel. 0175 / 133 71, www.dorrits.se).

Roslagen

Trelleborg

D 1

Landschaft: Skåne (Schonen)
Einwohnerzahl: 40 000
Provinz: Skåne Län
Höhe: Meereshöhe

Die südlichste Stadt Schwedens teilt das Schicksal vieler Fährhäfen: Die Schiffe bringen zwar viele Besucher, aber fast alle fahren sofort weiter. Dabei versprechen die Wikingerburg Trelleborgen, Mittelaltermarkt und verlockende Hofläden einen gelungenen Urlaub.

Seine Blütezeit hatte das im 12. Jh. gegründete Trelleborg im Mittelalter dank der damals reichen Heringsgründe in der Ostsee. 1619 verlor Trelleborg zugunsten von ▸ Malmö seine Stadtrechte, erhielt sie aber 1867 zurück. Für die Entwicklung ungemein wichtig war der Bau des Hafens, denn die **Fährverbindungen** nach Travemünde, Rostock und Saßnitz sind heute ein wichtiger Wirtschaftsfaktor.

Sehenswertes in Trelleborg und Umgebung

Axel Ebbes Konsthall

Neben dem Stadtpark in der Hesekillegatan 1 wurde 1935 der nüchterne Klinkerbau der Kunsthalle eingeweiht, ein Geschenk des Bildhauers **Axel Emil Ebbe** (1868 – 1941) an seine Heimatstadt. Hier sind einige seiner vom Jugendstil geprägten Skulpturen ausgestellt. Auch der Seeschlangenbrunnen »Sjöormsföntän« auf dem Stortorget ist sein Werk (Öffnungszeiten: März – Mai Sa./So. 13.00 – 16.00, Juni – Okt. Di. – So. 13.00 – 16.00 Uhr, www.trelleborg.se/museum).

Trelleborgs Museum

Östlich vom Hafen wurde im einstigen Krankenhaus an der Östergatan 58 das Stadtmuseum eingerichtet. Besonders interessant sind die Ausgrabungsfunde der rund 7000 Jahre alten Siedlung Skateholmen. Sehenswert ist auch die Sammlung **»Wikingerleben«** (Öffnungszeiten: Di. – So. 13.00 – 17.00 Uhr, www.trelleborg.se/museum).

Trelleborgen

1988 wurden am höchsten Punkt der Stadt mitten in der City die Überreste einer 1000 Jahre alten **Wikingerburg**, der Trelleborg, aus

TRELLEBORG ERLEBEN

AUSKUNFT

Trelleborg Turistbyrå
Hamngatan 9, SE – 23142 Trelleborg
Tel. 04 10 / 73 33 20, Fax 04 10 / 134 86
www.trelleborg.se

TRACHT UND TRADITION

Smyge Spelmans Stämman
An Schwedens Südspitze wird ein großes Folklorefestival gefeiert: Beim Smyge Spelmans Stämman treten alljährlich im Juni zwei Tage lang Volkstanzgruppen aus ganz Schonen auf. Den Auftakt bildet stets ein Trachtengottesdienst in der Östra Torp Kyrka (www.trelleborg.se/spelman).

ÜBERNACHTEN

► Luxus

Hotel Duxiana Dannegården
Strandgatan 32, SE – 23162 Trelleborg
Tel. 04 10 / 481 80, Fax 04 10 / 481 81
www.dannegarden.se, 25 Zi.
Elegante Patriziervilla von 1910 mit nostalgischem Touch. Probieren Sie in der Bar einen der Single Malt Whiskys.

► Komfortabel

Smygehus
Kustvägen, SE – 23105 Smygehamn
Tel. 04 10 / 503 00, Fax 04 10 / 293 43
www.smygehus.se, 40 hübsche Häuschen 50 m vom Meer mit gutem Restaurant, Pool und Sportangebot

Spelabäcken
Mellangatan 58, SE – 23930 Skanör
Tel. 040 / 47 53 00, Fax 040 / 47 32 42
www.spelabacken.com, 17 Z.
Zentrales, gemütliches Hotel in Gehentfernung zum Strand

ESSEN

► Erschwinglich

Baedeker-Empfehlung

Anderslövs Gästgiveri
Landsvägen 39, Anderslöv
Tel. 04 10 / 212 00, www.gastgivaregard.com
10 km nordöstl. von Trelleborg
Eingemachter Hering, marinierter Lachs und Eierkuchen mit knusprigem Speck gehören zum Buffet des gastlichen Hofes, dessen Geschichte ins 16. Jh. zurückreicht.

► Preiswert

Dalabadets Restaurang
Dalköpinge Strandväg 2
Tel. 04 10 / 105 98
Sommerrestaurant 3 km vom Zentrum beim Campingplatz am Meer

der Zeit Harald Blauzahns entdeckt. Ursprünglich hatte die Befestigungsanlage, die aus einem Erdwall und Palisaden aus gespaltenen Stämmen bestand, einen Durchmesser von 143 m. 1995 wurde ein Viertel der Ringburg an der Bryggaregatan rekonstruiert. Einblick in das damalige Leben gibt ein kleines **Museum zur Trelleburg** (Öffnungszeiten: Mai – Sept. Di. – So. 10.00 – 17.00 Uhr).

Smygehuk Das Dörfchen Smygehuk an der Südspitze Schwedens ist im Sommer ein Touristenmagnet – dann sind im weißen Speicher **Köpmansmagasin** das Touristenbüro und ein Café geöffnet. Außerdem werden wechselnde Ausstellungen gezeigt und Kunsthandwerk verkauft. Im 200 Jahre alten Speicher deponierten Kaufleute früher Schmuggelware. Diese wurde von englischen Seeräubern angelandet und von den Einheimischen aufgekauft. Da man aber nicht sicher war, wann man die Ware risikolos wieder verhökern konnte, war ein großer Speicher von Nutzen. Der alte **Leuchtturm** westlich des Ortes versteckt sich hinter hohen Ulmen. Von seiner 17 m hohen Plattform hat man eine herrliche Aussicht. Die einstige Leuchtturmwärterwohnung ist heute Jugendherberge (wwwsmykehukhostel.com), die ehemalige Waschküche birgt die Kapten Brinks Kajuta, ein kleines Seefahrtsmuseum.

! *Baedeker* TIPP

Echt beerig!

Für den Himbeersaft und Schwarzen-Johannisbeer-Gløgg gab es auf Schwedens größter Lebensmittelmesse in Stockholm Gold, für ihre Stachelbeer- und Holunder-Kreationen Bronze: Kerstin Biärsjö, die 1999 mit ihren vier Kindern auf den Aussiedlerhof *Bodarpsgården* zog, ist Schwedens Beerenkönigin. So lecker wie sie bereitet niemand Säfte, Nektare, Marmeladen, Glühwein oder Essig aus Beeren zu. Zum Beerenhof gehört neben dem Hofladen auch ein nettes Hofcafé (www.bodarpsgarden.com).

★ **Fotevikens Museum**

Nördlich von Höllviken haben die rauen Nordmänner überlebt: Wo einst Dänenkönig Harald Blauzahn seine Kriegsflotte überwintern ließ, wird die Wikingerzeit historisch korrekt und doch unterhaltsam wieder lebendig. Ende Juni feiert das archäologische Open-Air-Museum eine **Wikingerwoche**, die mit dem größten Mittelaltermarkt Schwedens endet (Öffnungszeiten: Ostern – Okt. Mo. – Fr. 10.00 bis

Lebendiges Mittelalter: Jeden Sommer lebt im Fotevikens Museum die große Zeit der Wikinger wieder auf.

16.00, Juni – Aug. tgl., Führungen um 11.00 und 13.30 Uhr; außerhalb der Saison ist die Anlage kostenfrei geöffnet, die Häuser sind indes geschlossen; Halörsvägen, www.foteviken.se).

Falsterbonäset

Im Mittelalter war der Südwestzipfel Schwedens, der wie ein Amboss ins Meer ragt, ein Hauptzentrum der Heringsfischerei. Zwischen dem 14. und 15. Jh. boomte der Fischfang, doch dann gingen die Bestände zurück, und die Halbinsel verlor an Bedeutung. Erst mit dem Einsetzen des Tourismus erlebte der Doppelort **Skanör/Falsterbo** wieder einen Aufschwung. Dabei profitiert das Seebad auch von der Nähe zur Großstadt ►Malmö, deren Bewohner die kilometerlangen, feinsandigen Strände vor der Haustür gern und häufig in Beschlag nehmen. Wer noch Strandutensilien braucht, findet in den alten, bunt gestrichenen Häusern von Skanör alles Nötige. Anfang Juli veranstaltet Falsterbo das größte schwedische Springturnier, die **Falsterbo Horse Show** (http://falsterbohorseshow.se).

Bärnstensmuseet ►

Schon Carl von Linné wusste, dass man nirgendwo in Schweden so viel Bernstein wie auf Falsterbonäset findet. Insekten, die vor Jahrmillionen klebrigem Harz auf den Leim gegangen sind, und schönen Bernsteinschmuck zeigt das Museum beim **Fischerort Kämpinge** (Öffnungszeiten: Mitte Mai – Ende Sept. tgl. 10.00 – 18.00, sonst Sa., So. 11.00 – 17.00 Uhr).

★★ Uppsala

H 5

Landschaft: Uppland
Einwohnerzahl: 180 000
Provinz: Uppsala Län
Höhe: 7 m ü.d.M.

Wissenschaft hat in der ältesten Universitätsstadt Skandinaviens Tradition und berühmte Ahnen: In Uppsala definierte Anders Celsius die Temperatureinteilung, schuf Carl von Linné ein bis heute weltweit geltendes Botaniksystem. Wahrzeichen der lebendigen Unistadt ist indes der größte Dom des Nordens.

Geistiges und geistliches Zentrum

Schwedens viertgrößte Stadt liegt 70 km nordwestlich von ►Stockholm in einer fruchtbaren Ebene an den Ufern des **Fyrisån**. Sie ist Hauptstadt Upplands und Sitz des evangelischen **Erzbischofs** von Schweden. Auf dem heutigen Stadtgebiet stand einst eine Siedlung names Östra Aros. Sie war Handelsplatz und Hafen der schwedischen Könige, die in Alt-Uppsala (**Gamla Uppsala**) residierten. 1273 wurde der Sitz des Erzbischofs von Gamla Uppsala nach Östra Aros verlegt, während die Könige ►Stockholm als Residenz wählten. Erzbischof Jakob Ulvsson gründete 1477 die **Universität**, die sich dank der Zuwendungen Gustav Adolfs zu einer Hochburg des Geisteslebens entwickelte. Berühmtester Bürger Uppsalas war der Botaniker **Carl von Linné** (1707 – 1778). Er schuf ein bahnbrechendes Bestim-

Uppsala Orientierung

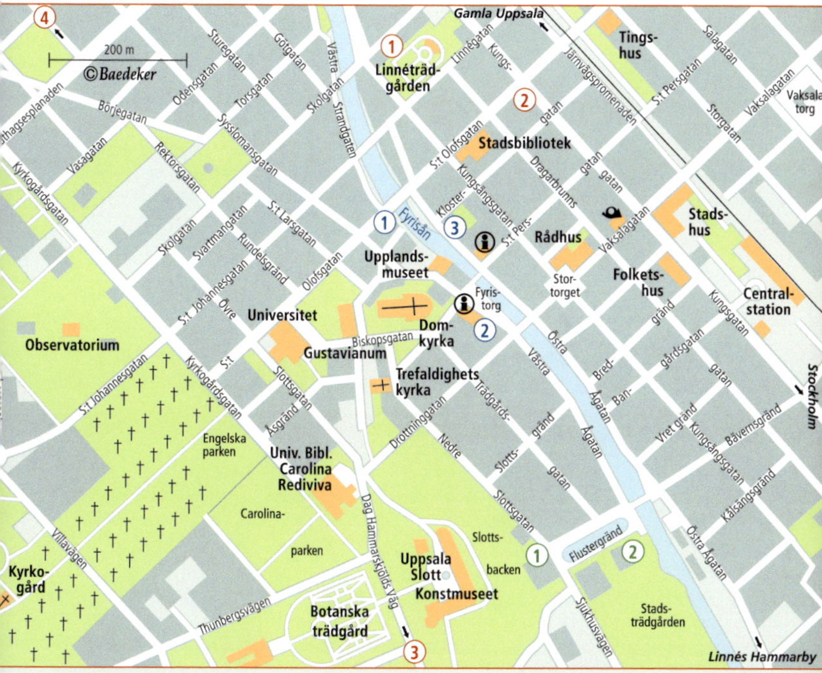

Essen
① Saluhallen
② Hambergs Fisk
③ Paus Bar & Kök

Übernachten
① First Hotel Linné
② Hotel Uppsala
③ Krusenberg Herrgård
④ Huset Bror August

Ausgehen
① Birger Jarl
② Flustret

mungssystem, das erstmals Ordnung in die Pflanzenwelt brachte. Seine binäre Nomenklatur, nach der jede Pflanze durch einen Gattungs- und Artnamen eindeutig beschrieben ist, hat noch heute weltweit Gültigkeit (►Berühmte Persönlichkeiten).

Heidelberg des Nordens

Rund 40 000 Studenten sind an der **Universität** eingeschrieben. Der Direktor der »kungliga Uppsala Universitet« ist der schwedische König, der vom Vize-Direktor vertreten wird. Die meisten Studenten wohnen in Studentenheimen, da Wohnraum knapp und teuer ist. Um das Studentenleben, Partys und Bälle kümmern sich die **Nationen**, ähnlich den deutschen Studentenverbindungen. Alle 13 Nationen haben einen eigenen Pub, in dem man sich abends trifft und für wenig Geld essen und trinken kann. Am 30. April wird in Uppsala beim **Valborg** bzw. sista April traditionell der Beginn des ersehnten Frühlings angezeigt. Das Fernsehen zeigt landesweit, wie der Rektor der Universität vom Balkon der Bibliothek verkündet, dass nun wie-

◄ Frühlingsanfang

der Frühling sei. Nach feierlichem Gesang werfen daraufhin die Studenten jubelnd ihre weißen Schirmmützen in die Luft und feiern ausgiebig die Rückkehr der warmen Jahreszeit.

Sehenswertes in Uppsala

Zwei Stadtkerne

Uppsalas Innenstadt ist zweigeteilt: Westlich der Fyrisån erstreckt sich der schachbrettartig angelegte kirchlich-akademische Bereich, östlich der Fyrisån das eigentliche Zentrum mit Rathaus und Verwaltungseinrichtungen. Die meisten Sehenswürdigkeiten befinden sich im Westteil der Stadt.

★★ Domkyrka

Krönungs- wie auch Grabstätte vieler schwedischer Könige und Sitz eines evangelisch-lutherischen Erzbischofs ist der 1435 geweihte, dreischiffe Dom, die mit 118,7 m höchste Kirche Skandinaviens. Der Entwurf orientierte sich zunächst an englischen Vorbildern, wurde

Größtes Gotteshaus des Nordens: Uppsalas Dom

UPPSALA ERLEBEN

AUSKUNFT

Uppsala Turist och Kongress AB
Fyristorg 8, SE – 75310 Uppsala
Tel. 018 / 727 48 00, Fax 018 / 12 43 20
www.uppsala.to

AUSGEHEN

① ***Birger Jarl***
Nedre Slottsgatan 3
Tel. 018 / 71 17 34, www.birgerjarl.nu
Angesagter Nachtklub mit Restaurant. Mindestalter 23 Jahre.

② ***Flustret***
Svandammen 1
Tel. 018 / 10 04 44, www.flustret.se
Schön gelegener Nachtklub mit Restaurant, Live-Konzerten und Comedy

ESSEN

► Erschwinglich

① ***Saluhallen***
St. Eriks Torg
Die Markthalle birgt zahlreiche Restaurants, z. B. das preiswerte *Hyllan*, in dem sich eine junge Klientel mittags oder abends trifft (Tel. 018 / 150 150). In der *Caviar Skaldjur och Bar* (Tel. 018/10 44 45) gehört zum Kaviar ein prickelnder Champagner. Der teure *Guldkanten* (Tel. 018 / 150 151) steht für Gourmetküche.

② ***Hambergs Fisk***
Fyristorg 8, Tel. 018 / 71 00 50
www.hambergs.se
Hummer, Garnelen, Heilbutt, Dorsch oder Dorade: Was darf es heute sein? Die Meeresküche bei Hambergs mundet seit Jahrzehnten.

③ ***Paus Bar & Kök***
Östra Agatan 11, Tel. 018 / 10 00 11
www.brasseriepaus.se
Trendige Brasserie mit bester Mittagsküche und Topauswahl an Drinks

ÜBERNACHTEN

► Komfortabel

Baedeker-Empfehlung

① ***First Hotel Linné***
Skolgatan 45, SE – 75002 Uppsala
Tel. 018 / 10 20 00, Fax 018 / 13 75 97
www.firsthotels.se, 116 Z.
Modernes, schnörkelloses Stadthotel direkt am Linné-Garten. Das First Bistro serviert leichte schwedische Küche, in der Orange Bar wird Do. – Sa. ab 21.00 Uhr getanzt.

② ***Hotel Uppsala***
Kungsgatan 27, SE – 75321 Uppsala
Tel. 018 / 480 50, Fax 018 / 480 50 50
www.profilhotels.se, 170 Z.
Zentrales Haus mit bequemen Hästens-Betten; auch Apartments und Familienzimmer

③ ***Krusenberg Herrgård***
Krusenberg
Tel. 018 / 18 03 00, Fax 018 / 18 03 99
www.krusenbergherrgard.se, 60 Z.
Vier-Sterne-Hotel auf einer Landzunge im Mälarsee, 10 km südlich von Uppsala. Die Anfänge des altehrwürdigen Herrenhofes reichen bis ins 17. Jh. zurück. Gespeist wird vorzüglich im Gutshaus von 1802, umgeben von uralten Eichen und mehr als 100 Apfelbäumen.

► Günstig

④ ***Huset Bror August***
Krokstagård, SE – 740 22 Bälinge
Tel. 018 / 35 71 48
www.husetbroraugust.se
Hübsches Gästehaus auf dem Kroksta-Hof mit Kühen und Schafen, 10 km nordwestl. von Uppsala. Vier Doppelzimmer, Sauna und Massagen

Öffnungszeiten: tgl. 8.00 – 18.00, kostenlose Führungen So. 12.30

www.uppsaladomkyrka.se

jedoch ab 1287 durch Etienne de Bonneuil aus Paris **gotisch** geprägt. Nach dem verheerenden Stadtbrand von 1702 erhielten die beiden Westtürme 1745 Barockkuppeln, die Helgo Zettervall im 19. Jh. durch zwei Spitzen ersetzte. Nach der umstrittenen Restaurierung in der Zeit des Historismus um 1880 wurde seit den 1990er-Jahren versucht, das mittelalterliche Erscheinungsbild der Kirche so weit wie möglich wiederherzustellen. Dennoch ist der Bau ein **Sammelsurium unterschiedlicher Stilepochen**. Bis ins 18. Jh. wurden hier Schwedens Könige gekrönt.

Viele prominente Schweden sind im Dom bestattet: In der Hauptchorkapelle befindet sich das um 1576 in den Niederlanden gefertigte **Grabmal König Gustav Wasas**. Nahe beim Chorhaupt steht der 1577 angefertigte vergoldete Metallsarkophag mit den Gebeinen des schwedischen Nationalheiligen **König Erich**, der 1160 von den Dänen erschlagen wurde. Beim Kircheneingang ist links in den Fußboden das Epitaph des Botanikers **Carl von Linné** eingelassen. Außerdem sind im Dom der Bischof Nathan Söderblom und der Philosoph Emanuel Svedenborg bestattet. Der Gedenkstein für den Friedensnobelpreisträger **Dag Hammarskjöld** in der Friedenskapelle im rechten Seitenschiff trägt die Inschrift »Nicht ich, sondern Gott in mir«.

Im nördlichen Turm birgt die einstige Schatzkammer das **Dommuseum**. Ausgestellt sind prunkvolles weltliches und religiöses Kunsthandwerk aus acht Jahrhunderten: das Schwert Gustav Adolfs, der Goldkelch Königin Kristinas, ein goldenes Kleid von Königin Margareta, Kronen, Reichsschwerter, Reichsäpfel und Zepter sowie die Gewänder der drei rebellischen Edelmänner Swante, Nils und Erik Sture, die 1567 auf Befehl von König Erik XIV. im Dom ermordet wurden (Öffnungszeiten: Mai bis Sept. tgl. 8.00 – 18.00, Okt. – April So. – Fr. 8.00 – 17.00, Sa. 10.00 bis 18.00 Uhr).

! *Baedeker* TIPP

Auf den Spuren von Ingmar Bergman

Wo lebte der schwedische Film- und Theaterregisseur Ingmar Bergmann (1918 – 2007, ► Berühmte Persönlichkeiten) als Kind, wo stand das Haus seiner Großmutter, wo wurde sein oskarprämierter Film »Fanny und Alexander« gedreht? Geführte Touren durch Bergmans Geburtsstadt vermittelt Uppsala Tourism am Fyris Square, Tel. 018 / 727 48 18, www.uppsala.to.

Upplandsmuseet

Am St. Eriks Torg 10 wird in einer ehemaligen Wassermühle die Kulturgeschichte der Provinz dokumentiert. Beachten Sie die Modelle von Dom und Schloss (Öffnungszeiten: Di. – So. 12.00 – 17.00 Uhr, www.upplandsmuseet.se)!

Gustavianum

Wenige Schritte vom Dom krönt eine riesige Kuppel das Gustavianum, das Gustav II. Adolf um 1620 der Universität stiftete. Hier befinden sich das **Museum für nordische Altertümer** und das **Victoria-Museum**, das ägyptische und griechische Altertümer ausstellt. Weiter beherbergt es die kulturhistorischen Sammlungen der Universität, deren Höhepunkt das **Anatomische Theater** ist – ein Hörsaal mit

Blick auf den Seziertisch, 1663 von Olof Rudbeck geschaffen. In dem kleinen Park westlich vom Gustavianum stehen etliche Runensteine (Öffnungszeiten: Juni – Aug. Di. – So. 10.00 – 16.00, sonst 11.00 bis 16.00, Sa., So. bis 13.00 Uhr, englische Führungen, www.gustavianum. uu.se). Südwestlich grenzt an den höher gelegenen Teil des Parks das neue **Universitätsgebäude** an, das 1879 – 1886 erbaut und prunkvoll ausgestattet worden ist.

Universitetsbibliotek Carolina Rediviva

Auf halbem Weg zwischen Universität und Schloss prangt das stattliche Gebäude der 1620 gegründeten Universitätsbibliothek, mit mehr als 5 Mio. Bänden die **größte Bibliothek des Landes**. Im Ausstellungsraum ist als kostbarster Besitz der Codex Argenteus zu sehen, ein Evangelienbuch in gotischer Sprache aus dem 6. Jh., das seinen Namen dem silberbeschlagenen Einband aus dem 17. Jh. verdankt. Diese Abschrift der Bibelübersetzung des Gotenbischofs Wulfila († 383) umfasst heute noch 187 von einst 330 purpurfarbenen Pergamentblättern mit silberner und goldener Schrift. Zum Bestand gehört auch der Codex Upsaliensis, die älteste erhaltene Handschrift der von Snorre Sturlasson verfassten **jüngeren Edda** aus der Zeit um 1300. Und die Carta Marina von Olaus Magnus, eine Karte von Nordeuropa aus dem Jahr 1539, die in Venedig gedruckt wurde (Öffnungszeiten: Mitte Juni – Mitte Aug. Mo. – Fr. 9.00 – 17.00, Sa. ab 10.00, So. 10.00 – 16.00, sonst Mo. – Fr. 9.00 – 20.00, Sa. 10.00 – 17.00 Uhr, www. ub.uu.se).

✶✶ ◄ Codex Argenteus

? WUSSTEN SIE SCHON …?

- … dass an der Universität von Uppsala 1853 der berühmte Männerchor *Orphei Drängar* gegründet wurde. Das Repertoire des Chors, der schon für den deutschen Kaiser wie den Zar von Russland sang und heute auf den internationalen Weltbühnen zu Hause ist, reicht von a capella über Jazz bis zu großen symphonischen Werken. Leiterin des Chores ist seit 2008 Cecilia Rydinger Alin (www.od.se).

Uppsala Slott Konstmuseet

Von der Bibliothek führt der Weg hinauf zum **Schloss**, das 1548 unter Gustav Wasa begonnen wurde. Von den Bastionen bietet sich ein schöner Blick auf Stadt und Umland. Im Schloss residiert seit 1995 das städtische Kunstmuseum. Auch die Universitäts-Kunstsammlung wird hier ausgestellt (Öffnungszeiten: Di. – Fr. 12.00 – 16.00, Sa., So. 11.00 – 17.00 Uhr, www.uppsala.se/konstmuseum).

Botanska trädgård

Vom Schloss kommt man über eine Freitreppe zum Botanischen Garten, der bereits im Jahre 1655 von der Universität angelegt wurde. Im **Linnéanum**, einem klassizistischen Bau mit Säulenportikus, sind das Institut für systematische Botanik und eine bemerkenswerte Kakteensammlung untergebracht.
Im **Gewächshaus** für mehr als 9000 Pflanzen aus aller Welt gibt es ein großes Victoria-Regia-Becken und wundervolle Orchideen, im Innenhof einen stilechten Japangarten (Öffnungszeiten: Park tgl. 7.00 – 19.00, Gewächshaus Di. – Fr. 9.00 bis 15.00, So. 12.00 – 15.00 Uhr, www.botan.uu.se).

Stortorget Von der Universitätsbibliothek führt die Drottninggatan nordöstlich über die Fyrisån und zum rechteckigen Stortorget mit dem 1883 errichteten **Rathaus**.

✶ **Linnéträdgården** Nordwestlich an der Svartbäcksgatan breitet sich seit 1655 der später von **Carl von Linné** betreute Garten aus, in dem der berühmte Naturforscher die Pflanzen nach seinem bahnbrechenden System ordnete. Bis heute benennen Botaniker jede neu entdeckte Pflanze nach der von ihm entwickelten Methode. Im **Linnémuseet** ist sein Arbeitszimmer mit allerlei Kuriositäten und Tierpräparaten zu besichtigen (Öffnungszeiten: Mai – Mitte Sept. Di. – So. 11.00 – 17.00 Uhr, www.linnaeus.uu.se).

✶ **Gamla Uppsala** Keimzelle der heutigen Stadt und ehemaliger Hauptort des Svea-Reichs war Gamla Uppsala, 5 km nördlich vom Zentrum. Der archäologische Bereich mit **Thing- und Grabhügeln** reicht bis ins 4. Jh. zurück und gehört zu den größten frühgeschichtlichen Denkmälern Skandinaviens.

Gleich nebenan steht der Dom von Alt-Uppsala, vermutlich im 11. Jh. errichtet und später zum Bischofssitz auserkoren. Man nimmt an, dass entweder an dieser Stelle oder in der Nähe ein Tempel für Odin stand. Sicher ist, dass Alt-Uppsala einst **religiöses Zentrum** des wikingerzeitlichen Schwedens war. Wie Adam von Bremen im 11. Jh. berichtete, trafen sich hier die Stämme des ganzen Landes alle neun Jahre und feierten wilde Feste, bei denen es angeblich auch Menschenopfer gegeben haben soll.

Südlich der Kirche liegen in einer Reihe drei große Grabhügel, die sog. Königshügel, und einige kleinere Grabhügel. Das **Museum Gamla Uppsala** erläutert die alten Mythen der Anlage und die Arbeit der Archäologen (Öffnungszeiten: Mai bis Aug. tgl. 10.00 – 17.00, Sept. bis 16. 00, Okt./Nov. Mo., Mi. Sa., So. 12.00 – 15.00 Uhr, www.raa.se).

Das Landleben von einst wird im **Freiluftmuseum Disagården** wieder lebendig (Öffnungszeiten: Mai – Anfang Sept. tgl. 10.00 – 17.00 Uhr, www.upplandsmuseet.se). Den Hunger stillt das Restaurant Odinsborg, wo Sie auch das Wikingerbier »Mjöd« kosten können.

! *Baedeker* TIPP

Volldampf voraus!

Im Sommer kann man mit dem Dampfzug, Triebwagen oder Oldtimerbus gemütlich von Uppsala ins 20 km östlich gelegene Länna fahren. Abfahrt Mitte Juni bis Mitte Sept. ab Ostbahnhof Uppsala Östra Station (www.lennakatten.se).

Umgebung von Uppsala

Norr Uppland Im nördlichen Uppland liegen mehrere kleine Industrieorte mit traditionsreichen, jedoch zum Teil stillgelegten **Eisenhütten**. Besonders ertragreich waren die Erzminen beim knapp 50 km entfernten **Dannemora**, die heute besichtigt werden können.

Forsmark

Östlich von Lövstabruk kommt man auf der Straße Nr. 76 nach Forsmark mit einem von drei noch in Betrieb befindlichen **Kernkraftwerken** Schwedens, das 2006 durch einen schweren Störfall in den Schlagzeilen war. Das AKW gehört zum **Vattenfall**-Konzern, der rund 50 % des schwedischen Stroms liefert (www.vattenfall.se). Auch das atomare Endlager SFR Forsmark befindet sich hier.

★ Linnés Hammarby

Sommerlicher Zufluchtsort der Familie Linné war das knapp 10 km südöstlich von Uppsala gelegene schwedenrote Haus in Hammarby. **Carl von Linné** (► Berühmte Persönlichkeiten) hatte es 1758 gekauft und nach seinem Geschmack eingerichtet. Nach seinem Tod 1778 lebte hier seine Frau Sara Lisa für viele Jahre mit zwei seiner Töchter. In Hammarby kann man wie nirgendwo sonst dem »Kanzleibeamten Gottes« nachspüren. Der Exzentriker ließ sein Arbeits- und Schlafzimmer mit Seiten aus Botanik-Büchern von Kollegen tapezieren. Noch heute bedecken diese Pflanzenzeichnungen lückenlos die Wände. Das Museum zeigt Porträts von Linné und eine Weltkarte mit seinen Reiserouten. Im Nebengebäude ist ein kleines Café eingerichtet (Öffnungszeiten Mai – Sept. Fr. – So., Juni – Aug. Di. – So.: Park 11.00 – 20.00, Museum und Café 11.00 – 17.00 Uhr, Linnés Haus nur als Führung 12.00 und 15.00 auf Schwedisch, 14.00 Uhr auf Englisch; www.hammarby.uu.se).

Nach seinem System werden bis heute Tiere und Pflanzen geordnet: Carl von Linné

In der Nähe von Linnés Hammarby kann man in einem Haus von 1779 die **Morasteine** bewundern. Nach der Wahl von der Versammlung der Landrichter mit ihren Beiständen (Morathing) leisteten hier einst die **Könige Schwedens** den Eid, worauf ihr Name auf einen Stein geschrieben wurde. Unweit davon lohnt auch die Kirche von **Lagga** einen Besuch, die Wandmalereien aus dem 15. Jh. besitzt.

✶ Vänern · Vänersee

B–E 4/5

Landschaft: Värmland, Dalsland und Västergötland

Einsame Schäreninseln, weiße Sandstrände und weite Wasser bis zum endlosem Horizont – Europas drittgrößter See hat viele Gesichter. Zusammen mit dem Trollhätte-Kanal nach ►Göteborg und dem Göta-Kanal nach ►Stockholm bildet der Vänern eine Wasserstraße quer durch Schweden.

Kind des Meeres

Der bis zu 92 m tiefe Vänern ist mit 5585 km² der **größte See Schwedens** und nach dem Ladoga- und Onega-See in Russland der drittgrößte Europas. Er liegt in einem tektonischen Becken im Süden des Landes zwischen ►Göteborg und ►Örebro. Die beiden Landzungen Kallandsö nördlich von Lidköping und Värmlandsnäs südwestlich von Karlstad sowie die Inselgruppe Eskilsäters Skärgård trennen den See in den **Großen Vänern** im Nordosten und den **Dalbosjön** im Südwesten. Am Ende der letzten Eiszeit war der Vänersee noch mit dem offenen Meer verbunden, erst vor rund 9000 Jahren wurde die Bucht durch die **Landhebung** abgetrennt. Damals war er sogar noch fast doppelt so groß wie heute, und weite Teile des Värmlands waren von Wasser bedeckt. Inzwischen liegt der Wasserspiegel des Sees 45 m über Meeresniveau, ein Resultat der immer noch fortschreitenden Landhebung.

? WUSSTEN SIE SCHON ...?

- ... dass Trollhättan auch »Trollywood« genannt wird? Denn hier werden nicht nur Autos, sondern auch Filme produziert. Mit rund 20 Produktionen pro Jahr – darunter Lukas Moodyssons »Raus aus Åmål«, Lars von Triers oskarprämierter Film »Dancer in the Dark« mit Björk und »Dogville« mit Nicole Kidman – ist die Stadt reif für einen »Walk of Fame« nach Hollywood-Art. Die ersten goldenen Sterne von *Film i Väst* strahlen schon.

Fahrt um den Vänersee

Trollhättan

Die Südwestspitze des Vänersees war schon vor 7000 Jahren besiedelt. Trollhättan taucht 1413 in den Steuerannalen von Erich von Pommern zum ersten Mal auf. Stadtrechte erhielt die Siedlung aber erst 1916. Getreide- und Sägemühlen, die einst das Wirtschaftsleben prägten, sind längst von Großbetrieben der elektrotechnischen und Maschinenbauindustrie wie Nohab, Volvo und Saab abgelöst worden – Saab gehört seit 2010 zur General Motors Company.

Mehr als 60 Saab-Modelle vom 1946 entwickelten Saab 92001 mit quer eingebautem Zweizylindermotor bis zum heutigen Saab 9-X Air und Saab XWD mit Allradantrieb, Raritäten und Sportwagen aus mehr als 40 Jahren zeigt das **Saab Museum** in einer ehemaligen Fabrikhalle (Öffnungszeiten: tgl. 11.00 – 16.00, Juni –Aug. 9.00 bis 17.00 Uhr, www.saab.de).

VÄNERSEE ERLEBEN

AUSKUNFT

Karlskoga Turistbyrå
Kyrkbakken 9, SE – 69183 Karlskoga
Tel. 05 86 / 614 74
www.karlskoga.se

Karlstad Turistbyrå
Tage Erlandergatan 8A
SE – 65220 Karlstad
Tel. 054 / 15 71 50
www.karlstad.se, www.visitkarlstad.se

Lidköping Turistbyrå
Rådhuset, Nya Stadens Torg
SE – 53132 Lidköping
Tel. 05 10 / 200 20
Fax 05 10 / 271 91, http://lacko kinnekulle.vastsverige.com

Mariestad Turistbyrå
Hamnplan, SE – 54242 Mariestad
Tel. 05 01 / 100 01
www.vastsverige.com

Visit Trollhättan AB
Åkerssjövägen 10
SE – 46129 Trollhättan
Tel. 05 21 / 135 09
www.trollhattan.se
www.visittrollhattanvanersborg.se

Vänersborg Turistbyrå
Järnvägsstationen
SE – 46222 Vänersborg
Tel. 05 21 /27 14 00
www.vanersborg.se

ESSEN

▸ Fein & teuer

Restaurang Munken
Västra Torggatan 17, Karlstad
Tel. 054 / 18 51 50, www.munken.nu
Gourmetrestaurant im Kellergewölbe. Hochklassige schwedische Küche; mittags günstiges Lunchbuffet. Zum Haus gehört auch eine Tapasbar.

▸ Erschwinglich

M/S Sandskär
Storgatan 32, Arvika
Tel. 070 / 201 90 00
Bootstouren auf dem Glafsfjorden-See mit Bordbuffet und Unterhaltung

Baedeker-Empfehlung

Albert Kök Hotell
Strömsberg, Trollhättan
Tel. 0520 / 129 90
Fax 0520 / 133 11
Lachs aus dem Vänern, Meeresfrüchte von der Westküste oder Mowitzhühner aus dem Göta-Tal – im Albert Kök wird mit regionalen Zutaten vorzüglich gekocht.

▸ Preiswert

Café August
Kanikenäsholmen, Karlstad
Tel. 054 / 21 77 47, www.cafeaugust.se
Nettes Café am See, das auch warme Gerichte serviert

Skogshyddan Café
Etwas außerhalb von Vänersborg
Tel. 05 21 / 127 74
www.skogshyddan.com
Nettes Sommerrestaurant in einem Landhaus von 1898, das Sandwiches, Salate und köstliche Waffeln anbietet.

Gate Gästgiveri
Gate, Arvika, Tel. 05 70 / 131 20
www.gategastgiveri.se
Etwas außerhalb am Kreisverkehr des RV 61 Richtung Karlstad
Zwischen 12.00 und 15.00 Uhr kommen im ältesten Haus Arvikas värmländische Spezialitäten auf den Tisch. Empfehlung: der gegrillte Lachs oder das Hirschfilet mit karamellisierten Kartoffeln.

ÜBERNACHTEN

► Luxus

Hotel Oscar Statt
Torggatan 9, SE – 67131 Arvika
Tel. 05 70 / 197 50, Fax 05 70 / 197 55
www.oscarstatt.se, 73 Z.
Der Name der Nobelherberge spiegelt die Geschichte Arvikas wider, das um 1900 noch Oskarstad hieß. Spezialität der Schlemmeroase Sofia ist das »Kalbsfilet Oskar« mit Hummer, Spargel und Sauce Bearnaise.

► Komfortabel

Comfort Hotel Bristol Arvika
Kyrkogatan 25, SE – 67131 Arvika
Tel. 05 70 / 132 80, Fax 05 70 / 191 22
www.bristolhotel.com, 32 Z.
Das zentrale, familiäre Hotel versprüht britischen Charme. Gute Alternative für Preisbewusste, denn die vielen Restaurants, Pubs und Geschäfte der Umgebung versprechen Abwechslung und internationales Flair.

Ramada Karlskoga Hotel
Boåsvägen 2, SE – 69133 Karlskoga
Tel. 05 86 / 637 40, Fax 05 86 / 637 45
www.karlskogahotel.se, 86 Z.
Modernes, zentral gelegenes Mittelklassehotel mit Pool, Sauna und Fitnessraum in der Nähe vom Alfred-Nobel-Museum Björkborn

Clarion Collection Hotel Bilan
Karlsbergsgatan 3, SE – 65224 Karlstad
Tel. 054 / 10 03 00, Fax 054 / 21 92 14
www.choicehotels.se
Die Zellen in dem 200 Jahre alten, ehemaligen Bezirksgefängnis wurden in 68 geschmackvolle Hotelzimmer umgebaut. Ausgezeichnetes Frühstück und leichtes Dinnerbuffet.

Scandic Hotel Klarälven
Sandbäcksgatan 6
SE – 65340 Karlstad
Tel. 054 / 776 45 00, Fax 054 / 776 45 11
www.scandichotels.com, 143 Z.
Am Flussufer 10 Gehminuten vom Zentrum mit Pool, Sauna, Bar, Bistro und Kinderprogramm

Hotell Läckö
Gamla Stadens Torg 5
SE – 53132 Lidköping
Tel. 05 10 / 230 00, Fax 05 10 / 621 91
www.hotellacko.se, 18 Z.
Hotel mit viel Atmosphäre im Zentrum von Lidköping. Trotz zahlreicher Renovierungen im Laufe der Jahre kann man immer noch das Flair der Gründungszeit um 1900 genießen.

► Günstig

Österberga Gård Bed & Breakfast
Österberga Gård
SE – 54292 Mariestad
Tel. 05 01 / 205 00
Fax 05 01 / 200 00
www.osterbergagard.se
Vier romantische Doppelzimmer gehören zu dem falunroten Hof aus dem 18. Jh., 5 km nördl. von Mariestad. Besonders schön: das Frühstück im Garten.

Innovatum Science Center

Auf dem ehemaligen Nohab-Industriegelände, wo heute die Medien- und Filmindustrie angesiedelt ist, kann man im Innovatum Science Center **mit Spaß experimentieren** und spannende Dinge erleben (Öffnungszeiten: Di. – So. 11.00 – 16.00 Uhr). Im Sommer bringt die **Seilbahn** daneben Gäste in nur 4 Minuten auf die andere Seite des Trollhätte-Kanals.

Göta Älv

Dort, wo der Göta Älv einen mächtigen Gneisriegel durchbrochen hat und auf einer Strecke von 1500 m mehr als 30 m tief hinabstürzte, gab es einst großartige Wasserfälle und Stromschnellen. Doch schon im 17. Jh. gab es Überlegungen, die Stromschnellen zu umgehen, und so wurde zwischen 1793 und 1916 in mehreren Abschnitten der 28 km lange **Trollhätte-Kanal** gebaut. Heute ist das Flussbett so gut wie trockengelegt; die gewaltigen Wassermassen strömen durch Druckstollen zur Turbinenanlage und treten erst weit unterhalb wieder zutage. Den besten Blick auf das Flussbett gewährt die Kung-Oscars-Brücke. Von hier führen stählerne Treppen mit Aussichtskanzeln abwärts. Mitte Juli ist in Trollhättan »Vattenfallsdag«, der **Tag des Wasserfalls**. Dann darf der Göta Älv wie früher unter lautem Getöse und den Augen vieler Zuschauer wieder durch das alte Flussbett strömen. Doch schon am nächsten Tag ist alles vorbei, der Fluss wird gebändigt und die Stromproduktion hat Vorrang.

★

◄ Vattenfallsdag

Die einsdrucksvolle **Schleusentreppe** von Trollhättan besteht aus drei parallelen Schleusenbecken, von denen nur das größte, 1916 erbaute, noch in Betrieb ist. In einem rot gestrichenen Holzbau von 1893 nahe der oberen Schleuse erzählt das **Kanalmuseum** mit einer kleinen Ausstellung und einem informativen Film die Geschichte von Schleuse und Kanal (Öffnungszeiten: Mai – Aug. Fr. – So. 12.00 bis 17.00 Uhr, www.sjofartsverket.se).

Vänersborg

Knapp 14 km nordwestlich von Trollhättan liegt Vänersborg am offenen Vänersee. Ein Teil der Häuser in der Innenstadt stammt noch aus dem 18. Jh., darunter die Länsresidens von 1754. Am Seeufer erstreckt sich die Grünanlage Skräcklan mit der Skulptur »Frida« von Axel Wallberg. Im nahen **Vänersborg Museum** gibt es eine Sammlung präparierter Vögel aus Südafrika und Namibia, die der Forschungsreisende Axel Ericson stiftete (Öffnungszeiten: Juni – Aug. Di. – Fr., So. 12.00 – 16.00, sonst Di., Do., Sa., So. 12.00 –16.00 Uhr).

Wahrzeichen von **Lidköping**, rund 60 km östlich an der Bucht Kinneviken, ist das hölzerne **Jagdschlösschen** am Stortorget, das früher als Rathaus diente. Als das dunkelrote Gebäude mit der geschweiften Dachkonstruktion 1960 abbrannte, wurde es nach Originalzeichnungen wieder aufgebaut. An den weiten Platz schließt sich die Fußgängerzone an. Lohnend ist der Besuch der **Porzellanmanufaktur Rörstrand** im Industriegebiet. Das große Werksmuseum zeigt Porzellan und Keramik ab dem 18. Jh. und eine Tonbild-

! *Baedeker* TIPP

Abenteuer pur

Im Juli und Aug. startet Mo. und Do. um 18.30 Uhr vom Bahnhof in *Vänersborg* ein Bus zu einer dreistündigen *Elchsafari* in die Halle- und Huneberge, die für ihre zahlreichen Elche berühmt sind. Auf der Tour werden Sie lernen, wie ein Elch sieht, hört und riecht, und hinterher verstehen, warum die Tafelberge ihr bevorzugtes Revier sind. Auf dem Programm steht auch der Besuch des Königlichen Jagdmuseums am Älgens Berg (Platzreservierung vorab bei Visit Trollhättan Vänersborg, Bahnhof Vänersborg, Tel. 0521 / 135 09, info@visittrollhattanvanersborg.se).

schau zur Werksproduktion. In der Verkaufsausstellung gibt es auch preisgünstige Ware zweiter Wahl (Öffnungszeiten: Mo. – Fr. 10.00 bis 18.00, Sa. bis 15.00, So. 12.00 – 16.00 Uhr, www. rorstrand.se).

Läckö Slott

Führungen: Mai – Sept. tgl. jede Stunde 11.00 – 17.00, Sept. Mo. – Fr. 11.00 – 15.00, Sa., So. bis 16.00

www.lackoslott.se

Nördlich von Lidköping ragt die Halbinsel Kallandsö in den Vänern. Nahe der Spitze thront etwas erhöht über dem See **Schloss Läckö**, das 1298 von Bischof Brynolt Algotsson als befestigter Bischofssitz errichtet wurde. Nach der Reformation kam es 1557 in den Besitz der Krone, wenig später in den von Svarte Sture und ging 1571 schließlich an die Familie Hogenskild Bielke über, die es von Grund auf erneuern ließ. Im 17. Jh. erreichten die Umbauarbeiten ihren Höhepunkt, als Magnus Grabriel de la Gardie für die **barocke Neugestaltung** den berühmten Augsburger Stadtbaumeister Elias Holl und Franz Stierner aus Polen holte. Sie bauten die vierte Etage, die Küchenräume und die Vorburg. Eindrucksvoll ist nicht nur die wunderschöne Lage des stattlichen Schlosses, auch die Ausstellungen und Konzerte im Königssaal und auf dem Burgwall lohnen den Besuch. Die **Prunkgemächer** sind nur mit Führung zugänglich. Für Gartenliebhaber ist der Schlossgarten ein Muss. Im Stallcafé gibt es Tagesgerichte und Kuchen, das Restaurant Fataburen serviert regionale Spezialitäten. Unweit vom Schloss kann man an einem Sandstrand baden oder ein Boot mieten – vom Wasser aus bietet Schloss Läckö einen besonders schönen Anblick.

Barockschloss Läckö

Abstecher ins Hinterland

Skara, die Hauptstadt von Västergötland, ist aus einer alten Thing- und Kultstätte hervorgegangen. Im Mittelalter entwickelte sie sich zum Zentrum der christlichen Mission und wurde Bischofssitz.

Die dreischiffige **Domkyrka** ist ein gotischer Bau aus den Jahren 1312 bis 1350. Die Türme stammen aus dem frühen 19. Jh., Altar und Kanzel sind aus der Renaissance. In der Krypta sind die ersten Bischöfe von Skara bestattet. Aus schwarzem und weißem Marmor ist im rechten Nebenchor das wuchtige Grabmonument für den 1632 verstorbenen Reiterobristen Erik Soop.

Nordöstlich im Stadsträdgård zeigt das **Västergötland Museum** 3000 Jahre alte Bronzeschilde, die 1985 auf Kålland ausgegraben wurden (Öffnungszeiten: Di., Do.–So. 11.00–16.00, Mi. bis 20.00 Uhr, www.vastergotlandsmuseum.se).
Unmittelbar daneben sind im **Friluftsmuseet Fornbyn** rund 30 Häuser aus der Gegend von Skaraborg zu besichtigen (Öffnungszeiten: Mitte Mai–Ende Sept. Di., Do.–So. 11.00–16.00, Mi. bis 20.00 Uhr). Etwas außerhalb bei den Eisenbahnanlagen wurde in einem alten Lokschuppen das **Eisenbahnmuseum** eingerichtet. Im Juli und August verkehrt sonntags ein nostalgischer Dampfzug zum nördlichen Weiler Lundsbrunn (Fahrplan unter Tel. 05 11/136 36).

Axevalla

Nicht Fußball, sondern Trabrennen ist Schwedens beliebtester Zuschauersport. Als Hochburg der Traber gilt das 10 km östlich gelegene Axevalla, wo an 42 Renntagen die Rösser an den Start gehen. Größtes Event ist das drei Tage dauernde **Axevalla Stochampionatet** im Juli (www.axevalla.se). Der Nachwuchs kann sich derweil im benachbarten **Skara Sommerland** austoben.

Falköping

Rund 27 km trennen Skara vom südlich gelegenen Städtchen Falköping, in dessen Umgebung fast zwei Drittel der 300 bekannten **Ganggräber** Schwedens gefunden wurden. Die aus großen Steinblöcken bestehenden Gräber wurden um 3300 v. Chr. als Grabstätten für bedeutende Persönlichkeiten errichtet. Das bekannteste Ganggrab befindet sich einige Hundert Meter östlich der Kirche von Luttra. Das größte Ganggrab Skandinaviens liegt bei Karleby. Auch Ekornavallen, 15 km nördlich von Falköping, besitzt ein sehenswertestes Grabfeld.

✶✶ Vogelparadies Hornborgasjön

Dass die scheuen, bis über 2 m großen **Kraniche** heute wieder am **Hornborgasee** rasten, ist der Erfolg einer in Nordeuropa einmaligen Natursanierung. Sie war 1977 einstimmig vom schwedischen Reichstag beschlossen worden, als Antwort auf eine 100-jährige ökologische Katastrophe. Fünf Mal war im 19. und frühen 20. Jh. der Wasserspiegel des Hornborgasee gesenkt worden, um Kulturflächen zu gewinnen. Schilf und Weidengestrüpp breiteten sich immer weiter aus. Der See vertrocknete, die Vögel blieben aus.
►Umweltschutz Erkenntnis, dass Kraniche mit ihrer An- oder Abwesenheit einen Hinweis auf den Zustand Natur geben, bewirkte ein Umdenken. Am 27. März 1952 stellte der Regierungsbezirk Skaraborgs Län das Rastgebiet der Kraniche unter Schutz. Auf einer Fläche von 3600 ha wurde jeglicher Zutritt verboten. 25 Jahre später bewilligte der schwedische Reichstag 53 Mio. Kronen für die Rekultivierung des **einmaligen Feuchtbiotops**. Mit Spezialmaschinen wurden 10 km² Schilf gemäht, anschließend der Wasserspiegel um zunächst 80 cm, später um weitere 60 cm angehoben. Mit dem Frühjahrshochwasser 1987 erreichte der Hornborgasee wieder seine ursprüngliche Größe. Deiche, erbaut aus dem Torf des Seeufers, schützen das umliegende Ackerland. Von Ende Aug. bis Anfang Okt. stehen die

bräunlich-grauen Jungvögel – noch ohne roten Kopffleck und die schwarz-weiße Halszeichnung – etwas unbeholfen neben ihren Kranicheltern zum ersten Mal im Hornborgasee: Das Naturschutzgebiet bildet diesmal die letzte Rast auf dem Weg ins Winterquartier. Zu den über 250 Vogelarten am See zählen auch die seltenen Schwarzhalstaucher, Seeadler, Blässhühner, Watvögel und Lachmöwen.

! *Baedeker* TIPP

Hochzeit der Kraniche

Im April beeindruckt der *Hornborgasee* zwischen Skara, Skövde und Falköping mit einem einzigartigen Naturschauspiel. Auf ihrem Weg zu den Brutplätzen im Norden kommen dann an einem Tag bis zu 10 000 Kraniche zu dem von weiten Sumpfflächen umgebenen Flachsee. Aber nicht nur das Paarungsritual, der »Tanz der Kraniche«, ist unvergesslich. Auch der Kranichzug gehört zu den spektakulärsten Erlebnissen. Beste Beobachtungsplätze sind das *Naturum Trandansen* am Südufer des Sees bei Bjurum und am Ostufer nördlich von Broddetorp das *Naturum Hornborga* mit einem Museum und Vogelwarte (www.hornborga.com).

Auf der Rückfahrt zum Vänersee sieht man schon von Weitem den **Kinnekulle**, der die Bucht Kinneviken im Osten begrenzt. Tannen bedecken den 14 km langen und 6 km breiten **Tafelberg**, der am Högkullen 306 m hoch ist und einen Panoramablick auf den Vänersee gewährt. Die Tafelberge in diesem Gebiet entstanden vor etwa 500 Mio. Jahren. Damals lagerten sich Sedimente auf dem Meeresboden ab, die dann zum Teil von untermeerischer Magma bedeckt wurden. Dieses harte Vulkangestein bildete einen perfekten Panzer: Während bei der später einsetzenden Landhebung die ungeschützten Sedimentgesteine durch Erosion abgetragen wurden, blieben die von einer Magmahülle geschützten Bereiche stehen. Diese Entwicklung lässt sich am Kinnekulle besonders gut ablesen – seine Treppen zeigen alle Ablagerungsschichten bis zum Urgestein.

Mariestad

Der nächste größere Ort am Vänersee ist die an der Mündung der Tidan gelegene Industriestadt Mariestad. Nach einem Brand 1895 musste die Stadt nahezu vollständig neu aufgebaut werden. Im Nordteil der Innenstadt steht der 1619 geweihte Dom, auf einer Insel im Fluss das **Schloss Marieholm**.

Nächster Halt ist kurz vor Nybble der stattliche, noch original eingerichtete Herrenhof **Värmlands Säby Gård** aus dem 18. Jh. mit wunderschönen Kachelöfen, gemalten Tapeten und einem verwunschenen Heckenlabyrinth aus 1480 Büschen (Tel. 0551 / 101 43).

Kristinehamn

Die Durchgangsstraße Nr. 26 führt weiter nach Kristinehamn, das 1642 Stadtrecht erhielt unter der Vormundschaft der noch nicht volljährigen Königin Christine, der es seinen Namen verdankt. Mitte des 19. Jh.s wurde Kristinehamn an das Eisenbahnnetz angeschlossen und stieg zum Umschlagplatz für das Holz der Region und Eisenerz aus Bergslagen auf. Die einem Seezeichen ähnelnde, 15 m hohe Betonskulptur im Sporthafen ist ein Geschenk von **Pablo Picasso** aus dem Jahr 1964.

Karlskoga

Wer am Vänern Urlaub macht, kommt um einen Besuch von Karlskoga nicht herum. Die schwedische Kleinstadt am Möckelsee wirbt mit **Alfred Nobel**. Der weitläufige Herrenhof **Björkborn** am Seeufer diente dem Sprengstofffabrikanten am Ende seines Lebens als Wohnsitz und Arbeitsstätte. Sein elegantes weißes Haus ist zum größten Teil noch so eingerichtet wie zu Nobels Lebzeiten. Ausgestellt sind persönliche Dinge, Fotos und Patente, es gab sogar schon elektrisches Licht und fließendes Wasser. Besichtigt werden kann auch das Labor, in dem er u. a. Versuche mit künstlich hergestellter Seide und synthetischem Gummi durchführte.

✶ ◄ Nobelmuseum

Öffnungszeiten: Juni – Aug. Di. – So. 10.00 – 17.00

http://nobelmuseetikarlskoga.se

In der Diele des Hauses liegt eine Kopie seines Testaments aus – eine einzige handgeschriebene Seite, die die Aufteilung seines gewaltigen Vermögens regelte und ihn unsterblich machen sollte. In diesem rief er die Nobelstiftung und den berühmten **Nobelpreis** ins Leben. Nobelpreise in Physik, Chemie, Medizin und Literatur werden jedes Jahr an seinem Todestag in ►Stockholm verliehen, der Friedensnobelpreis in Oslo (►Baedeker Special, S. 58). Das **Bofors Industriemuseum** in den ehemaligen Werkstätten dokumentiert die mehr als 350-jährige Geschichte des Rüstungskonzerns, den Alfred Nobel einst besaß und der noch heute Hauptarbeitgeber der Stadt ist.

Karlstad

An der Mündung des 500 km langen **Klarälven** in den Vänersee liegt Karlstad, das Kultur- und Handelszentrum von Värmland. Die Provinzhauptstadt ist nach Karl IX. benannt, der dem seit dem Frühmittelalter bestehenden Thingplatz 1584 das Stadtrecht verlieh. 1905 fanden hier die Verhandlungen über die Auflösung der Union zwischen Schweden und Norwegen statt. Die **Altstadt** vermittelt mit ihren historischen Bürgerhäusern ein Bild des alten Karlstad vor dem großen Brand von 1865. Auch die 1730 geweihte Domkirche und das Bischofspalais von 1780 stammen noch aus jener Zeit. Auf dem Stortorget erinnert ein Friedensmonument von Ivar Johnsson an die Auflösung der schwedisch-norwegischen Union.

◄ Älvgatan

Mitten in der Stadt auf der Landzunge Sandgrundsudden führt das Värmlands Museum durch **10 000 Jahre Geschichte der Provinz**. Im schlichten ersten Museumsbau, den Cyrillus Johansson entwarf, wird **värmländische Kunst** vom 18. Jh. bis zur Gegenwart gezeigt. Das neuere Museumsgebäude nach Plänen von Carl Nyrén beherbergt seit 1998 Dauer- und Wechselausstellungen sowie ein großes Café. Seit 2007 kann man im Wissenschaftszentrum selbst experimentieren, von der Papierherstellung bis zu Laserstrahlen (Öffnungszeiten: tgl. 10.00 – 17.00, Mi. bis 20.00, www.varmlandsmuseum.se).

✶ ◄ Värmlands Museet

Abstecher zu den Frykenseen

✶ Frykenseen

Die drei lang gestreckten, schmalen Frykenseen nördlich von Karlstad wurden durch Selma Lagerlöfs Roman **»Gösta Berling«** bekannt. Über die Seen schippert ein Dampfer, der 1896 auf dem Fryken versunken war und erst 96 Jahre später geborgen wurde: **»Freja af Fry-**

ken«. An Bord des restaurierten Dampfers heißt die Besatzung in historischer Bekleidung die Gäste willkommen. Wer sich für die Geschichte des Schiffes interessiert, kann an der Fryksta Station in Kil eine Ausstellung über Freja besichtigen und sich im Hotel Länsmansgården Funde von der gesunkenen Freja ansehen.

★ **Rottneros Park**

Öffnungszeiten: tgl. 10.00 – 16.00, Mitte Juni – Aug. bis 18.00

www.rottnerospark.se

Der 40 ha große Park von Rottneros gehört zu den Hauptsehenswürdigkeiten Värmlands. Nördlich vom Bahnhof beginnt der königliche Garten, der in das Carl-Eldh-Parterre mit dem Skulpturengarten übergeht. Das klassizistische Herrenhaus wurde nach einem Brand 1929 komplett neu gestaltet – Vorbild war »Ekeby« in Selma Lagerlöfs »Gösta Berling«. Die gepflegte Gartenanlage beinhaltet nicht nur farbenfrohe Blumenbeete, die in Zusammenarbeit mit der deutschen **Blumeninsel Mainau** gestaltet werden, sondern auch eine Vielzahl von Skulpturen internationaler Künstler wie **Carl Milles, Gustav Vigeland und Jean Goujon**. Auf Kinder warten der Nils-Holgersson-Abenteuerpark, Minizoo und das Tropenhaus. Die Autorin und Nobel-preisträgerin Selma Lagerlöf kann man als lebensgroße Skulptur am Ufer des Frykensees sehen, wo sie würdevoll mit Papier und Bleistift in einem Sessel sitzt.

Neben der Schreibmaschine liegt der Spazierstock: die Bibliothek von Selma Lagerlöf auf ihrem Gutshof Mårbacka.

★★ Lagerlöf Museum Mårbacka

Auf Gut Mårbacka am Ostufer des **Mellan Fryken** wurde die Schriftstellerin und Nobelpreisträgerin **Selma Lagerlöf** 1858 geboren, ab 1907 wohnte sie auch wieder dort (► Berühmte Persönlichkeiten). Im Sommer gewähren Führungen Einblicke in ihre Wohnstatt. Besonders beeindruckend ist die Bibliothek des Hauses, in der Selma Lagerlöf viele ihrer berühmten Romane schrieb. Das gesamte Anwesen sieht noch aus wie zu ihren Lebezeiten, so wie sie es testamentarisch verfügt hatte. Den Garten mit seinen Obstbäumen, Gemüsebeeten, Sträuchern und Blumen ließ Lagerlöf von der Gärtnerin Ruth Brandberg anlegen. Auch er atmet noch immer die Liebe der Dichterin zur Natur (Öffnungszeiten: Juli tgl. 10.00 – 17.00, Juni, Aug. 11.00 – 16.00, ab Mitte Mai bis 15.00, Sept. Sa., So. 11.00 – 14.00 Uhr, www.marbacka.com). In **Östra Ämtervik** südlich von Mårbacka liegt Selma Lagerlöf auf dem Friedhof begraben.

Övre Fryken

Von Sunne aus führen zwei Routen nach **Torsby**: eine Landstraße am Ostufer des waldgesäumten Övre Fryken und die – schönere – Westuferstrecke Nr. 45 vorbei am Herrenhaus Stöpfors und dem 342 m hohen Tosserbergsklätten. Im **Finnkulturzentrum** von Torsby wird die Geschichte der Waldfinnen dokumentiert, die einst hier lebten. Sie wurden im 16. und 17. Jh. angesiedelt, um das wilde Land urbar zu machen und gute Ernten zu erzielen. Zum Dank erhielten sie lukrative Steuervergünstigungen (www.finnkulturcentrum.com).

Öffnungszeiten: tgl. 10.00 – 16.00, So. bis 14.00

◄ Finnhöfe

Rund um Torsby sind die besterhalten Finnhöfe Schwedens zu finden. Von den einst **35 Rauchstuben** stehen noch zehn an ihrem ursprünglichen Standort. Viele von ihnen haben ihre Türen für Besucher geöffnet und verwöhnen im Sommer mit Kaffee und Waffeln oder »Motti och Fläsk«, einem Gericht aus Mehl und Speck. Am besten erhalten sind der Ritamäki Finngård und Kvarntorp Finngård in Lekvattnet und der Tomta Hembygdsgård in Skråckarberget.

Das **Torsby Fordonsmuseum** zeigt Autos, Motorräder und andere Veteranen der Straße. Ausgestellt ist auch das »Frykenbilen«, ein Lastwagen, der 50 Jahre lang auf dem Grund des Fryken lag, bevor er geborgen und restauriert wurde (Öffnungszeiten: Mai – Sept. Sa./So. 12.00 – 17.00, Juni – Aug. Mo. – Fr. 10.00 – 17.30 Uhr, www.varmland.nu/torsbyfordonsmuseum). Zu den historischen Stätten in und um Torsby führt der 5 km lange **Kulturvandring**, der am Gamla Torg beginnt und mit einem Schlenker nach Oleby und zum Ostufer vom Frykensee auf 10 km ausgedehnt werden kann (Karte/Infos bei der Touristeninformation).

! *Baedeker* TIPP

Ski heil!

Ein außergewöhnliches Erlebnis das ganze Jahr hindurch ist für Langläufer der Skitunnel. In der 1,3 km langen Röhre am Valberget können Langläufer unabhängig vom Wetter bei konstant 0 bis -3 °C in Loipen ihre Runden ziehen oder skaten (www.skitunnel.se).

Zurück in Karlstad folgt man dem Ufer des Vänern westwärts über Säffle nach **Åmål**. Nachdem Großbrände immer wieder die Holzhäuser vernichtet hatten, wurden beim Wiederaufbau zunehmend Steinhäuser errichtet. Heute sind nur noch im Viertel Plantaget am Stadtpark einige alte Holzbauten erhalten. Schön ist der Örnäspark mit dem **Hembygdsgård**, wo außer einem kleinen Tierpark auch historisches Werkzeug und Mobiliar aus der Gegend zu sehen sind. Bei Seglern und sonstigen Wassersportlern ist vor allem die Marina der Stadt bekannt und beliebt.

★ **Dalslandkanal**

Bei Köpmannebro, gut 40 km südlich von Åmål, beginnt der 1864 bis 1868 von Nils Ericsson erbaute Dalslandkanal. Auf seinen 254 km verbindet er mit **29 Schleusen** ein ganzes System von Seen, das sich bis auf norwegisches Gebiet erstreckt. Nur 10 km der gesamten Strecke wurden künstlich angelegt, den Rest bilden natürliche Binnengewässer. Der Kanal sollte den Transport für die Erzeugnisse der Eisenwerke und Sägemühlen in Värmland und Dalsland ermöglichen und eine Verbindung durch Norwegen zur Nordsee herstellen.
Heute schippern auf dem Kanal Hausboot- und **Freizeitkapitäne**, die mit ihren Booten eine abwechslungsreiche Landschaft mit Äckern, dunklen Wäldern, felsigen Höhenzügen und kargen Wildmarken durchfahren. Achtung: Erkundigen Sie sich vor der Fahrt bei den zuständigen Touristenbüros nach den Betriebszeiten der Schleusen! Hinter **Mellerud** entfernt sich die Straße vom See und erreicht nach 30 km die Stadt Vänersborg. Von dort aus geht es in rascher Fahrt zurück nach Trollhättan, dem Ausgangspunkt der Vänern-Fahrt.

★ Varberg

C 3

Landschaft: Halland
Einwohnerzahl: 64 000
Provinz: Halland Län
Höhe: Meereshöhe

Keine andere Stadt des Landes kann mit so viel Wellness und Spas aufwarten wie Varberg – seit 1823 ist das Städtchen Schwedens führender Kurort. Beim Anblick des nostalgischen Badehauses lässt sich erahnen, wie es hier früher zugegangen ist.

Sehenswertes in Varberg

Zentrum und Kurviertel

Herzstück der auf einem schachbrettförmigen Grundriss angelegten Innenstadt ist der große **Stora Torget**. Mit Ausnahme der wuchtigen Gründerzeitbauten von der Sparbank und dem 2008 renovierten **Stadshotell** ist der Hauptplatz von niedrigen Häusern eingerahmt. An seiner Nordseite steht die klassizistische Kirche. Im nahen **Societetspark** beeindruckt das stattliche Societetshaus von 1880, das heute Café, Pub und Diskothek beherbergt. Das verspielte weiße Holzgebäude mit den Türmchen erinnert wie der Kurpark Brunnsparken noch an die Zeit des vornehmen Kur- und Badetourismus.

VARBERG ERLEBEN

AUSKUNFT

Varbergs Turistbyrå
Brunnsparken, SE – 43224 Varberg
Tel. 03 40 / 8 68 00, Fax 03 40 / 8 68 07
www.visitvarberg.se

ANGELN AM ÄTRAN

Von März bis Sept. ist am Ätran Angelsaison. Im Unterlauf bei den Stromschnellen Garvareforsen ist nur Fliegenfischen erlaubt. Im März und April werden *Meerforellen* geangelt, von Ende April bis September steigen die *Lachse*. Angelscheine gibt es bei Falkenbergs Turistbyrå (Holgersgatan 11, Tel. 03 46 / 88 61 00).

ESSEN

▶ Fein & teuer

Hertings Gård
Elvägen 4, Hertigen Island
Tel. 03 46 / 100 18, www.hertigen.se
Elegantes Herrenhaus aus dem 19. Jh. auf der Insel Hertigen im Ätran. Auch Weinkeller, Bar und Nachtklub.

▶ Erschwinglich

Borggården
Fästningen, Varberg
Tel. 0340/108 66, www.borggarden.nu
Im Sommer tgl. 12.00 – 15.00
Oben in der Festung mit Blick auf die See. Auf Vorbestellung kann man an einem mittelalterlichen Gelage teilnehmen.

▶ Preiswert

Wärdshuset
Kungsgatan 14, Varberg
Tel. 03 40 / 801 11
www.varbergswardshus.com
Klassische Köttbullar oder Lachsfilet mit Räkor und Krabben? Das Pub-Restaurant in der Fußgängerzone ist bekannt für sein Buffet mit schwedischen Spezialitäten.

ÜBERNACHTEN

▶ Komfortabel

Clarion Collection Hotel Fregatten
Hamnplan, SE – 43244 Varberg
Tel. 03 40 / 67 70 00, Fax 03 40 / 61 11 21
www.choicehotels.se
Frühstück mit frischen Früchten und ein leichtes Abend-Buffet sind kostenlos für alle Gäste des gepflegten Hotels mit 96 Z. im einstigen Kühllager unweit von Hafen und Badestrand.

Värdshuset Hwitan
Storgatan 24, SE – 31130 Falkenberg
Tel. 03 46 / 820 90, Fax 03 46 / 597 96
www.hwitan.se, 32 Z.
1703 wurde der Grundstein für das elegante Haus am Lachsfluss Ätran gelegt. Im Sommer speist man auf der großen Gartenterrasse. Livemusik, nicht nur beim Visfestival, Jazz- und Bluesfestival.

Grand Hotel
Hotellgatan 1, SE – 31131 Falkenberg
Tel. 03 46 / 144 50, Fax 03 46 / 144 59
www.grandhotelfalkenberg.se, 70 Z.
Schwarzes Leder, helle Birke, schönes Spa und Hightech-Multimedia: Die Verjüngungskur hat dem Grandhotel gut getan! Doch wie einst spielen noch immer am Wochenende lokale Gruppen zum Tanz auf.

▶ Günstig

Okéns Bed & Breakfast
Västra Vallgatan 25
SE – 43244 Varberg
Tel. 03 40 / 808 15, Fax 03 40 / 808 47
www.okens.se
Kleine, familiäre Unterkunft, romantisch eingerichtete Zimmer mit Himmelbetten – die größten Zimmer blicken zum Järnvägs Park.

★ **Varberg Slott** Wahrzeichen der Hafenstadt ist die **große Festung**, die auf einem ins Meer vorspringenden Felsen thront. Sie wurde im 13. Jh. von den Dänen erbaut und später mehrmals verändert. Bis 1830 erfüllte sie Verteidigungsfunktionen, bis 1931 diente sie dann als Gefängnis. Von den Geschützbastionen bietet sich ein umfassender Rundblick auf Varberg und das Kattegat.

Inmitten des Mauerkarrees erhebt sich das schon im 14. Jh. erbaute Schloss, in dessen Nord- und Westflügel das **Länsmuseet** eingerichtet ist. Besuchermagnet ist der Bockstensmann, eine **Moorleiche** aus dem 14. Jh., deren Kleidung und Harre durch Huminsäuren einzigartig gut konserviert worden sind. 2006 wurde mit Hilfe von Scans und Modellen eine naturgetreue Puppe des Bockstensmanns erstellt. Warum er mit einem Eichenpfahl durchbohrt wurde, bleibt ein Geheimnis. Vielleicht trieben seine Feinde einen Pfahl in den leblosen Körper, damit er nicht umherspuken und sich rächen konnte.

★★ Bockstensmann ►

So sah der Bockstensmann zu Lebzeiten vermutlich aus.

Die Sammlungen informieren weiter über bäuerliches Leben, Wohnkultur, Fischerei und Stadtgeschichte. Für Kinder gibt es einen Kostümfundus zum Verkleiden. Im nördlichen Teil der Festung befinden sich ein Fahrradmuseum und die Jugendherberge. In der ersten Juliwoche verwandelt sich die Burg in einen **mittelalterlichen Markt** mit Taumachern, Bogenschützen und Weberinnen. Nicht verpassen sollten Sie auch die Gastmale mit Gauklern und Troubadouren. Ende Sept./Anfang Okt. wird das halländische **Erntefest »Mickelmäss«** gefeiert (Öffnungszeiten: Mo. bis Fr. 10.00 – 16.00, Sa., So. 12.00 – 16.00 Uhr, www.lansmuseet.varberg.se).

Hafen Vom Nordtor der Festung geht man hinunter in Richtung Hafen, zum nostalgischen **Kallbadhuset** und weiter zum alten Hafenmagazin, in dem heute Kunstgewerbeateliers ihre Erzeugnisse ausstellen. Das 1903 erbaute Kaltbadehaus steht auf Stelzen ein Stück vor dem Strand im flachen Wasser und ist mit seiner orientalisch verspielten Fassade und den Türmchen ein Blickfang. Nach aufwendiger Restaurierung strahlt es wieder in neuem Glanz. Wer sich vor dem Bad im Meer etwas aufheizen möchte, findet im Innern eine Damen- und Herrensauna (Öffnungszeiten: Sa., So. 9.00 – 17.00, Mi. 13.00 – 20.00, Mitte Juni – Aug. tgl., Winter Mi., Sa., So. 13.00 – 17.00 Uhr, www.kallbadhuset.se).

Ein Straßendamm verbindet Varberg mit der vorgelagerten Insel **Getterön**, die auch Ausflugsboote von Varberg aus ansteuern. Die Geschichte der Halbinsel reicht bis in die Bronzezeit zurück. Archäologen haben im Naturschutzgebiet Gubbanäsan **Steinhügelgräber** aus jener Zeit freigelegt. Ende des 17. Jh.s wurde der Eichenwald der Insel abgeholzt, um bei der Festung Pfahlwerke bauen zu können. Diesen Kahlschlag überlebten auf der Insel nur fünf Eichen. Windschutz gibt es daher beim Baden in den fünf Buchten nicht mehr. Getterön gehört auch zu den wichtigsten Vogelreservaten Skandinaviens. Eisvögel, Zwergtaucher, Enten, Austernfischer, Säbelschnäber und Seeadler brüten oder rasten hier jedes Jahr beim Vogelzug. Im reetgedeckten **Naturum** informiert eine kleine Ausstellung über Flora und Fauna der Insel; vom Café bietet sich ein fantastischer Blick über das Naturschutzgebiet (Öffnungszeiten: tgl. 10.00 – 16.00 Uhr).

★ ◄ Vogelparadies

Auf dem Inselflugplatz wird alljährlich die größte Auto- und Flugzeugausstellung der Westküste veranstaltet, **Wheels and Wings**. Dann füllen mehr als 3000 Autos, Motorräder, Flugzeuge und Wohnwagen, die älter als 35 Jahre sind, das Flugfeld; abends starten sie zum traditionellen Cruising durch Varberg.

? WUSSTEN SIE SCHON ...?

- ... dass der Warberg IC beim Unihockey die beste schwedische Mannschaft ist? 2008 wurde der Verein zum vierten Mal schwedischer Meister. Sein Heimstadion ist die Sparbankshallen im Zentrum – mehr als 200 Matches werden dort jedes Jahr ausgetragen. Seien Sie dabei! (Spielplan/Tickets: www.warbergic.se).

Umgebung von Varberg

Strände

Südlich von Varberg liegen bei **Träslövsläge** die schönsten Sandstrände, die auch ein Hotspot für Surfer sind. Um Falkenberg erstrecken sich 13 km Sandstrand. Die stadtnächsten sind der 2 km lange **Skrea Strand** mit hohen Sanddünen unmittelbar südlich der Flussmündung und der **Stafsinge Strand** nördlich des Flusses mit einigen steinigen Abschnitten.

Äskhult

Öffnungszeiten: Mai – Aug. tgl. 11.00 – 18.00

Zwischen Gällinge und Förlanda führt ein steiler und enger Fahrweg aufwärts nach Äskhult, einem idyllischen Dörfchen, das als **Freilichtmuseum** hergerichtet ist. Die ältesten Gebäude stammen aus dem 17. Jh., Ende des 19. Jh.s wohnten hier noch 35 Menschen und bewirtschafteten die Äcker, der letzte Dorfbewohner starb 1964.

★ **Sender SAQ**

Technikfreunde zieht ein einzigartiges Industriedenkmal zwischen Varberg und Rolfstorp magisch an: der Langwellensender Grimeton. Die 1924 für den Funkverkehr mit den USA in Betrieb genommene Anlage besitzt den einzigen noch funktionsfähigen **Maschinensender** der Welt. Alljährlich am letzten Wochenende im Juni wird der von Ernst Frederik Werner Anderson erfundene Sender beim Tag der offenen Tür wieder in Betrieb genommen – dann wird die kurze Mor-

Öffnungszeiten: Juni – Aug. tgl. 10.00 – 16.00, Mai, Sept. 11.00 – 15.00

www.grimeton.org

sebotschaft ••• •– ––•– (SAQ) auf der Frequenz 17,2 kHz mehrfach ausgestrahlt. Die Funkstation gehört seit 2004 zum **UNESCO Weltkulturerbe** und ist dank der 127 m hohen Sendemasten kaum zu übersehen. Zwischen der neoklassizistischen Anlage mit ihren sechs Türmen und dem Parkplatz zeigt das Besucherzentrum einen Film über Grimeton und wechselnde Ausstellungen. Im Sommer können Kinder im Alex Laboratory bei eigenen Experimenten die physikalischen Grundlagen des Funkverkehrs entdecken.

✶ Falkenberg

Altstadt

Die Hafenstadt Falkenberg entstand an der Mündung des lachsreichen Ätran in das Kattegat. Zwar hat sich auch hier viel Industrie und Gewerbe angesiedelt, doch es gibt im Zentrum noch charmante alte Holzhäuser. An der Kreuzung Torggatan/Nygatan unweit des Stortorget steht das moderne Gebäude der **Sparbank**, deren Wand seit 1977 ein haushohes Bronzerelief von Walter Bengtsson ziert, auf dem fantasievolle Figuren Geschichten erzählen.

Aus der Zeit der mittelalterlichen Burg stammt auch die **St. Laurentii Kyrka** inmitten der Altstadt. An den teils noch romanischen, einschiffigen Bau wurde im 18. Jh. der recht massige Turm angefügt. Die Innenwände bedecken noch die Reste spätromanischer und frühgotischer Fresken. Die Holzdecke trägt eine reiche Bemalung aus dem 17. Jahrhundert.

! *Baedeker* TIPP

Ultimatives Shopping

Das kleine Örtchen Ullared 40 km östlich von Varberg ist bekannt für seinen riesigen Outletstore *Gekås*. Auf 20 000 m² gibt es hier zu günstigen Preisen alles von Mode über Sportartikel bis zu Unterhaltungselektronik (Öffnungszeiten: Mo. – Fr. 8.00 – 20.00, Sa 7.00 – 17.00, So. 8.00 – 17.00 Uhr, www.gekas.se).

Tullbron ►

Symbol der Stadt ist die südöstlich vom Stortorget den Fluss überspannende **Zollbrücke**. Zwischen 1756 und 1761 erbaut, ist sie eine der besterhaltenen Steinbrücken Schwedens. In einem alten Kornspeicher ist das Falkenberg-Museum untergebracht, das die **Heimatgeschichte** der letzten 100 Jahre präsentiert. Vor dem Museum grüßt eine Skulptur von Per Kirkeby (Öffnungszeiten: Di. – So. 12.00 bis 16.00 Uhr, www.falkenberg.se/museum).

Falkenberg Museum ►

Törngrens Krukmakeri

1789 gründete Töpfermeister Hans Törngren in der Krukmakaregatan 4 seine Töpferei. In diesem Familienbetrieb bekommt man auch »Lergökar«, tönerne **Kuckuckspfeifen**, die früher von Lehrlingen gefertigt wurden, um ihren spärlichen Lohn aufzubessern (Öffnungszeiten: Mo. – Fr. 9.30 – 16.30 Uhr, www.torngrens-krukmakeri.se).

Brauerei

In Falkenberg wird seit 1866 auch Bier gebraut. Das berühmte **Falcon-Bier** der 1996 verkauften Bryggeri AB Falken ist heute eine Marke der Carlsberg-Brauerei. Deren hochmoderne Brauanlagen am

Årstadvägen können besichtigt werden (Termine nach Voranmeldung bei der Touristeninformation Falkenberg, Tel. 03 46/ 88 61 00).

✶ **Ekomuseum Nedre Ätradalen**

Im unteren Ätratal vermittelt sein einzigartiges Museumskonzept die Kultur und Natur im Gebiet **rund um den Fluss Ätran** und seine Nebenflüsse wie der Suseå, an dessen Ufern seit Jahrtausenden Menschen ins Ätratal wanderten. Das 1996 realisierte Ekomuseum ist ein Museum ohne Zäune und Öffnungszeiten, es umfasst die gesamte Region als Einheit. Besichtigt werden können 71 Ziele – die Böttcherei bei Knobesholm, das Atelierhäuschen des Fotokünstlers Severin Nilssons, die Wassermühle **Berte Qvarn**, Malzdarren, Kunstschmieden und ein nostalgischer Landhandel, aber auch Steingräber, Dreizacke und vorzeitliche Kultstätten wie Hagbards galge. Auf dem **Gudmundsgården**, einem alten Hof mit Schweineaufzucht und eigener Fleischerei mit Räucherei, werden noch Wurst und Schinken nach alten Rezepten hergestellt und im Hofladen verkauft. Herrlich nostalgisch ist das **Wirtshaus von Klef**, wo Sie in gemütlicher Atmosphäre übernachten oder auch nur Kaffee mit Kuchen genießen können. Es gibt keine festen Öffnungszeiten, einfach anklopfen an den Türen der Häuser, Ateliers und Werkstätten (www.ekomuseum.com).

✶ Västerås

G 5

Landschaft: Västmanland
Provinz: Västmands Län
Einwohnerzahl: 132 000

Rund 100 km trennen ► Stockholm von der Hauptstadt Västmanlands am ► Mälarsee. Bummeln Sie durch die Kopfsteinpflastergassen der Altstadt Kyrkbacken, schlemmen Sie bei »Karlsson auf dem Dach« und schippern Sie zu den Inseln im Archipel von Västerås.

Wikingergründung

Västerås führt sich auf eine Wikingergründung zurück und feierte 1990 sein 1000-jähriges Bestehen. Im Mittelalter war der Ort Bischofssitz. Von den elf **Reichstagen**, die in Västerås abgehalten wurden, hatte der im Jahr 1527 die größte Bedeutung, weil damals unter Gustav Wasa die Reformation beschlossen wurde.

Sehenswertes in Västerås

Domkyrka

Der gotische **Backsteindom** wurde auf den Fundamenten einer romanischen Kirche errichtet, 1271 geweiht, im ausgehenden 15. Jh. um fünf Schiffe erweitert und mehrmals umgebaut. 1694 fügte Nicodemus Tessin d. J. den 103 m hohen Turm an. Links vor der Hauptfassade steht ein mächtiges Bronzedenkmal von Carl Milles aus dem Jahr 1923 für Johannes Rudbeckius, der 1619 – 1646 Bischof von Västerås war. Sehenswert sind der 1516 teilweise in Gold gefasste go-

Västerås Orientierung

tische Schnitzaltar und der **Sarkophag von König Erik XIV.**, in dem der Monarch etwas amputiert ruht. Als in den 1970er-Jahren sein Sarg geöffnet wurde, lagen seine Beine säuberlich abgesägt neben dem Torso – der edle Steinsarg war zu kurz geraten. Neben der Bibliothek im **Botanischen Garten**, der bereits im 16. Jh. angelegt wurde, stehen uralte Baumriesen und die 1908 gefertigte Bronzefontäne »Morgenbad« von Anders Zorn (►Berühmte Persönlichkeiten).

Im Süden der Kathedrale ließ Bischof Rudbeckis eine **»Proba«** errichten, wie auf Latein ein **Strafraum** für Schüler genannt wurde. In den Karzer kamen jedoch nicht nur Schüler, sondern auch Priester und andere Mitarbeiter der Kirche, die Fehler bei der Arbeit gemacht hatten. Er wurde bis 1801 genutzt und ist der letzte erhaltene im Land.

Im Norden des Doms hat das **Kyrkbacken**-Viertel das Flair des alten Västerås bewahrt. In den **roten Holzhäuschen** und niedrigen verputzten Katen, die seit 1700 die Kopfsteinpflastergassen säumen, arbeiten wie einst die **Kunsthandwerker**. Das populäre Altstadtviertel ist autofrei. Insgesamt laden 340 km kreuzungsfreie, beleuchtete und im Winter beheizte (!) Radwege zum stressfreien Radeln: In Våsterås sind Radfahrer die Stars der Stadt. Ein eigenes Bronzedenkmal von B. G. Broström (►Abb. S. 344) ehrt sie seit 1989 an der Südseite des weiten Marktplatzes **Stora Torget**. Es zeigt eine Gruppe von Radfahrern, die von ASEA (heute ABB) nach Hause radeln – als kleinen Spaß nahm der Bildhauer seinen Vater mit in die Radlergruppe auf. Südlich erstreckt sich eine ansprechend gestaltete Fußgängerzone.

Radfahrer-denkmal ►

Västerås Slott

Am Südrand des **Stadsparken**, wo eine Brücke über den Svartån-Fluss führt, steht ein altes **Turbinenhaus**. Halb rechts davon stößt man auf das Schloss, das im 13. Jh. als Festung errichtet wurde und heute Sitz der Regionalregierung und des **Provinzmuseums** ist. Im

VÄSTERÅS ERLEBEN

AUSKUNFT

Västerås Turistbyrå
Kopparbergsvägen 3
SE – 72187 Västerås, Tel. 021 / 39 01 00
www.vasterasmalarstaden.se
www.visit-vasteras.com

ANREISE

Der Flughafen *Stockholm-Västerås Airport* wird hauptsächlich von den Billigfluggesellschaften Ryanair und Wizz Air angeflogen – nach Stockholm sind es von dort noch 113 km.

ÜBERNACHTEN

► Luxus

① *Elite Stadshotellet*
Stora Torget, SE – 72103 Västerås
Tel. 021 / 10 28 00, Fax 021 / 10 28 10
www.elite.se; 137 Z.
1907 wurde der Grundstein für das wunderschöne Art-nouveau-Hotel gelegt, 2008 wurde die Nobelherberge sorgsam renoviert. Der *Stadskällaren* gilt als Feinschmeckeradresse, im britischen Pub *The Bishop's Arms* stehen 300 Sorten Whisky zur Auswahl.

► Komfortabel

② *Hotel Arkad*
Östermalmsgatan 25
SE – 72214 Västerås
Tel. 021 / 12 04 80, Fax 021 / 83 00 50
www.hotellarkad.se
Zentral gelegenes Dreisternehaus mit 43 geschmackvollen Zimmern

► Günstig

③ *STF Vandrahem Västerås*
Svalgången 1, SE – 72481 Västerås
Tel. 021 / 30 38 00, Fax 021 / 30 38 88
www.svenskaturistforeningen.se, 12 Z.
Gästehaus in unmittelbarer Nähe zum Freiluftmuseum Vallby. Für Hausgäste ist die Nutzung von Pool, Sauna und Solarium kostenlos.

► Ungewöhnliche Unterkünfte

④ *Hotel Hackspett*
► Baedeker Tipp S. 345

⑤ *Utter Hotel*
Mälaren
SE – 72187 Västerås
Buchung über www.visit-vasteras.com
Der Fantasie des Künstlers Mikael Genberg entsprungen ist das Utter Inn im Mälarsee. Der kleine Ponton mit einem winzigen roten Schwedenhäuschen und Sonnendeck ist ein Idyll für Minimalisten. Über Wasser gibt es Liegestühle, Gaskocher, Frischwasser-Kanister und WC, unter Wasser liegen Aufenthalts- und Schlafzimmer mit großem Fenster. Fische statt Fernseher heißt hier das Programm. Das leckere Dinner wird per Boot zur Miniinsel gebracht.

ESSEN

► Erschwinglich

① *Karlsson På Taket & Sky Bar*
Karlsgatan 9, Tel. 021 / 10 10 98
http://karlssonpataket.wordpress.com
Bei »Karlsson auf dem Dach« speist man mit atemberaubender Aussicht, denn man sitzt im 23. Stock gut 70 m über der Erde. Noch ein Stockwerk höher hat abends die *Sky Bar* geöffnet.

Baedeker-Empfehlung

② *Varda Restaurang*
Vasagatan 11, Tel. 021 / 14 81 50
www.restaurangvarda.se
Willkommen daheim! Ob Lunch oder Dinner, Kaffee oder Cocktail – Restaurantchef Michael Atterkinen sorgt dafür, dass man sich gleich wohlfühlt in seinem gemütlich-stilvollen Lokal, das laut Schwedens Gourmetbibel »White Guide« zu den besten des Landes gehört.

Museum sind prähistorische Funde und kulturgeschichtliche Sammlungen zu sehen (Öffnungszeiten: Di. – So. 12.00 – 17.00, Mi. bis 20.00 Uhr, www.vastmanlandslansmuseum.se).

Konstmuseet **Schwedische Kunst vom 18. Jh. bis heute** zeigt seit 1972 das Kunstmuseum, das im ehemaligen Rathaus von 1860 am Fiskatorget 2 residiert. Zu den Höhepunkten der Sammlung gehören die Gemälde des schwedischen Sufi Ivan Agueli, dessen Bilder auch schwedische Briefmarken zierten, die zwischen naiver Kunst und Expressionismus anzusiedelnden Gemälde von Bror Hjorth, die Werke der Surralisten Eric Grate und Endre Nemes sowie die Fotoarbeiten von Lotta Antonsson und Annika von Hausswolff (Öffnungszeiten: Juni – Aug. Di. – Fr. 11.00. – 16.00, Sa., So. ab 12.00, Sept. – Mai Di. – Fr. 10.00 bis 17.00, Sa., So. ab 12.00 Uhr, www.vasteraskonstmuseum.se).

Stadshuset Das heutige **Rathaus** entstand 1953 nach Plänen von Sven Alhbom am Standort eines Klosters aus dem 13. Jh., das damals am **Vasaparken** entdeckt wurde. Im 65 m hohen Rathausturm hängt mit 47 Glocken **Schwedens größtes Glockenspiel**. Mehr als 11 t wiegt das gesamte Gehänge – 2356 kg die größte, 11 kg die kleinste Glocke.

Rauf aufs Rad: In Västerås sind Radler die Stars.

Zum Klingen bringt sie bei Konzerten und Vorführungen der städtische Carillonneur, der die Glocken noch von Hand anschlägt, sonst stündlich der Computer. Noch höher als der Rathausturm ist der 1989 errichtete **Skrapan**, Västerås erster »Wolkenkratzer«. In dem 24 Stockwerke hohen Glasturm befinden sich Geschäfte, Büros, ein Hotel und das aussichtsreiche Lokal **Karlsson På Taket & Sky Bar** (► S. 343). Überdachte Gänge verbinden den »Kratzer«, so die deutsche Bedeutung seines Namens, mit der Einkaufspassage »Gallerian«, dem Kongresszentrum Aros und einem Parkhaus.

! *Baedeker* TIPP

Träumen zwischen Bäumen

In den Ästen einer mächtigen Eiche im Vasaparken versteckt sich in luftigen 13 m Höhe das *»Hotel Buntspecht«* mit Balkon, Toilette, kleiner Küche, gemütlichem Schlafraum für zwei, Bibliothek und Hängematte. Das von Mikael Genberg entworfene Baumhaus gibt es in zwei Kategorien: Wer »Bohème« bucht, bringt Bettbezüge und Essen selbst mit. Bei »Deluxe« sind die Betten bereits gemacht, serviert das Hotel ein köstliches Dinner und ein üppiges Frühstück. Hinauf geht es mit einer Seilleiter (④ Hotel Hackspett, Vasaparken, SE – 72187 Västerås, Buchung über www.visit-vasteras.com).

Djäkneberget

In dem Park westlich vom Dom trafen sich einst die Djäkne, die Schüler des Gymnasiums von Bischof Rudbeckius, das dieser 1623 in Västerås gegründet hatte. Wahrzeichen des Parks wurden die mehr als **500 großen Steine**, die Sam Lidman im 19. Jh. mit Inschriften versah – Namen von Freunden, aber auch Sinnsprüche wie »Var heller frij än annars träl – ämedan du kant tik röra«, zu Deutsch: »Sei lieber frei als sonst ein Sklave – so lange Du Dich noch rühren kannst«. Auf der Kuppe des Hügels gibt es einen Minigolfplatz, ein Restaurant und eine große Liegewiese mit Blick auf den Dom.

Vallby Friluftsmuseum

Öffnungszeiten: tgl. 10.00 – 17.00

Die **Kultur- und Arbeitsgeschichte Värmlands** wird 2 km westlich vom Zentrum in den 40 Bauten des Freilichtmuseums Vallby erzählt. Bauernhöfe und Bergbaukaten, Stadthäuser und Werkstätten traditioneller Handwerke wie Silberschmied und Schuster gewähren im Svartå-Tal lebendige Einblicke, wie es vor 100 Jahren wohl überall in Südschweden ausgesehen hat (www.vallbyfriluftsmuseum.se).

Västerås Flymuseum

Öffnungszeiten: So. 12.00 – 16.00

In einem hölzernen Hangar an der Hässlögatan 16, der kurz vor dem Zweiten Weltkrieg für die schwedische Luftwaffe gebaut worden war, zeigt heute das Luftfahrtmuseum **Veteranen der Lüfte**, darunter einen zweisitzigen Hawker Hunter, eine Tiger Moth, einen Brantley-Hubschrauber und eine De Havilland Heron. Wer sich selbst in die Lüfte schwingen möchte, kann am Simulator eine J 35 Draken und eine Convair Metropolitan Probe fliegen (www.flygmuseum.com).

★ Anundshögen

Der Bestattungsplatz Anundshögen liegt 6 km nordöstlich außerhalb des Zentrums. Die Grabhügel und schiffsförmigen **Steinsetzungen aus der Wikingerzeit** entstanden zwischen 500 und 1050 und gehören zu den umfassendsten derartigen Anlagen in Schweden.

Umgebung von Västerås

Åkesta Observatoriet

Das 1939 vom örtlichen Astronom Åke Odelberg erbaute »Sternenhaus«, 2,5 km nördlich von Västerås, gehört zu den ältesten privaten Observatorien Schwedens. Bei klarem Himmel wird abends der Sternenhimmel beobachtet, gibt es zu viele Wolken, zeigen die Ehrenamtlichen der Västerås Astronomi- och Rymdforskningsförening (VARF) Filme und Fotos aus Beständen der NASA und der JPL. 2009 wurde die **Sternwarte** erheblich erweitert und birgt seitdem in ihrem Neubau ein 61 cm langes Newton-Teleskop mit 24 Zoll Durchmesser (Öffnungszeiten: Nov. – März Do. 19.00 – 21.00 Uhr bei klarem Wetter, Skultunavägen, www.varf.se).

! *Baedeker* TIPP

Chrysler, Corvette & Camaro

Rund 14 000 hochglanzpolierte Oldtimer aus den 1950er- bis 1970er-Jahren drängen sich auf dem *Flugplatz Johannisberg*, mehr als 600 Händler bieten an einer kilometerlangen Budenstraße Ersatzteile, Chromzierrat oder Aschenbecher aus Altöldosen an: Seit mehr als 30 Jahren treffen sich Autofreaks alljährlich in der ersten Juliwoche von Do. bis Sa. zum weltgrößten US-Car-Festival. Höhepunkt am Fr. und Sa. ist das City-Cruising von Cadillac, Chrysler, Camaro & Co. (www.bigmeet.com).

★ **Skultuna Messingsbruk**

Öffnungszeiten: Mo. – Fr. 10.00 – 18.00, Sa., So. 11.00 – 16.00

Seit mehr als 400 Jahren wird 6 km nördlich von Västerås erlesenes Kunsthandwerk aus Messing gefertigt. Wie, zeigt ein Besuch der **königlichen Messinghütte**, die 1607 von König Karl IX. gegründet wurde und im 17. Jh. ihre erste Blütezeit erlebte. Immer wieder verpflichtete das Werk namhafte Designer für die Entwürfe von Armreifen, Manschettenknöpfen, Kerzenleuchtern und Weihnachtsschmuck. Im 19. Jh. arbeitete Carl Hjalmar Norrström (1853 bis 1923) als Designer bei Skultuna, 1955 bis 1984 prägte Pierre Forssell mit klarem, funktionellem Design die gestalterische Linie, 1984 schuf Sigvard Bernadotte für Europas älteste Messinghütte eine eigene Serie (Bruksgatan 8, Skultuna, www.skultuna.com).

Engsö Slott

Auf **Schloss Engsö**, sagt der Volksmund, gibt es viele Geister. Nachts würden die mystischen Gestalten ihre Verstecke verlassen und die Macht im Schloss übernehmen. Tagsüber kann das Anwesen, 25 km östlich von Västerås, dessen Wurzeln bis ins Jahr 1185 zurückreichen, besichtigt werden (Öffnungszeiten: Mai, Juni Sa., So. 12.00 bis 17.00 Uhr, Juli – 15. Aug. Sa. – Do., www.engsoslott.com).

Tidö Slott

Öffnungszeiten: Mai – Aug. tgl. 12.00 – 17.00

www.tidoslott.se

Schloss Tidö, 20 km südwestlich von Västerås, ist schwedischen Fernsehzuschauern bestens bekannt: Das an einer kleinen Bucht des ► Mälarsees gelegene stattliche Schloss aus der Übergangszeit zwischen Renaissance und Barock diente 2005 in der TV-Serie »Riket« als Kulisse für eine romantische Liebesgeschichte. Die Schlosskapelle, einige Repräsentationsräume – beachten Sie die Intarsien der Türen! – ein Wagenmuseum und ein **riesiges Spielzeugmuseum** mit 30 000 Exponaten können im Sommer besichtigt werden. Am dritten und vierten Advent wird ein großer **Weihnachtsmarkt** veranstaltet und im Värdshuset ein traditionelles Julbord serviert.

* **Jazzens Museum**

Öffnungszeiten: Juni – Aug. tgl. 13.00 – 17.00, sonst nach Vereinbarung

www.jazzmuseum.se

Bereits von außen sorgt das Jazzmuseum 24 km südwestlich von Västerås an der Sofielundsvägen 35 in **Strömsholm** für Swing im Blut: Wie im French Quarter von New Orleans schmückt eine schmiedeeiserne Veranda die Fassade. Drinnen begeistert die Privatsammlung von Jazzfan Rolf Carvenius mit mehr als 7500 Exponaten von den Anfängen des Jazz bis zu den Stars von heute: Hunderte signierter Fotos von Benny Goodman, Duke Ellington und **Louis Armstrong**, für den ein eigener Ausstellungsraum eingerichtet wurde, Plattenverträge und Poster, Preise, Auszeichnungen und immer wieder Presseberichte. Charlie Normans erstes Piano ist ebenso zu sehen wie Nils-Bertil Dahlanders Schlagzeug und 32 Originalzeichnungen des Musikers und Karikaturisten **Gösta Törner** (1912 – 1982). Jeden Sommer werden im **Auditorium Konzerte** veranstaltet, und für daheim hat das Museum jetzt auch die erste CD herausgebracht.

Strömsholm Slott

Pferdefreunden ist Schloss Strömsholm ein Begriff: Das prächtige Anwesen ist nicht nur alljährlich Schauplatz renommierter schwedischer Pferderennen, sondern auch Sitz eines **Gestüts**, das bereits im 17. Jh. von Gustav Wasa gegründet worden war. Der heutige Bau, der auf einer Insel an der Mündung der Kohlbäckså in den Mälarsee thront, geht auf Pläne von Nicodemus Tessin d. Ä. zurück. Im Schloss befinden sich eine Sammlung **Pferdebilder des Hofmalers David Klöcker Ehrenstrahl** sowie schwedische Gemälde des 17. Jh.s, außerdem Möbel aus gustavianischer Zeit (Öffnungszeiten: Juli tgl. 12.00 – 17.00, Juni, Aug. bis 16.00, Mai Sa., So. 12.00 – 16.00 Uhr).

Köping

In der kleinen Handelsstadt Köping arbeitete im 18. Jh. der in Stralsund geborene **Carl Wilhelm Scheel** als Apotheker. Dem bedeutenden Chemiker ist die Apothekenabteilung »Scheeles Minne« des Köpinger Museums gewidmet (Öffnungszeiten: Mo. – Do., Sa., So. 13.00 bis 16.00, Östra Långgatan 37).

* **Bootsausflüge ins Västerås-Archipel**

Aus dem Stadthafen von Västerås starten Ausflugs- und Fährfahrten zu den rund **100 Inseln** des Archipels von Västerås. Die mehr als 100 Jahre alte Fähre M/F Elba läuft das beliebte Badeparadies **Östra Holmen** an und tuckert auch nach **Ridö**, wo Rad- und Wanderwege einladen, die Natur der Insel zu entdecken, auf der allein 160 verschiedene Vogelarten leben. Mit **Elba** verbinden viele Einheimische romantische Erinnerungen – für sie gehört es zu einem lauen Sommerabend einfach dazu, mit dem Partner Arm in Arm den dortigen Love Walk entlangzubummeln und im Inselrestaurant Elba mit Blick auf das Meer zu schlemmen – zurück geht es gemütlich mit der M/S Silvertärnan (Buchung über Västerås Turistbyrå, S. 343).

✶ **Sala**

Der alte Bergbauort Sala erlebte seine Blütezeit im 16. Jh., als die **Silbergruben** dieser Region einen erheblichen Teil des Landesvermögens erwirtschafteten. Das hier geförderte Silbererz galt als eines der reichsten der Erde. Einen guten Einblick in die bergmännische Technik vermittelt das im alten Grubenhaus eingerichtete **Grubenmuseum**. Die tiefste Stollenanlage ist mit 318 m der Schacht Carl XI., der Schacht Drottning Christina reicht bis in 257 m Tiefe. Besucher können im Rahmen verschiedener Führungen bis in eine Tiefe von 60 m absteigen (www.salasilvergruva.se). Auf dem Gelände der Silbergrube kann man sich in den Läden mehrerer **Kunsthandwerker** mit Schmuck und Geschenken aus Silber und Gold eindecken (Öffnungszeiten: Mai – Sept. tgl. 10.00 – 17.00, sonst Do. – So. 11.00 – 16.00).

! *Baedeker* TIPP

Schicht im Schacht

Abenteuerlustige können in der Silbergrube von Sala 155 m tief unter der Erde schlafen, in einer Suite für zwei in der Ulrica-Eleonora-Grube. Bringen Sie warme Kleidung mit, denn während der Führung im Bergwerk liegt die Temperatur bei ca. 2 °C, in der Suite herrschen jedoch angenehme 18 °C. Nach der rustikal-romantischen Nacht serviert ein Bergmann ein herzhaftes Frühstück, ehe es im Aufzug wieder nach oben geht (www.salasilvergruva.se).

Västervik

G 3

Landschaft: Småland
Einwohnerzahl: 37 000
Provinz: Kalmar Län
Höhe: Meereshöhe

Unberührte Schäreninseln, endlose Sonnentage am Strand, Kleinstadtidylle und kulinarische Köstlichkeiten – im Hafenstädtchen Västervik zeigt sich Schweden von seiner besten Seite.

Rund um den Hafen

Direkt am Fischer- und Bootshafen liegt der Markt mit seinen Fischhändlerhütten. Wer gerne Fisch, Gemüse oder Krimskrams einkauft und buntes Markttreiben liebt, ist hier goldrichtig. Kosten Sie auch die Spezialität des Ortes: **Räucheraal**. Zwischen dem Platz und der auf einer Anhöhe stehenden Gertrudskirche breiten sich Västerviks nostalgische alte Holzhäuser aus.

St. Gertruds Kyrka

Die **Gertrudskirche** stammt ursprünglich aus dem 15. Jh., wurde aber im Laufe der Zeit vollständig umgestaltet. Im linken Querhaus-

VÄSTERVIK ERLEBEN

AUSKUNFT

Västervik Turistbyrå
Strömsholmen
SE–59330 Västervik
Tel. 04 90 / 889 00, Fax 04 90 / 889 15
www.vastervik.se

SCHMALSPURBAHN

Seit 1879 rattert die denkmalgeschützte *Smalspåret* von Västervik nach Hultsfred. Die rot-gelben Züge, die für die 71 km lange Strecke rund zwei Stunden benötigen, verkehren tgl. vom 28. Juni bis 10. Aug., vom 16. bis 24. Aug. nur am Wochenende (www.smalsparet.se).

EVENTS

In der zweiten Juliwoche feiert Västervik in der Schlossruine Stegeborg sein Liederfest *VisFestival* (http://visfestivalen.se). Ganz und gar rockig gibt sich Hultsfred beim *Rookie* an den beiden letzten Oktobertagen (www.rockparty.se).

ÜBERNACHTEN

► Komfortabel

Best Western Västerviks Stadshotell
Storgatan 3, SE–59330 Väservik
Tel. 04 90 / 820 00, Fax 04 90 / 820 01
www.stadshotellet.nu
Zentral gelegenes, behindertengerechtes Viersternehaus mit 101 stilvollen Zimmern und Spa in einer Stadtvilla von 1890

► Günstig

Resanderum
Lucernavägen 2, SE–59330 Väservik
Tel. 04 90 / 1290 70, Fax 215 60
www.resanderum.se
Ruhiges Hotel 1,5 km vom Zentrum entfernt beim Glasbrukspark. 9 Zimmer haben Dusche/WC auf dem Flur, 6 Zimmer TV und WC/Dusche im Zimmer; Gemeinschaftsküche.

ESSEN

► Fein & teuer

Baedeker-Empfehlung

Gränsö Slotts Restaurang
Tel. 04 90 / 370 80, www.granso.se
So könnte Ihr Schlemmermenü im eleganten Schlossrestaurant aussehen: als Vorspeise Räucherschinken mit Ziegenkäse aus Krogersbro, zum Hauptgang gebackener Ostsee-Kabeljau im würzigen Zwiebel-Kümmel-Bett, gefolgt von einem herbzarten Schokoladenküchlein mit in Chili marinierten Pfirsichen. Smaklig måltid!

Nilssons konditori
Storgatan 28, Västervik
Tel. 04 90/149 43
Die 1920 gegründete Konditorei wurde 2009 als beste des Landes ausgezeichnet – dank des köstlichen Backwerks von Anders Oskarsson und Martin Andersson.

ANKER LICHTEN

Die Schiffe *M/S Tjust* und *M/S Loftahammar* starten am Skärgårdsterminalen von Västervik und in Loftahammar mehrmals täglich zu Rundfahrten durch die Inselwelt (www.tjustskargardsbatar.se). Die Boote steuern Idö, Hasselö, Björkö, Rågö und Blankaholm an und halten auch bei Schloss Gränsö und der Ferienanlage Lysingsbadet. Segler träumen von einem Törn durch die Schären – chartern Sie ein Schiff oder genießen Sie die Fahrt als Passagier auf Tagestörns (Infos unter www.pepparangenbc.se).

Das Warmbadehaus im Jugendstil birgt heute die Touristeninformation.

arm befindet sich eine mit ornamentalen Grisaillemalereien geschmückte Holzdecke. Die kunstvoll geschnitzte Kanzel ist barock, die Ölgemälde datieren ins 17./18. Jahrhundert. Die **Wistenius-Orgel** von 1743 gehört zu den wertvollsten Orgeln Schwedens.

Cederflychtska Fattighus

Wenige Schritte östlich der Gertrudskirche steht das 1749 – 1751 erbaute **Armenhaus**, das so ansehnlich ist, dass sich ein zeitgenössischer Geschichtsschreiber zu der Bemerkung hinreißen ließ: »In Västervik wohnten die Armen besser als die Reichen.« Westlich gegenüber der Gertrudskirche finden Sie den beschaulichen **Aspagård** von 1677. Im ältesten Haus von Västervik haben heute zwei Kunsthandwerker ihre Ateliers.

Båtsmansstugorna

Die acht **roten kleinen Holzhäuser** des Båtsmansgränd in der Strömsgatan 40 wurden um 1740 für die Fischer und Bootsleute der Stadt gebaut. In einigen davon können heute Gäste übernachten (Ackrells), andere bergen ein Café und einen Laden voller kurioser Dinge. Im Sommer erfüllt der Duft des Gewürz- und Kräutergartens die kleine Gasse. Nicht verpassen sollten Sie den **Wimmerströmska Gården** mit der Wimmerström-Galerie; im Innenhof finden im Sommer öfter Konzerte statt. Beachtung verdienen auch die Ausstellungen der Tjustgalleriet, Galleri 55 und die Galleri Storgatan 31.

Västerviks Museum

Vorbei an der Ruine von Schloss Stegeholm, 1360 als Verteidigungsanlage erbaut, kommen Sie zum Hügel Kulbacken. Hier informiert das Västerviks Musem über die **Geschichte der Stadt** (Öffnungszeiten: Di. – Fr. 11.00 – 16.00, So. 13.00 – 16.00, Juni, Aug. auch Sa.).

Unos torn

Ein Zahnarzt aus dem Nachbarort Gamleby ermöglichte 1997 mit seiner Spende den Bau des 18 m hohen **Aussichtsturms**, der einen weiten Blick auf Västervik und die vorgelagerten Schären eröffnet.

Lysingsbad

Etwa 3 km östlich vom Zentrum liegt in den Schären das **Freizeitzentrum** Lysingbad mit Campingplatz, Hütten, Stränden, Wasserrutsche und Golfplatz (Öffnungszeiten: Mitte Juni – Mitte Aug. tgl. 9.00 – 20.00 Uhr, http://lysingsbadet.vastervik.se).

✶ Gränsö Slott

Alljährlich am letzten Juliwochenende treffen sich Tausende Motorradfans aus ganz Schweden auf Schloss Gränsö und versammeln sich zum Festumzug durch Västervik (www.mcdagarna.se).
Rund um das **Schlosshotel Gränsö** mit zauberhaften Zimmern, Spa und Golfplatz (► S. 349) erstreckt sich ein Naturreservat mit einem 12 km langen Wanderweg und geschützten Badeplätzen wie Bondbacken und Sandviken. Ausflügler, die hier auch mit dem Schärenboot ankommen können, zieht es außerdem zu den vier Kunsthandwerker-Ateliers des Gränsö **Design-Center**. Neben einer Schmiede, Keramik- und Töpferwerkstatt gehört dazu auch die **Kerzenzieherei** Gränsö Slott, in der die typisch skandinavischen Zweigkerzen noch per Hand gezogen werden (www.swedishcandles.com).

Gamleby

Richtig nostalgisch ist auch Gamleby mit seinem malerischen Marktplatz **Gamla Torget**. Historische Schiffe wie die mächtigen Segler »Linnea« und »Vega« werden auf dem Trånskeppsvarvet instand gesetzt. Die mächtigen roten Granitklippen des Garpedansberget haben seit Jahrtausenden die Menschen fasziniert und viele Mythen inspiriert – besonders über den Riesen Garpe. Auf dem **Garpedansberget** hat ihnen der örtliche Künstler Jan Pol seine Skulpturen gewidmet – sie zeigen Trolle, Elfen und Nymphen, die der Riese zum Tanz eingeladen hat.
Zwischen Västervik und Gamleby liegt direkt an der E22 die Ziegelei **Almviks Tegelbruk**. Vom 17. Jh. an wurden dort bis 1971 Ziegel hergestellt – wie, verrät heute ein Museum im einstigen Trockenschuppen (Öffnungszeiten: Juli tgl. 13.00 – 17.00 Uhr, Mitte bis Ende Juni, Aug. nur So., www.tjustforum.se/almvikstegel/tyindex.html).

Lunds By

Der im 17. Jh. entstandene Weiler Lunds By, 10 km südwestlich, lohnt wegen seiner Architektur: **Acht alte Herrenhäuser** gruppieren sich hier um einen rechteckigen Marktplatz. Kindern kommt die Szenerie vielleicht vertraut vor: Teile des Astrid-Lindgren-Bestsellers »Wir Kinder aus Bullerbü« wurde hier verfilmt.

Stensjö

Etwa 10 km vor Oskarshamn liegt inmitten dichter Wälder der Weiler Stensjö, der noch so aussieht wie ein typisches **småländisches Dorf um 1900**. Da viele der kleinen Felder rings um Stensjö mit dicken Felsbrocken übersät sind, war es kaum möglich, sie mit großen Maschinen zu bewirtschaften. So wurde die Landwirtschaft unrentabel und das Dorf verfiel, bis die Wissenschaftsakademie es zu einem ökologischen Musterbetrieb umwandelte, in dem heute nach alter Väter Sitte gewirtschaftet wird. Besucher können auf verschiedenen Wanderwegen die Umgebung erkunden.

◄ Weiter auf S. 354

IHeldin mit feuerrotem Haar: »Bitte erzähl mir von Pippi Langstrumpf« hatte Karin ihre Mutter Astrid Lindgren gebeten. »Pippi wer?« »Pippilotta Viktualia Rollgardina Pfefferminza, Efraims Tochter Langstrumpf!«

GROSSE WERKE FÜR KLEINE LEUTE

Im Laufe ihres langen Lebens hat Astrid Lindgren (1907 – 2002) mehr als 50 wundervolle Kinderbücher geschrieben. Dabei setzte sich die geistige Mutter von Pippi Langstrumpf, Michel aus Lönneberga und Kalle Blomquist immer wieder für eine gerechtere Welt vor allem für Kinder ein.

Ohne ein kleines, krankes Mädchen gäbe es nicht die berühmten Kinderklassiker aus Schweden. »Erzähl mir von **Pippi Langstrumpf**«, hatte Karin ihre Mutter **Astrid Lindgren** (►S. 354) 1941 gebeten, als sie mit einer Lungenentzündung im Bett lag. »Pippi wer?« Der Name war der Kleinen just eingefallen und so ließ die Mutter ihrer Fantasie freien Lauf, erzählte von einem neunjährigen Mädchen mit roten Zöpfen und unglaublichen Kräften, das allein mit Affe und Pferd in der Villa Kunterbunt lebte. Die Geschichten wären wohl heute vergessen, hätte sich Astrid Lindgren im Winter 1944 nicht ihren Knöchel verstaucht. »Ich musste liegen und hatte nichts zu tun. Was tut man da. Schreibt vielleicht ein Buch...«. Sie stenografiert die Erlebnisse von Pippi auf ihren Block. 1945 erscheinen Pippis Abenteuer bei »Rabén & Sjögren«, 1949 kommt ihr Erstlingswerk auch in Deutschland auf den Markt, wo ihre Bücher bis heute vom Oetinger Verlag verlegt werden. Die sommersprossige Heldin mit ihrem unkonventionellen Leben, das jegliche Konventionen und Stereotypen sprengt, ist bis heute der Star unter den vielen liebenswerten Figuren, die Lindgren geschaffen hat: Weltweit wurde Pippi bislang in 85 Sprachen übersetzt, mehr als 145 Millionen Mal verkauft und erfolgreich mit Ingar Nilsson verfilmt (►Abb. S. 353).

Sehnsuchtsorte der Kindheit

Pippis erbsengrüne Pillen gegen das Erwachsenwerden hätte Astrid Lindgren wohl zu gerne selber geschluckt, um ihre glückliche Kindheit zu verlängern, nach der sie sich zeitlebens zurücksehnte. Mit drei Geschwistern wächst sie als Astrid Anna Emilia Ericsson wie die »Kinder von Bullerbü« auf einem Bauernhof in Näs bei **Vimmerby** auf. »Zweierlei hatten wir, das unsere Kindheit zu dem gemacht hat, was sie gewesen ist – **Geborgenheit und Freiheit**«, erinnert sich die Autorin später, und versucht beim Schreiben ihrer Bücher wieder in diese Welt einzutauchen.

Mit dem Ende der Schulzeit beginnen schwierige Jahre. Während ihres Volontariats bei der Lokalzeitung von

Vimmerby wird Lindgren **mit 18 Jahren schwanger**, weigert sich aber, den Vater und Herausgeber der Zeitung zu heiraten. Ihren Sohn Lars bringt sie 1926 in Kopenhagen zur Welt – nur dort wurden Meldungen über Geburten nicht offiziell weitergegeben. Lars kommt in eine Pflegefamilie, Lindgren geht nach Stockholm, macht eine **Sekretärinnenausbildung** und lernt Sture Lindgren kennen. Sie heiraten 1931, holen Lars zu sich und beziehen eine Wohnung im Stockholmer Vasaviertel. 1934 wird ihre Tochter geboren, die später als Karin Nyman die Kinderklassiker der Mutter übersetzt. 1941 zieht die Familie in die Dalagatan 46, wo Astrid Lindgren bis zu ihrem Tod wohnt.

Geliebt und zensiert

Von 1944 bis 1993, bevor Lindgren wegen **Augenproblemen** das Schreiben aufgeben musste, entstehen mehr als 50 Geschichten über starke, eigensinnige Kinder, die die Erwachsenenwelt auf den Kopf stellen. Der Nachwuchs ist begeistert, die **Pädagogen sind entsetzt**. Die freche Pippi ist ein schlechtes Vorbild, meint Frankreich und zensiert 1951 den Band – erst 1955 genehmigte die Grande Nation die ursprüngliche Fassung. »Wenn ich schrieb«, erzählte Lindgren, »war ich für alle Sorgen unerreichbar.« Und davon gibt es einige: Ihr Mann, ihr Bruder, ihr Sohn sterben. Der Tod ist Thema in ihrem Buch **»Die Brüder Löwenherz«**, das trotz aller Traurigkeit Mut macht und zeigt, dass das Gute im Menschen unabhängig von Zeit und Raum den Sieg davontragen kann. 1993 vollendet Lindgren mit **»Wie gut, dass es Weihnachtsferien gibt, sagte Madita«** ihr letztes Kinderbuch.

Auch politisch ist Lindgren aktiv. Sie hält Reden gegen Ausländerhass und setzt sich für den Tierschutz ein. Als 1976 die schwedische Steuergesetzgebung von ihr als Autorin 102,0 Prozent an Abgaben fordert, schreibt sie das Steuermärchen **»Pomperipossa in Monismanie«** – und sorgt maßgeblich dafür, dass die schwedischen Sozialdemokraten nach 40-jähriger Amtszeit abgewählt werden.

Für »ihren Sinn für Gerechtigkeit, Gewaltfreiheit, Verständnis für Minderheiten und auch für ihre Liebe zur Natur«, erhält Astrid Lindgren 1994 in Stockholm den **Alternativen Nobelpreis**. 1996 benennt die Russische Akademie den neu entdeckten Asteroiden Nr. 3204 nach ihr, 1997 wird sie als **Schwedin des Jahres** ausgezeichnet. Mit einem Augenzwinkern bedankt sie sich beim Publikum: »Ihr verleiht den Preis an eine Person, die uralt, halb blind, halb taub und total verrückt ist. Wir müssen aufpassen, dass sich das nicht rumspricht.«

Infos unter **www.astrid-lindgren.de**

Oskarshamn In der Hafen- und Industriestadt Oskarshamn kam 1857 der Arzt und Schriftsteller **Axel Munthe** zur Welt, dessen Erinnerungen »Das Buch von San Michele« (1929) ein Welterfolg wurden. Im **Kulturhus** an der Hantverksgatan 18-20 sind das Seefahrtsmuseum sowie eine Sammlung mit Skulpturen des im nahen Döderhult geborenen Bildhauers Axel Petersson (1868 – 1925) untergebracht.

✱✱ Astrid Lindgrens Värld in Vimmerby Unvergesslich und ein absolutes Muss für Kinder ist der Besuch von Vimmerby, gut 50 km landeinwärts. Jedes Jahr kommen Zigtausende auf den **Pfarrhof Näs** nördlich von Vimmerby, wo Astrid Lindgren aufgewachsen ist (► Baedeker Special S. 352). Hier steht Pippi Langstrumpfs »Limonadenbaum«, eine uralte hohle Ulme, auf die schon Astrid als Kind geklettert ist. Im Sommer gibt es auf dem Hof auch einen Kunst- und Handwerksladen. Das Geburtshaus selbst ist nur im Rahmen einer Führung zu besichtigen (Tel. 0492 / 76 94 00). Im Freizeitpark **»Astrid Lindgrens Welt«** hat man viele Details aus ihren Kinderbüchern nachgebaut wie die Villa Kunterbunt, die Krachmacherstraße, die Mattisburg, Bullerbü und das Katthult von Michel, der in Schweden übrigens Emil heißt. Souvenirläden, Spielplatz und ein buntes Veranstaltungsprogramm für den Nachwuchs gehören natürlich auch dazu (Öffnungszeiten: Juni – Aug. tgl. 10.00 – 18.00, ab Mitte Mai bis 17.00 Uhr, www.alv.se). Wer sich noch weiter auf die Spuren der Bücher von Astrid Lindgren begeben will, wird ringsum rasch fündig: Auf den drei kleinen Höfen Sevedstorp in Pelarne, 15 km außerhalb von Vimmerby, wuchs Astrids Vater Samuel August auf. Hier fand sie die Ideen für ihre **»Kinder aus Bullerbü«**, die hier auch verfilmt wurden. Das Katthult von **»Michel aus Lönneberga«** gibt es ebenfalls: Es heißt Gibberyd und ist 25 km von Vimmerby entfernt. Sogar der Tischlerschuppen ist zu sehen, in den Michel immer eingesperrt wurde, wenn er Unfug gemacht hatte. Im »Katthultsboden« kann man Michels Requisiten, Keramik und Kunsthandwerk kaufen (www.katthult.se).

Geliebt und zensiert: Astrid Lindgren

Nils Holgerssons Värld Wie **Schweden im 19. Jh.** aussah und zwar in etwa so, wie Nils Holgersson es aus der Luft gesehen haben mag, zeigt das »Lille Landet« nördlich von Vimmerby in Gullringen. Auf 60 000 m² sind hier typische Gebäude aus jeder Provinz im Maßstab 1 : 3 zu bewundern (Öffnungszeiten: Juli 11.30 – 19.00, Mai, Juni. Aug. 11.30 – 16.00 Uhr, www.lillalandet.com).

Norra Kvill Ein dichtes Netz von Wanderwegen durchzieht den nahen Nationalpark Norra Kvill, ein 27 ha großer, fast **unberührter Urwald**. Südlich des Nationalparks steht bei Södra Kvill die tausendjährige Eiche **»Rumskulla Eken«**, mit einem Stammumfang von mehr als 14 m ist sie die größte Eiche des Landes.

★★ Vättern · Vättersee

E/F 3/4

Landschaft: Västergötland, Östergötland, Närke und Småland

So weit wie ein Meer dehnt sich der Vättersee unter dem schwedischen Himmel aus. Ob man über den See schippert, an seinem Ufer durch das mittelalterliche Vadstena bummelt oder das Reich von Zündholzkönig Ivar Kreuger in Jönköping bestaunt, die Gegend um den Vättern verspricht jede Menge Eindrücke.

Vättern heißt schlicht Wasser

Mit 1912 km² ist der Vättersee in der Mittelschwedischen Senke der **zweitgrößte See des Landes**. Er ist 130 km lang und bis zu 30 km breit bei einer Tiefe von maximal 128 m. Sein Wasser ist an vielen Stellen erstaunlich klar, weil der Vättern Quellsee ist und obendrein von nährstoffarmen, klaren Bergbächen gespeist wird. Die großen Wassermassen speichern so viel Wärme, dass der See erst spät im Winter, manchmal überhaupt nicht zufriert.

★ Jönköping und Umgebung

Größte Stadt am See

Feuer zerstörte mehrfach das 1284 von Magnus Ladulås mit Stadtrechten ausgestattete Jönköping. Zündhölzer machten die 112 000-Einw.-Stadt an der Südspitze des Vättersee in aller Welt bekannt: 1844 bis 1970 wurden hier die sog. **Schwedenhölzer** produziert, Sicherheitsstreichhölzer, die sich nicht mehr selbst entzünden können.

Jönköping Orientierung

Essen
① Mäster Gudmunds Källare
② Pirens Fiskekrog

Übernachten
① Elite Stora Hotellet
② STF Vandrarhem Jönköping

DEN VÄTTERSEE ERLEBEN

AUSKUNFT

Gränna Turistbyrå
Brahegatan 38-40
SE – 56322 Gränna
Tel. 03 90 / 410 10, Fax 03 90 / 102 75
www.grm.se

Jönköping Resecenter
Järnvägsstationen
SE – 55189 Jönköping
Tel. 036 / 10 50 50, Fax 036 / 10 77 68
www.jonkoping.se

Motala Turistbyrå
Hamnen, SE – 59186 Motala
Tel. 01 41 / 22 52 54
Fax 01 41 / 21 45 57, www.motala.se

Vadstena Turistbyrå
Slott, SE – 59280 Vadstena
Tel. 01 43 / 315 70, Fax 01 43 / 315 79
www.tidernaslandskap.se

AUSFLÜGE UND EVENTS

Vom Uferort *Hjo* fährt ein über 100 Jahre altes Dampfboot zur Insel *Visingsö*. Tausende Blasmusiker treffen sich zu Pfingsten in Jönköping. Dann spielen Bigbands, Brass-Ensembles, Saxophonquartette, Militärorchester und Solisten um die Wette beim dreitägigen *Blasmusikfestival* (www.blasmusik.smot.nu). Jeden Februar wird in Gränna mit dem *Andrée Memorial Meet* Skandinaviens größtes Ballonevent ausgetragen, alljährlich am 11. Juli gedenkt man der Andrée-Expedition mit Ballonaufstiegen (beide: www.grm.se).

Radrennen rund um den See
Jedes Jahr Mitte Juni kommen bis zu 15 000 begeisterte Radfahrer nach *Motala*, um am Jedermannrennen rund um den Vättersee teilzunehmen. Ein wenig Kondition ist für die *Vätternrundan* aber schon nötig, denn die Runde ist immerhin 300 km lang und muss am Stück absolviert werden (www.cyklavaettern.com).

ESSEN

► **Erschwinglich**

Baedeker-Empfehlung

Idas Brygga
Skepparegatan 9, Karlsborg
Tel. 05 05 / 131 11, www.idasbrygga.se
Gegrillter Saibling mit Pfifferlingen oder in Portwein geschmortes Elchfilet – im ehemaligen Lagerhaus am Götakanal verwöhnt Matthias Lagerqvist seine Gäste mit erlesener Küche. Übernachten kann man gleich nebenan in Ida's Skepparehus mit 7 bezaubernden Zimmern in maritimem Ambiente.

① ***Mäster Gudmunds Källare***
Kapellgatan 2, Jönköping
Tel. 036 / 10 06 40, So. abend geschl.
www.mastergudmund.se
Zartes Rentierfilet und eine unwiderstehliche weiße Mousse au chocolat zählen zu den Spezialitäten des populären Kellerrestaurants.

► **Preiswert**

② ***Pirens Fiskekrog***
Bruksgatan 15, Jonköping
OT Huskvarna, Tel. 036 / 15 00 96
www.pirensfiskekrog.se
Im Sommer ist das Pirens am Hafenpier die beste Adresse für fangfrische Meerestiere.

ÜBERNACHTEN

► **Luxus**

① ***Elite Stora Hotellet***
Hotellplan, SE – 55320 Jönköping
Tel. 036 / 10 00 00, Fax 036 / 215 50 25

www.elite.se, 135 Z.
Prachtvoller Bau aus dem Jahr 1860 mitten in der Stadt mit Blick auf den Vänersee. Französisch inspirierte Gerichte werden in der lichtdurchfluteten Brasserie Le Trottoir serviert, frisch gezapftes Bier und edle Whiskys gibt's im Bishop's Arms Pub. Entspannung pur verspricht das Hudoteket Day Spa.

Hotel Gyllene Uttern
SE – 56392 Gränna
Tel. 03 90 / 108 00, Fax 03 90 / 418 80
www.gylleneutternhotelgroup.com
Die meisten der 51 individuell eingerichteten Zimmer des eleganten Herrenhauses blicken auf den Vättersee. Probieren Sie die Fischsuppe und die hausgemachten geräucherten Småland-Würste. Angeboten werden Bootsausflüge, Golf und Heißluftballonflüge.

Vadstena Klosterhotell
Klosterområdet, SE – 59224 Vadstena
Tel. 01 43 / 315 30, Fax 01 43 / 136 48
www.klosterhotel.se, 72 Zi., 3 Suiten
Logieren Sie in mittelalterlichen Räumen des ehemaligen Klosters vom Orden der Hl. Birgitta aus dem 13. Jh. unweit vom Zentrum. Zum Restaurant »Munkklostret« gehört ein reich sortierter Weinkeller mit edlen Rotweinen aus Frankreich.

▶ Komfortabel

Kanalhotellet
Storgatan 94, SE – 54632 Karlsborg
Tel. 05 05 / 121 30, Fax 05 05 / 127 61
www.kanalhotellet.se, 27 Zi.
Charmantes Holzhotel von 1894 im Schweizer Stil mit wunderschönen Schnitzereien. Direkt am Göta-Kanal mit ausgezeichnetem Restaurant.

▶ Günstig

② ***STF Vandrarhem Jönköping***
Spånhultsvägen 19, Spånhults Herrgård, Norrahammar
Tel. 036 / 610 75, Fax 036 / 610 78
Hier fühlt sich die ganze Familie wohl: moderne Zimmer mit Dusche und Toilette in einem schönen Gutshof aus dem 17. Jh. auf den Anhöhen Norrahammers; Busanschluss ins 10 km entfernte Zentrum von Jönköping.

Perfekter Picknickplatz 175 m über dem Vättersee: der Omberg

Hovrättstorget Im historischen Stadtkern zwischen Vättersee, Munksjön und Rocksjön sind noch einige alte Gebäude erhalten. Am Hovrättstorget stehen das denkmalgeschütze Landgericht **Göta Hovrätt**, erbaut 1639 bis 1655, das stattliche **Grand Hotel** aus dem 19. Jh. und der aus dem späten 17. Jh. stammende Renaissancebau des **alten Rathauses**.

★ **Länsmuseet** Südlich am Dag Hammarskjölds Plats zeigt das Landesmuseum Werke der klassischen Moderne von Bror Hjorth, Vera Nilsson und Ivan Ivansson. Ins Land der Fantasie entführen die Trollbilder von **John Bauer**, der 1882 in Jönköping geboren wurde. 2010 eröffnete im Arkivhuset die große Ausstellung über die Geschichte Jönköpings vom 13. Jh. bis heute (Öffnungszeiten: Di. – So. 11.00 – 17.00, Mi. bis 20.00, Juli, Aug. auch Mo. 11.00 – 17.00 Uhr, www.jkpglm.se).

★★ **Tändsticksmuseet** Neben dem Bahnhof auf dem einstigen Werksgelände der Streichholzfabrik erfahren Sie alles Wissenswerte über die **Geschichte des Zündholzes**. Zu sehen sind nicht nur Werkzeuge und Schachtelmaschinen. Es wird auch über die Gründerväter Johan und Carl Lindström und den zwielichtigen Zündholzkönig Ivar Kreuger berichtet. Eine Arbeiterwohnung erzählt vom harten Alltag der Fabrikarbeiter, die in ihren beengten Wohnungen Streichholzkästchen in Heimarbeit herstellten. Im Zimmer des Schmelzmeisters wird erklärt, wie die Zutaten für den Streichholzkopf gemischt wurden, in der Druckerei wie die hübschen Etiketten entstanden. Der Museumsshop hält eine interessante Auswahl an Streichholzkästchen bereit. Auf dem Gelände befinden sich außerdem ein **Radiomuseum** mit Technik vom Tonträger Edisons bis zur modernen CD und ein **Kulturhaus** mit nettem Café (www2.jonkoping.se/kultur/matchmuseum/ tyskindx.htm).

Öffnungszeiten: Juni – Aug. Mo. – Fr. 10.00 – 17.00, Sa., So. bis 15.00, sonst Di. – So. 11.00 – 15.00

Stadspark Noch weiter westlich erstreckt sich der Stadtpark mit Blick auf den Vättersee. Hier gibt es ein **Vogelmuseum** mit rund 1500 präparierten Falken, Spechten, Löffelenten, Ringdrosseln, Papageitauchern, Störchen und anderen Vögeln, die im 18. Jh. ausgestopft wurden (Öffnungszeiten: Juni – Aug. tgl. 11.00 – 17.00 Uhr, www.jkpglm.se).

Huskvarna Der Markenname Husqvarna streht für Jagdwaffen, Motorsägen und Nähmaschinen. Das **Husqvarna Fabriksmuseum** veranschaulicht mit Motorrädern, Waffen, Mess- und Haushaltsgeräten 380 Jahre Industriegeschichte (Öffnungszeiten: Mai – Aug. Mo. – Fr. 10.00 – 17.00, Sa., So. 12.00 – 16.00, sonst Mo. – Fr. 10.00 – 15.00 Uhr, Hakarpsvägen 1, www.huskvarna-hembygd.se/husqvarna). Folgt man der E 4 nordwärts am Ufer des Vättern entlang, passiert man rechts die große Holzplastik des »Jätten Vist« genannten Trolls. Weite und unbändige Wildnis vermittelt die Moorlandschaft im **Nationalpark Store Mosse**, der südlich von Jönköping über die E 4 zu erreichen ist. Im Naturzentrum können Besucher, gut gewärmt vom Kaminfeuer, Kraniche, Kanadagänse und Singschwäne beobachten, die am Kävsjön-See brüten.

Rund 15 km nordwestlich von Jönköping lohnt ein Abstecher ins Dörfchen **Habo**. Wände und Decken seiner großen, mit roten Schindeln verkleideten Holzkirche sind 1741 bis 1743 lückenlos mit farbenprächtigen Bibelmotiven bemalt wurden. Die dreischiffige Holzkirche selbst wurde 1680 umgebaut; von der mittelalterlichen Kirche ist noch der Taufstein erhalten (Öffnungszeiten: im Sommer tgl. 9.00 bis 18.00, sonst außer Sa. 10.00 – 16.00 Uhr).

Farbenprächtige Bibelszenen schmücken das Habo-Holzkirchlein.

Fahrt um den Vättersee

Gränna

Das hübsche Städtchen Gränna liegt am Südostufer des Vättern am Fuß des steilen Grännaberges. Die Gründung des Orts geht auf Graf Per Brahe zurück. Er ließ 1652 die nach ihm benannte Hauptstraße so anlegen, dass er sie vom nur als Ruine erhaltenen **Schloss Brahehus** gut überblicken konnte. Die **Barockkirche** aus dem 12. Jh. am Fuß des Berges wurde nach einem Brand 1895 wieder errichtet. Eine Hauptmannsunterkunft, eine Soldatenkate und die Hütte eines Papiermachers gehören zum Grännaberget-Freilichtmuseum auf dem Berg.

Gränna ist der Geburtsort des **Polarforschers Salomon August Andrée**, der 1897 zusammen mit zwei Begleitern in einem Heißluftballon den Nordpol überqueren wollte. Das Unternehmen scheiterte jedoch am 83. Breitengrad. Erst im August 1930 fand die Besatzung des norwegischen Schiffes »Braatvaag« auf Vitö das letzte Lager der Polarexpedition, die sterblichen Überreste der Besatzung und einen Teil der Ausrüstung. Das 2002 erweiterte **Andrée Expeditionen Museum** an der Brahegatan zeigt, was von dem wagemutigen Unternehmen übrig blieb. Das **Polarcenter** beschäftigt sich mit historischen und modernen Expeditionen in die Arktis und Antarktis (Öffnungszeiten: tgl. 10.00 – 16.00, Mitte Mai – Aug. bis 18.00 Uhr, www.grennamuseum.se). Gegenüber steht jenseits der Straße Andrées Geburtshaus. Schauen Sie auch in der Brahegatan 43 rein: die **Knäckebrödsbageri** Fiket stellt noch Knäckebrot nach altem Rezept her, probieren erlaubt (www.fiket.se).

! *Baedeker* TIPP

Polkaschweinchen

»Polkagrisar« heißen die bunt geringelten Zuckerstangen, meist mit Pfefferminzgeschmack, die in mehr als zehn Kochereien in Gränna hergestellt werden. Erfinderin dieser Köstlichkeit war die mittellose Witwe Amalia Eriksson, die 1895 vom Magistrat der Stadt die Erlaubnis erhielt, Backwerk und Zuckerstangen herzustellen. Eine geniale Geschäftsidee war geboren, wie die Scharen der kleinen und großen Abnehmer zeigen.

Visingsö Mit dem Schiff kommt man in 20 Minuten von Gränna nach Visingsö, der größten Insel im Vättersee. Prähistorische Gräberfelder beweisen eine frühe Besiedlung. Die Familie Brahe errichtete im 17. Jh. **Visingborgs Slott**, einst eines der prachtvollsten Schlösser des Landes, aber seit dem Brand von 1718 nur noch Ruine.

** ✶✶ Rökstenen** Von Gränna folgt man der E 4 nach Norden bis hinter Ödeshög und biegt dann links nach **Rök** ab. Allein schon um die wundervolle Aussicht zu genießen, lohnt der Abstecher zu dem **gewaltigen Runenstein** unter einem Pyramidendach vor der Kirche. Der Block ist von 700 Runenzeichen bedeckt, in denen so mancher Philologe das erste Gedicht Schwedens zu erkennen glaubt. Sicher ist aber, dass der Wikingerhäuptling Varin im 9. Jh. den »Rökstenen« zum Gedenken an seinen verstorbenen Sohn Värmod aufstellen ließ.

Tåkern sjö Nördlich von Rök breitet sich der teils versumpfte Tåkernsee aus, ein riesengroßer See, an dem die Zugvögel auf ihrem Weg nach Norden Halt machen. Viele Vögel brüten im Röhricht am See, auch Akka und die Wildgänse aus Selma Lagerlöfs Roman »Nils Holgersson« legten hier eine Rast ein. Ornithologen finden in dem **Naturreservat** gute Beobachtungsmöglichkeiten.

✶ Vadstena

Seine Entstehung verdankt Vadstena der **Heiligen Birgitta**. Sie war zunächst Haushofmeisterin bei König Magnus Eriksson und Königin Blanka, bis sie ein Offenbarungserlebnis hatte und 1346 den Kungsgård als Klosterstiftung erhielt. Das Kloster wurde allerdings erst sechs Jahre nach ihrem Tod fertiggestellt. Aus Vadstena entwickelte sich ein wichtiger Wallfahrtsort, 1400 erhielt es Stadtrechte.

Vadstena Slott Verwinkelte Gassen und alte Häuser machen Vadstena zu einem Schmuckstück des Vättersees. Unmittelbar am Hafen steht das 1545 von Gustav Wasa begonnene **Wasserschloss** mit gedrungenen Ecktürmen, das später zu einem eleganten Renaissanceschloss umgebaut wurde. Im Sommer hat das Touristenbüro hier seinen Sitz. Der Burghof wird während dieser Zeit für Opern und Theateraufführungen genutzt (Führungen auf Deutsch oder Englisch im Sommer um 13.00 und 14.00 Uhr, www.sfv.se).

Blåkyrkan Auf der Strandpromenade erreicht man nordwestlich das Birgittakloster und die 1430 geweihte gotische Klosterkirche. Die dreischiffige Hallenkirche wird nach der Farbe des blaugrauen Steins Blåkyrkan genannt. Bemerkenswert ist die farbige Fassung der Gewölberippen. Größter Schatz ist der **Birgitta-Flügelaltar**, eine Lübecker Arbeit aus dem 15. Jh.; links davon befindet sich das 1331 gefertigte Reliquiar der Heiligen, die im Mittelteil dargestellt ist. Das nahe **Vadstena Kloster** ist heute Hotel (►S. 357).

Motala

Alter Thingplatz

Das schon im 14. Jh. als **Thingplatz** erwähnte Motala liegt am **Göta-Kanal**, der hier den Vättersee mit dem Borensee verbindet. Die Geschichte der Stadt ist eng mit der Person von **Baltzar Graf von Platen** verbunden, dem Erbauer des Göta-Kanals, der auch einen Teil des Stadtbebauungsplans erstellt hat. Beim Kanal am Rand des Sportparks befindet sich sein Grab.

Zwischen den Schleusen von Borenshult und Motalas Gasthafen im Vättern widmen sich zwei Pavillons an der Varvsgatan dem **Bau und der Technik des Göta-Kanals** (► Baedeker Special S. 118). Szenerien zeigen auch, wie die Arbeiter den Kanal aushoben und lebten und wie es damals in einem Schleusenwärterhäuschen aussah (Öffnungszeiten: Mitte Mai – Aug. tgl. 11.00 – 17.00, im Juli ab 10.00 Uhr).

! *Baedeker* TIPP

Schwedenidylle

Östlich von Motala am Borensee, wo die Schleusentreppe Borenshult am Göta-Kanal immer Schaulustige anzieht, lädt direkt am Kanal das charmante *Göta Hotell* mit 12 romantischen Zimmern und bodenständiger Küche zu einem Päuschen ein. Das rotweiß gestrichene Holzhaus von 1908 liefert ein Fotomotiv, wie es typischer für Schweden nicht sein könnte. Von der Terrasse blickt man auf die vorbeiziehenden Schiffe auf dem Kanal (Göta Hotell, Borensberg, Tel. 01 41/ 400 60, www.gotahotell.se, Abb. S. 94).

Motormuseum

An die motorsportliche Tradition der Stadt erinnert das Motormuseum in einem großen roten Lagerhaus am Hafen. Gezeigt werden exzellent restaurierte **Oldtimerautos und -motorräder** sowie historische Radios, Kameras und Spielzeug (Öffnungszeiten: Okt. – April Mo. – Fr. 8.00 – 16.00, Sa., So. 10.00 – 18.00, Mai – Sept. tgl. 10.00 bis 18.00, Juni, Aug. bis 20.00 Uhr, www.motormuseum.se).

Charlottenborg Slott

Beim Sportpark überquert eine Brücke den Göta-Kanal und den parallel verlaufenden Motala Ström. Am jenseitigen Ufer erhebt sich das Schloss Charlottenborg aus dem 17. Jh. mit dem **Motala-Museum**. Hauptattraktion sind die Holzschnitzereien von Sophia Isberg (Öffnungszeiten: Mitte Juni – Ende Juli Di., Fr., So. 13.00 – 16.00, Do. bis 18.00, sonst Di. – Fr., So. 13.00 – 16.00 Uhr).

◄ www.motalamuseum.com

Askersund

Ein kleiner Hafen, Holzhäuser und Kopfsteinpflastergassen: Askersund an der Nordspitze des Vättern wird oft links liegen gelassen und ist doch ein Idyll, gerade richtig zum Entspannen. Den Marktplatz schmückt das spätbarocke Rathaus.

Nationalpark Tiveden

Der kleine Tiveden-Nationalpark zwischen Vättersee und Unden besteht aus einer wild **zerklüfteten Felsenlandschaft**, die von Kiefernurwald bedeckt ist. Von der Straße Nr. 49 zweigt bei Granvik die Zufahrt zum Park ab und endet an einem Parkplatz mit Infohäuschen. Von hier kann man auf einem 5 km langen, markierten Wanderweg den urwüchsigen Tivedenwald erkunden.

★ **Karlsborg** Auf landschaftlich wunderschöner Strecke folgt die Straße Nr. 49 dem Westufer des Vättern bis Karlsborg, wo der Göta-Kanal in den See eintritt. Die weitläufige **Festung**, die 1819 – 1909 auf der in den Vättersee ragenden Landspitze angelegt wurde, war bereits bei ihrer Fertigstellung völlig veraltet. 1928 wurde ihr Verteidigungszweck daher aufgegeben. Seitdem diente sie als Lager, Kaserne, Fuhrpark – und im Zweiten Weltkrieg sogar als schwedisches Fort Knox, als Depot für die Goldreserven. In die Südwestmauer ist die **Garnisonskirche** mit einem gewaltigen Kandelaber aus 276 Bajonetten integriert. Darunter befindet sich ein wehrtechnisches Museum. Ebenfalls im Schutz der Festungsmauer liegt der kleine Ort mit schönen Villen und Wohnhäusern aus dem späten 19. Jh., Kramladen und einer nostalgischen Telefonzelle.

Hjo Im **Societetshus** von Hjo gibt es eine Schmetterlingsausstellung und ein Aquarium mit Fauna aus dem Vättersee. Über Brandstorp und Habo erreicht man wieder den Ausgangspunkt Jönköping.

★ Växjö

E 2

Landschaft: Småland
Einwohnerzahl: 80 000

Provinz: Kronoberg Län
Höhe: 160 m ü.d.M.

Die pulsierende Universitätsstadt »Wäckschö« am Schnittpunkt von Weg (Väg) und See (Sjö) ist weltberühmt für ihr Glasreich. In 15 Hütten zwischen Växjö und Nybro kann man den Glasbläsern zusehen und manch schönes Stück erstehen.

Sehenswertes in Växjö und Umgebung

Domkyrka

Öffnungszeiten:
tgl. 9.00 – 17.00

Im Stadtzentrum am **Stortorget** mit dem stattlichen Gebäude der Länsresidenz erhebt sich der weithin sichtbare Dom mit seinem charakteristischen, von zwei spitzen Turmhelmen gekrönten Westwerk. Er wurde im 12. Jh. erbaut und nach Blitzschäden bis zum Jahr 1959 restauriert. Seit der Sanierung 1995 erscheint die Kathedrale sehr hell und wird von modernen Kunstwerken geziert, wie den Arbeiten der bekannten Glaskünstler Göran Wärff und Bertil Vallien. Wände und Gewölbe des dreischiffigen Kirchenraums sind nahezu schmucklos. Beachtung verdient der originelle Kerzenhalter in der Form eines Baums, dessen Blätter aus buntem Glas bestehen.

Linnépark Im angrenzenden Linnépark befindet sich das alte Karolinische Gymnasium, zu dessen Schülern **Carl von Linné** gehörte, der 1707 in Stenbrohult außerhalb von Växjö geboren wurde (► Berühmte Persönlichkeiten). Der Kräutergarten geht auf eine Anregung des berühmten Botanikers zurück, zudem gibt es eine Kakteenzucht.

VÄXJÖ UND DAS GLASREICH ERLEBEN

Mundgeblasener Kelch von Kosta Boda

AUSKUNFT

Växjö Touristenbyrå
Stadsbiblioteket, Västra Esplanaden 7
SE – 35112 Växjö
Tel. 04 70 / 414 10, www.vaxjo.se

MUNDGEBLASEN

Bekanntestes Produkt der Glashütte *Bergdala* ist die Serie mit dem blauen Rand, die seit 1889 hergestellt wird; im Shop gibt es filigrane Stücke zu Fabrikpreisen (www.bergdaladesign.se). In *Kosta* werden Gläser in allen nur erdenklichen Farben und Formen produziert; großes Outlet mit günstigem Zweite-Wahl-Sortiment (www.kostaboda.com). Zehn Glasbläsern kann man in *Orrefors* bei der Arbeit über die Schulter schauen, bunte Glaskunst oder edles Kristallglas erwerben und sich im kleinen Museum über die Geschichte der Glasbläserei in Småland informieren (www.orrefors.se). Über weitere Glashütten informiert die Glasriket Tourism AB, SE – 38280 Nybro, Tel. 04 81 / 452 15, www.glasriket.se; Öffnungszeiten s. Special S. 364. Mit dem *Glasriket-Pass* haben Sie freien Eintritt in alle Glashütten, gibt es kostenlos Führungen und Rabatte beim Einkauf.

ESSEN

▶ Fein & teuer

PM & Vänner
Storgatan 22-24, Växjö
Tel. 04 70 / 70 04 44
www.pmrestauranger.se
Weltklasse-Sommelier und edles Ambiente. 2010 vom White Guide als eines der zehn besten schwedischen Restaurants eingestuft, mit exklusiven, von der småländischen Natur inspirierten Menüs.

▶ Erschwinglich

Båtsmannen Restaurang & Bar
Båtsmanstorget 1, Växjö
Tel. 04 70 / 284 84
www.batsmannen.com
Mittags stillt ein Buffet mit Hausmannskost schnell den Hunger, abends wird ausgiebig à la carte gespeist. Empfehlung: das Fisch-Gratin mit Shrimps und Hummer.

ÜBERNACHTEN

▶ Komfortabel

Baedeker-Empfehlung

Kosta Boda Art Hotel
Stora vägen 75, SE – 36052 Kosta
Tel. 04 78 / 348 30
www.kostabodaarthotel.se/de
Mehr als 100 t Glas wurden beim Umbau der Nobelherberge verbaut, die seit Sommer 2009 als Art Hotel das Material Glas gekonnt in Szene setzt: Das Frühstücksbuffet wird auf glitzerndem Kristall serviert, der gläserne Boden des Swimmingpools präsentiert Glaskunst, und in der Glasbar sorgen lichtdurchflutete, wellenförmige Wände für farbig funkelnde Prismen auf der kobaltblauen Theke. An schwedische Glasdesigner erinnern die Namen der Zimmer, die ebenfalls mit gläsernen Kunstwerken geschmückt sind.

In den tiefen Wäldern des Glasreichs produzieren nicht nur Männer, sondern auch Frauen für die Glashütte Orrefors wunderschönes Kristallglas.

SMÅLANDS GLASREICH

Die dichten Wälder zwischen Växjö und Nybro sind Heimat des »Glasriket«, dem Reich der weltberühmten schwedischen Glashütten. Ihre Glasbläser zaubern filigrane Kunstwerke, die heute weltweit in Museen zu bewundern sind. Natürlich kommen auch die Gläser, mit denen die Gäste den Nobelpreisträgern alljährlich im Stockholmer Rathaus zuprosten, aus Småland.

Am Hofe König Gustav Wasas war es üblich, Gelage mit Scherben zu beenden, doch leider war es immer kostbares venezianisches Glas, das dabei zu Bruch ging. Geldmangel soll es gewesen sein, der den König schließlich auf die Idee brachte, statt

»... jede Luftblase ist wie ein Fingerabdruck ...«

ständig teure Gläser zu importieren, **Glasbläser nach Schweden** zu holen. Der älteste heute noch existierende Betrieb wurde 1742 von Anders Koskull und Georg Bogislaus Stael von Hollstein gegründet. Den Namen ihres Unternehmens **»Kosta«** bildeten sie aus den ersten Buchstaben ihrer Nachnamen. Zu Anfang produzierte »Kosta« hauptsächlich profane Gebrauchsgegenstände aus Glas, doch mit der Zeit wurden die Produkte immer kunstvoller. Seit Sommer 2009 gibt es sogar ein eigenes Glashotel, das Kosta Boda Art Hotel.

Aus Meisterhand

Als gegen Ende des 19. Jh.s immer mehr småländische Eisenhütten schließen mussten, kam der Aufschwung der Glashütten. Die Voraussetzungen waren ideal, die Wälder lieferten Holz für die hungrigen Öfen, die rund um die Uhr brannten. Die Wasserkraft der Flüsse trieb die Schleifereien an, und auch Arbeitskräfte standen Schlange vor den neuen Fabriken. Während der Blütezeit gab es **77 Glashütten** in Schweden, über die Hälfte davon in Småland. Heute bestehen noch 15 Hütten,

wobei jede ihren eigenen, unverwechselbaren Stil hat und mit bekannten Künstlern zusammenarbeitet. Bertil Vallien, Göran Wärff, Gunnel Sahlin, Mats Jonasson, Lena Bergström oder Monica Backström sind Namen, die in Schweden jeder kennt. Sie versuchen immer neue Techniken, ihrer Fantasie entspringen immer neue Ideen. Besucher sind dabei willkommen, sie können den Glasbläsern an ihrem schweißtreibenden Arbeitsplatz auf die Finger schauen.

Jedes Stück ein Unikat

Glasblasen ist ein altes Handwerk und die Technik, Glas durch ein Eisenrohr aufzublasen, kannte man schon vor unserer Zeitrechnung. Im Grunde hat sich seitdem nicht viel verändert: Hat der Glasklumpen die richtige Temperatur erreicht, wird die glühend heiße Masse aus dem Feuer genommen und mit der **Glasmacherpfeife** gerollt. Dann wird der sirupweiche Klumpen unter Zischen gegen nasses Zeitungspapier oder ein Stück Holz gehalten und bekommt so die grobe Form. Dies ist die Geburtsstunde eines gläsernen Kunstwerks, das nach seiner Vollendung unter klangvollen Namen wie Pandora, Gustaviana, Felicia oder Cancan in den Handel kommt. Jedes Exemplar ist einmalig, denn auch der beste Glasbläsermeister leistet sich **kleinste Unregelmäßigkeiten**. Jede Luftblase im Glaskörper, und sei sie auch nur mikroskopisch klein, ist wie ein Fingerabdruck, der das Gütesiegel »Echte Handarbeit« fast überflüssig macht. Der Meister hat zwar die Idee, aber Glasherstellung ist Teamwork. Am Ofen stehen ein Glasanfänger und ein Einbläser, der übergibt an den Stilanfänger, der an den Stilmacher und der zum Fußanfänger. Um ein einziges Glas der berühmten Serie »Intermezzo« zu fertigen – ein Kelch aus dünnem, klarem Glas mit einem kornblumenblauen Tropfen im Stiel – werden sieben Personen benötigt. Kein Wunder, dass diese Gläser nicht billig sind, doch im Werksverkauf werden Zweite-Wahl-Sortimente mit kaum sichtbaren Fehlern zu sehr günstigen Preisen angeboten. Mundgeblasenes Glas ist nie ganz einheitlich, die angebotenen Glaswaren tragen jedoch alle das Qualitätssiegel der Glashütten.

Kosta Boda Glas – jedes Stück ein Unikat

Nach der Arbeit Hering

Für die Besucher hat man auch die Tradition des **»Hyttsill«** wiederbelebt. Früher war die Glashütte mehr als nur ein Arbeitsplatz. War die Arbeit getan, trafen sich die Menschen aus dem Dorf, um in der Fabrik einen gemütlichen Abend zu verbringen. Die Wärme der Öfen wurde genutzt, um Hering, Kartoffeln und Brot zu backen, und besonders im Winter schätzten die Menschen die gemütliche Wärme um die Glasöfen.

Landstreicher auf der Durchreise hatten oft **spannende Geschichten** zu erzählen, einer spielte auf dem Akkordeon, man sang und aß in gemütlicher Runde. Aus dem einfachen »Hyttsill« von früher ist heute ein echtes Festmahl geworden, das an langen Tafeln serviert wird, wenn die Glasbläser nach Hause gegangen sind. Serviert werden Hering, knusprig gebratener Speck, Griebenwurst, Preiselbeerkompott und zum Abschluss echter småländischer Käsekuchen mit Erdbeeren und Sahne.

»Im Winter schätzten die Menschen die gemütliche Wärme um die Schmelzöfen.«

Alljährlich am letzten Aprilwochenende wird Schwedens umfangreichste Glasausstellung mit einer gemeinsamen Vernissage eröffnet: die **»Glaskonst«**. An dem Ausstellungsreigen nehmen alle småländischen Glashütten teil. Rund 30 Glaskünstler der schwedischen Weltelite zeigen alljährlich bis zum 31. August ihre besten und neuesten Kreationen – die Glaskonst ist eine gute Gelegenheit, einmal die gesamte Bandbreite des berühmten schwedischen Kunstglases kennenzulernen.

In den meisten Hütten kann man den Glasbläsern werktags von 7.00 bis 15.00 Uhr bei der Arbeit zuschauen, während der Sommersaison auch an den Wochenenden. Wer gerne an einem Hyttsill teilnehmen will, erhält Termine und Informationen bei der Glasriket Tourism AB, Dunderbergsgatan 2, 38280 Nybro, Tel. 04 81 / 452 15, **www.glasriket.se**.

Vom Linnépark aus unterquert man die Eisenbahnlinie und kommt zum **Auswandererhaus**, das sich den zahlreichen Emigranten widmet, die zwischen 1850 und 1930 nach Amerika ausgewandert sind. Die Ausstellung »Drömmen öm Amerika« (Der Traum von Amerika) setzt sich mit den sozialen Verhältnissen jener Zeit auseinander und analysiert, warum fast 200 000 Menschen die schwedische Heimat verließen (Öffnungszeiten: Di. – Fr. 9.00 – 16.00, Sa. ab 11.00 Uhr, www.utvandrarnashus.se).

Utvandrarnas Hus

In dem 100 Jahre alten Lokomotivschuppen an der Regementsgatan können Kinder und Erwachsene nach Herzenslust experimentieren und die Welt der **Wissenschaft und Technik** entdecken (Öffnungszeiten: Di. – Fr. 10.00 – 16.00, Sa., So. ab 11.00 Uhr).

Xperiment Hus

Im Regionalmuseum werden die småländische Kulturgeschichte, Archäologie, Waldwirtschaft und landwirtschaftliche Entwicklung dokumentiert. Das äußerst sehenswerte schwedische **Glasmuseum** zeigt eine repräsentative Sammlung schwedischen Glases aus fünf Jahrhunderten – die ideale Einstimmung für eine Fahrt durch das Glasreich (Öffnungszeiten: Di. – Fr. 10.00 – 17.00, Sa., So. ab 11.00 Uhr, www.smalandsmuseum.se).

*** Smålands Museum**

Knapp 5 km nördlich vom Zentrum thront auf einer kleinen Insel im Helgasjön die **Schlossruine** Kronoberg. Die aus dem 14. Jh. stammende Festung war zunächst Bischofsresidenz und wurde ab Mitte des 16. Jh.s Königsgut.

Kronoberg Slott

Auf halbem Weg zwischen Växjö und Nybro kann man sich in der **Handpappersbruk** von Lessebo die jahrhundertealte Tradition der Papierherstellung erklären lassen und **handgeschöpftes Papier** kaufen (Öffnungszeiten: Mo. – Fr. 9.00 – 12.00, 13.00 – 16.00 Uhr, Führungen nach Voranmeldung, Tel. 04 78 / 476 91, www.vida.se/handpappersbruket.aspx). 2009 erhielt die Lessbo Mill für ihr ausgezeichnetes Papier den VIDA Paper Design Award.

*** Lessebo**

Die typische südschwedische **Seenlandschaft** des weit verzweigten Åsnen soll bis 2013 den Nationalpark-Status erhalten. Das fischreiche Gewässer mit seinen unzähligen Inseln und Buchten ist ein beliebtes Erholungsgebiet für Aktivurlauber und ein wichtiger Rast- und Brutort für Enten, Gänse, Schwäne und viele andere Vögel. Außerordentlich selten ist der rund 250 Jahre alte Buchenbestand auf der **Halbinsel Bjurkärr**, die weit in den Åsnen reicht: In diesen Urwald hat der Mensch kaum eingegriffen. Auch die Inseln des Sees sind unbewohnt und nahezu unberührt. Neben der artenreichen Flora sind es vor allem die Vögel, die Ornithologen in ihren Bann ziehen. Am Åsnen haben etwa 40 **Fischadlerpaare** ihre Horste und ziehen in den Sommermonaten ihren Nachwuchs auf. Im Winter kommen auch Seeadler an das Gewässer.

*** Åsnen**

Getnö Gård Spannende Angebote für Aktivurlauber bietet inmitten des künftigen Nationalparks das 15 ha große, private Schutzgebiet Getnö Gård, das auch eine einwöchige **Kanusafari** durch die Inselwelt im Programm hat – eine vollständige Kanuausrüstung sowie Übernachtungsgutscheine für die Kanu-Campingplätze entlang der Wasserwanderroute sind im Preis inbegriffen (www.getnogard.se).

★★ Ystad

D 1

Landschaft: Skåne (Schonen) **Provinz:** Skåne Län
Einwohnerzahl: 17 000 **Höhe:** Meereshöhe

Mit mehr als 300 alten Fachwerkhäusern besitzt Ystad einen der schönsten Stadtkerne in Südschweden. Die mittelalterliche Atmosphäre mit verwinkelten Hinterhöfen und windschiefen Häuschen inspirierte Henning Mankell zu seinen Wallander-Krimis. Nach der spannenden Spurensuche locken 40 km feinster Sandstrand.

Perle der schonischen Ostseeküste Keine andere Stadt Nordeuropas besitzt ein so vollständig erhaltenes Stadtbild mit **mehr als 300 Fachwerkhäusern**, in denen sich heute kleine Boutiquen, Cafés und Restaurants eingerichtet haben. Doch die Idylle trügt, weiß jeder Krimileser, der hier den Spuren von Henning Mankells **Detektiv Wallander** folgt. Im Mittelalter war Ystad ein Hauptort für den Heringsfang. Ursprünglich dänisch, kam sie erst 1658 an Schweden. Eine Blütezeit setzte mit der napoleonischen Kontinentalsperre 1806 – 1810 ein, als der Handel mit Schmuggelware den Bürgern in kürzester Zeit hohe Gewinne brachte.

Sehenswertes in Ystad

Klostret i Ystad Vom Kloster zum Spital, zur Schnapsbrennerei, Müllkippe, zum Abrissobjekt und zum Stadtmuseum: Das 1267 nördlich vom Marktplatz begonnene **Franziskanerkonvent** Gråbrödraklostret hat eine bewegte Geschichte hinter sich. Mitte des 15. Jh.s wurde der vierflügelige Bau fertiggestellt, nach der Reformation wurden Nord- und Westflügel abgerissen. 1909 wurde das Kloster grundsaniert, 1967 erneut restauriert. Heute zeigt hier ein **Museum** Stoffe, Silberwaren und Sonderausstellungen. In der säkularisierten St. Petri-Kirche aus dem 13. Jh. sind mehr als 80 Taufsteine aus dem 14. – 18. Jh. zu sehen. Die **Klostergärten** sind ein herrlicher Platz für ein Picknick. Hier reihen sich Kräuter- an Kohlbeete, wachsen uralte Obstbäume, leuchtend rote Geranien und duftende Rosensorten. Ein Erlebnis ist die Pfingstrosenblüte im späten Frühjahr.

Öffnungszeiten: Juni – Aug. Mo. – Fr. 10.00 – 17.00, Sa., So. 12.00 – 16.00

http://klostret.ystad.se

Stortorget Das **Alte Rathaus** am Stortorget wurde über einem Keller mit Kreuzgewölben aus dem 14. Jh. errichtet, wo man heute fürstlich im **Res-**

YSTAD UND UMGEBUNG

AUSKUNFT

Ystads Turistbyrå
St. Knuts Torg, SE – 27142 Ystad
Tel. 04 11 / 57 76 81, www.ystad.se

SHOPPING

Zwischen dem *Stortorget* mit seinem Wochenmarkt (Mo. – Sa. 8.00 – 16.30 Uhr) und dem *Österporttorg*, auf dem Kirmes und Flohmärkte abgehalten werden, verläuft die autofreie Flaniermeile *Stora Östergatan*.

YSTAD INTERNATIONAL MILITARY TATTOO

Trommelwirbel und marschierende Soldaten: Mitte Aug. treffen sich drei Tage lang die besten Militär-Musikkorps der Welt zu Konzerten und einer großen gemeinsamen Parade auf dem *Stortorget* (www.ystadtattoo.se).

ÜBERNACHTEN

▸ Komfortabel

Anno 1793 Sekelgården
Långgatan 18, SE – 27123 Ystad
Tel. 04 11 / 739 00, Fax 04 11 / 189 97
www.sekelgarden.se
Vom Gourmet-Magazin wurde der denkmalgeschützte Sekelgården zum romantischsten Hotel Schwedens gekürt. 19 liebevoll eingerichtete Zimmer in einem familiengeführten Hotel mitten in Ystad. Gespeist wird vorzüglich im Fachwerkbau des 17. Jh.s mit eigener Brauerei.

▸ Günstig

Our House
Eliassons Väg 8, SE – 27145 Ystad
Tel. 04 11 / 654 45
http://ourhouseystad.com
Annika and Bradley bieten helle Zimmer, einen großen Garten und ein tolles Frühstück, 10 Gehminuten vom Stadtzentrum und Strand.

Wochenmarkt auf dem Stortorget

ESSEN

▸ Fein & teuer

Baedeker-Empfehlung

Mötesplats Österlen
Örum, SE – 27640 Löderup
Tel. 04 11 / 55 66 88
www.motesplatsosterlen.se
Ein altes Schulhaus 25 km östlich von Ystad ist heute Designhotel mit 15 schicken Zimmern und angesagtester Gourmettreff. In der Küche wirbeln zwei mehrfach preisgekrönte Köche des Jahres: Anders Vendel und Håkan Olsson verbinden Genüsse des Nordens gekonnt mit den Aromen des Südens.

Restaurang Store Thor
Stortorget 1, Ystad
Tel. 04 11 / 185 10, www.storethor.se
Gut und stimmungsvoll speist man in Schwedens ältestem Rathauskeller aus dem 15. Jahrhundert.

▸ Erschwinglich

Bryggeriet
Långgatan 20, Ystad

Tel. 04 11 / 699 99
www.steakhousebryggeriet.com
Minibrauerei und Steakhaus. Das »Ysta Färsköl« wird in Kupferkesseln mitten im Lokal gebraut. Und wo immer es geht, kommt in die Speisen ein kräftiger Schluck Bier.

Olof Viktors
Österlänvägen 86, Glemminge
Tel. 04 11 / 52 20 20
www.olofviktors.se
Für die Stiftung »Sveriges bästa bord« ist die Traditionsbäckerei, die neben Hochzeitstorten selbst gemachte Marmeladen, Knäckebrot, Essig und aromatisierte Salze zaubert, einfach die beste in Schweden.

► **Preiswert**

Bäckahästens Kaffeestuga
Lilla Östergatan 6, Ystad
Tel. 04 11 / 140 00
Am alten Apothekergarten gibt es eine gute, bodenständige Küche, wird der selbstgemachte Apfelkuchen im Sommer auch im Freien serviert.

Sandskogens Värdshus
Saltsjöbadsvägen, Ystad
Tel. 04 11 / 147 60
www.sandskogensvardshus.se
In der 1899 mit wunderschönem Schnitzwerk versehenen Sommervilla von Konsul Otto Ljungström wird heute auf der Terrasse oder im gemütlichen Speisesaal gehobene Hausmannskost geboten.

! *Baedeker* TIPP

Fragen zu Wallander?

Henning Mankell machte Ystad unter Krimifans berühmt. Ihnen wird im Sommer einiges geboten: Wer nicht auf eigene Faust mit dem beiliegenden ►Special Guide (S. 12) auf Kurt Wallanders Spuren wandeln möchte, kann dies im Juni auf geführten Touren in einem roten Feuerwehrwagen tun. Im Juli und August sind Sie der Detektiv – beim Mordrätsel müssen die Gäste den Täter finden (Auskunft/Termine im Touristenbüro, www.ystad.se).

taurang Store Thor tafeln kann (► S. 369). Am großen Markt steht auch die **Marienkirche**, deren geschweifte kupferne Haube aus dem 16. Jh. ein Wahrzeichen Ystads ist. Vom Turm erschallt seit 1250 jede Nacht das Kupferhorn des Turmwächters – zwischen 21.15 und 1.00 Uhr nachts tönt sein dumpfer Ton alle 15 Minuten über die Stadt und verkündet, dass alles in Ordnung ist. Im 14. Jh. wurde ein Turm angefügt, der später bei einem Sturm einstürzte und Teile des Kirchenschiffs zerstörte. Der dänische König Frederik III. förderte den Wiederaufbau. Besondere Beachtung verdient die Barockkanzel von 1620. Die **Latinskolan** neben der Marienkirche gilt als die älteste erhaltene Schule in Skandinavien – seit dem späten 15. Jh. wird dort unterrichtet.

Museen Südöstlich vom Stortorget lebte einst die Richterstochter Charlotte Berlins. Nach ihrem Tod im Jahre 1916 vermachte sie ihr herrschaftlich eingerichtetes Bürgerhaus der Stadt, die es als **Charlotte-Berlins-Museum** ganz authentisch erhalten hat – in dem großbürgerlichen Ambiente mit viel Plüsch und rotem Samt wurden Anfang 2007 auch

Szenen aus Jan Troells Kommissar-Wallander-Film gedreht (Öffnungszeiten: Juni – Aug. Mo. – Fr. 12.00 –17.00, Sa., So. bis 16 Uhr). Nur wenige Schritte weiter südlich zeigt das regionale **Konstmuseet** eine gute Sammlung von **Kunst des 19. und 20. Jh.s** aus Schonen und Dänemark, ferner Gastausstellungen, Fotogalerie, Museumsladen und Café. Verpassen Sie auch nicht die Werke junger Künstler des 21. Jh.s wie Ola Billgren, C. O. Hulten, Ludvig Karsten und John Wipp (Öffnungszeiten: Mitte Juni – Ende Aug. Di. – Fr. 10.00 bis 17.00, Sa., So. 12.00 –16.00 Uhr, sonst Di. – Fr. 12.00 – 17.00, Sa., So. bis 16.00 Uhr, www.konstmuseet.ystad.se).

Ystad Studios, Cineteket

Schauen Sie am Elis Nilssons Väg 8 doch einmal in **Kurt Wallanders Polizeirevier** vorbei! Die viersprachige Ausstellung des Filmmuseums der Ystad Filmstudios, die in eine ehemalige Kaserne einzogen, gewährt unterhaltsame Einblicke in die Filmproduktion vom Drehbuch bis zu fliegenden Menschen oder solchen, die unsichtbar werden. Zudem können Besucher selbst einmal probieren, wie ein Film hergestellt wird. Im Filmladen sind alle Wallanderfilme erhältlich (Öffnungszeiten: Mitte Mai – Mitte Sept. tgl. 10.00 – 17.00, Feb.-Woche 7 – 9 und April-Woche 15 – 16 tgl. 10.00 – 16.00 Uhr).

Fachwerkhäuser

An der Ecke von Stora Östergatan und Pilgränd steht das auf 1480 datierte **Pilgrändshus**, angeblich Skandinaviens ältester erhaltener Fachwerkbau. Der gegenüberliegende **Aspelinska Gården** von 1778 war einst im Besitz einer betuchten Goldschmiedfamilie. Etwas abseits umfasst der **Per Hälsas Gård** mehrere Gebäude aus dem 17. bis 19. Jahrhundert.

Sandskog

Im Osten von Ystad wurden zu Beginn des 19. Jh.s zum Schutz gegen den vom Wind herangetragenen Flugsand Bäume angepflanzt. Heute ist der Sandwald ein Naherholungsgebiet mit populären Badestränden, die sich bis Nybrostrand hinziehen und meist von kleinen Dünen begrenzt sind.

! *Baedeker* TIPP

Spettkaka

Auf den ersten Blick haben die ringförmigen »Spießkuchen«, die man in fast jeder Konditorei Schonens sieht, große Ähnlichkeit mit Baumkuchen. Doch der handgemachte Spettkaka ist ein knuspriger Kuchen aus Fett, Eiern, Zucker und Kartoffelmehl, der als luftiger Teig auf rotierenden, kegelförmigen Metallspießen Lage für Lage über offenem Feuer eher getrocknet als gebacken wird und zum Abschluss eine Zuckerglasur erhält.

✶ Strände Das Strandvergnügen beginnt bereits mitten in der Stadt – zwischen der Marina und dem Wohngebiet Gjuteriet. Westlich von Ystad wirbt das kleine Örtchen Svarte mit dem schwedenweit kürzesten Abstand zwischen Bahnhof und Badestrand. Östlich von Ystad beginnt bei Sandskogen Strand ein 40 km langes, feinkörnig weißes Band, zu dessen schönsten Badeplätzen **Sandhammaren** gehört. FKK-Fans sind im Hagestad-Naturreservat und westlich von Nybrostrand willkommen. **Öja Mosse** ist eine nahezu verlandete Lagune, in der zahlreiche Orchideenarten wachsen. Enten, Watt- und Raubvögel haben hier ihren Rastplatz. Ein Schaugarten mit 138-jähriger Tradition ist **Åbergs Trädgård** am Karlhemsvägen mit 2000 Pflanzenarten und nettem Café. Im Sommer stehen Vorträge auf dem Programm (www.abergsgarden.nu). Im Öja Slottspark werden jeden Sommer Rock- und Popkonzerte mit internationalen Stars veranstaltet.

Örups Stenhus Knapp 20 km nordöstlich von Ystad erhebt sich Örups Stenhus, eine der ältesten Burgen in Skåne. Sie wurde um 1490 erbaut und hat Ähnlichkeit mit Schloss Glimmingehus.

Valleberga Im Künstlerdorf Valleberga, 17 km östlich von Ystad, ist die letzte **Rundkirche** Skånes aus dem 12. Jh. erhalten. Sie besitzt den gleichen Grundriss wie die Rundkirchen auf der dänischen Insel Bornholm, die früher zum selben Stift gehörten. Den Taufstein der Valleberga-Kirche fertigte im 12. Jh. ein gotländischer Steinmetzmeister mit dem Namen »Magister Maiestatis« an. Im frei stehenden mittelalterlichen Wehrturm ist ein Museum untergebracht.

✶ Ales Stenar An der Küste südöstlich von Ystad liegt das kleine Fischerdorf **Kåseberga**. Etwas erhöht über dem Strand ist die **Steinsetzung** Ales Stenar hervorragend erhalten, die höchstwahrscheinlich aus der Wikingerzeit stammt. Insgesamt 59 bis zu 2 t schwere Steinblöcke bilden einen 67 m langen und 19 m breiten Schiffsgrundriss. Es könnte aber auch sein, dass Ales Stenar viel mehr als nur ein Wikingergrab ist, da man mit der Steinsetzung auch die Tage des Sonnenjahres und die Stunden des Tages bestimmen kann.

Backåkra PAX – Friede steht auf dem Altarstein in der Heide des Meditationsplatzes, und Frieden zu schaffen war das große Ziel des früheren UN-Generalsekretärs **Dag Hammarskjöld** (► Berühmte Persönlichkeiten), der 1961 bei einem Flugzeugunglück ums Leben kam. Sein Anwesen unterhält heute der Svenska Turistföreningen, die das Wohnhaus als **Museum** einrichtete und im Gästehaus preiswerte Unterkünfte anbietet. Zum Hof gehören 30 ha Land, die Hammarskjöld einst bewirtschaftete. Der hier in seinem Gedenken angelegte Meditationsplatz ist sehr beliebt bei Taufen und Trauungen. Tausende Menschen feiern hier alljährlich das traditionelle Mittsommerfest (Öffnungszeiten: Mitte Juni – Mitte Aug. tgl. 12.00 – 17.00 Uhr, Mitte – Ende Aug. nur Sa./Sa.).

Snogeholm Slott

Verlässt man Ystad in nördlicher Richtung auf der Str. Nr. 13, erreicht man noch vor Sjöbo **Schloss Snogeholm**. Reizvoll auf einer Landzunge im Snogeholmssjön gelegen, war es ursprünglich eine Burg aus dem 15. Jh., die um 1860 im französischen Barock umgebaut wurde – und 1899 von Kaiser Wilhelm II. besucht wurde. Heute logiert man hier im **exklusiven Hotel** (www.snogeholmslott.se).

Bjersjöholm Slott

Um 1570 entstand die **Renaissanceburg** Bjersjöholm, 3 km nordwestlich von Ystad. Im Juli wird hier die **Medeltida Ystad** gefeiert. Zum Programm des Mittelalterfestes gehören Turniere, Auftritte von Gauklern, mittelalterliche Musik und traditionelle Gelage. Außerdem zeigen Bogenschützen, wie gut sie treffen können.

* Marsvinsholm Slott

Kunst und Natur verbinden sich jeden Sommer im Schlosspark von Marvinsholm, 11 km nordwestlich von Ystad. Als Carl von Linné am 26. Juni 1749 das Anwesen besuchte, lobte er den Garten des einstigen Gutshofs von Baron Sjöblad, in dem »prächtige Hainbuchenhecken, Linden, Pfirsiche, Aprikosen, Quitten und Iris bulbosa in Überfluss wuchsen.« Marsvinsholm wurde in der Zeit von 1644 – 1648 erbaut, sein jetziges Aussehen erhielt das **prachtvolle Backsteinschloss** 1856 – 1857. Der Garten ist heute ein Park und seit 2006 jeden Sommer vom 27. Juni bis 23. August Bühne für eine **Skulpturenausstellung**, bei der bereits Hiroshi Koyama, Theresa Holberg, Jonatan Haner und Richard Brixel ausgestellt haben. Seit 1996 spielt die Ystads Stående Teatersällskap im Schlosspark auf der **Freilichtbühne** klassische Komödien und moderne Volkslustspiele (Tickets unter Tel. 0411 / 600 15). Viele Besucher kommen auch zur Osterausstellung und zum Weihnachtsmarkt auf Marsvinsholm.

Krageholm und Högestad Slott

Auf **Krageholm**, 12 km nordwestlich von Ystad, residierte in den 1670er-Jahren der einflussreiche **Jörgen Krabbe**. Als er zu mächtig wurde, ließ Karl XI. ihn wegen »ungebührenden Umgangs mit den Dänen« anklagen und hinrichten. Seine heutige Gestalt erhielt Schloss Krageholm um 1720; die Schlosskirche entstand im Barockstil. Schloss und Kirche können nach Voranmeldung (Tel. 04 11 / 57 76 81) besichtigt werden, der Park ist ganzjährig geöffnet.
Zum Besitz von Krabbe gehörte auch **Högestad**, 20 km nordöstlich von Ystad. Nach dem Tod ihres Mannes ließ seine Witwe Jytte Thott dort ein ganzes Zimmer in Schwarz einrichten. Es soll dort außerdem spuken, behauptet der Volksmund. Es heißt, man könne die verzweifelte Witwe in schwarzen Kleidern über den Schlosshof eilen und in den Schlossgemächern herumirren sehen. 1801 wurde auf Gut Högestad der schwedische Zoologe Carl Jakob Sundevall geboren. In seinem bekanntesten Werk »Svenska foglarne« beschrieb er mehr als 200 schwedische Vogelarten. Heute ist das Schloss Privatbesitz der Familie Piper, die dort auch wohnt.

REGISTER

VERZEICHNIS DER KARTEN & GRAFISCHEN DARSTELLUNGEN

BILDNACHWEIS

Baedeker Archiv: S. 83, 116 Mitte, 229
Båstad Turism: S. 123
Bilderberg/E.Grames: S. 5 rechts, 127
DuMont Bildarchiv/Michael Riehle: S. 3 rechts, 4 links, 10/11, 13 oben, 15, 27, 42, 66, 94, 112 oben und unten rechts, 116 oben und unten links, unten rechts, 120/121, 137, 166, 178, 186, 191, 193, 208, 223, 224, 244, 253, 257, 261, 263, 276, 283, 290, 307, 311, 313, 330, 350, 357, 359, 371, U4
Fotevikens Museum: S. 317
Fotolia/Guiseppe Bognanni: S. 7, 149
Gamla Linköping Museum: S. 202
Göteborg & Co. Imagebank/Asa Dahlgren: S. 69
Göteborg & Co. Imagebank/Kjell Holmner: S. 60/61, 112 Mitte links, 131/132, 146/147
Hotel Hellsten: S. 281
Huber: S. 3 links, 31, 231
Interfoto: S. 50, 52, 354
istockphoto/Mark Harris: S. 320
Karlaby Kro: S. 14 unten
laif/Daams: S. 162
laif/Galli: S. 334
Landskrona/Tycho-Brahe-Museum: S. 199
look/Hauke Dressler: S. 182, 369
Mauritius: S. 174
Mauritius/Lothar Schröder: S. 11
Mauritius/Credit Super Stock: S. 217 oben links
Peter Nahm: S. 21
Christian Nowak: S. 1, 121
picture-alliance/dpa: S. 39, 54
Dr. Madeleine Reincke: S. 2, 4 rechts, 8/9 unten, 8 oben, 9 oben, 14 Mitte, 16, 28, 32, 40, 44, 57, 58, 70, 77, 85, 101, 106, 142, 150, 213, 217 unten links und rechts, 217 oben rechts, 218, 240, 272, 275, 285, 288, 293, 294, 296, 298/299, 302, 303, 304, 305 (4 x), 306, 363, 366
Beate Szerelmy: S. 217 rechts Mitte
Uppsala, Linnémuseum: S. 325
Varberg, Länsmuseet: S. 338
Västeras Turistbyrå/Clifford Shirley: S. 344, 346
Visby, Restaurant 50 Kvadrat: S. 157
VisitLinköping picture archive/Erik G. Svensson: S. 119
www.imagebank.sweden.se/Glasriket Orrefors: S. 14 oben, 365
www.imagebank.sweden.se/Jacob Forsell, Scanpix: S. 13 Mitte, 112 Mitte rechts, 353
www.imagebank.sweden.se/Peter Grant: S. 161
www.imagebank.sweden.se/Kjell Holmner: S. 100/101, 130, 152
www.imagebank.sweden.se/Ove Källström, Norrlandia: S. 23
www.imagebank.sweden.se/Bo Lind, Visitsweden: S. 13 unten, 75, 216
www.imagebank.sweden.se/Pierre Mens, Öresundsbron: S. 236
www.imagebank.sweden.se/Ulf Huett Nilsson: S. 6, 246
www.imagebank.sweden.se/Henrik Trygg: S. 12
www.imagebank.sweden.se7royal opera: S. 48
www.imagebank.sweden.se/Jeppe Wikström, Johnér: S. U2, 112 unten links, 234, 265,

Titelbild: age fotostock/LOOK-foto

IMPRESSUM

Ausstattung:
128 Abbildungen, 27 Karten und grafische Darstellungen, eine große Reisekarte

Text:
Hilke Maunder und Dr. Madeleine Reincke; mit Beiträgen von Rasso Knoller und Dr. Christian Nowak

Bearbeitung:
Baedeker Redaktion (Dr. Madeleine Reincke)

Kartografie:
Christoph Gallus, Hohberg;
MAIRDUMONT/Falk Verlag, Ostfildern (Reisekarte)
3D-Illustrationen:
jangled nerves, Stuttgart
Gestalterisches Konzept:
independent Medien-Design, München (Kathrin Schemel)

Chefredaktion:
Rainer Eisenschmid, Baedeker Ostfildern

1. Auflage 2011

Urheberschaft:
Karl Baedeker Verlag, Ostfildern

Nutzungsrecht:
MAIRDUMONT GmbH & Co KG; Ostfildern

Anzeigenvermarktung:
MAIRDUMONT MEDIA
Tel. 0049 711 4502 333, Fax 0049 711 4502 1012
media@mairdumont.com
http://media.mairdumont.com
Printed in China

BAEDEKER VERLAGSPROGRAMM

- Ägypten
- Algarve
- Allgäu
- Amsterdam
- Andalusien
- Argentinien
- Athen
- Australien
- Australien • Osten
- Bali
- Baltikum
- Barcelona
- Bayerischer Wald
- Belgien
- Berlin • Potsdam
- Bodensee
- Brasilien
- Bretagne
- Brüssel
- Budapest
- Bulgarien
- Burgund
- Chicago • Große Seen
- China
- Costa Blanca
- Costa Brava
- Dänemark
- Deutsche Nordseeküste
- Deutschland
- Deutschland • Osten
- Djerba • Südtunesien
- Dominik. Republik
- Dresden
- Dubai • VAE
- Elba
- Elsass • Vogesen
- Finnland
- Florenz
- Florida
- Franken
- Frankfurt am Main
- Frankreich
- Frankreich • Norden
- Fuerteventura
- Gardasee
- Golf von Neapel
- Gomera
- Gran Canaria
- Griechenland
- Griechische Inseln
- Großbritannien
- Hamburg
- Harz
- Hongkong • Macao
- Indien
- Irland
- Island
- Israel
- Istanbul
- Istrien • Kvarner Bucht
- Italien
- Italien • Norden
- Italien • Süden
- Italienische Adria
- Italienische Riviera
- Japan
- Jordanien
- Kalifornien
- Kanada • Osten
- Kanada • Westen
- Kanalinseln
- Kapstadt • Garden Route
- Kenia
- Köln
- Kopenhagen
- Korfu • Ionische Inseln
- Korsika
- Kos
- Kreta
- Kroatische Adriaküste • Dalmatien
- Kuba
- La Palma
- Lanzarote
- Leipzig • Halle
- Lissabon
- Loire
- London
- Madeira
- Madrid
- Malediven
- Mallorca
- Malta • Gozo • Comino
- Marokko
- Mecklenburg-Vorpommern
- Menorca
- Mexiko
- Moskau
- München

- Namibia
- Neuseeland
- New York
- Niederlande
- Norwegen
- Oberbayern
- Oberital. Seen • Lombardei • Mailand
- Österreich
- Paris
- Peking
- Piemont
- Polen
- Polnische Ostseeküste • Danzig • Masuren
- Portugal
- Prag
- Provence • Côte d'Azur
- Rhodos
- Rom
- Rügen • Hiddensee
- Ruhrgebiet
- Rumänien
- Russland (Europäischer Teil)
- Sachsen
- Salzburger Land
- St. Petersburg
- Sardinien
- Schottland
- Schwäbische Alb
- Schwarzwald
- Schweden
- Schweiz
- Sizilien
- Skandinavien
- Slowenien
- Spanien
- Spanien • Norden • Jakobsweg
- Sri Lanka
- Stuttgart
- Südafrika
- Südengland
- Südschweden • Stockholm
- Südtirol
- Sylt
- Teneriffa
- Tessin
- Thailand
- Thüringen
- Toskana
- Tschechien
- Tunesien
- Türkei
- Türkische Mittelmeerküste
- Umbrien
- Ungarn
- USA
- USA • Nordosten
- USA • Nordwesten
- USA • Südwesten
- Usedom
- Venedig
- Vietnam
- Weimar
- Wien
- Zürich
- Zypern

BAEDEKER ENGLISH

- Andalusia
- Austria
- Bali
- Barcelona
- Berlin
- Brazil
- Budapest
- Cape Town • Garden Route
- China
- Cologne
- Dresden
- Dubai
- Egypt
- Florence
- Florida
- France
- Gran Canaria
- Greece
- Iceland
- India
- Ireland
- Italy
- Japan
- London
- Mexico
- Morocco
- New York
- Norway
- Paris
- Portugal
- Prague
- Rome
- South Africa
- Spain
- Thailand
- Tuscany
- Venice
- Vienna
- Vietnam

LIEBE LESERINNEN, LIEBE LESER,

ein herzliches Dankeschön, dass Sie sich für einen Baedeker Allianz Reiseführer entschieden haben. Er wird Sie zuverlässig auf Ihrer Reise begleiten und Sie nicht im Stich lassen.
Natürlich beschreibt er die wichtigen Sehenswürdigkeiten, aber er empfiehlt auch die nettesten Kneipen und Bars, dazu Hotels für den großen und kleinen Geldbeutel, gibt Tipps für Restaurants, Shopping und für vieles mehr, was eine Reise zum Erlebnis macht. Dafür haben unsere Autoren und die Redakteurin Dr. Madeleine Reincke Sorge getragen. Sie sind für Sie regelmäßig nach Südschweden und Stockholm gereist und haben all ihre Erfahrungen und Kenntnisse in diesen Reiseführer gepackt.

Trotzdem: Die Erfahrung zeigt, dass Fehler und Änderungen nach Drucklegung, für die der Verlag keine Haftung übernehmen kann, nicht ausgeschlossen werden können. Für Kritik, Berichtigungen und Verbesserungsvorschläge sind wir Ihnen außerordentlich dankbar. Schreiben Sie uns, mailen Sie uns oder rufen Sie an:

▶ **Verlag Karl Baedeker GmbH**
Redaktion
Postfach 3162
D-73751 Ostfildern
Tel. (0711) 4502-262, Fax -343
E-Mail: info@baedeker.com

Besuchen Sie uns auch im Internet unter www. baedeker.com. Hier finden Sie jeden Monat den aktuellen Reisetipp der Redaktion und das gesamte Verlagsprogramm. Hier können Sie auch lesen, wer Karl Baedeker war und wie er seinen ersten Reiseführer geschrieben hat. Mit seinen über 180 Jahren ist der Karl Baedeker Verlag der älteste Reiseführer-Verlag der Welt.

www.baedeker.com

ZU GEWINNEN: STADTREISE NACH LONDON

Unter allen Einsendungen verlost der Verlag am Jahresende – unter Ausschluss des Rechtswegs – eine Städtekurzreise für zwei Personen nach London.
Freuen Sie sich auf ein spannendes Wochenende in London. Natürlich ist ein Baedeker Allianz Reiseführer London auch dabei!

Praktische Informationen

WAS SIND STRÖMMING UND SPETTKAKA? WAS HEISST »DANKE« AUF SCHWEDISCH? WANN SWINGT STOCKHOLM? UND WIE LASSEN SICH DIE SCHÄRENINSELN AM SCHÖNSTEN ENTDECKEN? LESEN SIE ES NACH – AM BESTEN NOCH VOR DER REISE!

Anreise · Reiseplanung

Anreise mit dem Flugzeug

Von allen großen deutschen Flughäfen bestehen mit SAS Scandinavian Airways, Lufthansa, KLM und Finnair Flugverbindungen nach Schweden. Seit auch Billigflieger die Strecken in den Norden bedienen, hat sich das Preisniveau deutlich nach unten bewegt. Ryanair fliegt beispielsweise von deutschen Flughäfen nach **Stockholm-Skavsta** (7 km nordwestlich von Nyköping, 100 km südlich von Stockholm), **Stockholm-Västerås** (5 km östlich von Västerås, 120 km westlich von Stockholm), **Göteborg** (12 km nordwestlich) und **Växjö** in Småland. Germanwings und Airberlin fliegen von deutschen Flughäfen nach Stockholm; easyjet nur ab Genf in die schwedische Hauptstadt. Airberlin verbindet zudem Berlin mit Visby auf Gotland. Ebenfalls zur Ostseeinsel hebt nur im Sommer der Billigcarrier Flygotland von Hamburg aus ab.

Anreise mit Auto und Fähre

Am schnellsten erreicht man Südschweden per Auto über die 16 km lange, gebührenpflichtige **Öresund-Brücke** (www.oeresundsbron.com) zwischen Kopenhagen und Malmö. Eine bequeme Alternative ist auch die Überfahrt mit einer der **Fähren** von Rostock/Warnemünde, Sassnitz oder Travemünde nach Trelleborg oder via Dänemark (**Vogelfluglinie** Puttgarden-Rødbyhavn, Rostock – Gedser und Helsingør – Helsingborg). Nach Gotland dauert die Überfahrt drei Stunden ab Nynäshamn oder Oskarshamn. Man sollte die Fähren möglichst **frühzeitig buchen** – so erhalten Sie nicht nur garantiert einen Platz, sondern auch den Frühbucherrabatt.

Anreise per Bus

Eurolines-Busse und **Berlin Linien Bus** (www.berlinlinienbus.de) fahren von Hamburg bzw. Berlin zum Cityterminalen in Stockholm.

Anreise mit dem Zug

Züge fahren von Hamburg auf der **Vogelfluglinie** (Puttgarden-Rødby), dann weiter über Kopenhagen und Helsingborg, wo Anschluss zu weiteren schwedischen Städten besteht. Berlin und Malmö verbindet der **Berlin-Night-Express** in rund neun Stunden; von dort saust der Hochgeschwindigkeitszug X2000 in 4,5 Std. in die schwedische Hauptstadt. Über Fahrpläne und günstige Leistungsangebote informieren die Vertretungen der Deutschen Bahn (www.bahn.de), der Österreichischen Bundesbahnen (ÖBB) und der Schweizerischen Bundesbahnen (SBB). Für unbegrenzte Bahnfahrten empfiehlt sich der **InterRail Schweden-Pass**, der innerhalb eines Monats an drei bis acht Tagen unbegrenztes Schienenvergnügen im Norden erlaubt (www.interrailnet.com). Wer die dänischen und schwedischen Seiten des Öresunds entdecken möchte, ist mit dem Bahnticket **Öresund Rundt** (www.skanetrafiken.com) bestens bedient.

Reisedokumente

Schweden ist EU-Mitglied, für Deutsche und Österreicher en[illegible] daher die Passkontrollen. Trotzdem sind, um sich auszuweisen[illegible]

Hintergrund

DAS SOLLTEN SIE ÜBER SÜDSCHWEDEN WISSEN: GESCHICHTE, WIRTSCHAFT, KULTUR UND KUNST SIND HIER KOMPAKT UND KOMPETENT ANSCHAULICH BESCHRIEBEN. AUCH ABSTECHER IN DAS ALLTAGSLEBEN UND DIE SITTEN DER SÜDSCHWEDEN FEHLEN NICHT!

HEJ, HEJ!

Willkommen im Mittsommerland: Kommen Sie nach Südschweden, wenn die hellste Nacht des Jahres zum Tag gemacht wird. Erleben Sie sonnenverwöhnte Urlaubsinseln und postkartenschöne Schärenküsten, endlose Sandstrände und tiefe Wälder, bummeln Sie durch idyllische Dörfchen und Schwedens schwimmende Hauptstadt – in Südschweden findet jeder seine Lieblingsecke.

Zwischen Smygehamn und Stockholm zeigt Schweden sein liebliches Gesicht: sanft gewellte Hügel mit fruchtbaren Böden, kristallklare Seen und feinsandige Strände. Wen wundert's, dass hier 84 % der Schweden leben? Auch Pippi Langstrumpfs Erfinderin Astrid Lindgren, die in Småland geboren wurde, war überzeugt: »Ich lebe im schönsten Land der Welt. Hier gibt es alles, vom Lichten und Lächelnden bis zum Dunklen und Ernsten, oft auf die bezaubernndste Weise gemixt.«

Smaklig måltid! *In Schweden isst man gut und gerne, am liebsten in Gesellschaft.*

Landschaften in XXL

Auf den ersten Blick wirkt Südschweden wie Norddeutschland. Doch schon bald bemerkt man die Unterschiede. Gemächlich fließt der Verkehr auf gut ausgebauten Straßen dahin; selbst in Stockholm, Malmö oder Göteborg ist nichts von der Hektik zu spüren, die sonst allgegenwärtig scheint. Mit Gelassenheit meistern die Schweden den Alltag und haben stets Zeit für eine »Fika«, eine Kaffeepause, bei der ausgiebig geklönt wird. Obwohl sich im Süden von Schweden die Bevölkerung »drängt«, wirkt das Land unendlich weit und einsam. Immer wieder unterbrechen ursprüngliche Naturgebiete die Kulturlandschaften, leuchtet ein schwedenroter Bauernhof im weiten Grün der Wälder auf. Und mit etwas Glück tritt plötzlich ein Elch aus dem Wald, trottet langsam über die Fahrbahn und verschwindet so leise, wie er gekommen ist.

Mit seinen bunten Fachwerkhäuschen und wogenden Kornfeldern erinnert Schwedens Südspitze an Dänemark, schließlich gehörte die Region Schonen 500 Jahre lang, bis zum Frieden von Roskilde, zum Nachbarreich. Hinter den Granitklippen des Kullabergs beginnen die endlos langen Sandstrände der traditionsreichen Badeorte Halmstad, Falkenberg und Varberg. Die schwedische Riviera endet vor den To-

← Stockholm – schwimmende Metropole

Die Zeit loslassen
Gemächliches Treiben, das Meer blank, nur hier und da ein Mast

»Alle Groß und Klein ...
... tralla-la-la lad' ich zu mir ein«. Kein Kind, das sie nicht kennt: Pippilotta Viktualia Rollgardina Pfefferminza Efraims Tochter Langstrumpf.

»Wenn ich mir ein Schloss baute, ...
... so eins baute ich mir«, schwärmte Tucholsky in seiner federleichten Sommerromanze »Schloss Gripsholm«.

Glühendes Glas
Småland ist das Reich der Glasbläser – Maßarbeit mit Auge, Hand und Mund.

Pferdchen aus Fichtenholz
Die roten Dalapferde sind längst Symbol fürs ganze Land.

Zeit zu zweit
In Südschweden kann man wunderbar entspannen. Wie wär's mit einem Verwöhnwochenende im Karlaby Kro mit Candle-Light-Dinner und Relaxprogramm?

ren von Göteborg, Skandinaviens größtem Hafen mit seinem berühmten Vergnügungspark Liseberg, Kultbars und Szenelokalen. Nördlich folgt das Inselreich Bohuslän mit zerklüfteten Schären, verträumten Fischerhäfen und rätselhaften Felsritzungen. Heimat von Pippi, Michel und Madita ist die schwedische Bilderbuchlandschaft Småland. Wer die Schauplätze von Astrid Lindgrens Kinderbüchern aufsucht, bemerkt überrascht: Bullerbü lebt – mit tiefblauen Seen, dunklen Wäldern und urgemütlichen Holzhäusern. Småland ist auch Schwedens Hochburg für Glasdesign. 15 Glashütten wie Orrefors und Kosta Boda haben dem schwedischen Glasreich zu Weltruhm verholfen. Mitten durch Östergötland verläuft der Göta-Kanal. Am schönsten lässt sich Schwedens blaues Band an Bord der Traditionsschiffe Juno, Diana und Wilhelm Tham entdecken, die von Mai bis September zwischen Göteborg und Stockholm hin- und herschippern. Dabei durchqueren die Flussschiffe die drei größten Seen Südschwedens: den Vänern, den Vättern und den Mälaren.

Krone des Nordens

Selma Lagerlöf nannte sie »die schwimmende Stadt«, andere verglichen das auf 14 Inseln erbaute Stockholm mit Venedig. Doch im Unterschied zur Lagunenstadt ruht die größte Stadt Schwedens auf massivem Granit. Nichts scheint schöner als ein Sommerabend in Stockholm mit seinem prunkvollen Königsschloss, stolzen Kaufmannshäusern, schicken Shoppingadressen, Schlemmerlokalen und einer aufregenden Kunstszene. Vor den Toren der schwedischen Hauptstadt wartet ein Traumrevier für Segler: die Inselwelt der Schären.

Sommerfarben
Falunrot gestrichene Holzhäuschen – in Schweden seit Jahrhunderten Norm und Nonplusultra

Grüner Pionier

Wie wollen Sie Ihren Urlaub in Südschweden gestalten? Als klassische Sommerferien am Meer, als Städtetour in Stockholm, als Golfwoche oder Kanutrip? Oder so wie die Schweden, die im Urlaub eine »stuga« mieten, eine Holzhütte am See? Für sie heißt Erholung: raus aus der Stadt, rein in die Natur. Sanfter Tourismus ist hier kein Schlagwort, sondern gelebte Realität. Auch in den Städten hat die Kehrtwende zur grünen Politik begonnen, werden Radwege ausgebaut und Ökohotels errichtet. Malmö wurde als erste Stadt weltweit als »Fair Trade City« geadelt. Und Stockholm erhielt 2010 als erste Metropole die Auszeichnung »Umwelthauptstadt Europas«.

Fakten

Sanft, sonnig und voller kultureller Highlights präsentiert sich Schwedens Süden. Kristallklare Seen und zerklüftete Schäreninseln, Steilküsten und Sandstrände – so vielfältig wie die Natur sind auch die geschichtsträchtigen Städte und idyllischen Dörfchen zwischen Smygehamn und Stockholm.

Natur und Umwelt

Die großen Seen

Das südliche Schweden sieht völlig anders aus als der von Fjällhochflächen, Mooren und kleinen Seen geprägte Norden. Riesige Seen bedecken die recht flache **Mittelschwedische Senke**. Die drei größten Seen sind der **Vänern** mit 5585 km^2, der **Vättern** mit 1912 km^2 und der **Mälaren** mit 1140 km^2, der einst eine Ostseebucht war. Noch weiter südlich wirkt die nur bis zu 400 m hohe Landschaft wie ein flacher Schild. Im Südwesten leiten die Mittelschwedische Senke und Småland über nach Bohuslän und Halland mit ihren Schärenküsten.

Reif für die Insel?

Die vorwiegend felsige Küste Südschwedens wird von unzähligen Inseln und Eilanden gesäumt, mal grün und üppig, dann wieder rau und karg. Die Schweden nennen ihre Schären **»skär«** – Klippe. Sie entstanden, als die Gletscher abschmolzen, sich das Land hob und bislang unter Wasser gelegene Gesteinsmassen aus dem Meer auftauchten. Insgesamt gibt es **fünf Schärengärten** an der Ost- und Westküste. Östlich von Stockholm erstrecken sich über eine Länge von rund 80 km mehr als 30 000 Inseln, Inselchen und Klippen – viele von ihnen sind bewohnt und werden daher regelmäßig von Fähren angelaufen. Auch von Göteborg an der Westküste ist es nur ein Katzensprung zu dem riesigen Schärengarten nördlich der Stadt mit ihren Granitklippen, die von grau bis pink in allen Schattierungen schimmern. Wahrzeichen der beiden großen Inseln Öland und Gotland an der Westküste Südschwedens sind die spektakulären **Raukar**, jahrtausendealte Kalksteinsäulen, die von Wind und Regen bizarr geformt wurden.

Eis formt das Land

Ganz Nordeuropa war mehrere Zehntausend Jahre hindurch von einem mächtigen Eispanzer bedeckt, und nur die höchsten Spitzen des skandinavischen Hochgebirges ragten aus der Eisdecke heraus. Während aber Norddeutschland schon vor 13 000 Jahren eisfrei wurde, war Skandinavien vor 9000 Jahren noch weitgehend von Eis bedeckt. Vor allem diese **letzte Eiszeit**, die »Weichseleiszeit«, formte die Landschaft Skandinaviens: Das Eis verschliff stark alle älteren Formen der vorhergehenden Kaltzeiten, nur der lange Gebirgszug der **Skanden** blieb erhalten. Das präglaziale Relief wurde in weiten Teilen durch Moränenschutt der Gletscher verdeckt. Als die Eismassen schmolzen, hat die **Ostsee**, die anfangs nur ein großer Stausee am Rand des Eises war, ihre Uferlinie immer wieder verändert und bekam eine offene Verbindung zum Nordmeer. Von der alten mittelschwedischen Meeresbedeckung sind **die großen Seen** zurückgeblieben; durch die reichliche Zufuhr von Fluss- und Quellwasser hat sich ihr Salzwasser längst in Süßwasser verwandelt.

← *Nicht nur in Västergötland galten Windmühlen im 19. Jh. als Statussymbole. Jeder Bauer, der etwas auf sich hielt, hatte eine eigene.*

Die Gletscher schmelzen

Hatten die 2000 m mächtigen Eismassen das darunterliegende Land noch stark in die Tiefe gedrückt, so schwand die Belastung mit dem Abschmelzen des Eises, und das Land hob sich. Am stärksten war die **Landhebung** im Zentrum der einstigen Eisbedeckung. Sie ist auch noch nicht abgeschlossen, sondern beträgt in der Gegend des Bottnischen Meerbusens noch immer etwa 1 m pro Jahrhundert, so dass dort Städte wie Luleå ihre Hafenanlagen immer wieder verlegen mussten, um dem zurückweichenden Meer zu folgen.

Oser

Die Kraft des Eises schuf auch lang gestreckte Kiesdämme von bis zu mehreren 100 km Länge, die sogar größere Seen durchziehen – die **Oser**, schwedisch Åser. Es handelt sich um die ehemaligen Sedimentfüllungen von Tunnelbahnen in einer **Grundmoräne**, die sich die unter den Eismassen hinziehenden Flüsse geschaffen hatten. Als das Eis abschmolz, blieben die Sedimentmassen als **natürliche Dämme** liegen. Von den Menschen wurden sie als stets trockene Verkehrswege geschätzt. Nicht zuletzt verdankt Stockholm seine Existenz einem solchen Os, das zur Abschnürung des Mälarsees beigetragen und eine günstige Möglichkeit zur Überquerung des Wassers geboten hat.

Vertraute Landschaften im nahen Norden

Südschweden

Die Landschaft in Südschweden unterscheidet sich kaum von der in Norddeutschland. Sie ist flach bis sanft gewellt, so weit das Auge reicht. **Skåne (Schonen)**, die südlichste Provinz Südschwedens, gehört zu den fruchtbarsten Gegenden des Landes. Hier prägen wogende Felder und weite Ebenen das Bild. Und doch ist die Region landschaftlich weitaus abwechslungsreicher, als der erste Eindruck verspricht. Im Nordwesten stürzen sich die Granitklippen des Kullabergs in die Ostseefluten, auf lichten Laubwald folgen im Norden tiefe Tannenwälder, im Nordosten enden die kilometerlangen Sandstrände des Südens an imposanten Steilküsten. Mitten durch Schonen verläuft die **»Bruchzone«**, die geologische Trennscheide zwischen dem nördlichen Ur-Europa und dem erdgeschichtlich jüngeren Mitteleuropa. Sie bescherte Mittel- und Nordschonen auch seine wenigen Hügel – am bekanntesten ist der Hallansåsen.

? WUSSTEN SIE SCHON ...?

- ... dass sich der tiefste Punkt Schwedens in Skåne befindet? Bei der Bucht des Sees Hammarsjon in der Nähe von Kristiansstad liegt das Land 2,41 m unter dem Meeresspiegel.

Ganz und gar typisch schwedisch ist dagegen **Småland**, das auf der gleichen Breite wie Jütland liegt. Sein von eiszeitlichen Gletschern abgeschliffener Gneis- und Granitrumpf, der sich bis 343 m erhebt, ist trotz der geringen Höhe ein noch weithin unerschlossenes Wald- und Moorgebiet. Der Holzreichtum hat in früherer Zeit an vielen Orten eine lebhafte Glasindustrie entstehen lassen. Auch **Dalsland** und **Värmland** sind so, wie man sich Schweden vorstellt: mit vielen

Seen, dichten Wäldern und roten Holzhäusern. **Halland** im Westen zeichnet sich durch bekannte Badeorte und schöne Strände aus. **Blekinge** im Osten gehört zu den kleinsten Provinzen, hat aber seinen Besuchern trotzdem einiges zu bieten. Das Land ist hügeliger als Skåne, verfügt über weite Laubwälder und herrliche Strände an der von Fjorden stark gegliederten Küste.

Die großen Inseln

Strände sind das Markenzeichen der Kalksteininseln Öland und Gotland. Doch ansonsten haben die beiden nicht viel gemeinsam. Während das kleinere **Öland** windzerfetzt und mit karger Vegetation in der Ostsee liegt, zeichnet sich **Gotland** durch mildes und sonniges Klima aus und wird nicht umsonst »Insel der Rosen« genannt.

Mittelschweden

Mittelschweden hat kein eigentliches Zentrum. Immer wieder wechseln ebene Ackerbaulandschaften mit dicht bewaldeten Gebirgshorsten oder vermoorten Hochflächen ab. Im Osten liegt die Landeshauptstadt **Stockholm** hinter einem dichten Schärengürtel. Weiter im Landesinneren hatte die bäuerliche Bevölkerung des alten Svealandes viel offenes Land vorgefunden, und bis heute werden die Ebenen von Väster- und Östergötland intensiv landwirtschaftlich genutzt. Vänersee und Mälarsee werden durch viele kleine Inselchen vor ihren Küsten geprägt; im Vättern liegt die Insel Visingsö vor Gränna.
Nördlich von Stockholm beginnt für viele Liebhaber des Landes erst das richtige Schweden: Mit seinen Wäldern, Seen und weiten Feldern sind das **Uppland** mit der Hauptstadt Uppsala und **Gästrikland** die ersten Vorboten des Nordens.

◀ Weiter auf S. 22

Südschweden Landschaften

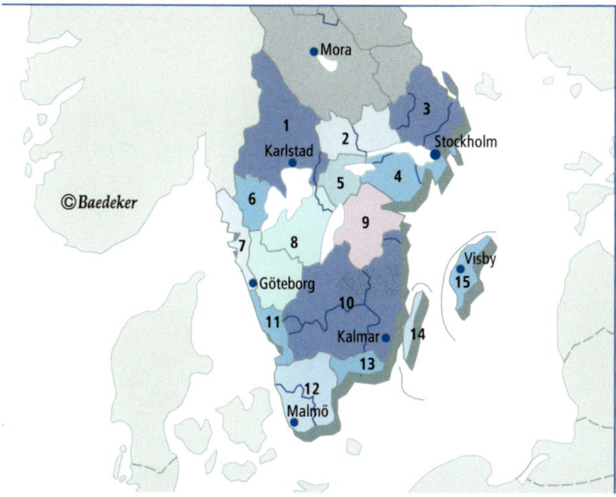

1 Värmland
2 Västmanland
3 Uppland
4 Södermanland
5 Närke
6 Dalsland
7 Bohuslän
8 Västergötland
9 Östergötland
10 Småland
11 Halland
12 Skåne
13 Blekinge
14 Öland
15 Gotland

Landschaftsgrenzen
Provinzgrenzen

KÖNIG DER WÄLDER

Das größte Tier der schwedischen Wälder ist der Elch. Die Jagd hätte im 18. Jh. fast zur Ausrottung der Elche geführt, doch dank einer Einschränkung sind sie mit Ausnahme von Gotland in Südschweden überall verbreitet. Heute bedrohen jedoch Autounfälle den Bestand.

Mehr als 20 % aller Autounfälle in Schweden werden durch Elche verursacht; jeder zweite verläuft dabei tödlich. Rund 5000 Zusammenstöße von Elchen und Autos werden jährlich gemeldet, Tendenz steigend. Polizei und Wildschützer sind irritiert: Obgleich die Zahl der imposanten Waldtiere seit Jahren rückläufig ist, steigt die Quote der **Wildunfälle**. Nach jüngsten Schätzungen leben noch etwa 400 000 Elche in Schweden, das Gros in den wald- und seenreichen Regionen von Mittel- und Südschweden. Zwar sind viele Strecken durch Wildzäune geschützt, aber an ihrem Ende, also dort, wo meist auch die Elchschilder warnend stehen, sowie in der Dämmerung treten die Tiere bei ihrer Suche nach Nahrung dafür gehäuft auf die Straße heraus. Auch früher Schneefall treibt die Tiere vermehrt aus dem Wald.

800 kg Lebendgewicht

Immerhin bringt die **größte Hirschart der Welt** bis zu 800 kg auf die Waage. Elchbullen erreichen eine Schulterhöhe bis 2,4 m, der Körper ist über 3 m lang; mit ihren schlanken Beinen können sie bis zu 60 km/h schnell laufen. Charakteristisch ist das mächtige, schaufelförmige Geweih der Männchen. Aber nur den nordschwedischen Elchen wachsen die beiden großen **Schaufeln** auf dem Kopf – rund die Hälfte der südschwedischen Elche trägt ein Stangen-Geweih, ähnlich den Hirschen. Eine Waffe ist der gewaltige Kopfschmuck allerdings nicht. Wenn ein Elch sich gegen Wolf, Bär oder andere Angreifer verteidigen muss, verteilt er **gefährliche Fußtritte** und Schläge mit den Vorderläufen. Das Geweih dient allein dazu, dem Imponiergehabe während der Brunftzeit den nötigen Nachdruck zu ver-

leihen. Kaum ist die herbstliche Brunft vorbei, werfen die Bullen den Kopfschmuck ab und ziehen barhäuptig durch den Wald, bis im Frühjahr neue Schaufeln nachwachsen.

Schüchterner Riese

Elche sind sehr scheu und ziehen meist, bis auf Mutter und Kalb, als Einzelgänger durch die Wälder und Sümpfe. Ihre Fähigkeit, sich »unsichtbar« zu machen, ist bei schwedischen Jägern legendär. Am liebsten fressen die Wiederkäuer **Zweige**, Beeren und Knospen. Auf dem Boden kniend, zupfen sie Gräser und knabbern junge Bäumchen an und sorgen damit für so manchen Forstschaden. Um lästigen Mücken zu entkommen, **äsen sie gerne im Wasser**, weiden Schlingpflanzen und Seerosen ab und können bis zu einer Minute tauchen. Elche schwimmen gut und können mühelos über 2 m hohe Zäune springen. Zwar bleibt der Elch am liebsten wo er ist, aber bei Futtermangel wandert er auch Hunderte von Kilometern, um neue Weidegründe zu finden. Die Winterzeit überstehen die Tiere dank ihrer Fettreserven unbeschadet.

Das große Halali

Alljährlich im Herbst blasen Jäger zum großen Halali auf den König der nordischen Wälder. In nur zwei bis drei Wochen erfüllen die rund 250 000 Jäger mit einer Treiberkette und speziell ausgebildeten Elchhunden die Abschusszahlen von 100 000 Exemplaren. Danach freut sich der Feinschmecker: Zahlreiche Restaurants servieren raffiniert zubereitetes **Elchsteak oder Elchgulasch**. Wer glaubt, es schmecke nach Wild, irrt. Elchfleisch ähnelt eher magerem zarten Rindfleisch. Wer die Tiere hautnah erleben möchte, findet allein in Småland drei Elchparks entlang der E4. Im **Smålandet** (www.smalandet.se) bei Markaryd fährt man mit dem eigenen Wagen auf 3 km Schotterpiste zwischen frei laufenden Elchen umher. Im **Laganland** (www.laganland.se) und **Ellinge Elchpark** (www.algpark.com) lassen sich die Elche in klassischen Gehegen bewundern. Im **Grönåsens Elchpark** (www.moosepark.net) bei Kosta führt ein 1,5 km langer Rundweg die Besucher an den Wald- und Wiesengehegen und Beobachtungstürmen vorbei.

Pflanzen und Tiere

Abschied von den Laubwäldern

Der größte Teil Schwedens ist von Nadelwald bedeckt. Nur in Südschweden gibt es Mischwälder mit Buchen, Ulmen, Erlen und Eichen. Am Omberg beim Vättern hat der **Buchenwald** seine nördlichste Verbreitungsgrenze in Schweden. Auch die Küsten des Südens säumten einst reine Laubwälder, viele von ihnen mussten jedoch dem Ackerbau weichen oder wurden in den letzten Jahren durch schneller wachsende Fichten-Forste ersetzt. Auf dem kalkreichen Untergrund von Öland wächst eine in Europa einzigartige **Steppenheide** mit Wacholderheiden. Im Frühjahr überzieht sie ein Teppich aus gelben Sonnenröschen, duftendem Klee und blauen Kugelblumen, im Sommer blühen hier über 30 Orchideenarten, von denen viele nur hier zu finden sind. Auf den Schäreninseln sind windzerzauste Kiefern als Solitäre oder in kleinen Gehölzen typisch.

Fruchtbare Flure

Skåne ist die Kornkammer Südschwedens, und auch in Mittelschweden prägt **intensive Landwirtschaft** das Bild. Angebaut werden vor allem Getreide wie Gerste, Weizen und Hafer sowie Kartoffeln, Raps und Zuckerrüben. Österlen ist Zentrum des **Obstanbaus**. Rund um Kivik erstrecken sich riesige Plantagen mit Apfel-, Kirsch- und Birnbäumen, und seit wenigen Jahren wird dort aus weißen Reben auch erfolgreich Wein gekeltert. Im Frühling entfaltet der Flieder an den Straßenrändern eine überwältigende Blütenpracht; im Unterholz leuchten Buschwindröschen, Leberblümchen und Schlüsselblumen. Nicht zuletzt als Wirtschaftsfaktor wichtig sind die vielen Pilz- und Beerenarten, darunter Heidel-, Preisel- und Moltebeeren. **Moltebeerenbüsche** (Rubus chamaemorus) wachsen in Mooren und Feuchtgebieten und werden bis zu 30 cm groß. Ihre Früchte sehen aus wie orangefarbene Brombeeren und reifen Ende Juli/Anfang August. Man macht aus ihnen Marmelade, isst die eigentümlich bittersüß schmeckenden Beeren gefroren mit Zucker als »Björnkulla« oder stellt Eis und Parfaits aus ihnen her.

Petri Heil!

Die schwedischen Flüsse und Seen sind sehr fischreich und daher **ideale Angelreviere**. Es gibt viele Lachse, Forellen, Karpfen, Hechte und Saiblinge; in den Küstengewässern kommt auch der Strömling vor, ein kleiner Weißfisch der Ostsee. Als einer der lachsreichsten Flüsse des Landes gilt der Mörrumsån bei Karlshamn; Åhuis an der Ostküste ist ein Paradies für alle, die auf Aal angeln möchten.

Tiere

Die südschwedischen Wälder gehören zur gemäßigten mitteleuropäischen Zone und werden von denselben Arten bevölkert, die auch in Mitteleuropa beheimatet sind wie Biber, Rotwild, Fuchs, Hase und Dachs. Aufgrund der dünneren Besiedlung ist der Wildbestand dementsprechend hoch. Wieder erholt hat sich dank strenger Schutzmaßnahmen auch die Population der **Elche** (► Baedeker Special S. 20). Besonders artenreich ist die Vogelwelt. In der Dämmerung jagen

Schwedens König der Wälder lässt sich am besten in der Dämmerung entdecken, wenn er auf der Suche nach Nahrung den Wald verlässt.

viele verschiedene Eulenarten, und jedes Frühjahr und im Herbst rasten Tausende von **Kranichen** während des Vogelflugs am Hornborgasee und am Helge-Fluss. Der letzte wilde **Weißstorch** ist 1954 aus Schweden verschwunden. Seitdem läuft ein Auswilderungsprojekt. Inzwischen brüten wieder 40 Storchenpaare in Schonen, und auch einzelne Wildstorchpaare sind inzwischen wieder nach Südschweden zurückgekehrt. Allgegenwärtig ist hingegen die **Graugans**, auf der Nils Holgersson durch Schweden flog. Die größte und prächtigste Gänseart Schwedens hingegen gibt es nur in Schonen: die **Skåne Gås** – sie wird dort seit dem Mittelalter gezüchtet und alljährlich am Vorabend zum Martinstag als Festschmaus verspeist.

Warmer Süden

Gemäßigtes Klima mit warmen Sommern

In **Südschweden** sind die Winter mäßig kalt, die Sommer mäßig warm. In Skåne (Schonen) ganz im Süden ist es am wärmsten. An der Westküste regnet es der westlichen Winde wegen mehr als im Osten. An der Ostküste sind die **Wassertemperaturen** mit bis zu 16 °C auch am höchsten – ideal für einen Badeurlaub. Im Winter allerdings sinken die Wassertemperaturen bis auf 2 °C ab, sobald der Wärmevorrat der Ostsee aufgebraucht ist. Treibeis aus dem Norden kann bis auf die Breite von Gotland vorkommen. Einfluss auf das regionale Klima haben die großen Binnenseen: Sie geben im Herbst die gespeicherte Wärme an die Umgebung ab und verzögern die Abkühlung der Region im Umfeld. Im Frühjahr sind sie noch gefroren und die Umgebung wird weniger schnell warm.

Mittelschweden ist Übergangsgebiet vom stärker ozeanisch geprägten Klima Südschwedens zum mehr kontinental und boreal (nördlich) geprägten Klima Nordschwedens. Die Sommer sind nur mäßig warm und die Winter sehr kalt.

Zahlen und Fakten Schweden

Lage

- Westeuropa am östlichen Rand der skandinavischen Halbinsel

Geografische Daten

- Fläche: 449 964 km² (Deutschland 357 020 km²)
- Größte Nord-Süd-Ausdehnung: 1574 km (etwa vom 55. bis 69. Breitengrad)
- Größte Ost-West-Ausdehnung: 499 km (etwa vom 11. bis 24. Längengrad)
- Küstenlänge: 7624 km
- Höchster Berg: Kebnekaise 2111 m
- Größter See: Vänersee 5585 km²
- Längster Fluss: Klarälven/Göta älv 720 km

Bevölkerung

- 9,3 Mio. Einwohner (Deutschland: 81,9 Mio.)
- davon 90,5 % Schweden, 2,5 % einheimische Finnen, ca. 20 000 Samen
- Ausländeranteil: 18 %
- Bevölkerungsdichte: 20 Einw./km² (Deutschland 231 Einw./km²)
- Altersstruktur: 18,8 % der Bevölkerung über 65 Jahre, damit ist Schweden eines der »ältesten« Länder weltweit.
- Geburtenrate: 1,67 Kinder/Frau
- Religion: 75 % der Bevölkerung evangelisch-lutherische schwedische Kirche, Muslime ca. 250 000 Mitglieder, römisch-katholische Kirche ca. 150 000 Mitglieder

Staat

- Staatsform: parlamentarisch-demokratische Monarchie
- König: Carl XVI. Gustaf (seit 1973)
- Premierminister: John Fredrik Reinfeldt
- Amtssprache: Schwedisch
- Hauptstadt: Stockholm

Wirtschaft

- BIP pro Einwohner: 37 245 US $ (2009)
- Export: Maschinen, Elektro- und Telekommunikationsprodukte, Design, Lkw, Pkw
- Import: u. a. Öl, Pkw, Halbfertigwaren, Maschinen, Bekleidung, Elektronik und Elektronikprodukte
- Dienstleistungen: 70 %, Industrie: 28 %, Landwirtschaft: 2 %
- Arbeitslosenquote: 5,3 % (2009); weitere 2,7 % in Umschulungs- und Trainingsmaßnahmen
- Währung: Schwedische Krone SKR
- Großunternehmen: ABB, Electrolux, Ericsson, Ikea, Saab, Scania, Tetra-Pak, Volvo
- Energiegewinnung: 51 % Wasserkraft, 43 % Atomkraft, Rest: fossile Energieträger, zunehmend erneuerbare Energien

Das große Schwedisc Staatswappen zeigt a drei Kronen und die Folkunger-Löwen.

Bevölkerung · Politik · Wirtschaft

Nicht nur blond und blauäugig

Von den **9,3 Mio. Schweden** leben 84 % in der südlichen Landeshälfte und davon wiederum **ein Viertel in den urbanen Zentren Stockholm, Göteborg und Malmö**. Während die Bevölkerung dort weiter ansteigt, nimmt sie in Norrbotten an der Grenze zu Norwegen kontinuierlich ab. Statt des schwedenweiten Durchschnitts von 20 Einw. pro km² sind es in Schwedens nördlichster Provinz nur 3 Einw./km². Neben den Schweden, die das Gros der Bevölkerung bilden, leben noch 215 000 einheimische Finnen und rund 20 000 Samen im Land. Unter den **Migranten**, die 13 % der Bevölkerung stellen, sind die Muslime die größte Gruppe – sie kommen vor allem aus dem Irak, Serbien und Montenegro nach Schweden. Flüchtlinge erhalten nach vier Jahren, andere Migranten nach fünf Jahren die schwedische Staatsbürgerschaft.

Sprachen

Die schwedische Sprache gehört wie Dänisch, Färöisch, Isländisch und Norwegisch zu den **nordgermanischen Sprachen**. In Schweden gibt es – anders als in Norwegen und Finnland – nur eine einzige Amtssprache: **Schwedisch**. Viele Schweden besitzen gute bis ausgezeichnete **Englischkenntnisse**, nicht zuletzt deshalb, weil ausländische Filme im Fernsehen meist nicht synchronisiert werden, sondern nur mit Untertiteln laufen. Durch die seit Jahrhunderten anhaltende Einwanderung aus Finnland wird **Finnisch** von rund 300 000 schwedischen Bürgern gesprochen.

Führend bei der Gleichberechtigung

Schweden gehört bei der Gleichberechtigung zu den fortschrittlichsten Ländern der Welt. Zahlreiche Maßnahmen wurden umgesetzt, um Frauen in der Arbeitswelt zu fördern und Diskriminierungen aufgrund des Geschlechts zu verhindern und zu bekämpfen. Der Vordrang der Schwedinnen auf den Arbeitsmarkt begann in den 1970er-Jahren. Hinter dem Wandel von der Hausfrau zur Berufstätigen, der im übrigen Europa mit deutlicher Verzögerung erfolgte, stehen politische wie soziale Entwicklungen. In jenen Jahren wurde die Frau im stark expandierenden öffentlich-sozialen Sektor gebraucht; neue Steuergesetze, Kindertagesheime und andere notwendige Infrastrukturen wurden geschaffen. Inzwischen sind 85 % der Mütter, deren Kinder noch nicht älter als sieben Jahre sind, berufstätig. Damit stellen **Frauen fast die Hälfte der 4,3 Mio. Erwerbstätigen**.

Dass so viele Frauen arbeiten, liegt daran, dass die Reformen auch auf **Teilzeitarbeit** ausgerichtet waren. Verglichen mit anderen Ländern hat die Frau in Schweden eine starke Position in gewählten Organen wie dem Reichstag – von den 349 Reichstagsabgeordneten sind 45,3 % Frauen. In Spitzenpositionen von Unternehmen und Gewerkschaften sieht man sie hingegen auch seltener; 92 % der Führungskräfte sind bis heute männlich. Im mittleren Management dagegen sind Frauen gut vertreten. Der Grundsatz der **gleichen Bezahlung**

für gleiche Arbeit ist in Schweden in den Tarifverträgen über die Gleichstellung von Mann und Frau verankert. Dennoch verdienen auch hier Frauen noch bis zu 8 % weniger als ihre männlichen Kollegen. Um das künftig zu verhindern, wurde ein neues Gesetz verabschiedet. Es verpflichtet Unternehmen mit mehr als 25 Mitarbeiterinnen und Mitarbeitern, alle drei Jahre anonym die Löhne und Gehälter zu analysieren, um festzustellen, ob es **geschlechtsspezifische Einkommensunterschiede** gibt, und diese dann auszugleichen.

Staat und Gesellschaft

Frieden förderte Stabilität

Seit den Napoleonischen Kriegen, die für Schweden 1814 mit dem Frieden von Kiel endeten, lebt das schwedische Volk im Frieden. Dies ist ein Grund für die jahrzehntelange politische Stabilität im Lande. Dazu kommt, dass es in Schweden nur sehr wenige ernsthafte religiöse, ethnische oder soziale Konflikte gab.

Der König repräsentiert …

Schweden ist eine **konstitutionelle Monarchie**, in der der König das formelle Staatsoberhaupt ist. Seit 1973 ist dies **Carl XVI. Gustaf**. Über politische Macht verfügt er aber nicht – seine Aufgaben sind hauptsächlich zeremonieller und repräsentativer Art und im Grundgesetz festgehalten. So eröffnet der König alljährlich den Reichstag, nimmt an den Feierlichkeiten zum Nationalfeiertag am 6. Juni teil, empfängt ausländische Staatsoberhäupter und Botschafter bei der Audienz im Schloss, überreicht den Nobelpreis an die Preisträger und führt den Vorsitz im Beirat für Auswärtige Angelegenheiten, der aus dem Reichstagspräsidenten sowie neun Abgeordneten von Parteien im Reichstag besteht. Darüber hinaus ist der König Träger der höchsten militärischen Ränge der Landesverteidigung. Die **Thronfolge** in Schweden ist seit 1980 vollkommen kognatisch. Das bedeutet, dass das erstgeborene Kind des Königspaares ohne Rücksicht auf sein Geschlecht Thronfolger wird. Wenn **Kronprinzessin Victoria** eines Tages den Thron besteigt, wird sie die dritte Regentin der 70 Monarchen in der 1000-jährigen Geschichte des Königreichs Schweden sein.

… das Parlament regiert

Der **Reichstag** besteht seit 1971 aus einer einzigen Kammer. Ihr gehören 349 Abgeordnete an. Gewählt wird alle vier Jahre am dritten Sonntag im September – nächster Wahltermin ist **Herbst 2010**. Die größte schwedische Partei ist die **Sozialdemokratische Arbeiterpartei**. Mit Ausnahme von 100 Tagen im Jahr 1936 regierten die Sozialdemokraten von 1932 bis 1976 ohne Unterbrechung. In den letzten drei Jahrzehnten gab es immer wieder Machtwechsel zwischen dem bürgerlichen Block und den Sozialdemokraten, die von 1994 bis 2002

? WUSSTEN SIE SCHON …?

- … dass in Schweden Sozialdemokraten und Gewerkschaften sehr eng verflochten sind? Die Gewerkschaften haben auch sehr starken Rückhalt in den Reihen der Bevölkerung: 90 % der Arbeiter sind Mitglieder, entsprechend groß ist der Einfluss auf die Politik.

ihre letzte große Regierungszeit hatten. Seit den **Parlamentswahlen 2006** bilden die **bürgerlichen Parteien** eine Regierungskoalition aus vier Parteien, angeführt vom Vorsitzenden der Moderaten, **Fredrik Reinfeldt**. In der Nachkriegszeit schafften es einzig die **Grünen**, die seit 1998 im Reichstag vertreten sind, sich neben den traditionellen Parteien zu etablieren. Für Schweden typisch sind auch die relativ geringen Unterschiede zwischen den Parteien. In Detailfragen wird zwar heftig gestritten, aber über den generellen Weg der Politik sind sich meist alle einig.

Schwedische Staatssymbole

Die schwedische **Flagge** (► Abb. S. 24) zeigt ein gelbes Kreuz auf blauem Grund. Wann sie gehisst werden kann, regelt das Flaggengesetz, das auch 15 Flaggentage festlegt, darunter Feiertage innerhalb der königlichen Familie, 1. Mai, der Tag bei Reichstagswahlen, der UNO-Tag am 24. Oktober und der Nobel-Tag am 10. Dezember.

Das **große Staatswappen** (► Abb. S. 24) ist das Wappen des Monarchen und wird nur bei feierlichen Anlässen für Reichstag und Regierung genutzt. Wesentlich häufiger zum Einsatz kommt das **kleine Staatswappen**, das drei goldene Kronen auf blauem Feld zeigt, und eine Königskrone als Krönung.

Der Text für die **schwedische Nationalhymne** »Du gamla, du fria ...« (Du alter, Du freier ...) wurde von dem Volkskundler und Liederdichter Richard Dybeck (1811 – 1877) geschrieben und Mitte des 19. Jh.s der Melodie eines Volkslieds aus der Provinz Västmanland unterlegt. Fast zeitgleich entstand die **Königshymne** »Ur svenska hjärtans djup en gång«. Mit den Worten von Carl Vilhelm August Strandberg und der Musik von Otto Lindblad ehrt sie seit 1844 den schwedischen König als Symbol der schwedischen Nation.

Ende der Schulzeit: Das Abitur wird auch in Schweden groß gefeiert.

Schweden und Europa Seit 1995 ist Schweden **Mitglied der Europäischen Union**, doch der Währungsunion trat das Land nicht bei. Mit 56,1 % stimmten 2003 überraschend viele Bürger gegen die Einführung des Euro – ein späterer Beitritt ist jedoch immer noch möglich. Vor 2013 soll es jedoch keine weitere Volksabstimmung über den Euro geben. Insgesamt ist die Begeisterung für Europa in Schweden doch eher verhalten.

Die Provinzen Schweden gliedert sich in **21 Provinzen** (län), die mit den historischen Provinzen (landskap) nur selten deckungsgleich sind, obgleich die Namen das vermuten lassen. An der Spitze einer jeden Provinzialverwaltung steht ein von der Regierung ernannter **Regierungspräsident**; daneben besteht eine kommunale Selbstverwaltung.

Alkoholpolitik In Schweden gibt es nur Leichtbier bis 3,5 % Alkoholgehalt im Supermarkt – Hochprozentigeres wird seit 1955 nur in den rund 400 staatlichen Getränkeläden **Systembolaget** verkauft. Was dort erhältlich ist, wird **sehr hoch besteuert**. Beim Kauf einer 0,7-l-Schnapsflasche mit 40 Vol.-% werden 15,40 € Branntweinsteuer fällig, in Deutschland sind es nur 3,60 €. Je höher der Alkoholgehalt, desto höher auch die Steuer – ein Liter Wein wird daher doppelt so hoch besteuert wie Bier. Ursprünglich diente dies allein als erzieherische Maßnahme, inzwischen bringen diese Einkünfte jährlich rund 10 Mrd. Kronen in die Staatskasse. Wegen der hohen Preise ist die illegale Schwarzbrennerei auf dem Lande weit verbreitet. **»Hembränd«**, der Selbstgebrannte, ist bekannt für seinen hohen Alkoholgehalt und berüchtigt wegen seiner schlechten Qualität. Viele Schweden decken

Aus Wasser und Winterweizen wird in Südschweden seit 1879 der Absolut Vodka hergestellt – bis 2008 ein Unternehmen des schwedischen Staates.

sich auf Fähren mit Alkohol ein und umgehen so die Steuer. Seitdem der Europäische Gerichtshof 2007 entschieden hat, dass die Schweden über den Versandhandel direkt in anderen EU-Staaten Alkohol einkaufen können, ist das Monopol von Systembolaget quasi ausgehebelt – die hohen schwedischen Alkohol-Steuern müssen jedoch weiterhin gezahlt werden. In die Kritik ist die schwedische Alkoholpolitik viele Jahre lang auch wegen ihrer doppelten Moral geraten: Bis zur millionenschweren Privatisierung von **Vin & Sprit** und dessen Topmarke **Absolut Vodka** im Frühjahr 2008 war der schwedische Staat größter Alkoholproduzent im Land.

Wirtschaft

Wohlfahrtsstaat

Innerhalb von nur 100 Jahren wurde aus dem bitterarmen Schweden eines der reichsten Länder Europas, aus einem Agrarstaat eine aufstrebende Industrienation. Weil das Land als eines der wenigen in Europa von den Zerstörungen des Zweiten Weltkrieges verschont blieb, konnte die Industrie nach 1945 sofort ausländische Märkte erobern, während man anderswo mit dem Wiederaufbau zerstörter Fabriken beschäftigt war. Mit traumhaften Steigerungsraten wuchs die Industrie die gesamten 1950er- und 1960er- Jahre. Den finanziellen Überschuss verwendete man zum Aufbau eines **Sozialstaates**, der seinen Bürgern umfassende Sicherheit garantierte.

Es kriselt

Ende der 1980er-Jahre wurde aber immer deutlicher, dass die schwedische Industrie im Vergleich zum Ausland zu teuer produzierte – die Kosten des Sozialstaates waren in einer Zeit, in der die gesamte Weltwirtschaft in der Krise war, zu hoch geworden. Als eines der ersten Länder Europas schlitterte Schweden in eine schwere Wirtschaftskrise. Um die Industrie zu stärken, nahm die Regierung einschneidende **Eingriffe in das soziale Netz** vor. So wurde z. B. ein unbezahlter Karenztag im Krankheitsfall eingeführt. Auch für das Alter müssen die Bürger jetzt verstärkt privat vorsorgen. Die Reformen brachten zwar den gewünschten Erfolg, doch die steigende **Arbeitslosigkeit** macht auch den Schweden Sorgen. Derzeit liegt die Arbeitslosenquote bei 5,3 %, rechnet man alle Arbeitssuchenden hinzu, die in Beschäftigungsprogrammen geparkt wurden, liegt sie bei rund 8 %.

Kein Steuerparadies

In Schweden sind die **Steuern sehr hoch**: Die Steuer- und Abgabequote liegt bei 50 %, also um ein Viertel höher als in Deutschland. Rechnet man noch Verbrauchssteuern hinzu, gibt ein Beschäftigter fast zwei Drittel seines Einkommens an den Staat ab.

Mächtige Großkonzerne

Große, global ausgerichtete Unternehmen wie **Ericsson, Volvo, Saab** (nicht Pkw), **ABB, Electrolux, Ikea, SKF** oder **AstraZeneca** prägen die schwedische Volkswirtschaft. Das Spektrum reicht von der Holz-, Zellstoff- und Papierindustrie, der verarbeitenden Industrie (Fahrzeugbau, Elektrotechnik, Pharma, Wehrtechnik) bis hin zur Informationstechnologie, Biotechnik und regenerativen Energien. Wichtigste Handelspartner Schwedens sind Deutschland, die USA und die nordischen Länder.

»Schwedenstahl«

Die skandinavische Halbinsel birgt Eisen- und Kupfererze. Schon zu Beginn des 14. Jh.s wurden Eisenerze abgebaut. Weltwirtschaftliche Bedeutung erlangten dann im 19. Jh. die Erze von **Kiruna** und Gällivare in Lappland. Noch heute kommen bis zu 80 % der schwedischen Erze aus diesem Gebiet. Dennoch erhält das mit 60 % Eisengehalt sehr hochwertige Erz zunehmend Konkurrenz aus Brasilien, wo die Produktionskosten weitaus geringer sind, sowie aus Labrador und Australien. Daher ist der Export des einst legendären »Schwedenstahls«, dem nicht zuletzt die Karosserien der Volvo- und Saab-Automobile ihren Ruf verdanken, stark zurückgegangen.

Fischerei, Land- und Forstwirtschaft

Der Fischfang geht hauptsächlich auf Hering, Kabeljau, Flunder und Lachs, wichtigster Fischereihafen ist Göteborg. Die fruchtbaren Sedimentböden in Skåne und der Mittelschwedischen Senke sorgen für hohe Erträge in der Landwirtschaft. Was **Getreide, Molkereiprodukte und Fleisch** betrifft, ist das Land noch heute autark, wenngleich seit dem Anschluss an die EU Importe aus dem Kontinent auf den Markt drängen.Gut die Hälfte Schwedens ist von Wald bedeckt. Rund die Hälfte der Waldflächen ist Privateigentum, ein Viertel gehört großen Industriekonzernen und ein weiteres Viertel dem Staat. Mit rund 60 Mio. Festmetern ist der jährliche **Holzeinschlag** hier sogar noch höher als in Finnland, das als Holzproduzent schlechthin gilt. Der weitaus größte Teil des Holzes gelangt in die Zellulose-Fabriken, die u. a. den Grundstoff für die europäische Papierindustrie liefern. Nur rund 17 % der Holzproduktion gehen direkt als Nutzholz oder Fertigprodukte in den Export.

Kernreaktoren und Wasserkraft

Schweden besitzt mit mehr als drei Vierteln den höchsten Anteil der bekannten **Uranvorräte** Europas. Das führt dazu, dass der Energiebedarf des Landes ziemlich genau zur Hälfte von Kernkraftwerken bereitgestellt wird. Zwar hatte Schweden nach der partiellen Kernschmelze auf Three Mile Island/USA sich per Volksabstimmung für den Atomausstieg entschieden und dafür, vorhandene Kraftwerke bis 2010 abzuschalten. Doch davon ist längst nicht mehr die Rede. Im Februar 2009 wurde stattdessen der **Neubau von zehn Reaktoren** in drei bestehenden Kraftwerken vom Reichstag beschlossen.

Zweitwichtigster Energieträger ist die **Wasserkraft**. Kohle- oder Ölkraftwerke spielen fast keine Rolle, bis 2020 will das Land vollständig von fossilen Rohstoffen auf erneuerbare Energien umsteigen. Für Touristen hat die intensive Nutzung der Wasserkraft die Konsequenz, dass viele einstmals wegen ihrer Schönheit gepriesene Wasserfälle und Stromschnellen – weil in Druckstollen und Staubecken gebändigt – heute nur noch am »Wasserfallstag« im Hochsommer kurzfristig ihr ursprüngliches Aussehen zeigen.

Kleine Welt für sich: Sommerwiesen, roter Mohn und weiße Windmühlen gehören zur Postkartenidylle auf Schwedens größter Insel Gotland.

Zukunftstechnologien

Schweden hat die höchste Anzahl von Life-Science-Unternehmen pro Kopf in der Welt. Heute entwickeln etwa 800 schwedische und internationale Unternehmen Produkte und Dienstleistungen in den Bereichen der Arzneimittel, Bio- und Medizintechnologie. Besonders viele **Biotech- und Pharmaunternehmen** haben sich in Südschwedens Öresund-Region niedergelassen – im »Medicon Valley« sind bei den mehr als 300 Life-Science-Unternehmen wie Novo Nordisk, Lundbeck, Ferring, Pfizer und Bayer rund 30 000 Menschen beschäftigt. Zu den Schlüsselindustrien Südschwedens gehört auch die **Lebensmittelindustrie** mit Großbetrieben wie Tetra-Pak, Danisco, Arla und Nestlé. Zudem hat sich am Öresund mit Nokia, Ericsson, Motorola, Alcatel, Intel und Tellab Skandinaviens größte Konzentration der **Informations- und Kommunikationstechnologie** (ICT) gebildet.

Urlaubsland Schweden

In Schweden trägt der Tourismus mit nur 2,6 bis 2,9 % am Bruttosozialprodukt deutlich weniger zur Wirtschaftsleistung bei als in anderen Urlaubsländern. Das liegt vor allem am **fehlenden Massentourismus**. Als Reiseland ist Schweden besonders bei Individualisten beliebt. Jährlich werden rund 48 Mio. Übernachtungen gezählt, davon 12 Mio. von ausländischen Gästen, zu denen noch eine ganz beachtliche Zahl von Aufenthalten in Ferienhäusern (stugor) und auf Campingplätzen kommt. Bei Urlaubern besonders beliebte Regionen sind Stockholm und sein Umland, die Schären und Skåne. Top-Attraktionen Südschwedens sind der Vergnügungspark Liseberg in Göteborg und in Stockholm das Kulturhuset, Skansen und Vasamuseum.

Geschichte

Großartige Felszeichnungen künden vom Leben in Südschweden vor 3000 Jahren. Auch die Wikinger sorgten dafür, dass man sie nicht vergisst. Bis zum 18. Jh. war Schweden eine Großmacht im Ostseeraum. Seit 1814 hat das Land keinen Krieg mehr geführt. Auf eine so lange Friedenszeit, die Wirtschaft und Wohlstand begünstigte, kann kaum eine andere Nation zurückblicken.

Steinzeitjäger und Wikinger

vor 12 000 Jahren	Erste menschliche Besiedlung
1800 – 500 v. Chr.	Bronzezeit / Felszeichnungen
500 v. Chr. – 500 n. Chr.	Eisenzeit / Entwicklung der Runen
550 – 800 n. Chr	Vendelzeit
ca. 800 – 1050 n. Chr	Wikinger

Vom Jäger zum Bauern

Die ältesten Spuren menschlicher Besiedlung sind in Schweden rund 12 000 Jahre alt. Im Laufe der **Steinzeit** drangen Jäger und Fischer in Schweden bis zum Dalälv vor. Die Küstenbewohner lebten vom Fischfang und Muschelnsammeln. Erst um 5000 v. Chr., also in der Jungsteinzeit, wurden die Menschen sesshaft, legten Äcker an und züchteten die ersten Haustiere. Aus dieser Zeit stammen die Megalithbauten, Bauwerke aus großen Steinen, an der Küste von Västergötland. Diese als **»Gånggrifter«** (Ganggräber) bezeichneten Anlagen wurden über mehrere Generationen für Bestattungen genutzt. Heute liegen die Steine frei, einst überdeckte sie ein Hügel aus Erde.

Bronzezeit

Die nordische Bronzezeit hatte ihren Schwerpunkt in Dänemark und Südschweden. Aus jener Zeit stammen die verschiedenen **Felszeichnungen**, die man besonders in Tanum im Bohuslän nördlich von Göteborg und nahe der norwegischen Grenze, an der schwedischen Ostküste, nördlich vom Mälarsee oder im Steingrab von Kivik findet.

Eisenzeit

Während der nordischen Eisenzeit, aus der nur spärliche Funde – z. B. auf Öland und Gotland – vorliegen, wurde die Waffentechnik verbessert. Seit dem 2. Jh. n. Chr. sind Runeninschriften auf Schmuck und Geräten bekannt. Etwa am Ende des 4. Jh.s begann man, auch **Runen** in Stein zu schlagen. Der Name »Scandinavia« tauchte erstmals bei dem römischen Geschichtsschreiber Plinius d. Ä. um 75 n. Chr. auf; Tacitus erwähnte die mächtigen Schwedenkönige (Suiones) um 100 n. Chr. in seiner »Germania«.

Svear und Götar

Die **Vendelzeit** hat ihren Namen von den prächtigen **Bootsgräbern** in Vendel in Uppland. Im Laufe der Jahrhunderte entwickelten sich zwei Zentren der Besiedlung: Die in straffen Stammesordnungen organisierten Svear herrschten im Gebiet um das heutige Stockholm, die Götar saßen etwas weiter südlich im Bereich des heutigen Östergötland. Die Svear unterwarfen die Götar; die entscheidende letzte Schlacht fand um das Jahr 750 statt. Der Stammesname ging auf das ganze Land über (Svea rike = **Sverige** = Schweden).

← *Unter ihm wurde Schweden zur Großmacht: Vor dem Stockholmer Dansmuseet grüßt hoch zu Ross König Gustav II. Adolf.*

Wikinger Um 800 setzte eine starke Expansion ein. Die Skandinavier machten sich im Ausland als Händler, vor allem aber als plündernde Wikinger bemerkbar: Während sich ihre Verwandten aus Norwegen und Dänemark bei ihren Raubzügen zumeist nach Westen wandten, spezialisierten sich die schwedischen Wikinger auf den Osten. Über die russischen Flüsse gelangten sie mit ihren leichten Booten **bis zum Kaspischen Meer**. Sie gründeten dort verschiedene Staaten, zuerst einen am Ilmensee mit dem Hauptort Holmgard, dem späteren Nowgorod; danach auch Kiew. Schwedische Wikinger kamen bis Konstantinopel, wo sie als Waräger die Kaisergarde bildeten.

Mittelalter

um 830	Christliche Missionare erreichen Schweden.
um 1250	Birger Jarl lässt Stockholms erste Siedlung befestigen.
14.–16. Jh.	Hansezeit
1397–1521	Kalmarer Union: Dänemark, Schweden und Norwegen sind unter einem König vereint.
1471	Sieg über die Dänen
1521	Stockholmer Blutbad

Aus Heiden werden Christen Um 830 predigte der **Heilige Ansgar** das Christentum in Birka am Mälarsee, das seinerzeit Schwedens größte Handelsniederlassung bildete. Nur zögerlich legte die Bevölkerung den Glauben an die germanischen Götter wie Thor und Odin ab, und lange existierte ein Nebeneinander von Heiden und Christen. Insgesamt sollten 170 Jahre vergehen, bis sich das Christentum im Königshaus durchsetzte: Im **Jahr 1000** ließ sich König Olof Eriksson taufen. Einen eigenen Erzbischof erhielt Schweden indes erst 1164. Zu diesem Zeitpunkt war die Christianisierung abgeschlossen, die heiligen Haine und Quellen mit Kirchen überbaut und viele Runensteine weggeschafft.

Hanse Birger Jarl ließ um 1250 die Siedlung Riddarholmen befestigen und gewährte Lübeck im späteren **Stockholm** Zollfreiheit. Unter der Führung Lübecks hatten sich im 14. Jh. **niederdeutsche Städte** in der Hanse zusammengeschlossen. Die Handelsgemeinschaft sicherte sich im gesamten Ostseeraum, so auch in Schweden, die Vorherrschaft und gründete auch hier zahlreiche Städte. Einer der Hauptstützpunkte der Hanse war Visby auf Gotland.

Kalmarer Union Ein wichtiges Datum in der schwedischen Geschichte war das Jahr **1397**, als unter Führung der dänischen **Königin Margarete** Dänemark, Norwegen und Schweden zu einem Reich vereinigt wurden. Nach dem Tod Margaretes 1412 wurde die **Kalmarer Union** immer mehr zu einem Machtinstrument Dänemarks und entwickelte sich zum Nachteil Schwedens. Das Land wurde mit hohen Steuern belegt und der Dauerstreit mit der **Hanse**, die den Ostseeraum dominierte, führte zu einem Boykott von schwedischem Eisen und Kupfer. 1434 kam es deshalb unter der Führung des Bergwerksbesitzers **Engelbrekt Engelbrektsson** zum Aufstand. Seinem Bauernheer gelang schließlich der Sieg, und Engelbrektsson wurde für kurze Zeit sogar zum Reichsverweser. Zwar wurde er 1436 ermordet und der Adel eroberte sich die Macht zurück, doch viele Freiheiten blieben den Bauern erhalten. Es wurde ein **Vier-Stände-Reichstag** gebildet, dem Adel, Geistlichkeit, Bürger und Bauern angehörten. Letztere genossen Freiheiten, die für die damalige Zeit europaweit einmalig waren.

Schlacht von Brunkeberg

Ab 1436 stand Karl Knutsson an der Spitze des Kampfs gegen den Unionskönig Erich von Pommern. **Karl Knutsson** wurde 1448 zum König gewählt, verlor aber in den bis zu seinem Tod 1470 andauernden erbitterten Kämpfen gegen König Christian I. von Dänemark und gegen schwedische Adlige zweimal die Herrschaft. Doch der **Kampf gegen die Dänen** und für die Auflösung der Kalmarer Union ging weiter. **Sten Sture** der Ältere besiegte das dänische Heer **1471** in der Schlacht von Brunkeberg.

Stockholmer Blutbad

Immer wieder eroberten die Dänen ihre Macht zurück. Tragischer Höhepunkt der Auseinandersetzung war das »Stockholmer Blutbad« im Jahre **1521**, als Dänenkönig Christian II. 82 schwedische Adlige, die angeblich einen Aufstand gegen ihn geplant hatten, brutal ermorden ließ. Danach brach tatsächlich ein Aufstand aus, der zur Absetzung von **Christian II.** führte.

Aufstieg zur Großmacht

1523	Gustav I. Wasa wird zum König gewählt.
1527	Reformation
1632	Gustav II. Adolf fällt in der Schlacht von Lützen.
1648	Im Westfälischen Frieden bekommt Schweden u. a. Vorpommern zugesprochen.
1658	Größte Ausdehnung des Staatsgebiets in der Geschichte
ab 1697	Niedergang Schwedens

Gustav I. Wasa

Gustav Wasa, ein schwedischer Adliger, der maßgeblich am Widerstand gegen die Dänen beteiligt war, wurde 1523 zum **König von Schweden** gewählt. Er ließ 1527 die Reformation einführen, brach die Macht der Hanse und machte Schweden 1544 zur Erbmonarchie.

Gustav II. Adolf Zu Beginn des 17. Jh.s betrieb Gustav II. Adolf (► Berühmte Persönlichkeiten, Abb. S. 32) eine aggressive Expansionspolitik Richtung Osten und beendete die von seinem Vater **Karl IX.** begonnenen Kriege gegen Russland und Polen siegreich. Er reformierte die Verwaltung und förderte die Wirtschaft. Auf Bitten der protestantischen Fürsten griff Gustav II. Adolf in Deutschland in den **Dreißigjährigen Krieg** (1618–1648) ein; dort fiel er 1632 in der Schlacht von Lützen bei einem Reiterangriff, den er persönlich angeführt hatte. Da seine Tochter und spätere Thronfolgerin Christine noch ein Kind war, führte sein Kanzler Axel Oxenstierna den Religionskrieg weiter.

Unter **Königin Christine** setzte sich der **Aufstieg Schwedens zur Großmacht** fort. Im Westfälischen Frieden, der den Dreißigjährigen Krieg beendete, sicherte sich Schweden u. a. Vorpommern mit Rügen und Wismar sowie Bremen und das Bistum Verden. Weitere Eroberungen folgten im Krieg gegen Dänemark-Norwegen – 1658 stand das schwedische Reich auf dem Gipfel seiner Macht mit der größsten territorialen Ausdehnung. Doch dem rein agrarisch geprägten Land fehlten die wirtschaftlichen Ressourcen, um seine Großmachtstellung dauerhaft zu halten. Als 1697 der 15-jährige **Karl XII.** den Thron bestieg, begann der **Abstieg Schwedens**. Zunächst konnte der kriegerische König zwar noch militärische Erfolge feiern, doch die Niederlage im **Großen Nordischen Krieg** (1700–1721) gegen Dänemark, Polen und Russland brachte den Verlust der Ostseeprovinzen, Bremens, Verdens und Vorpommerns. Auch die Vormachtstellung in Europa war damit dahin. Karl XII. war bereits 1718 vor der norwegischen Festung Fredrikssten durch eine verirrte Kugel gefallen.

Freiheitszeit · Industrialisierung

1719–1772	Freiheitszeit: Die Macht des Königs wird eingeschränkt.
1809	Schweden verliert Finnland.
1814–1905	Union mit Norwegen
1818	Jean Baptiste Bernadotte besteigt den Thron.
ab 1850	Große Auswanderungswellen
1900–1930	Aufstieg zur Industrienation
Weltkriege	Schweden bleibt zumindest auf dem Papier neutral.

Reichsrat erhält mehr Macht Nach dem Zusammenbruch erholte sich das Land wirtschaftlich überraschend schnell. In der sog. »Freiheitszeit« gelang es dem Adel, die Macht des Königs zugunsten des **Reichsrates** deutlich einzuschränken. Die Macht lag nun beim Reichsrat / Parlament – Vergleichbares konnte zu dieser Zeit in Europa nur England aufweisen.

Das Pendel schlägt zurück

Dem aufflackernden Parlamentarismus wurde indes rasch der Boden entzogen. **Gustav III.**, der 1772 den Thron bestieg, schränkte den Einfluss der Parteien wieder stark ein. Er regierte im Sinne des **aufgeklärten Absolutismus**, schaffte die Folter ab und führte die Pressefreiheit ein. Gustav ging auch als bedeutender Förderer von Kunst und Kultur in die Geschichte des Landes ein. Durch sein entschlossenes Auftreten gegen den Adel schaffte er sich dort allerdings viele Gegner und wurde schließlich 1792 durch einen Vertreter des Adels bei einem Maskenball erschossen.

Union mit Norwegen

1805 tobte in Europa wieder ein Krieg. Schweden verbündete sich mit England gegen Russland und Frankreich – und unterlag. Die Provinz Finnland ging verloren. In der Verfassung von 1809 wurde die Macht des Königs stark eingeschränkt und ein Gleichgewicht zwischen Monarchie und Reichstag geschaffen. Da man Gustav IV. Adolf für die Niederlage im Krieg gegen Russland und Frankreich verantwortlich machte, wurde er durch **Karl XIII.** ersetzt. Die eigentliche Macht aber übte **Jean Baptiste Bernadotte** aus, ein ehemaliger Marschall aus der napoleonischen Armee. Er wurde 1810 als Kronprinz ins Land geholt und zog 1813 gegen Frankreich und Dänemark in die Schlacht. Als Kriegsfolge musste Dänemark **Norwegen** abtreten und Norwegen – gegen seinen Willen – eine Union mit Schweden eingehen, die bis 1905 währte. 1818 bestieg Jean Baptiste Bernadotte als **Karl XIV. Johann** den Thron. Seine Nachkommen stehen noch heute an der Spitze des schwedischen Staates.

Bitterarme Menschen

Im Laufe des 19. Jh.s verschlechterte sich die wirtschaftliche Situation in Schweden zusehends. Vor allem die Landbevölkerung verarmte. Rund 1,5 Mio. Menschen der damals 3,5 Mio. Schweden wanderten zwischen 1860 und 1914 vor allem **nach Nordamerika** aus. Wer nicht emigrierte, versuchte sein Glück in den neuen Industriebetrieben der Städte. 1889 wurden die ersten **Arbeiterschutzgesetze** erlassen, als Vertreter der Arbeiterschaft entstanden die Sozialdemokratische Partei und die Zentralgewerkschaft.

Die Zeit der Weltkriege

Ab 1890 durchlief die Industrialisierung bis 1930 eine äußerst rasche Entwicklung zugunsten von Wirtschaft und Kultur. Im **Ersten Weltkrieg** verfolgte die schwedische Regierung offiziell eine Politik der Neutralität. Da man aber in Wirklichkeit eine sehr deutschfreundliche Linie fuhr, verhängte England schließlich eine Blockade gegen das Land. Das Kriegsende leitete eine Reihe politischer und sozialer Reformen ein, durch die der Grundstein zur Schaffung des schwedischen Wohlfahrtsstaates gelegt wurde. 1921 wurde schließlich das allgemeine Wahlrecht eingeführt. Im **Zweiten Weltkrieg** erklärte Schweden erneut seine Neutralität, trieb aber regen Handel mit Deutschland und lieferte Eisenerz für Hitlers Waffenschmieden. Außerdem wurde den deutschen Truppen ein Transitrecht ins besetzte Norwegen gewährt.

Der Weg ins 21. Jahrhundert

1946	Beitritt zu den Vereinten Nationen
1976	König Carl XVI. Gustaf heiratet Silvia Sommerlath.
1986	Ermordung des Ministerpräsidenten Olof Palme
1995	Beitritt zur Europäischen Union (EU)
2006	Die bürgerliche Allianz gewinnt die Parlamentswahlen.
2010	Hochzeit von Kronprinzessin Victoria und Daniel Westling

Wohlfahrtsstaat Nach 1945 wurden die sozialen Reformen fortgeführt, und eine sozialdemokratische Regierung folgte der anderen. 1946 trat Schweden den **Vereinten Nationen** bei, 1949 dem Europarat und 1951 gründete das Land zusammen mit seinen Nachbarn den **Nordischen Rat**. All dies geschah unter der Führung des Sozialdemokraten Tage Erlander, der von 1946 bis 1969 als Ministerpräsident amtierte. Ihm folgte **Olof Palme** im Amt, der 1976 die Regierungsgeschäfte an Thorbjörn Fälldin abgeben musste. Für schwedische Verhältnisse war das eine Sensation, denn erstmals stand damit kein Sozialdemokrat an der Spitze einer Regierung. Doch 1982 übernahmen die Sozialdemokraten und mit ihnen Olof Palme erneut die Macht. Der beliebte Ministerpräsident, der außenpolitisch als Friedensstifter auftrat, gleichzeitig aber die schwedische Armee hochrüstete, wurde 1986 von einem Unbekannten erschossen. 2003 wurde auch die populäre schwedische Außenministerin **Anna Lindh** bei einem Kaufhausbesuch in der Stockholmer City das Opfer eines Attentats. Der Sieg bei den **Parlamentswahlen 2006** ging an das bürgerliche Wahlbündnis »Allianz für Schweden«, Ministerpräsident wurde **Fredrik Reinfeldt**.

Königshaus **König Carl XVI. Gustaf** heiratete 1976 **Silvia Sommerlath**. Der König hatte die Deutsche 1972 während der Olympischen Spiele in München kennengelernt. Am 14. Juli 1977 kam **Kronprinzessin Victoria** zur Welt. Für sie wurde die Thronfolgeregelung geändert: Seit 1980 gilt in Schweden bei der Königsnachfolge das Erstgeburtsrecht – Victoria ist die schwedische Thronfolgerin. Ihr Bruder Prinz Carl Philip wurde 1979 geboren, ihre Schwester Prinzessin Madeleine 1982. Victoria, die 1998 bis 2000 an der amerikanen Yale-Universität Politikwissenschaft und Geschichte studierte, wird seit 1997 durch gezielte Praktika auf ihr künftiges Amt vorbereitet, 2003 durchlief sie auch eine militärische Grundausbildung. Victoria unterstützt den König bei seinen repräsentativen Aufgaben, seit 2001 vertritt sie den Monarchen auch bei offiziellen Auslandsbesuchen. Nach acht Jahren Beziehung gaben sich die schwedische Thronfolgerin und ihr Ex-Fitnesstrainer Daniel Westling am **19. Juni 2010** im Stockholmer Dom das Ja-Wort. Das Datum hat Tradition: Auch Victorias Eltern, König Carl Gustaf und Königin Silvia, schlossen hier am 19. Juni 1976 den

Kutschfahrt ins Glück: Nach der Trauung am 19. Juni 2010 fuhr das Thronfolgerpaar unter dem Jubel der Schweden durch die Stockholmer City.

Bund fürs Leben. **Prinzessin Madeleine** löste 2010 ihre Verlobung mit dem Anwalt Jonas Bergström. **Prinz Carl Philip** hatte sich 2009 nach zehn Jahren von seiner Freundin, der Werbedesignerin Emma Pernald, getrennt.

Schweden und Europa

Als eines der ersten Länder Europas schlitterte Schweden im Laufe der 1990er-Jahre in eine schwere **Wirtschaftskrise** mit hoher Arbeitslosigkeit und Insolvenzen. In dieser Situation beschloss die Regierung die Aufgabe ihrer Neutralitätspolitik und beantragte den damals in der Bevölkerung äußerst umstrittenen **Beitritt zur Europäischen Gemeinschaft**. Seit 1995 ist das Land Mitglied der Europäischen Union. Der Beitritt zur Europäischen Währungsunion und die Übernahme des **Euro** wurden aber 2003 in einer Volksabstimmung von einer breiten Mehrheit der Bevölkerung **abgelehnt**. Das Referendum wurde von der Ermordung der Außenministerin Anna Lindh überschattet, die eine Verfechterin des Euro gewesen war. Ein Grund für die Ablehnung war der eigene Wirtschaftsaufschwung, den man durch den Euro gefährdet sah. Vor 2013 soll es kein weiteres Referendum zum Euro geben. Während die Bürger mit der gemeinsamen Währung noch hadern, hat die Arbeit in der EU längst den politischen Alltag durchdrungen. Turnusmäßig übernahm Schweden am 1. Juli 2009 für die zweite Jahreshälfte die **EU-Ratspräsidentschaft** mit den beherrschenden Themen der Wirtschaftskrise und des Klimawandels. Schweden ist Vorbild beim Klimaschutz. Die EU-Kommission verlieh daher Stockholm als erster Stadt den Titel **»European Green Capital 2010«** (Europäische Umwelthauptstadt 2010). Schwerpunkte der Projekte, die in Stockholm umgesetzt wurden, waren die Wasserreinigung, Lärmschutz, eine integrierte Abfallwirtschaft, die Innenstadtmaut und eine Ausweitung der Erholungsgebiete.

Kunst und Kultur

Bronzezeitliche Felsritzungen, Wikingerschiffssetzungen und rätselhafte Runensteine, mittelalterliche Dome, junges Design und die prachtvollen Königsstädte Kalmar, Uppsala und Stockholm – Südschweden verspricht spannende Begegnungen mit Kunst und Kultur von einst und jetzt.

Kunstgeschichte

Vor- und Frühgeschichte

Felszeichnungen

Felszeichnungen gehören zu den eindrücklichsten Kunstwerken der Vorgeschichte in Schweden. Ihre Datierung ist schwierig, doch Forscher gehen davon aus, dass die ersten bereits in der Jungsteinzeit entstanden, also über 8000 Jahre alt sind. Einen Höhepunkt erreichte die Zahl der Felszeichnungen in der Bronzezeit. Allein in der Gegend **Nord-Bohuslän** wurden rund 40 000 solcher »Hällristningar« gezählt, die überwiegend zwischen 1800 und 400 v. Chr. geschaffen worden sind (► Baedeker Special S. 136).

Tierstil

In germanischer Zeit entwickelte sich die Kunst, **Schmuckstücke** aus Metall herzustellen, deutlich weiter. Bis um das Jahr 350 wurden **Fibeln**, eine Art Brosche, mit gekörnten Gold- oder Silberdrähten verziert. Bis 550 ließ man sich vom Orient inspirieren, übernahm ornamentale Techniken iranischer Herkunft und versah Goldschmuck mit roten Einlagen aus Almandin. Charakteristisch ist auch der »Tierstil«: Schmuckstücke tragen dabei seltsam ineinander verschlungene Tiergestalten, die teils so abstrakt sind, dass das Tier kaum zu erkennen ist. Tipp zur Orientierung: Zuerst das Auge suchen, dann erschließt sich der Rest der Figur leichter.

Kunst der Wikinger

Die Wikinger entwickelten den Tierstil weiter und ließen sich von den Nachbarländern inspirieren. So ist z. B. der abstrakte dänische Jellingstil (900 – 1100) von irisch-keltischer **Tierornamentik** beeinflusst. Aus der Zeit um 1000 datieren die **Runensteine** von Stenkyrka auf Gotland, Lundagård in Lund und Tulsdorp in Skåne. Kennzeichnende Tiergestalt ist das »Große Tier«, ein raubtierartiges Wesen mit Spiralgelenken und mächtigem Schopf.

Kunst im Mittelalter

Romanik

Ihr Ende fand die germanisch-wikingische Kunst mit der Christianisierung um 1000. Die ältesten Kirchen waren hölzerne Stabkirchen, die allerdings rasch durch Kirchen aus Stein ersetzt wurden. Nur in Hedared bei Borås hat eine einzige **Stabkirche** die Stürme der Zeiten überlebt. Steinerne Kirchenbauten sind die am besten erhaltenen Baudenkmäler aus romanischer Zeit. Das wichtigste ist der **Dom von Lund**, eine von den Domen des Rheinlands und der Lombardei beeinflusste dreischiffige Basilika. Die Steinkirchen des 12. und 13. Jh.s sind meist einfacher gehalten, vor allem auf Gotland stehen auch noch einige Rundkirchen.

← »David Klöcker porträtiert König Karl XI.« – 1896 schuf Carl Larsson das Fresko für den Treppenaufgang im Stockholmer Nationalmuseum.

Dank seines einzigartigen Barocktheaters kam Schloss Drottningholm als erstes schwedisches Kulturdenkmal auf die UNESCO-Liste des Weltkulturerbes.

Gotik Die gotischen Kirchen des 13. – 15. Jh.s orientieren sich in Schweden vielfach an französischen oder spanischen Vorbildern, etliche auch an der niederdeutschen Backsteingotik. In Schweden bleiben die Formen der Gotik eher gedrungen; für größere Bauprojekte wurden fremde Baumeister und Handwerker ins Land geholt. Den gotischen Hallenchor des Doms zu Linköping schuf beispielsweise der Kölner Meister Gerlach. Das zweite Hauptwerk der Gotik ist der **Dom zu Uppsala**, der um 1280 begonnen und leider im 19. Jh. durch die Restaurierung verfälscht wurde.

Malerei Die Malerei des Mittelalters zeigt kaum eine eigene Note, aber viele **Wandmalereien** sind in den schwedischen Kirchen erhalten geblieben, besonders prachtvoll in den Domkirchen zu Strängnäs und Härkeberga.

Kunst in der Neuzeit

Renaissance und Barock Nach der Reformation wurden deutlich weniger Kirchen, dafür aber mehr Schlösser gebaut. Hier ließ man sich vom Ausland inspirieren: Deutsche Baumeister brachten im 16. Jh. lombardische Renaissanceformen nach Schweden. Der bedeutendste Schlossbau des 17. Jh.s ist **Drottningholm**, die königliche Sommerresidenz, die sich an niederländischen Vorbildern orientiert. Besondere Beachtung verdienen auch das prachtvolle **Stadtschloss von Stockholm**, das nach einem Brand umgebaut wurde, der mächtige Dom von Kalmar und das Bilderbuchschloss Skokloster bei Uppsala.

Klassizismus Mit dem Bildhauer **Johann Tobias Sergel** (1740 – 1814), der auch als Zeichner hervortrat, setzte sich der Klassizismus durch. Sergels beste Werke befinden sich heute im Nationalmuseum von Stockholm. In der Malerei sind vor allem die Innendekorationen der Schlösser von Kalmar und Stockholm zu erwähnen. Wichtige klassizistische Werke auf dem Gebiet der Architektur sind die **Alte Oper und die Börse in Stockholm**.

Bauernmalerei

In Südschweden war es lange Zeit Brauch, die Bauernstube mit **biblischen Motiven** zu schmücken. Die Blütezeit der südschwedischen Bauernmalerei liegt zwischen 1750 und 1850. Für festliche Anlässe wurden bemalte Wandbehänge aus Stoff oder Papier hergestellt.

Malerei

Im 19. Jh. gingen viele schwedische Maler zur Ausbildung nach Düsseldorf, später nach Paris. Bekanntester Vertreter der schwedischen Romantik ist der **Landschaftsmaler Carl Johan Fahlcrantz** (1774 bis 1861). Alfred Wahlberg (1834 – 1906), der sich 1866 in Paris niederließ, führte den Impressionismus in Schweden ein. **Gustav Frederik Rydberg** (1835 – 1933) hielt seine Heimat Schonen in holländischer Manier auf der Leinwand fest – vier seiner Gemälde lassen sich im Stockholmer Nationalmuseum bewundern. Ebenfalls dort hängt das berühmteste Gemälde von **Carl Wahlbom** (1810 – 1858): Es zeigt den Tod von König Gustav II. Adolf in der Schlacht von Lützen.
Zu internationalem Ruf brachten es zwei Künstler, die sich der Nationalromantik zugehörig fühlten und in ihren Werken die Natur und das einfache Leben auf dem Land verarbeiteten: **Anders Zorn** (1860 – 1920, ► Berühmte Persönlichkeiten), der auch als Radierer hervortrat, und **Carl Larsson** (1853 – 1919; ► Berühmte Persönlichkeiten), dessen Aquarellfolgen für »Das Haus in der Sonne« und »Ein Heim« bis heute als Kalender- und Postkartenmotiv beliebt sind. Auf dem Höhepunkt seiner Karriere wurde er 1896 mit der Ausschmückung des Treppenaufgangs im Stockholmer Nationalmuseum beauftragt (►Abb. S. 40).

Kunst im 20. Jahrhundert

Malerei

Als Durchbruch der modernen Malerei in Schweden gilt der 3. März 1909 – damals eröffnete die **Künstlergruppe »Die Jungen«** (De unga) ihre erste Ausstellung in Stockholm. Als die Gruppe sich bereits ein Jahr später auflöste, gründeten Birger Simonsson (1882 – 1938) und Isaac Grünewald (1889 – 1946), der im Stockholmer Konserthus einen Saal ausschmückte, 1912 die Künstlergruppe »Die acht« (De åtta). Mit Sigrid Hjertén (1885 – 1948) zählte erstmals auch eine Frau zu ihren führenden Gestalten. **Gösta Adrian-Nilsson** (1884 – 1965), der seine Werke stets mit GAN signierte, ließ sich als einziger Schwede von sämtlichen zeitgenössischen Stilrichtungen beeindrucken und kreierte daraus den farbenprächtigen Kubo-Futurismus.
Sehr am Kubismus interessiert war auch **Otte Sköld** (1898 – 1958), der als Kind von Missionaren in China geboren wurde, Erfolge als Spitzenturner feierte, eine eigene Malschule betrieb und 1950 zum Generaldirektor des Nationalmuseums ernannt wurde. Dank seines

◄ Weiter auf S. 46

FORM BRAUCHT FANTASIE

Südschweden ist die Wiege des schwedischen Designs. Seit dem frühen 20. Jh. fordert die »vackrare vardagsvara«-Maxime, dass Gebrauchsgegenstände ästhetisch zu gestalten sind, und es entstanden die weltbekannten Klassiker des schwedischen Funktionalismus. Heute kommt schwedisches Design auch sehr originell, unkonventionell und emotional daher.

Für Furore sorgen besonders die vier Frauen vom **Design-Team »Front«**: Sofia Lagerkvist, Katja Sävström, Charlote von der Lancken und Anna Lindgren. Für ihre »Design by Animals«-Kollektion, die 2004 beim Salone Satellite, der Nachwuchsschau der Mailänder Möbelmesse, für Schlagzeilen sorgte, verwandelten sie einen Kaninchenbau zur Lampe und ein schwarzes Schwein zum Beistelltisch. Seitdem gelten sie als das heißeste Quartett der jungen Designszene und werden international gebucht. Für den IKEA-Sessel »Selma« ließen sich die vier von den Wikingern inspirieren, für Moroso gestalteten sie ein Sofa zwischen Spiel und Kunst, ein scheinbar zufällig hingeworfener Stapel edler schwarz-weiß gestreifter Kissen. Mit unbändiger Lust geben die vier Frauen, die sich aus Studientagen kennen, vertrauten Dingen einen neuen Blickwinkel – wie auch bei der Tapete für das Café der **Tensta Konsthall** in Stockholm, die dank ihrer Plastikblüten dreidimensional die Wände schmückt.

Bunt gemischt

Längst sind die Grenzen zwischen Design, Kunst, Mode und Kunsthandwerk nahezu aufgehoben, werden Stile und Stoffe, Techniken und Traditionen bunt gemixt und neu komponiert. In dem Land, in dem es bislang keinen Platz für mehrere künstlerische Ideale gleichzeitig gab, herrscht heute der Pluralismus: Monica Försters leger minimalistische Möbel sind hier ebenso trendy und international erfolgreich wie die avantgardistischen Werke der Front-Frauen. Schwedische Modebasics von **Filippa K** sind genauso angesagt wie die Kleider der Strickvirtuosin **Sandra Backlund**. Futuristisch und nostalgisch zugleich kommen die Kreationen von **Jenny Hallström** daher – moderne Teile, inspiriert vom Stil vergangener Jahrhunderte.

Nach Jahrzehnten, die geprägt waren von einer nüchternen, schlicht-sachlichen Ästhetik, hat das junge schwedische Design auch die Bedeutung des Dekorativen und Darstellenden wiederentdeckt. So entwarf die Schmuck-

Klassiker des Funktionalismus: 1956 ging das begehrte rote Ericofon in Produktion, in Schweden nur Kobratelefon genannt. Zwanzig Jahre später wurde es vom New Yorker Museum für Moderne Kunst als eines der besten Beispiele für modernes Industriedesign im 20. Jh. nominiert.

künstlerin **Charlotte Sinding** zur Jahrtausendwende Ringe mit fast dezimetergroßen Silikonvögeln. Nur etwas für absolut Mutige sind auch die Kreationen, die sie Anfang 2007 in Stockholm auf einer Ausstellung zeigte – Schmuckstücke, die an wabbelige Körperteile erinnern.

Junge schwedische Designer

Das einst selbstverständliche Credo »schlicht + strikt + funktionell = schön« ist seit Beginn des 21. Jh.s zum heiß diskutierten Thema in der schwedischen Formgebung geworden. Alles wird hinterfragt und auf die Probe gestellt: ästhetische Normen ebenso wie tradierte Arbeitsweisen.

Nicht »form follows function«, sondern »Form braucht Fantasie«, ist **Gustaf Nordenskiölds** Überzeugung – und so versah er seinen Handtuchhalter auch prompt mit den Zähnen wilder Tiere. Der Inneneinrichter Andreas Nobel, der Architekt Fredrik Stenberg und die Künstler Markus Degerman und Jonas Nobel von **»Uglycute«** sorgen seit 1999 mit ihren »hässlichen« (»ugly«), aber stets gut durchdachten (»cute«) Möbeln, Objekten, Ladeneinrichtungen und anderen gestalteten Räumen für Aufmerksamkeit.

Auch **Zandra Ahl** bricht mit den Geschmacksidealen: Ihre Dosen und Vasen sind ganz bewusst »hässlich«. Warum, erläuterte sie in ihrem Werk »Svensk smak – Myter om den moderna formen« (Schwedischer Geschmack – Mythen über die moderne Form), das sie 2001 gemeinsam mit der Journalistin Emma Olsson publizierte und damit einen durchschlagenden Erfolg erzielte. In ihrem Buch zeigt das Duo, welche Normen – und welche Menschen – steuerten und steuern, was in der Formwelt als qualitativ hochwertig angesehen wird. Dabei hinterfragen sie auch das **stereotype Bild** von der schwedischen Form als hell und schlicht. Ahls eigene Keramik- und Glasarbeiten entsprechen diesem Klischee keineswegs: Sie verwendet Rosetten und Plastikketten, zitiert Comics und bedient sich der Dekors, die im frühen 20. Jh. als billig galten. Mit ihrem Ansatz inspirierte Ahl etliche junge Designer zu einer Formensprache, die sich gegen etablierte Normen wendet, und entfachte bis heute eine **hitzige Diskussion** über schwedisches Design und Kunstgewerbe.

Junge skandinavische Designer sind im **Designtorget** vertreten, das mehrere Filialen in Südschweden hat, in Stockholm u. a. im Kulturhaus am Sergelgången 29. Die Auswahl ist hervorragend, und es ist praktisch unmöglich, die Kult-Kette ohne einen Einkauf zu verlassen (www.designtorget.se).

Engagements konnte gegen erhebliche Widerstände 1958 das Moderna Museet in Stockholm eingeweiht werden. Zum Inbegriff der schwedischen Kunst des 20. Jh.s. wurde jedoch die 1929 gegründete **Halmstad-Gruppe**, deren Mitglieder Erik und Axel Olson, Waldemar Lorentzon, Sven Jonson, Esaias Thorén und Stellan Mörner mehr als 50 Jahre lang Werke zwischen Traum und Wirklichkeit schufen.

Skulptur

Als bedeutendster schwedischer Bildhauer des 20. Jh.s. gilt **Carl Milles** (1875 – 1955), der u. a. den Orpheus-Brunnen vor dem Konzerthaus in Stockholm, den Poseidonbrunnen am Göteborger Götaplats und den Europa-Brunnen in Halmstad schuf.

Architektur und Design

In den 1920er- und 1930er-Jahren wurde eine erdverbundene Bauweise sehr geschätzt. An Einfluss gewann auch der internationale **Funktionalismus** von **Gunnar Asplund** (1885 – 1940), der die Stockholmer Hallen für die Werkbundausstellung von 1930 in luftigen, von Beton und Glas bestimmten Formen schuf. **Sven Markehus** baute 1936 das Konzerthaus in Helsingborg. Die Ideen des schwedischen Werkbunds lösten eine eigenständige skandinavische Schule des **Designs** aus, das heute auch unkonventionelle Wege geht (►S. 44).

Zeitgenössische Kunst

Malerei und Skulptur

Gösta Calmeyer wurde 1927 als Kind norwegischer Eltern mit deutscher Abstammung in New York geboren, heute lebt er mit seiner tschechischen Frau in Österlen und widmet sich dort seinem liebsten Motiv: den Steinen – wie er sie immer wieder neu auf die Leinwand bannt, lässt sich in zahlreichen Museen Südschwedens bewundern.
Åsa Melin reduziert die südschwedische Landschaft auf surreale Weise und trägt das Erbe Dalís in die Gegenwart fort. Ebenfalls sehr erfolgreich ist der südschwedische Maler **Ralf Borselius**, der seit Jahren an dem Thema »litet djur« (Kleines Tier) arbeitet und mit seinen Werken inzwischen sogar im Stockholmer Nationalmuseum vertreten ist. Sehr originell sind die Werke des »Objektmachers« **Ulf Rollof** (geb. 1961). Mit »Bellows IX«, einem gigantischen Fliegenfänger, nahm Rollof als erster Schwede nach mehr als einem Jahrzehnt an der Documenta 1992 in Kassel teil, 2009 entstand seine Aquarellserie »Mexikanische Industriearchitektur«. Die Malerin **Cecilia Edefalk** (geb. 1954) stellte u. a. 1994 auf der Biennale in São Paolo und 2010 im Nationalmuseum in Stockholm aus.

Literatur, Oper, Ballett und Film

Religiöse Literatur

Abgesehen von den sagenumwobenen Inschriften der **Runensteine** sind religiöse Texte aus dem 13. Jh. die ersten literarischen Werke in Schweden. Damals verfasste der Dominikanermönch Petrus de Dacia

(1230 bis 1289) die Lebensgeschichte der Klosterfrau Kristina von Stommeln. Literarisch bedeutender sind Mitte des 14. Jh.s die Offenbarungen der Heiligen **Birgitta von Schweden** (► Berühmte Persönlichkeiten). Zu Beginn des 16. Jh.s übersetzten die Brüder Laurentius und Olaus Petri erstmals die **Bibel** in die Landessprache.

Schwedens Großmachtzeit

Während der Regierungszeit von Gustav II. Adolf bis zu Karl XII. setzte sich der Humanismus in Schweden durch, ehe er vom karolingischen Barock abgelöst wurde. Alles Kulturelle drehte sich um den **königlichen Hof**, dessen Mäzenatentum sprichwörtlich war. Während man sich Strömungen aus Mitteleuropa zuwandte, entwickelte sich parallel eine Rückbesinnung auf die eigene Sprache. 1651 veröffentlichte **Andreas Arvidi** mit »Manductio ad Poesiam Svecanam« die erste schwedische Poetik. Von 1670 bis zu seinem Tode arbeitete **Olof Rudbeck** an seinem vierbändigen »Atland eller Manheim«, 1677 erschien das erste Buch, das in schwedischer Sprache gedruckt wurde.

17. und 18. Jahrhundert

Wissenschaftler verfassten im 17. und 18. Jh. wegweisende Werke der schwedischen Literatur – der Theosoph Emanuel Swedenborg (1688 bis 1772), der Botaniker **Carl von Linné** (1707 – 1778) und der Astronom Anders Celsius (1701 – 1744). Wegen seiner Trinklieder bis heute bekannt ist **Carl Michael Bellman** (1740 – 1795). Johan Kellgren (1751 – 1795), einer der Mitbegründer der Schwedischen Akademie, trat mit religionskritischen Texten an die Öffentlichkeit.

Aurorabund

Zu Beginn des 19. Jh.s entstand in Uppsala der Aurorabund, der sich an der deutschen **Romantik** orientierte. Die Schriftsteller, die ihm angehörten, verbanden ein starker Nationalismus und eine romantische Verklärung des Nordens. Am bekanntesten sind Per Daniel Amadeus Atterbom (1790 – 1855) und Esias Tegnér (1782 – 1846). Das Leben der einfachen Leute thematisierte **Emilie Flygare-Carlén** (1807 – 1892); ihre Romane waren zur damaligen Zeit Bestseller.

Weltliteratur

1879 wurde mit **August Strindbergs** (► Berühmte Persönlichkeiten) Roman »Das rote Zimmer« der erste schwedischsprachige Roman der Weltliteratur veröffentlicht. Obwohl Strindberg die Literaturszene der folgenden Jahrzehnte dominierte, blieb ihm im eigenen Land die Anerkennung lange Jahre versagt.
1909 wurde das erste Mal der **Literaturnobelpreis** nach Schweden verliehen – die Ehre wurde **Selma Lagerlöf** (► Berühmte Persönlichkeiten) zuteil. Den Status des Nationaldichters indes genoss der Autor von »Die Schweden und ihre Häuptlinge«, **Verner von Heidenstam** (1859 – 1940). Anders als Strindberg stand er nie in Opposition zu den gesellschaftlichen Kräften.

Klassiker, Krimis & Kinderbücher

Schweden hat im 20. Jh. viele begabte Literaten hervorgebracht wie **Ivar Lo-Johansson** (1901 – 1990), der mit dem naturalistischen Außenseiterroman »Kungsgatan« 1935 ein Werk der Weltliteratur

Auch John Crankos »Onegin« gehört zum Repertoire des Königlichen Balletts in Stockholm – dem viertältesten Ballettensemble der Welt.

schrieb. Auch in Deutschland viel gelesen wird **Per Olav Enquist** (geb. 1934), der in seinem autobiografischen Buch »Ein anderes Leben« u. a. über seine Kindheit in einem nordschwedischen Dorf, seine Studienzeit in Uppsala, erste Erfolge am Broadway und seine Alkoholabhängigkeit erzählt. Seit den Romanen »Risse in der Mauer«, die 2006 auch in Deutschland erschienen, zählt **Lars Gustafsson** (geb. 1936) international zu den bekanntesten Schriftstellern Skandinaviens.

Klassiker der Kinderliteratur schuf die bekannteste schwedische Autorin **Astrid Lindgren** (►Baedeker Special S. 352). Einen weltweiten Siegeszug haben in den letzten Jahren schwedische **Krimiautoren** angetreten, die seit den Werken von Maj Sjöwall (geb. 1935) und Per Wahlöö (1926 – 1975) das Genre in vielen Variationen weiterentwickelt haben (►beiliegender Special Guide).

Film Erster Filmstar im Königreich war König Oscar II. – bei seiner Ankunft auf der Stockholmer Kunst- und Industrieausstellung wurden 1897 die ersten schwedischen Filmsequenzen gedreht. In der **Stummfilmzeit** erlebte der schwedische Film seine erste große Blüte; Victor Sjöström und Mauritz Stiller drehten Klassiker wie »Der Fuhrmann

des Todes« (Körkarlen) – und emigrierten nach Hollywood. Neue Stars am Filmhimmel wurden die »Göttliche« **Greta Garbo**, Ufa-Star **Zarah Leander** und **Ingrid Bergman**, die sogar dreimal mit dem »Oscar« geehrt wurde (alle drei: ►Berühmte Persönlichkeiten).
Das schwedische Filmschaffen der Nachkriegsjahre wurde nachhaltig von **Ingmar Bergman** (► Berühmte Persönlichkeiten) bestimmt, der 1956 beim Festival in Cannes mit »Das Lächeln einer Sommernacht« seinen internationalen Durchbruch feierte. Berühmter schwedischer Regisseur der Gegenwart ist der Malmöer **Jan Troell**. Sein jüngster Streifen »Die Ewigen Augenblicke der Maria Larsson« wurde 2008 bei der Verleihung der **Guldbagge** – dem schwedischen Oscar – als bester Film ausgezeichnet. Im selben Jahr erhielt auch Georg Riedel die Guldbagge – er komponierte die Musik für viele Verfilmungen der Astrid-Lindgren-Bücher. 2010 setzte sich als bester schwedischer Film die Stieg-Larsson-Verfilmung »Verblendung« durch, die in drei Kategorien mit der Guldbagge prämiert wurde.
Die wichtigsten **Filmfestspiele** sind das Göteborg International Film Festival im Februar, das Stockholm International Film Festival im November und das Kurzfilmfestival in Uppsala im Oktober. Das internationale BUFF Filmfestival in Malmö widmet sich jeden März dem Kinder- und Jugendfilm.

! *Baedeker* TIPP

Bergmanveckan

Auf Fårö, wo Ingmar Bergman sechs Filme drehte, wird alljährlich Ende Juni/Anfang Juli eine Woche lang die »Bergmanwoche« mit Seminaren, Ausstellungen, Filmvorführungen im »Sudersandsbion« und »Biografen Roy« sowie Ausflügen zu Drehorten gefeiert (www.bergmanveckan.se).

Ballett und Oper

Das **Königliche Schwedische Ballett** wurde 1773 in Stockholm von König Gustaf III. ins Leben gerufen und ist damit nach den Ensembles in Paris, Kopenhagen und St. Petersburg die viertälteste Balletttruppe der Welt. Mit seinen fast 80 Tänzerinnen und Tänzern ist es heute das größte Ensemble Schwedens mit Sitz in der Königlichen Oper. Zum Repertoire gehören Klassiker wie »Schwanensee« und moderne Ballette wie John Neumeiers »Peer Gynt« oder Frederick Ashtons »Aschenputtel«. Einzigartig ist die schwedische Version des »Nußknacker« in der Choreografie von Pär Isberg (www.operan. se). Auf zwei Bühnen inszeniert das 1960 von **Birgit Cullberg** gegründete Starensemble zeitgenössiche Ballettaufführungen am Stockholmer **Dansens Hus** (www.dansenshus.se).
Sitz der renommierten **Königlichen Schwedischen Philharmonie** ist das mit Stuckarbeiten verzierte Konserthuset in Hötorget (www.konserthuset.se). Das **Musikfestival** im königlichen Schloss und das Stockholm Sinfonietta Riddarhus Festival bringen jedes Jahr ausgezeichnete Konzerte in die Altstadt, während im Frühsommer beim alljährlichen Opernfestival im nostalgischen Schlosstheater von **Drottningholm Slott** vor allem Opern des 17. und 18. Jh.s von Haydn, Gluck, Mozart und Monteverdi gegeben werden wie 2010 Mozarts »Don Giovanni« (www.dtm.se).

Berühmte Persönlichkeiten

Welcher Monarch machte Schweden zur Großmacht? Welche schwedische Schauspielerin löste in Hollywood einen Skandal aus? Welches sind die elf Geheimnisse von Ingvar Kamprad? Kleine Denkmäler von großen Schweden, die die Welt verändert haben.

Salomon August Andrée (1854–1897)

Entdecker

Mit einem Gasballon wollte Salomon August Andrée als erster Mensch den Nordpol erreichen. Der Ingenieur kam in Gränna am Vättersee zur Welt. Nach seiner Teilnahme an der 1882–1883 durchgeführten Expedition nach Spitzbergen wurde er Cheftechniker des schwedischen Patentamts. Am 11. Juli 1897 stieg er in Begleitung seiner Kameraden Strindberg und Fraenkel mit dem **Freiballon »Adler«** von Spitzbergen auf, um als Erster den Nordpol zu überfliegen. Das **Unternehmen endete tragisch**: Nachdem das Team bis zum 83. Breitengrad gekommen war, musste es am 14. Juli im Packeis notlanden und galt als verschollen. Erst 1930 fand man auf einer Insel nordöstlich von Spitzbergen die Überreste der Expedition. Die wagemutigen Forscher waren an Entkräftung und, wie man vermutet, an einer durch Eisbärfleisch verursachten Trichinose gestorben. Die aufgefundenen Tagebücher und Fotos wurden noch im selben Jahr unter dem Titel »Med Örnen mot Polen« (»Dem Pol entgegen«) veröffentlicht.

Ingmar Bergman (1918–2007)

Regisseur

Der »Poet mit der Kamera« prägte jahrzehntelang die Entwicklung des erzählenden Kinos. »Das Schweigen«, »Fanny und Alexander« oder »Szenen einer Ehe« machten den **Film- und Theaterregisseur** Ingmar Bergman weltberühmt. Der Pastorensohn aus Uppsala studierte ab 1937 Literaturgeschichte, brach sein Studium aber bald ab. Danach arbeitete er an einem Theater mit Laienaufführungen und wandte sich schließlich dem Film zu. Sein Ziel: »Ich versuche, die Wahrheit über die menschlichen Verhältnisse zu erzählen – die Wahrheit, so wie ich sie sehe.« Anfangs zeichnete er in seinen Filmen Porträts der skeptischen Nachkriegsjugend; später behandelte er die Probleme der reiferen Generation im Bereich von Familie und Beruf. In den 1950er-Jahren wandte er sich mehr den Fragen nach dem Selbstverständnis des Menschen zu.

Nachdem Bergman zu Unrecht der Steuerhinterziehung angeklagt worden war, verließ er Schweden und arbeitete 1976–1985 in München am Residenztheater als Regisseur. Durch den Film **»Wilde Erdbeeren«** (1957), den melancholischen Lebensrückblick eines alternden Mannes, zog Bergman die Aufmerksamkeit des deutschen Publikums auf sich. In seiner langen Karriere drehte er fast 40 Filme, darunter **»Szenen einer Ehe«** (1973) mit Liv Ullmann, die lange Zeit seine Lebensgefährtin war, und das mit vier Oscars gekrönte autobiografisch geprägte Werk **»Fanny und Alexander«** (1982). Außerdem inszenierte er über hundert Theaterstücke. Die letzten Lebensjahre verbrachte Bergman auf der Ostseeinsel Fåro. Hier drehte er 2003 mit Liv Ullmann seinen letzten Spielfilm »Sarabande«. Bergman war sechs Mal verheiratet und Vater von acht Kindern.

← »Die Göttliche« Greta Garbo schrieb in Hollywood Filmgeschichte.

»Ich seh' dir in die Augen, Kleines ...«
Humphrey Bogart und Ingrid Bergman im 1942 gedrehten »Casablanca«

Ingrid Bergman (1915 – 1982)

Schauspielerin

»As time goes by« heißt das melancholische Lied, das im Kultfilm **»Casablanca«** die bittersüße Liebesgeschichte zwischen Rick und Ilsa untermalt, die mit der berühmtesten aller Abschiedsszenen auf dem Flughafen endet. Jung, blond und strahlend schön wie in »Casablanca« bleibt Ingrid Bergman in Erinnerung. Die in Stockholm geborene Filmschauspielerin war in Schweden bereits ein Star, als Produzent David O. Selznick sie 1939 in die USA holte. Hier drehte sie 1942 zusammen mit Humphrey Bogart unter der Regie von Michael Curtiz den oscarprämierten »Casablanca«. Ingrid Bergman selbst erhielt **dreimal die begehrte Oscar-Auszeichnung** für ihre Hauptrolle in »Das Haus der Lady Alquist« (1944), ihre Verkörperung der Anastasia (1956) und für die beste weibliche Nebenrolle in »Mord im Orient-Express« (1974). Als sie sich 1950 von Mann und Tochter trennte, um den italienischen Regisseur Roberto Rossellini zu heiraten, löste dies in Hollywood einen Skandal aus. Mit Rossellini hatte sie drei Kinder, darunter Isabella Rossellini, die ebenfalls Schauspielerin wurde. Als sie 1982 »Eine Frau namens Golda« drehte, war Ingrid Bergman bereits schwer an Krebs erkrankt. Sie starb an ihrem 67. Geburtstag in London.

Freiherr Jöns Jakob Berzelius (1779 – 1848)

Chemiker

Der in der Nähe von Linköping geborene Naturwissenschaftler Jöns Jakob Berzelius gilt als einer der **Begründer der modernen Chemie**. Insbesondere hat er die Analyse um etliche Methoden bereichert sowie die Elemente Cer, Selen, Lithium und Thorium entdeckt. 1811 führte er die Nomenklatur ein, auf der die chemische Formelsprache basiert. Dabei werden die Elemente mit den Anfangsbuchstaben ihrer latei-nischen Namen bezeichnet, z. B. H für Wasserstoff (lat. Hydrogenium). Für seine Verdienste wurde Berzelius 1818 geadelt und 1835 in den Freiherrnstand erhoben.

Birgitta von Schweden (1303 – 1373)

Schwedens Nationalheilige

Birgitta entstammte einer der mächtigsten Familien Schwedens. Der Mutter der schwedischen Nationalheiligen war bei ihrer Errettung aus Seenot die Madonna erschienen und hatte ihr geweissagt, sie werde ein seliges Kind gebären. Bald darauf kam Birgitta in der Nähe von Uppsala zur Welt. Noch nicht 14-jährig, vermählte sie sich mit Ulf Gudmarson, stieg bald zur **Hofmeisterin** der Königin auf und wallfahrtete zum spanischen Santiago de Compostela. Als ihr Mann gestorben war, zog sie sich in das Zisterzienserinnenkloster von Alvastra zurück und erhielt dort den göttlichen Auftrag, ein Kloster für den **Erlöserorden** zu gründen. Sie pilgerte nach Rom, um vom Papst die Erlaubnis zu diesem Vorhaben zu erbitten, und gründete 1370 in Vadstena am Vättersee ein Mönchs- und Nonnenkloster. Kurz nach ihrer Rückkehr von einer Fahrt ins Heilige Land starb sie 1373; schon 1391 wurde sie **heiliggesprochen**.

Greta Garbo (1905 – 1990)

Hollywoodstar

Sie konnte mit einem angedeuteten Lächeln, einem Blick oder einer Geste ganze Geschichten erzählen (►Abb. S. 50). Die Filmschauspielerin Greta Garbo, die von Kritikern mit Beinamen wie **»die Göttliche«**, »schwedische Sphinx« oder »Traumprinzessin der Ewigkeit« belegt wurde, kam als Greta Lovisa Gustafsson in einem Stockholmer Arbeiterviertel zur Welt. Schon ihr erster Film, der 1924 nach dem Roman von Selma Lagerlöf gedrehte Streifen »Gösta Berling«, wurde ein überwältigender Erfolg. Nach dem 1925 in Deutschland entstandenen Film »Die freudlose Gasse« arbeitete die Diva für das neu gegründete Hollywoodstudio der amerikanischen Filmgesellschaft Metro-Goldwyn-Mayer. Die Garbo, die als eine der schönsten und geheimnisvollsten Darstellerinnen der Filmgeschichte gilt, verkörperte meist elegante, aristokratische und **tragische Frauenrollen** wie in den Filmen »Anna Karenina«, »Mata Hari« und »Königin Christine«. Im Jahr 1941 zog sie sich völlig aus der Welt des Films zurück. Danach lebte sie sehr zurückgezogen abwechselnd in New York und Klosters in der Schweiz.

Gustav II. Adolf (1594 – 1632)

Monarch

Der Sohn Karls IX. und Enkel Gustavs I. Wasa gilt als **der bedeutendste schwedische König** (►Abb. S. 32). Gegen die Garantie umfassender Rechte, insbesondere der Mitwirkung des Adels an der Re-

gierung des Landes, erklärte der Reichstag den 17-jährigen Gustav Adolf 1611 nach dem Tod seines Vaters für mündig. Mit einer Reihe innerer Reformen wie der **Heeresreform und der zielstrebige Ausbau der Wirtschaft**schuf Gustav Adolf die Voraussetzungen für die schwedische Großmachtpolitik im Ostseeraum. 1613 bzw. 1617 gelang es Gustav Adolf, die Kriege gegen Dänemark und Russland zu beenden, die sein Vater Karl IX. begonnen hatte.
Auf dem europäischen Festland wütete seit 1618 der Dreißigjährige Krieg. Da das Vordringen der habsburgisch-kaiserlichen Macht in den Ostseeraum den schwedischen König beunruhigte, beschloss er, in den Krieg einzugreifen. Im Juni 1630 landete er auf Usedom, um die Protestanten zu unterstützen. In Mitteldeutschland besiegte er den kaiserlichen Feldherrn Tilly und zog durch Thüringen und Franken bis Mainz. Nach einem zweiten Sieg über Tilly kam es am **16. November 1632 bei Lützen**, südwestlich von Leipzig, zum Kampf zwischen den Schweden und den von Wallenstein befehligten kaiserlichen Truppen. Zwar siegten die Schweden, doch König Gustav II. Adolf fiel in der Schlacht.

Dag Hammarskjöld (1905 – 1961)

Politiker

Der jüngste von vier Söhnen des schwedischen Premierministers Hjalmar Hammarskjöld kam in Jönköping zur Welt. Als studierter Nationalökonom war er 1936 bis 1946 Staatssekretär im Finanzministerium, 1941 bis 1942 auch Reichsbankpräsident. Zu Beginn der 1950er-Jahre leitete er die schwedische Delegation bei den Vereinten Nationen; 1953 wählte ihn die Generalversammlung der Weltorganisation zum **UN-Generalsekretär**. In vielen internationalen Krisen war

Er machte IKEA zum Weltkonzern und blieb stets bescheiden: Ingvar Kamprad

er bemüht, der UNO zu Geltung als Friedensstifter zu verhelfen. Dag Hammarskjöld kam unter nicht restlos geklärten Umständen bei einem Flugzeugabsturz in Afrika ums Leben; 1961 wurde ihm posthum der **Friedensnobelpreis** verliehen. Seine letzte Ruhestätte fand Hammarskjöld auf dem alten Friedhof von Uppsala, wo im Dom eine Seitenkapelle an ihn erinnert. Sein Sommersitz im schonischen **Backåckra** ist heute Museum, der dortige Meditationsplatz ein beliebter Ort für Taufen und Trauungen.

Ingvar Kamprad (geb. 1926)

IKEA-Gründer

Mit dem Verkauf von Streichholzschachteln verdiente der Förstersohn Ingvar Kamprad seine ersten Öre, heute wird sein Privatvermögen auf über 23 Mrd. Dollar geschätzt. Damit ist er einer der zehn reichsten Männer der Welt. Mit 17 Jahren gründete Kamprad eine winzige Firma, der er den Namen »IKEA« gab, zusammengesetzt aus den Initialen von **Ingvar, Kamprad, Elmtyard, Agunnaryd**: Auf dem Hof Elmtyard beim Städtchen Agunnaryd war Kamprad 1926 geboren worden. Anfangs handelte Kamprad erfolgreich mit Uhren und Strümpfen, erst 1948 kamen Möbel hinzu.

1953 eröffnete im südschwedischen Älmhult das erste IKEA-Möbelhaus in einer Zeit, als in Schweden der Wohlstand wuchs und damit die Mittel, Wohnungen neu einzurichten. Und IKEA produzierte erschwingliche, ästhetisch ansprechende Möbel – das **Do-it-yourself** der Kunden ist bis heute ein wichtiger Faktor beim Kostensparen. Als die Firma 1955 in ernste Lieferschwierigkeiten geriet, weil zahlreiche schwedische Tischlereien den Konzern boykottierten, fackelte Kamprad nicht lange: Er knüpfte Kontakte zu polnischen Schreinereien, die billig und zuverlässig Möbel herstellten. Diese entwarf IKEA nun selbst und legte damit die Basis für den Welterfolg. Noch heute werden in **Osteuropa und China** die meisten IKEA-Möbel hergestellt. Ingvar Kamprad hat sich mittlerweile aus dem Tagesgeschäft zurückgezogen und lebt in der Schweizer Ortschaft Epalinges.

! *Baedeker* TIPP

»Die elf Geheimnisse ...

... des IKEA-Erfolgs« (Lübbe 2008). Unterhaltsam und faktenreich erzählt Rüdiger Jungbluth den Werdegang von IKEA-Gründer Ingvar Kamprad, ohne die Schattenseiten der Erfolgsstory des schwedischen Möbelkonzerns zu verschweigen. Als Kamprad als 17-Jähriger IKEA gründete, gab es dort alles vom Füllfederhalter bis zur Brieftasche zu kaufen. Erstes Möbelstück war ein Sessel. Da sich Kamprad keine Artikelnummern merken konnte, gab er seinen Produkten Namen – viele sind bis heute Kult.

Selma Lagerlöf (1858 – 1940)

Schriftstellerin

Berühmt wurde Selma Ottilia Lovisa Lagerlöf, die bekannteste schwedische Schriftstellerin ihrer Zeit, 1906 mit dem Buch **»Die wunderbare Reise des kleinen Nils Holgersson mit den Wildgänsen«**. Ursprünglich war es eine Auftragsarbeit und als Lesebuch für Schulen bestimmt, um den Kindern die Landeskunde Schwedens nahezubringen. Selma Lagerlöf wurde auf dem Gut **Mårbacka** im Värmland geboren, wo sie einen großen Teil ihres Lebens verbrachte. Nachdem sie einige Jahre als Lehrerin gearbeitet hatte, unternahm sie 1895/1896 eine Italienreise. Im Anschluss an eine Reise durch Ägypten und Palästina 1899 und 1900 schrieb sie den religiösen Schicksalsroman »Jerusalem«. Bekannt wurde sie durch Werke, die in Schweden spielen, darunter der Roman **»Gösta Berling«** über das abenteuerliche Leben des Pfarrers Gösta Berling. 1909 erhielt Selma Lagerlöf den **Nobelpreis für Literatur**. In ihrem Andenken wird seit 1984 alljährlich im värmländischen Sunne der mit 100 000 schwedischen Kronen dotierte **Selma-Lagerlöf-Literaturpreis** verliehen. 1997 wurde Per Olav Enquist ausgezeichnet, 2010 Jan Lööf. Seit 1997 ist Selma Lagerlöf auf der 20-Kronen-Banknote abgebildet.

Carl Larsson (1853 – 1919)

Maler

Der gebürtige Stockholmer Maler Carl Larsson gilt als **Hauptvertreter des Jugendstils** in Schweden. Für das Treppenhaus des **Nationalmuseums in Stockholm** schuf er sechs große Fresken, deren Motive wichtige Ereignisse aus der kunstgeschichtlichen Entwicklung des Landes darstellen (► Abb. S. 40). Larsson war ein begnadeter Zeichner und Aquarellist. Volkstümlich waren die Bilder, die das Leben seiner Familie mit den sieben Kindern in Sundborn bei Falun schildern und von denen eine Auswahl sein 1909 erschienenes Buch **»Das Haus in der Sonne«** illustriert. Larssons Haus ist heute als Familienmuseum originalgetreu erhalten und zu besichtigen.

Zarah Leander (1907 – 1981)

Ufa-Star

Sie wollte, dass ihrer Karriere »einmal ein Wunder geschieht«. Und das passierte Sarah Stina Hedberg aus Karlstad tatsächlich, dank einer unverwechselbaren, vibratoreichen, dunklen Stimme, durch die sie als Sängerin berühmt wurde. Seit 1930 als Filmschauspielerin tätig, stieg sie zum höchstbezahlten weiblichen **Filmstar im Dritten Reich** auf. Ihre bekanntesten Filme entstanden 1937 – 1943 bei der **Berliner Ufa**: »Zu neuen Ufern« (1937), »La Habanera« (1937), »Heimat« (1938), »Es war eine rauschende Ballnacht« (1939), »Die große Liebe« (1942), »Der Weg ins Freie« (1941) und »Damals« (1942). Als sich Anfang der 1950er-Jahre ihre Kinokarriere dem Ende neigte, wechselte sie zum Musicalfach, wo sie bis 1968 Erfolge feierte. Nach einem Schlaganfall gab Zarah Leander 1979 ihren Abschied von der Bühne bekannt. An den Rollstuhl gefesselt, lebte sie zurückgezogen auf ihrem Landgut in Lönö. Auf dem dortigen Friedhof hat sie ihre letzte Ruhestätte gefunden.

Astrid Lindgren (1907 – 2002)

► Baedeker Special S. 352

Carl von Linné (1707 – 1778)

Begründer der biologischen Systematik

Seinen größten Verdienst erwarb sich der Naturforscher Carl von Linné (Carl Linnaeus) durch die Schaffung eines Systems, in das er die schon zu seiner Zeit bekannte Fülle von biologischen Organismen einordnete. Der Sohn eines Hilfspfarrers aus dem småländischen Råshult studierte an der Universität Lund Medizin und Naturwissenschaften und schon im dritten Studienjahr wurde er Dozent für Botanik. Danach unternahm er ausgedehnte Forschungsreisen nach Lappland, England, Frankreich und Holland und ließ sich nach seiner Verlobung mit Sara Elisabeth Moraeas als Arzt in Stockholm nieder. Im Mai 1739 gründete er dort die **Königlich Schwedische Akademie der Wissenschaft** und wurde ihr erster Präsident; gegen Ende des Jahres zudem Arzt der schwedischen Admiralität. Nunmehr finanziell abgesichert, konnte er heiraten. Aus der Ehe gingen sieben Kinder hervor. Sein Sohn Carl führte als Botaniker das Lebenswerk des Vaters für kurze Zeit fort, ehe er mit 42 Jahren starb.

Carl von Linné wurde 1757 in den Adelsstand erhoben. Er gestaltete den botanischen Garten von Uppsala um und richtete das Naturhistorische Museum ein. 1774 erlitt Linné einen Schlaganfall, zwei Jahre später lähmte ein zweiter Schlaganfall seine rechte Körperhälfte. Seine letzten Lebensjahre verbrachte er auf dem Gut Hammarby, wo er 1778 starb. Er wurde im Dom von Uppsala beigesetzt. In seiner bahnbrechenden Schrift **»Systema naturae«** vergab er an alle Pflanzenarten lateinische Doppelnamen, später ebenso an alle Tiere. Von Linné stammt auch die Bezeichnung »Homo sapiens«. Bis heute benennenen alle Biologen jede neu entdeckte Art nach der von Linné entwickelten **binären Nomenklatur**.

August Strindberg (1849 – 1912)

Während er in seiner schwedischen Heimat als Lyriker, Romancier und polemischer Essayist stilbildend wirkte, hat Johan August Strindberg international in erster Linie als Dramatiker Aufsehen erregt. Der Sohn einer alteingesessenen Stockholmer Familie begann ein Medizinstudium in Uppsala, versuchte sich als Schauspieler und arbeitete als Journalist und Bibliothekssekretär. 1879 gelang ihm der Durchbruch mit dem satirischen Gesellschaftsroman **»Das rote Zimmer«**. 1883 ging er nach Paris, lebte dann in der Schweiz, Berlin, Dänemark und England, um der Kritik der konservativen

Sorgte immer wieder für Aufsehen: Johan August Strindberg

Die Statuten der Nobelstiftung schreiben vor, dass die Preisträger »eine Goldmedaille erhalten, die das Abbild des Testamentsverfassers und eine angemessene Inschrift tragen soll.«

VOM DYNAMIT ZUM FRIEDENSPREIS

Schon zu Lebzeiten war Alfred Nobel ein bekannter Mann. Weltberühmt aber wurde er nach seinem Tod durch die Stiftung des Nobelpreises, heute die renommierteste aller Auszeichnungen in Wissenschaft und Gesellschaft.

Der schwedische Chemiker **Alfred Bernard Nobel** wurde am 21. Oktober 1833 in Stockholm als Sohn eines wohlhabenden Maschinenfabrikanten geboren. Ab 1859 beschäftigte er sich mit Sprengstoffchemie. Er erfand Zündhütchen, rauchfreies Pulver und 1867 schließlich das **Dynamit**. 1882 kam die hochexplosive Mischung aus Nitroglyzerin und Kieselgur beim Bau des Schweizer Gotthardtunnels erstmals im größeren Umfang zum Einsatz und machte Nobel weltberühmt. Bis 1873 entstanden 15 Nobel'sche Fabriken in Europa und den USA, und Nobel hatte ein gewaltiges Vermögen verdient. Insgesamt **355 Patente** wurden ihm zugesprochen.

Nobels letzter Wille

Die Idee zur Preisverteilung kam Nobel 1876, als er die österreichische Pazifistin **Bertha von Suttner** kennenlernte, die auch kurz als Privatsekretärin für ihn arbeitete. Nobel bewunderte ihr Engagement gegen den Krieg und beschloss einen Friedenspreis zu stiften. 1905 bekam von Suttner selbst als erste Frau den **Friedensnobelpreis**, den auch Albert Schweitzer (1952), Willy Brandt (1971) und **Barack Obama** (2009) erhielten. Am 10. Dezember 1896 starb Nobel, der fünf Sprachen beherrschte und sogar Dramen verfasste, in San Remo. Beigesetzt wurde er auf eigenen Wunsch auf dem Nordfriedhof in Stockholm.

In seinem Testament legte der kinderlos gebliebene Erfinder den Grundstein für die höchste Auszeichnung der modernen Welt. Nobel verfügte darin, dass sein gesamtes Vermögen von rund 31 Mio. Schwedischen Kronen einer **Nobel-Stiftung** zugeführt werden sollte. Ihre jährlichen Zinserträge sollten »als Preise denen zugeteilt werden, die im verflossenen Jahr der Menschheit den größten Nutzen geleistet haben.« 1901 wurde der **Nobelpreis** erstmals verliehen. Zu den Preisträgern gehörten u. a. Robert Koch (1905), Max Planck (1918), **Thomas Mann** (1929) und Günther Grass (1999). Der Friedensnobelpreis wird in Oslo vergeben, alle anderen Nobelpreise werden im **Stockholmer Konzerthaus** feierlich vom schwedischen König überreicht. Das anschließende Nobelbankett findet im Stadshuset statt (**www.nobelprize.org**).

schwedischen Öffentlichkeit zu entfliehen. Neben dem Schreiben beschäftigte er sich mit Malerei, Fotografie und Naturwissenschaften, durchlebte seine »Inferno-Krise« mit Wahnvorstellungen und Selbstmordgedanken. 1896 kehrte er nach Stockholm zurück. Nach der ab 1910 in zwei Zeitungen ausgetragenen »Strindberg-Fehde«, seiner letzten polemischen Auseinandersetzung mit der etablierten Oberklasse, starb Strindberg in Einsamkeit; seine drei Ehen waren gescheitert.

»Das menschliche Leben ist ein Kampf von Anfang bis Ende« heißt es in seinem autobiografischen Roman »Der Sohn der Magd (1886). Immer wieder geht es in seinem Werk um **Machtkämpfe** zwischen Mann und Frau, Individuum und Gesellschaft, persönlichem Willen und höheren Mächten. Fast idyllisch wirken indes seine Schilderungen des einfachen Lebens in den Stockholmer Schären. Strindberg schrieb mehr als 60 Dramen, zehn Romane und zehn Novellensammlungen, die zu den **Klassikern schwedischer Literatur** zählen.

Anders Zorn (1860 – 1920)

Maler und Bildhauer

Seine Kindheit verlebte Anders Leonard Zorn auf dem Hof seiner Großeltern in Yvraden bei Mora am Siljansee. Seinen Vater, einen unterfränkischen Bierbrauer, hatte er nie kennengelernt, nahm aber trotzdem später dessen Nachnamen an. Seine Studienzeit verbrachte Zorn im Wesentlichen in Stockholm. Ursprünglich wollte er Bildhauer werden, fand aber sein eigentliches Ausdrucksmittel dann im Aquarellieren. Schon als Student galt er als guter **Porträtmaler** und bekam viele Aufträge wohlhabender schwedischer Familien. 1881 verlobte er sich mit der Jüdin Emma Lamm. Da das Geld für den Unterhalt einer Familie noch nicht reichte, begann Zorn zu reisen, vor allem nach Spanien, Italien und in die Maghreb-Länder. Auf der iberischen Halbinsel erhielt er so lukrative Aufträge des Adels, dass er 1888 seine Emma heiraten konnte.

Zorn gilt als der wichtigste **Impressionist** Schwedens. Seine Erfolge brachten auch eine Reihe offizieller Aufgaben mit sich; er zählte 1890 zu den Begründern der Pariser Société Nationale des Beaux-Arts und war 1893 Kommissar der schwedischen Delegation für die Weltausstellung in Chicago. Im gleichen Jahr begann er auch **Porträts von amerikanischen Prominenten** zu malen, darunter das des 22. und 24. US-Präsidenten Grover Cleveland. 1907 gründete Zorn die **Bauernhochschule** in Mora, wo er seinen ständigen Wohnsitz hatte. Zorn starb als steinreicher Mann und hinterließ dem schwedischen Staat 6 Mio. Dollar, um das Zorn-Museum einzurichten, das 1939 in seiner Heimatstadt eröffnet wurde.

ADRESSEN ANREISE

FLUG-GESELLSCHAFTEN

- **Scandinavian Airways (SAS)**
  www.scandinavian net

- **Airberlin**
  www.airberlin.com

- **Finnair**
  www.finnair.com

- **Germanwings**
  www.germanwings.de

- **KLM**
  www.klm.com

- **Lufthansa**
  www.lufthansa.com

- **Ryanair**
  www.ryanair.com

FÄHREN VON DEUTSCHLAND NACH SÜDSCHWEDEN

- **Kiel – Göteborg**
  ca. 14 Std., Stena Line

- **Travemünde – Trelleborg**
  7–9 Std., TT-Line

- **Rostock – Trelleborg**
  6–6,5 Std., TT-Line

- **Sassnitz – Trelleborg**
  4 Std., Scandlines

- **Vogelfluglinie**
  Puttgarden – Rødby 45 Min.
  Helsingør – Helsingborg 20 Min.
  Rostock – Gedser 2 Std.
  Scandlines

FÄHRVERBINDUNGEN INNERHALB SCHWEDENS

- **Oskarshamn – Visby**
  Destination Gotland

- **Nynäshamn -Visby**
  Destination Gotland

FÄHRGESELLSCHAFTEN

- **Stena Line**
  www.stenaline.de
  Tel. 018 05 / 91 66 66

- **Scandlines**
  www.scandlines.com
  Tel. 03 81 / 54 35 -0
  Buchung und Reservierung:
  Tel. 018 05 / 11 66 88

- **TT-Line**
  www.ttline.com/de/Germany
  Tel. 045 02 / 801 81

- **Destination Gotland**
  www.destinationgotland.se
  Tel. 00 46 771 / 22 33 00

BAHN UND BUS

- **Deutsche Bahn**
  Tel. 01 85 / 99 66 33
  www.bahn.de

- **Berlin Linien Bus GmbH**
  Mannheimer Str. 33/34
  10713 Berlin
  Tel. 030 / 861 93 31

- **Deutsche Touring Eurolines**
  Am Römerhof 17
  60486 Frankfurt/M.
  Tel. 069/ 79 03 50-1
  www.touring.de

sonalausweis oder Reisepass mitzuführen. Schweizer benötigen für die Einreise eine gültige Identitätskarte oder einen Pass. Es gilt der **EU-Führerschein**, für Schweizer und andere Mitglieder von Nicht-EU-Staaten der internationale Führerschein. Das Fahrzeug hat die EU-Plakette bzw. die **Länderplakette** aufzuweisen.

Haustiere Hunde und Katzen dürfen nach Schweden mitgenommen werden, sofern man einen **Heimtierpass** vorlegen kann, der schon vor der Abreise in Deutschland ausgestellt werden muss. Die Tiere müssen tätowiert, nachweisbar gegen Tollwut geimpft und entwurmt sein. Weitere Informationen erteilt das schwedische Landwirtschaftsamt Statens Jordbruksverk (Smittskyddsenheten, 55181 Jonköping, jordbruksverket@sjv.se, www.sjv.se).

Zollbestimmungen Schweden gehört zur EU. Reisende aus **EU-Ländern** können für den privaten Brauch zollfrei einführen: 800 Zigaretten oder 400 Zigarillos oder 100 Zigarren oder 1 kg Tabak, 10 l Spirituosen mit mehr als 22 % Alkohol oder 20 l Spirituosen zwischen 15 und 22 % oder 90 l Wein bis 15 % – aber höchstens 60 l Schaumwein – oder 110 l Bier und Geschenke im Wert von 430 €.
Reisende aus der Schweiz dürfen bei der **Wiedereinreise in die Schweiz** einführen: Personen ab 17 Jahren 250 g Kaffee, 100 g Tee, 200 Zigaretten oder 50 Zigarren oder 250 g Rauchtabak, 2 l Getränke mit bis zu 15 % Alkoholgehalt und 1 l mit mehr als 15 %; ferner Geschenke im Werte bis 300 CHF, für Personen unter 17 Jahren bis 175 CHF. Weitere Anfragen beantwortet auch auf Deutsch das schwedische Zollamt Tullverket, Box 12854, SE-11298 Stockholm, Tel. 0046 771/ 23 23 23, www.tullverket.se.

Auskunft

WICHTIGE ADRESSEN

AUSKUNFT

▶ **VisitSweden Touristeninformation**
Stortorget 3
SE – 83130 Östersund
Fax 063 / 12 81 37
www.visitsweden.com
Deutschland: Tel. 069 / 22 22 34 96
Österreich: Tel. 01 92 / 8 67 02
Schweiz: Tel. 044 / 5 80 62 94

Visit Sweden
www.visitsweden.com

AUSKUNFT IN SCHWEDEN

► Lokale Büros

► Reiseziele von A-Z

► Blekinge
Blekinge Turism, Ronnebygatan 2
SE – 37132 Karlskrona
Tel. 04 55 / 30 50 20, Fax 04 55 / 30 50 10, www.blekinge.se

REGIONALE TOURISTENBÜROS

► Bohuslän/Dalsland/ Västergötland
Västsvenska Turistrådet
Kungsportsavenyen 31-35
SE – 41136 Göteborg
Tel. 031 / 81 83 00
Fax 031 / 81 83 01
www.vastsverige.com

► Halland
HallandsTurist
Box 538, SE – 30180 Halmstad
Tel. 035 / 17 98 00
Fax 035 / 12 12 37
www.hallandsturist.se

► Östergötland
Östsvenska Turistrådet
SE – 60181 Norrköping
Tel. 011 / 19 65 00
Fax 011 / 19 44 61
www.ostergotland.info

► Skåne (Schonen)
Tourism in Skåne
Stortorget 9, SE – 21122 Malmö
Tel. 040 / 623 98 00
Fax 040 / 623 98 09
www.skane.com

► Småland
Smålands Tourism
Box 1027, SE – 55111 Jönköping
Tel. 036 / 35 12 70
Fax 036 / 35 12 89
www.visit-smaland.com

► Värmland
Värmlands Turistråd
Lagergrensgata 2
SE – 65115 Karlstad
Tel. 054 / 701 10 00
Fax 054 / 701 10 01
www.varmland.org

► Västmanland
Westmanna Turism
Norra Källgatan 22
SE-72211 Västerås
Tel. 021 / 39 79 40
Fax 021 / 41 66 84
www.vastmanland.se

BOTSCHAFTEN

► Schwedische Botschaft
Rauchstr. 1
D – 10787 Berlin
Tel. 030 / 50 50 60
Fax 030 / 50 50 67 89
www.swedenabroad.com

► Deutsche Botschaft
Artilleriegatan 64
SE – 11445 Stockholm
Tel. 08 / 670 15 00
Fax 08 / 670 15 72
www.stockholm.diplo.de

► Schweizer Botschaft
Valhallavägen 64
SE – 10041 Stockholm
Tel. 08 / 676 79 00
Fax 08 / 21 25 04
www.eda.admin.ch/stockholm

► Österreichische Botschaft
Kommendörsgatan 35
SE – 11458 Stockholm
Tel. 08 / 665 17 70
Fax 08 / 662 69 28
www.bmeia.gv.at

Badeurlaub

Badefreuden im Meer und am See

Im Sommer sind die Seen und Küsten Südschwedens Urlaubsziel sowohl von Einheimischen als auch von zahlreichen Gästen aus dem Ausland. Wassertemperaturen von 20 °C sind im Juli und August keine Seltenheit. **FKK** ist nur an offiziellen Nacktbadestränden erlaubt.

Strandperlen Südschwedens

Ein Paradies für Badende und Strandwanderer sind die **Küsten von Skåne** mit insgesamt 300 km langen, flach abfallenden Sandstränden. Malmö an der Südwestküste hat einen ungewöhnlich weitläufigen Sandstrand mit Dünen, zwischen denen man vor dem mitunter recht frischen Wind Schutz suchen kann. **Halland**, die »schwedische Riviera« an der Südwestküste, verfügt ebenfalls über viele flach abfallende, kinderfreundliche Sandstrände. Als »St. Tropez des Nordens« gilt **Tylösand**. Wer etwas auf sich hält, hat hier seine Sommervilla und schlägt im exklusivsten Golfklub des Landes ab. Am kilometerlangen Sandstrand ist Platz für jeden, ebenso wie in Skrea bei Falkenberg und Apelviken bei Varberg weiter nördlich.

Ein beliebter Badeort ist Strömstad in **Bohuslän**. Da südlich davon Felsenküste vorherrscht, fahren viele Gäste ab Strömstad mit Fährschiffen zu den Inseln Styrsö, Alska und Koster hinaus, wo sich Sandstrände ausdehnen.

Baden mitten in der City ist nicht nur in Malmö, sondern auch in **Stockholm** möglich. Allein im Zentrum der Hauptstadt gibt es 15

Halland besitzt die längsten und schönsten Sandstrände in ganz Südschweden.

Strände und zahlreiche Freibäder, in denen sich an warmen Sommertagen die Sonnenanbeter tummeln. Auch die Ausflugsinseln Utö und Sandhamn im äußeren Schärengarten besitzen herrliche Badeplätze. Die Insel **Torö** südlich von Stockholm gilt als **eines der besten Surfreviere der ganzen Ostsee**. Felsenstrände gehören zum Schärengarten von **Karlshamn**. Schöne Badeplätze findet man auch auf der Insel Hanä bei Bönsäcken und an den flachen Felsen bei Norra und Södra Vindhalla.
Gotland ist eingerahmt von kleinen und großen Sand- und Steinstränden, z. B. bei Tofta, 20 km südlich von Visby oder Ljugarn und Åminne auf der Ostseite der Insel. Auch die Badestrände der 35 Autominuten nordwestlich von Göteborg gelegenen Insel **Marstrand** sind sehr beliebt – Bus- und Schiffsverkehr ab Göteborg.
Außerdem laden unzählige **Binnenseen** mit sehr guter Wasserqualität zum Baden und Wassersport ein. **Varamon** bei Motala am Vättersee ist das größte nordische Binnenseebad und verfügt über einen kilometerlangen, kinderfreundlichen Sandstrand.

Mit Behinderung unterwegs

Schweden ist vorbildlich bei Vorkehrungen für behinderte Reisende. Hotels und Restaurants sind meist auf den Besuch von Rollstuhlfahrern eingerichtet. Auch die öffentlichen Verkehrsmittel sind **sehr behindertenfreundlich**, und sogar viele Ziele in freier Natur sind durch Stege und Wege für Rollstuhlfahrer erreichbar geworden.
Eine gute, wenn auch nicht immer aktuelle Broschüre mit dem Titel »Schweden für Menschen mit Handikap« erhält man bei VisitSweden (▶ Auskunft). Von De Handikappades Riksförbund gibt es einen schwedischsprachigen Führer über barrierefreie Kneipen und Restaurants in Stockholm.

ADRESSEN BEHINDERTENVERBÄNDE

AUSKUNFT IN DEUTSCHLAND

▶ **Bundesverband Selbsthilfe Körperbehinderter**
Altkrautheimerstraße 20
D – 74238 Krautheim/Jagst
Tel. 062 94 / 42 810, www.bsk-ev.de

AUSKUNFT IN SCHWEDEN

▶ **De Handikappades Riksförbund**
Katrinebergsvägen 6, Box 473 05
SE – 11743 Stockholm
Tel. 08 / 685 80 00
Fax 08 / 645 65 41
www.dhr.se

▶ **Turism för alla**
Box 1087
SE – 25110 Helsingborg
Tel. 042 / 13 48 01
Fax 042 / 13 61 85
www.turismforalla.se

Elektrizität

Das schwedische Stromnetz führt 220 Volt Wechselspannung. Adapter für die in Mitteleuropa üblichen Elektrogeräte sind nicht erforderlich.

Essen und Trinken

Schwedische Gastronomie

Nicht nur die jungen Starköche Schwedens gewinnen Goldmedaillen bei der Olympiade, ganz Schweden hat sich in den letzten Jahren zu einer regelrechten Kochnation entwickelt. Wo früher Dörrfleisch, Räucherfisch, Eintöpfe und Breie die Fischer und Waldarbeiter satt machen sollten, geht es heute um Raffinesse bei der Zubereitung frischer heimischer Produkte. Kochwettbewerbe und Kochsendungen stehen hoch im Kurs. Ganz gleich ob exklusiv oder bodenständig, ob michelinbesternter Gourmettempel oder lauschiges Gartencafé, die **moderne schwedische Küche** setzt auf erstklassige lokale Zutaten und verbindet gekonnt traditionelle Hausmannskost mit neuen Rezepten der Crossover-Küche.

i Preiskategorien

- Fein und teuer: über 250 SEK
- Erschwinglich: 150 – 250 SEK
- Preiswert: bis 150 SEK
  für ein Hauptgericht

Restaurants: ►Reiseziele von A bis Z

Gourmetmetropole

Stockholm gilt als Gourmetmetropole. Mit rund 1500 Restaurants bietet die Hauptstadt Gerichte für jeden Geschmack und jeden Geldbeutel. Die Stockholmer gehen gerne zum Essen aus, sodass die Restaurants oft überfüllt sind, also unbedingt rechtzeitig reservieren!

Nobel speisen ►

Jedes Jahr am 10. Dezember kann sich in Stockholm ein ganz besonderes Publikum von der schwedischen Kochkunst überzeugen. Denn dann findet das **Nobelbankett** im Stadtshuset statt (►Baedeker Special S. 58). Auf der Speisekarte finden sich Hummer mit Krabbensoße, Seegrassalat oder mariniertes Elchsteak mit Preiselbeersoße. Wollen Sie wissen, wie ein Nobelmenü schmeckt? Im Stockholmer Restaurant Stadshuskällaren wird das Nobelmenü des vergangenen Jahres angeboten (http://stadshuskallaren.gastrogate.com).

Mahlzeiten

Das gute Essen hat seinen Preis. Die Restaurants in Schweden sind in der Regel teurer als in Deutschland. Das **Frühstück** (frukost) kann aus Brot, Käse, Schinken, Wurst, Dikmelk, Joghurt, Marmelade und Ei bestehen. Belegte Brote (smörgås, wörtl. Butterbrot) werden zu jeder Tageszeit gegessen. Das **Mittagessen** (lunch) ist einfach und wird zwischen 12.00 und 14.00 Uhr eingenommen. Beliebt sind mittägliche Büfetts, die meisten Restaurants bieten zudem preiswerte Mittagsgerichte an. Ein schnelles Essen am Imbissstand ist im Vergleich

Hering, Lachs, Aal oder Zander – in Schweden muss man Fisch essen!

unverhältnismäßig teuer. Das **Abendessen,** das irreführenderweise »middag« heißt, wird schon ab 17.00 oder 18.00 Uhr serviert.

Hering

Ein typisches Gericht sind Heringe (sill), die in allen Variationen auf den Tisch kommen, z. B. als gebratene Salzheringe oder süß-sauer eingelegt als **Senapsill**. Besonders beliebt im Sommer sind **Matjesheringe** mit saurer Sahne, frischen Kartoffeln und Petersilie, dazu knuspriges Knäckebrot. Der typische Vorspeisentelller **Silltallrik** besteht aus eingelegten Zwiebel-, Kräuter- und Senfheringen mit Knäckebrot, saurer Sahne und einem Stück gut gereiftem Käse.

Smörgåsbord

Auf dem berühmten **schwedischen Büfett**, dem »Smörgåsbord« (Butterbrottisch), stehen gebeizter **Gravad Lachs** mit einer Dill-Senf-Soße **eingelegte Heringe**, geräucherter Aal, Bückling oder Makrele, Krabben (Räkor), **Köttbullar**-Fleischbällchen aus Rind- und Schweinehack, **Wallenbergare**-Frikadellen aus Wild oder Kalbfleisch, Rentierpastete, Salate, Eierspeisen, Västerbotten-, Svecia- und Gewürzkäse mit Kümmel, **Kavring**-Pumpernickel und **Knäckebrot**. Der vielversprechende Auflauf **Janssons frestelse** besteht aus geschichteten Kartoffeln, Zwiebeln, Sahne und Sardellen. »Janssons Versuchung« soll nach dem Tenor Pelle Janzon benannt worden sein, der ab 1870 am Königlichen Theater in Stockholm gastierte und das gute Essen liebte. Will man es richtig machen, isst man ein Smörgåsbord in vier Gängen, beginnend mit Fisch und Meeresfrüchten, dann die kalten Fleischgerichte und schließlich die warmen Speisen und das Dessert.

Schwedische Klassiker

Schwedische Spezialitäten sind auch im Ofen **gebackene Omeletts** mit verschiedenen Füllungen, im Dillsud gekochte **Flusskrebse** (Kråftor), deftiges **Elchgulasch** (Ålggryta) und **Pytt i panna**, ein klassisches Resteessen aus gewürfelten Kartoffeln, Speck, Wurst, Braten und obendrauf ein Speigelei. Traditionelles Donnerstagsessen war die **Årtsoppa med fläsk**, eine dicke gelbe Erbsensuppe mit Schweinefleisch. **Biff à la Lindström**, 1862 von Henrik Lindström aus St. Petersburg erfunden, ist ein Hacksteak mit Sahne, Kapern und Roter Bete. Zum gepökelten Weihnachtsschinken **Julskinka** gehört eine knusprige Senfkruste. Die Blutsuppe **Svartsoppa** und ein in der Dose vergorener roher Hering namens **Surströmming** sind in Schweden zwar Kult, aber vielleicht nicht jedermanns Sache.

Regionale Spezialitäten

Bohuslän

An der Westküste Schwedens werden **Hummer**, Garnelen, Muscheln, Meereskrebse, Krabben und Austern sowie Seezunge, Steinbutt und Heilbutt gefangen. Große Brombeeren und die säuerlichen Preiselbeeren werden zu Marmelade verarbeitet und praktisch zu allen Speisen gereicht. Hagebuttensuppe mit eiskalter Schlagsahne und dem Zuckerzwieback »sockerskorpa« ist eine populäre Köstlichkeit.

i Alter Schwede

- Seit über 500 Jahren wird in Schweden *Knäckebröd* gebacken. Jeder Laden hat heute eine enorme Auswahl an Sorten, ganze Regale sind damit gefüllt. Ursprünglich entstand es, weil normales Brot nicht lange haltbar war und in den langen Wintern, wenn die Wassermühlen an den zugefrorenen Flüssen still standen, kein neues Brot gebacken werden konnte. Das dünne Knäcke aber hielt bis zu einem Jahr. Und es war sicher vor Mäusen, da es mit einem Loch auf Stangen hoch über dem Boden aufgehängt wurde. Durch die kurze Backzeit des Teigs aus Roggen- und Weizenmehl, Salz, Wasser, Hefe oder Sauerteig bleiben die meisten Vitamine und Mineralien erhalten. Und wann immer die Schweden Hunger hatten, konnten sie sich ein Stück abbrechen, auf schwedisch »knäcka« – daher der Name. Wie man Knäckebrot selber macht und mit dem genopptem Wellholz »Kruskavel« die typischen Vertiefungen in den Teig walzt, zeigt das *Stockholmer Freilichtmuseum Skansen* (s. rechts).

Gotland

Auf Gotland spielt das Schaf eine so wichtige Rolle, dass es sogar zum Wappentier erkoren wurde. Und jede Familie kennt für Lammgerichte ihre eigenen Hausrezepte. Probieren Sie **Glödhoppa med strunkmos**, gepökelte Lammbrust mit Roter Beete und Steckrübenpüree, oder die **Lammsmäcka**, Lammbuletten mit gotländischem Wildlauch (Kaip). Die Nutzung von Gotlands **schwarzen Trüffeln** hat gerade erst begonnen (►Baedeker Tipp S. 165).

Skåne (Schonen)

Schonen ist ein Schlemmerparadies. Wer Fisch liebt, sollte die besonderen Zubereitungsarten von **Aal** kosten – der Halmad ål wird beispielsweise auf glühendem Stroh zubereitet und beim Ålagille-Fest im August/September serviert. Am Vorabend zum Martinstag (11. November) kommt die **Mårten gås** auf den Tisch. Eine Delikatesse ist auch heiß geräucherter Lachs zu Béchamelkartoffeln oder dunklem Brot. Dazu wird in Skåne **Akvavit** getrunken. **Spettkaka** heißen die über einem Drehspieß langsam Schicht für Schicht gebackenen, knusprigen »Spießkuchen« mit Zuckerglasur, die man in fast jeder Konditorei Schonens sieht (►Baedeker Tipp, S.371)

Småland

Småland ist bekannt als die **»Preiselbeerprovinz«**: Preiselbeermarmelade wird zu verschiedenen Mahlzeiten und als Dessert gereicht. Ein Klassiker sind die Kartoffelklöße **Kroppkakor**, die mit geräuchertem Schweinefleisch, Zwiebeln, Pilzen und Pfeffer gefüllt und mit geschmolzener Butter und Preiselbeermarmelade serviert werden. **Raggmunk** heißen die Kartoffelpuffer, die in Butter gebraten und mit Bauchspeck und kalt gerührten Preiselbeeren gegessen werden. **Isterband** ist eine säuerliche Wurst aus Rindfleisch und Gerstengraupen, **Ostkaka** ein aus Milch, Eiern, Sahne, Mandeln und Hüttenkäse bestehender süßer Käsekuchen, der oft mit warmem Kompott, Beeren und Schlagsahne gereicht wird.

Stockholm

Auf der Speisekarte der Hauptstadt findet sich der kleine Ostseehering **Strömming**, der gern als Vorspeise mit Dill als »senapsgravad« oder mit roten Zwiebeln als »ättiksströmming« serviert wird. Frisch gebratener Strömling schmeckt auch gut auf mit Butter bestrichenem Knäckebrot. Eine Delikatesse ist auch der Ostseelachs, der fleischiger und heller ist als der vor der Westküste. Eine Spezialität ist **Laxpudding**, der aus Lachs, Kartoffeln und Eiern zubereitet und mit geschmolzener Butter übergossen wird. Das **Ångbåtsbiff** (Dampfschiffsbeef), ein großes Rindersteak mit gebratenen Zwiebelringen, wird gern auf Ausflugsschiffen vor Stockholms Küste serviert.

Värmland

In der värmländischen Küche findet man neben Elch- und Lachsgerichten, Felchen, Zander, Hecht und Barsch auch finnische Spezialitäten wie Brei, der mit Schweinefleisch und Preiselbeeren kombiniert wird. Am bekanntesten ist die Wurst **Värmlandskorv**, die aus Rind- und Schweinefleisch, Zwiebeln und rohen Kartoffeln gemacht und oft zusammen mit Erbsensuppe gegessen wird.

Was trinkt man?

Kaffee und Kuchen

Kaffee ist in Schweden das **Nationalgetränk**. Er gehört zum Frühstück, zur vormittäglichen Pause, beendet Mittag- und Abendessen und wird selbst noch spät nachts genossen. Eine schwedische Besonderheit ist **Påtår**, »der Schluck obendrauf«, d. h. die zweite Tasse Kaffee gibt es gratis – das gilt natürlich nicht für den trendigen Latte Macchiato im Lifestyle-Café. Zur Kaffeepause, **Fika** genannt, genießt man gern kleine Kuchen. Nach Zimt und Karadamon duften die leckeren Hefeschnecken **Kanelbullar**. Probieren Sie auch die mit Früchten oder Vanillecreme bedeckten Mürbteigtörtchen »tårta« und das Kleingebäck »småkakor«. Zum südschwedischen Sommer gehören **Våfflor**, frische Waffeln mit Himbeeren oder Preiselbeeren. Wahre Kalorienbomben sind die pralinenartigen **Chokladbollar** und die **Prinsesstårta** aus Eiern, Zucker, Sahne mit einem giftgrünen Marzipanüberzug.

Bier nach Stärkeklassen

Bier, »öl« genannt, wird nach Alkoholgehalt klassifiziert angeboten: **Lättöl** mit maximal 2,8 %, **Folköl** mit bis zu 3,5 %, **Mellanöl** mit bis zu 4,5 % sowie **Starköl**, das mehr als 4,5 % Alkohol aufweist. Ab und zu findet man in Südschweden auch typisch schwedische Bierarten wie das einst von den Wikingern geschätzte süßliche **Röde Orm** (auch Mjöd, Met oder Honigbier genannt) und das mit Wacholder, Engelwurz und Süßmyrte gewürzte **Spetsat**. **Svagdricka** ist ein dunkles, süßes Bier mit zugesetzter Hefe und niedrigem Alkoholgehalt.

Hochprozentiges

Während leichte Biere mit weniger als 3,5 % Alkohol frei verkauft werden dürfen und im Supermarkt erhältlich sind, gibt es Biere ab 3,5 %, Wein und Schnaps wie **Absolut Vodka** oder **Renat Brännvin** nur in den staatlichen Geschäften **Systembolaget**. Sie sind in der Regel Mo. – Fr. 9.30 bzw. 10.00 – 18.00, Do. bis 19.00 und am Samstag in größeren Städten bis 14.00 Uhr geöffnet.

Feiertage · Feste · Events

FESTE UND EVENTS

FEIERTAGE

Feiertage sind in Schweden Neujahr, Heilige Drei Könige (6. Januar), Karfreitag, Ostermontag, Tag der Arbeit (1. Mai), Himmelfahrt, Pfingstmontag, Mittsommer (24. Juni), Allerheiligen (1. November), Heiligabend, 1. und 2. Weihnachtsfeiertag und Silvester. Der **schwedische Nationalfeiertag** am 6. Juni wird formlos begangen, ist aber arbeitsfrei.

JANUAR

► **Göteborg Filmfestival**
Das größte Filmfest des Nordens präsentiert internationale Highlights (www.filmfestival.org).

APRIL

► **Ostern**
Zu Ostern schmücken die Schweden ihr Heim mit Osterglocken, Birkenzweigen und bunten Federbüscheln. Am Gründonnerstag verkleiden sich Kinder mit Kopftüchern und langen Röcken als *Osterhexen* (Påskkärringar) und ziehen mit einem Kessel von Haus zu Haus, in dem sie Münzen und Süßigkeiten sammeln. Zur Osternacht gehören traditionelle Osterfeuer.

► **Kunstrunde**
Zu Ostern öffnen mehr als 300 Künstler und Kunsthandwerker im schonischen Österlen ihre Werkstätten und Ateliers (www.skane.com).

► **Walpurgisnacht**
Am 30. April wird überall im Land die Walpurgisnacht gefeiert. Für Touristen am eindrucksvollsten sind die Feierlichkeiten im Stockholmer Freilichtmuseum Skansen (www.skansen.se).

MAI

► **Tjejtrampet**
Das spektakuläre Fahrradrennen startet alljährlich in Västerås – teilnehmen können nur Frauen (www.tjejtrampet.com).

JUNI

► **Stockholm Marathon**
15 000 Läufer aus aller Welt nehmen jedes Jahr am Stockholm Marathon teil. Die Strecke führt durch die schönsten Teile der Stadt (www.marathon.se).

► **Midsommar**
Die Sommersonnenwende wird im ganzen Land ausgiebig am Wochenende nach dem 21. Juni gefeiert (►S. 74); auf ganz traditionelle Art im Freilichtmuseum Skansen in Stockholm.

► **Hultsfredfestival**
Das größte Rockfestival des Landes steigt jährlich in Hultsfred (www.rockparty.se).

► **Bergmansveckan**
Ende Juni/Anfang Juli feiert Färø eine Woche lang seinen Starregisseur Ingmar Bergman (www.bergmanveckan.se).

JULI

► **Stockholm Festival**
Die besten Jazz-Musiker aus aller Welt bringen die Stockholmer Insel Skeppsholmen zum Swingen (www.stockholmjazz.com).

AUGUST

► **Stockholm Pride**
Das schwedische Gegenstück zum Christopher Street Day (www.stockholmpride.org)

► **Malmö Festival**
Gigantisches Stadtfest rund um Kultur und Kulinarik (www.malmofestivalen.se)

► **Mittelalterwoche in Visby**
Ritterturniere, Gauklervorführungen und Theaterstücke: Eine Woche lang wird in der denkmalgeschützten alten Hansestadt das Mittelalter wieder lebendig (www.medeltidsveckan.com).

Trevlig Midsommar! In der Mittsommernacht wird gefeiert, getanzt, gegessen und getrunken, aber nicht geschlafen.

MITTSOMMER, KREBSPREMIERE UND WEIHNACHTSWICHTEL

Zu Midsommar tanzen sie wie kleine Frösche um den Baum, zum Krebsessen gehört ein lustiges Papierhütchen auf dem Kopf, und am Luciatag erhellen Mädchen mit Kerzenkronen im Haar das winterliche Dunkel: Entdecken Sie, wie faszinierend anders die Schweden feiern!

Das neue Jahr wird in Schweden auf ruhigere Art begrüßt als in Deutschland. Ausgelassene Partys sind die Ausnahme, meist begeht man den Tag im Kreis der Familie. Der »Valborgsmässoafton« am **30. April** ist der Tag der Studenten, der in allen Universitätsstädten ausgiebig gefeiert wird. Sie setzen ihre weißen Studentenmützen auf und ziehen durch die Straßen der Städte. Daran schließen sich feuchtfröhliche Gelage an.

Der **1. Mai** ist auch in Schweden der Feiertag der Arbeiterbewegung. Er wird von vielen zu einem Ausflug in die inzwischen erwachte Frühlingsnatur genutzt. Den **Nationalfeiertag am 6. Juni** übersieht man leicht. Man zieht zwar vor dem Haus die Fahne hoch, doch arbeitsfrei ist der Tag erst seit 2005. Dafür mussten die Schweden den Pfingstmontag als arbeitsfreien Tag jedoch opfern. Der Feiertag erinnert an die Wahl von Gustav Wasa zum König im Jahre 1523 und die Annahme der ersten modernen Verfassung 1809.

Wiedererwachte Natur

Inoffiziell ist der **Mittsommertag** der eigentliche schwedische Nationalfeiertag. Bis in die frühen Morgenstunden hinein wird ausgelassen gefeiert. Früher fand das Sommerfest am 24. Juni statt und galt Johannes dem Täufer. 1953 wurde es auf das Wochenende verlegt, das dem 24. Juni folgt. Am Morgen des Mittsommertages werden Haus und Hof mit Blumen und Zweigen geschmückt. Auf dem Land stellen die Männer mit vereinten Kräften die **Majstång** auf, einen reich geschmückten Baumstamm. Ihren Namen hat sie allerdings nicht vom Monat Mai, sondern von dem schwedischen Wort »majen«, was so viel bedeutet wie winden oder herumbinden und sich auf die Zweige und Blumen bezieht, mit denen die Majstång umwunden wird. Am Abend wird dann zum **Tanz** aufgespielt. Alle fassen sich an den Händen und tanzen um den geschmückten Baum. Wer zwischendurch Stärkung braucht, für den steht das traditionelle Mittsom-

mergericht **»matjesill«** bereit, eingelegte Heringsfilets in sahnig-süßer Soße. Dazu werden Kartoffeln mit Dill gereicht. Geschlafen, das verlangt die Tradition, wird in dieser Nacht überhaupt nicht.

Besonders wichtig ist die Mittsommernacht für noch ledige Mädchen, die herausfinden wollen, wen sie später einmal heiraten werden. Sie müssen auf neun verschiedenen Wiesen **neun verschiedene Blumen** pflücken und das Sträußchen unter ihr Kopfkissen legen. Am nächsten Morgen, wenn sie sich nach dem Fest erschöpft ins Bett legen, erscheint ihnen dann ihr **Traumprinz** im Schlaf.

Knackiges Vergnügen

Die **Kräftpremiären** (Krebspremiere) in der zweiten Augustwoche ist ein relativ junges Fest. Früher durften während des ganzen Jahres Krebse gefangen werden, und deshalb war die kleine Delikatesse das ganze Jahr über auf dem Speisezettel zu finden. Seit aber um 1900 der Krebsfang bis Mitte August verboten wurde, werden **die ersten Fangtage** ausgiebig gefeiert.

Diese Tradition setzte sich bis in unsere Tage hinein fort. Man setzt sich ein dreieckiges **Papierhütchen auf den Kopf**, bindet sich eine besonders große Serviette um den Hals und macht sich dann im Freundeskreis über die kleinen Meerestierchen her. Allerdings kommen heute die Krebse meist nicht aus schwedischen Gewässern, sondern werden aus China, der Türkei und den USA importiert.

Lichterkranz und rote Wichtel

Am 13. Dezember feiern die Schweden das **Luciafest**, dessen Ursprung im Dunkeln liegt. An diesem Tag trifft man überall junge Mädchen in langen weißen Gewändern mit einem leuchtenden Kerzenkranz auf dem Kopf. Jeder Verein, jede Schule und jeder Betrieb hat seine eigene Lucia, die an diesem Tag Kaffee, Glögg, safrangewürzte Lucia-Brötchen und Pfefferkuchen verteilt.

Weihnachten ist wie in Deutschland auch ein Fest der Besinnung – und des Essens. Die Geschenke bringen der Weihnachtsmann oder drei kleine rote Wichtel: **Tomte, Tomtebisse und Nisse**, die aus Lappland oder vom Nordpol her mit ihrem voll bepackten Rentierschlitten den Weihnachtshimmel durchqueren. Vor der Bescherung am Heiligen Abend steht jedoch seit über 25 Jahren die gemeinsame Fernsehstunde mit Freunden und Verwandten. Pünktlich um 15.00 Uhr wird sich »Weihnachten mit Donald Duck« angeschaut. Erst danach beginnen die Feierlichkeiten im Kreis der Familie. Und für den Weihnachtsmann und die Wichtel stellt man eine Schüssel mit Brei vor die Tür.

► **Kräftskiva**
Das Ende des Sommers und der Beginn der Flusskrebssaison wird am zweiten Do. im Aug. landesweit mit einem Krebsfest gefeiert.

SEPTEMBER

► **Apfelmarkt Kivik (Schonen)**
Zur Apfelernte gehört ein riesiger Apfelmarkt. Besonders spektakulär sind die Skulpturen, die aus Tausenden von Äpfeln gebildet werden (www.applemarknaden.se).

► **Ålagille**
Das Aalfest in Schonen wird besonders eindrucksvoll an der Aalküste südlich von Åhuis begangen.

OKTOBER

► **Ölands Skördefest**
Beim größten schwedischen Erntefest dreht sich alles um den Kürbis (www.skordefest.nu).

NOVEMBER

► **Stockholm Filmfestival**
Im Vergleich zu Cannes oder Berlin geht es auf dem Filmfestival von Stockholm eher beschaulich zu. Für Liebhaber skandinavischer Filmkunst ist es aber ein Muss (www.filmfestivalen.se).

DEZEMBER

► **Nobelpreisverleihung**
Alljährlich am 10. Dez. verleiht König Carl XVI. Gustav im *Stockholmer Konzerthaus* den Nobelpreis (► Baedeker Special S. 58).

► **Luciafest**
Am 13. Dezember zieht die *Lichterkönigin Lucia* mit ihrem Gefolge durch das Land und bringt mit ihren jungen Mädchen in langen, weißen Gewändern und Lichterkronen auf dem Kopf Licht ins Winterdunkel – und verteilt dabei Pfefferkuchen und Glühwein (► Baedeker Special S. 74).

► **Weihnachtsmärkte**
Die beiden größten Weihnachtsmärkte werden im Vergnügungspark Liseberg in *Göteborg* (www.liseberg.se) und im Freilichtmuseum Skansen in *Stockholm* veranstaltet. Dort wird an Silvester auch ausgiebig das neue Jahr begrüßt mit Gesang, Feuerwerk und dem traditionellen Vorlesen von Tennysons Gedicht »Die Glocke« um Mitternacht.

Geld

Zahlungsmittel Die **Schwedische Krone** (SEK) ist die offiziell gültige Währung. In Schweden werden nahezu überall die gängigen Kreditkarten akzeptiert. An den **Bankautomaten** kann man rund um die Uhr mit **Bank- oder Kreditkarte** und der jeweiligen Geheimnummer Geld abheben.

Banken Banken öffnen im Allgemeinen Mo. – Fr. 9.30 – 15.00 Uhr, Do. bis 17.00 Uhr. In den Großstädten sind manche Filialen auch länger geöffnet. In den Flughäfen und Hauptbahnhöfen von Stockholm, Göte-

INFOS GELD

WECHSELKURSE

1 € = 9,72 SEK
1 SEK = 0,10 €
1 SEK = 0,15 CHF
1 CHF = 6,82 SEK

KARTE VERLOREN?

Dann unverzüglich die Bank- oder Kreditkarte sperren lassen! Notfallnummer für sämtliche sperrbaren Medien wie Bank-, Kreditkarte und Handy:

▶ **Tel. (00 49) 116 116**

borg und Malmö sind Wechselstuben eingerichtet, die täglich 8.00 bis 21.00 Uhr öffnen. Geld kann man auch an vielen Postämtern wechseln; vom Postsparbuch Geld abzuheben, ist nicht möglich.

Gesundheit

Ärztliche Hilfe

Bei einem akuten Notfall ist die Notaufnahme (akuttmottagning) der Krankenhäuser zuständig. Man kann sich aber auch in einem Gesundheitszentrum (vårdcentral) oder von einem Arzt behandeln lassen. Dort wird je nach Behandlung ein prozentualer **Eigenanteil** fällig. In Apotheken muss man ebenfalls eine Eigenbeteiligung zahlen. Wechselnden Apothekennachtdienst gibt es in Schweden nicht, doch finden sich in den Großstädten in Krankenhausnähe Apotheken mit verlängerten Öffnungszeiten. Der Gang zum **Zahnarzt** (tandläkare) kann dagegen teuer werden, denn hier müssen bis zu 70 % der entstandenen Kosten selbst getragen werden.

Krankenversicherung

In Schweden wird die **Europäische Krankenversicherungskarte** beim Arzt akzeptiert. Die Eigenbeteiligung entfällt dadurch aber nicht. Die Versicherungskarte ersetzt auch nicht eine zusätzliche **Auslandsreisekrankenversicherung**, die man auch abschließen sollte, um z. B. den Krankenrücktransport abzudecken.

Mit Kindern unterwegs

Auf Kinder eingestellt

Schweden gilt als ausgesprochen **kinderfreundliches Land**. Wickelräume (skötrum) und Kinderspielecken (barnhöga) gibt es auf Flughäfen und Fähren, in Bahnhöfen, Hotels, Restaurants und Kaufhäusern. Fast alle Hotels bieten preisgünstige Übernachtungspauschalen für Familien mit Kindern sowie Kinderbetreuung (barnpassning) an. In vielen Freizeiteinrichtungen und in öffentlichen Verkehrsmitteln gibt es Kinderermäßigungen, Kleinkinder zahlen meist gar nichts.

Hits für Kids

Zu den Favoriten der Kinder zählen Aufenthalte in **Astrid Lindgrens Welt** (Vimmerby), im **Lustigen Haus** (Lustiga huset), einem Spielparadies in Helsingborg, sowie im **Wasserpalast Aq-va-kul** in Malmö. Spannend sind auch Detektiv-Experimente in der Molekülwerkstatt im **Kulturhaus von Stenungsund** (Bohuslän). In Göteborg lockt der Freizeitpark Liseberg mit Karussell und Achterbahn. Wer im Urlaub auch etwas lernen will, sollte ins **»Wasserreich«** (Ekomuseum) nach Kristianstad (Skåne) gehen oder ins **Fischereimuseum** auf Hönö (Bohuslän), wo auch Aufnahmen der Geräusche zu hören sind, von denen die Fischer umgeben sind wie das Rasseln der Netzwinde und das Rauschen des Windes.

In **Stockholm** steht der **Junibacken**, ein Freizeitpark, bei dem sich alles um Pippi Langstrumpf dreht, ganz oben auf der Liste. Im Kulturhuset gibt es eine ganze Etage für den Nachwuchs, mit Kinderbibliothek und Malstudio, wo bereits die Allerkleinsten nach Herzenslust tuschen können. Spaß und Spannung für die ganze Familie verspricht ein Besuch im **Freilichtmuseum Skansen** mit zahmen Wildtieren und mehr als 160 Häusern und Höfen aus dem ganzen Land sowie im **Vasa-Museum** mit dem riesigen, restaurierten Wrack eines Kriegsschiffs, das 1658 auf Jungfernfahrt sank.

! TIPP

»Bei Astrid Lindgren zu Tisch«

Pippi zauberte Tommi und Annika Süßes auf den Tisch, und auf Katthult gab es zu Weihnachten oder wenn Besuch kam, sich biegende Tafeln mit leckeren Köstlichkeiten. Gespickt mit vielen Originalzitaten aus Astrid Lindgrens Kinderbüchern hat Sybil Gräfin Schönfeldt in ihrem Kochbuch 40 wunderbare Rezepte für die ganze Familie zusammengestellt wie frische Zimtschnecken, Michels Käsekuchen oder Maditas Makkaroni mit Fleischklößchen (Arche 2007).

Knigge

Freundlicher Umgangston

Dass die Schweden sehr freundliche Menschen sind, zeigt sich im täglichen Umgang. So bedankt man sich für alles, und das ausgiebig. Das wichtigste schwedische Wort, das jeder Tourist beherrschen sollte lautet daher **»tack«** – danke!

Immer per Du

In Schweden **wird jeder geduzt**, egal, ob Nachbar oder Ministerpräsident. Einzige Ausnahme sind Mitglieder des Königshauses. Das führt dazu, dass viele Schweden, die Deutsch sprechen, ihren Gesprächspartner auch in der Fremdsprache duzen. Die Begrüßung mit Handschlag ist in Schweden unüblich. Die Schweden neigen zum **Understatement**, und Titel haben nur eine geringe Bedeutung.

Pünktlich sein

Bei Einladungen zum Essen sollte man pünktlich kommen. Bei Privateinladungen werden 10 Min. Verspätung akzeptiert, bei Geschäftsessen sind Verspätungen tabu. Nach Beendigung des Essens, das immer mit einer Tasse Kaffee abgeschlossen wird, bedankt man sich mit einem »tack för maten«, Danke für das Essen. Es ist üblich, beim Betreten der Wohnung **die Schuhe auszuziehen**. Diese Tradition wird oft locker gehandhabt, doch als Gast sollte man zunächst die Schnürsenkel lösen – wenn der Gastgeber darauf keinen Wert legt, wird er darauf hinweisen.

Im Restaurant

In Schweden kleidet man sich in der Regel leger, bei Geschäftstreffen hingegen konservativ, und wenn sie abends ausgehen, werfen sich die Schweden gern in Schale. Manches Lokal hat einen **»Dresscode«** und verlangt entsprechende Kleidung. **Trinkgeld** wird in Restaurants nicht erwartet, bei gutem Service kann man sich aber durchaus erkenntlich zeigen. Über ein aufgerundetes Entgelt freut sich auch jeder Taxifahrer, bis zu 10 % sind nicht überzogen. Seit 2005 besteht in Restaurants, Hotels, Kneipen und allen öffentlichen Verkehrsmitteln striktes **Rauchverbot**.

Literaturempfehlungen

Crime Time

Eine spannende Einführung in das Reiseland Schweden bieten die **Kriminalromane** von Henning Mankell, Håkan Nesser, Liza Marklund & Co., die im ► beiliegenden **Special Guide »Tatort Südschweden«** vorgestellt werden.

Belletristik

Selma Lagerlöf: Mårbacka. Langen/Müller 2008. Erinnerungen an eine glückliche Kindheit auf dem abgelegenen elterlichen Gutshof Mårbacka. Hier zieht Selma auch einen jungen Gänserich groß, der später in ihrem Kinderbuch »Die wunderbare Reise des kleinen Nils Holgersson mit den Wildgänsen« (Carlsen 2009) die Leser in aller Welt verzaubern wird.

Selma Lagerlöf: Gösta Berling. dtv 2010. Für die Geschichte des värmländischen Pfarrers Gösta Berling, der durch alle Höhen und Tiefen des Daseins muss, erhielt Lagerlöf 1909 den Literatur-Nobelpreis und wurde als erste Frau Mitglied der Schwedischen Akademie.

Inga Lindström: Schärenglück: Liebesgeschichten aus Schweden. Bastei 2010. Schmöker mit viel auf Ferien in der wunderbaren Inselwelt Südschwedens – allesamt vom ZDF verfilmt.

Henning Mankell: Die italienischen Schuhe. Zsolnay 2007. Kein Krimi, sondern ein literarisches Roadmovie: Einfühlsam erzählt Mankell die berührende Geschichte, wie der Einsiedler Frederick Welin wieder ins Leben zurückfindet.

Catharina Sundberg: Die Handelsherrin. Piper 2008. Spannung, Dramatik und Leidenschaft in der Hansestadt Stockholm Ende des 14. Jh.s: Nach dem Tod ihres Mannes übernimmt die junge Anne ein großes Handelshaus, das auch die Vitalienbrüder, die Seeräuber der Ostsee, in ihren Besitz bringen wollen ...

Holger Wolandt (Hrsg.): Elche im Schnee: Die schönsten Wintergeschichten aus Schweden. Piper 2008. Vierundzwanzig hintergründige und witzige Geschichten für die Adventszeit von Mankell bis Edwardson.

Bildbände

Max Galli und Ulrike Ratay: Reise durch Schweden. Stürtz 2009. Von den Schären im Süden bis nach Lappland jenseits des Polarkreises.

Alphons Schauseil und Michael Riehle: DuMont Bildatlas. Schweden Süden & Stockholm. DuMont Verlag 2010. Verträumte Seen, herrliche Wälder, Königsschlösser und Astrid Lindgrens Welten.

Medien

Zeitungen, Zeitschriften und TV

Deutschsprachige Zeitungen und Zeitschriften sind an Flughäfen und Bahnhöfen, an mit »IP« (International Press) gekennzeichneten Zeitungsläden (pressbyråer) erhältlich. Die wichtigsten schwedischen Tageszeitungen sind die liberale **Dagens Nyheter** (www.dn.se) und das konservative **Svenska Dagbladet** (www.svd.se). Auflagenstärkste Boulevardblätter sind **Aftonbladet** (www.aftonbladet.se) und **Expressen** (www.expressen.se).Das **Fernsehen** hat einen nicht zu unterschätzenden Anteil daran, dass die meisten Schweden über sehr gute Fremdsprachenkenntnisse verfügen – alle TV-Filme werden nämlich im Original mit Untertiteln ausgestrahlt.

Nationalparks

Schweden hat 1995 den ersten städtischen Nationalpark der Welt ausgewiesen. Das Parlament beschloss, Stockholms städtische Grün-

NATIONALPARKS IN SÜDSCHWEDEN

- **Garphyttan**
  15 km westl. von Örebro; Heuwiesen, Viehkoppeln und Gärten

- **Tiveden**
  18 km nördlich von Karlsborg, von tiefen Risstälern durchzogen, überwiegend Fichten – viele Sagen umranken diesen »Trollwald« (www.tiveden.se).

- **Djurö**
  Inselarchipel im Vänersee vor Mariestad

- **Tyresta**
  20 km südöstlich von Stockholm; uralte lichte Kiefernwälder auf von Flechten überzogenem Felsgrund; Brutplatz zahlreicher Vogelarten (www.tyresta)

- **Norra Kvill**
  20 km nordwestlich von Vimmerby; gut erhaltener Nadelurwald

- **Stora Mosse**
  an der Straße Nr. 151, 10 km nordwestlich von Värnamo; Moore und Vogelbiotop Kävsjön-See

- **Blå Jungfrun**
  Granitinsel im nördlichen Kalmarsund, erreichbar mit dem Boot von Oskarshamn oder Byxelkrok

- **Gotska Sandö**
  Fårösund, 50 km nördlich von Gotland; Sanddünen, Kiefernwälder; vielfältige Käferfauna, zahlreiche Orchideenarten (www.gotskasandon.se)

- **Stenshuvud**
  an der Reichsstraße 10, 17 km nördlich von Simrishamn, behindertengerechter Wanderpfad

- **Dalby Söderskog**
  an der Straße Nr.16, 11 km südöstlich von Lund, Laubmischwald (Ulme, Esche, Buche, Eiche), herrliche Blütenpracht im Frühjahr

- **Söderåsen**
  30 km östl. von Helsingborg; Buchenwälder, vom Kopparhatten weiter Ausblick über Skåne (www.nationalpark-soderasen.lst.se)

- **Åsnen**
  Bis 2013 soll der Westteil des weit verzweigten Sees Åsnen in Småland Nationalpark werden. Ein Highlight: der 250 Jahre alte, nahezu unberührte Buchenurwald auf der Bjurkärr-Halbinsel.

fläche von rund 56 km² (Laub- und Nadelwälder, Seen, Meeresbuchten, Parks, Wiesen und einige historische Gebäude) unter staatlichen Schutz zu stellen. Informationen zu allen Nationalparks erteilt das schwedische Umweltministerium online unter **www.naturvardsverket.se**, wo auch ein Merkblatt auf Deutsch zu den Nationalparks heruntergeladen werden kann. Nur die populärsten Nationalparks haben eine eigene Website.

Notrufe

NOTRUFNUMMERN

NOTRUFE IN SCHWEDEN

- **Polizei, Feuerwehr, Rettung**
  Tel. 112

- **Pannenhilfe**
  Tel. 020 / 91 00 40
  oder 020 / 912 912

IN DEUTSCHLAND

- **ADAC-Notrufzentrale München**
  aus Schweden:
  Tel. 00 49 / 89 22 22 22

- **ACE-Euro-Notruf**
  aus Schweden:
  Tel. 018 02 / 34 35 36

- **Deutsche Rettungsflugwacht**
  aus Schweden:
  Tel. 00 49 / 711 70 10 70

- **DRK-Flugdienst Bonn**
  aus Schweden:
  Tel. 00 49 / 228 23 00 23

IN ÖSTERREICH

- **AMTC-Notrufzentrale Wien**
  aus Schweden:
  Tel. 00 43 / 19 82 13 04

IN DER SCHWEIZ

- **Rettungsflugwacht Zürich**
  aus Schweden:
  Tel. 00 41 / 333 333 333

Post · Telekommunikation

Post Die Postämter (postkontor) wurden in Schweden nahezu flächendeckend abgeschafft, stattdessen gibt es in **Supermärkten** kleine Postfilialen. Briefmarken (**frimärken**) sind auch in Tabak- und Papierwarengeschäften, in größeren Lebensmittelgeschäften und zum Teil auch in Kaufhäusern erhältlich. Das **Porto** für eine Postkarte oder einen max. 20 g schweren Brief innerhalb Europas beträgt 12 SEK. **Briefkästen** für lokale Post sind blau, für innerschwedische und internationale Post gelb gestrichen. Weitere Infos: www.posten.se.

Telefon Die inzwischen sehr dünn gesäten Telefonzellen in Südschweden sind **Kartentelefone**. Telefonkarten gibt es zu 25, 50 und 100 Einheiten. Erhältlich sind die Karten bei Zeitungskiosken, Touristenbüros und in Geschäften in der Nähe der entsprechenden Telefonzellen. Die jeweils nächste Verkaufsstelle ist in den Zellen angegeben. Mit dem **Handy** kann man in Südschweden problemlos telefonieren. Um

LÄNDERVORWAHLEN

NACH SCHWEDEN

- **von Deutschland, Österreich und der Schweiz**
  00 46

VON SCHWEDEN

- **nach Deutschland**
  00 49
- **nach Österreich**
  00 43
- **in die Schweiz**
  00 41

teure Roaming-Gebühren zu vermeiden, kann man von Telia oder ComvIQ **Prepaid-Karten** für Mobiltelefone kaufen, die in etwa deutschen Angeboten entsprechen.

Preise · Vergünstigungen

Schweden ist **kein billiges Reiseland**, allerdings auch keineswegs so teuer wie vielfach vermutet. Benzin ist nach Einführung der Ökosteuer in Deutschland sogar vergleichsweise billig. Die Preise für Al- Preise

WAS KOSTET WIE VIEL?

Einfache Mahlzeit
ab 120 SEK

Doppelzimmer
ab 450 SEK

Eine Tasse Kaffee
ab 25 SEK

3-Gänge-Menü
ab 200 SEK

Ein Glas Bier
ab 45 SEK

Ein Liter Normalbenzin
ab 11,30 SEK

kohol und Zigaretten, Süßigkeiten und Essen in Restaurants sind in Schweden tatsächlich deutlich höher. Mittags isst man in vielen Restaurants günstiger wie in Deutschland. Ferienhausmieten starten je nach Saison bei 330 € pro Woche.

Vergünstigungen Bei Hotels lohnt es grundsätzlich, sich nach Sondertarifen zu erkundigen. Restaurants servieren zwischen 11.30 und 14.00 Uhr das preisgünstige **»dagens rätt«**. In Stockholm, Malmö und Göteborg macht es bei längerem Aufenthalt Sinn, sich die jeweilige **Städtekarte** zu kaufen, die Museumseintritte und Fahrten mit den öffentlichen Verkehrsmitteln billiger machen. In Verbindung mit der Karte können teils auch günstige Wochenend- und Ferientarife bei den großen Hotels gebucht werden (►Reiseziele von A bis Z).

Reisezeit

Die besten Monate Die Saison in Südschweden dauert von **Mai bis September**; außerhalb der Saison sind viele Attraktionen und Hotels mit Ausnahme von Stockholm geschlossen oder nur eingeschränkt geöffnet. Im Mai gibt es zwar die geringsten Niederschläge, doch ist es mitunter noch empfindlich kalt; besonders abends. Die Hauptreisezeit beginnt mit dem **Midsommar-Fest** um den 21. Juni. Bis Mitte August sind die Küstenorte und Binnenseen fest in der Hand der Badeurlauber und Familien. Ein Erlebnis sind die ex-trem langen Sommertage – auf der Höhe von Stockholm wird es im Sommer erst um 23.00 Uhr dunkel und zwei Stunden später wieder hell. Kein Wunder, dass das Open-Air-Vergnügen auch erst spät nachts endet und in Beach Clubs und Cafés Hochstimmung herrscht.

Danach fasziniert der **»Brittsommar«**, der Altweibersommer, mit seiner Farbenpracht. Die Nächte sind jedoch schon sehr kalt, bei klarem Wetter kommt es häufig zu Frost, während es tagsüber noch angenehm warm ist. Im Oktober kann in Südschweden der erste Schnee fallen. Während sich der November nasskalt und grau zeigt, wird Südschweden in der **Vorweihnachtszeit** wieder richtig gemütlich: mit nostalgischen Weihnachtsmärkten, aromatischem Glögg und einem Kulturprogramm voller Abwechslung. Aber auch der knackig kalte Winter im Januar und Februar hat seinen Reiz, wenn eine weiße Schneeschicht die Landschaft überzieht und die zugefrorenen Seen einladen, statt Pirouetten auf Kunsteis zu drehen einmal mit den Schlittschuhen richtig weit durch die Natur zu sausen – **Schlittschuhlanglauf** ist eine schwedische Passion!

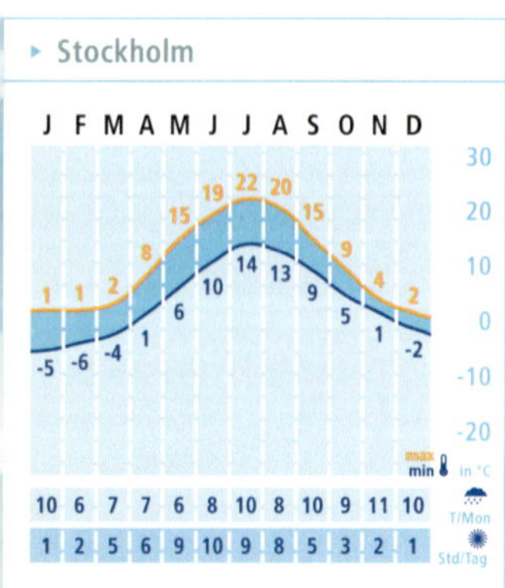

Shopping

Öffnungszeiten

In Schweden gibt es keine staatlich festgelegten Öffnungszeiten. Im Allgemeinen sind Geschäfte werktags von 9.00 bis 18.00, samstags bis 14.00 oder 16.00 Uhr geöffnet, in Einkaufszentren oft auch Sonntagnachmittag. Große **Supermärkte** schließen um 20.00, manchmal erst um 22.00 Uhr; viele von ihnen sind ebenfalls am Sonntag offen. Bürger aus Nicht-EU-Staaten wie der Schweiz können sich bei der Ausreise – sofern beim Kauf ein entsprechendes Formular ausgefüllt wurde – die **Mehrwertsteuer zurückerstatten** lassen.

Schwedisches Design

Schlicht und funktional mit klaren Formen sind die Produkte designed in Schweden. Ob Mode, Möbel oder Schmuck, in Südschweden finden Sie garantiert gutes, qualitativ hochwertiges Design. **Stockholm** ist ein Einkaufsparadies mit exklusiven Boutiquen, ausgefallener Mode, einer wunderschönen Markthalle, dem Designtorget und dem edlen »Kaufhaus des Nordens«.

Beliebte Souvenirs sind mundgeblasene **Glaswaren** aus den berühmten småländischen Glashütten wie Kosta Boda oder Orrefors und

! TIPP

Schwedisch shoppen

Båstads Troentorp Toffel – Schweden-Clogs aus Erlenholz
Boarps Vävaren – edle Tischwäsche aus Reinleinen
Göteborgs Kronhusbogarna – altes Handwerk und Schokopralinen
Höganäs – Steingut mit Salzglasur
Kalmars Stadttor Västerport – Töpfer und Glasbläser bei der Arbeit
Malmös Form Design Center – schwedisches Kunsthandwerk
Stockholms Östermalm-Markthalle – Delikatessen im Ambiente des 19. Jh.s
Stockholms Nordiska Kampaniet (NK) – Schwedens Antwort auf Harrod's
Stockholms Designtorget – kreative Ideen schwedischer Köpfe
Stockholm Bruka Design – Formschönes für Küche und Garten
Växjö – Mundgeblasene Glaskunst von Kosta Boda, Bergdala und Orrefors

formschöne **Keramik** aus dem Töpferland rund um Höganäs, wo seit Jahrhunderten salzglasiertes Steingut gefertigt wird. Bezauberndes Mitbringsel zu Weihnachten ist der **Christbaumschmuck** aus Spanholz. Edel ist **handgewebtes Leinen**, das noch in Båstad für Geschirrtücher und Tischwäsche gefertigt wird. Ideal für Haus und Hof sind auch die **Töffel**, die handgeschnitzten Schweden-Clogs, die es schlicht aus Holz und Leder oder trendig bunt verziert gibt.
Kulinarisch lockt Südschweden mit feinen Delikatessen jenseits vom **Lachs**, der allerorten eingeschweißt für den Export angeboten wird – und meist deutlich teurer ist als daheim. Greifen Sie doch einmal zu **Elchschinken**, **Rentiersalami** oder Schokoladentrüffel. **Hjortronsylt** heißt eine leckere Marmelade aus Moltebeeren. Sehr gut schmeckt auch **schwedischer Senf**, aromatisch und leicht süßlich. Wer **Lederbekleidung** und **Outdoorausrüstung** sucht, kann diese in Südschweden teilweise deutlich günstiger als zu Hause einkaufen.

Sprache

Viele Schweden sprechen Englisch, manche auch Deutsch. In den größeren Hotels und Reisebüros findet man fast überall Deutsch sprechende Mitarbeiter. In abgelegenen Orten und Gebieten wird in der Regel nur Schwedisch gesprochen.
Während der Sommermonate bieten das Schwedische Institut in Stockholm und einige Universitäten **Sprachkurse** in Schwedisch an (Svenska Institutet Svenskundervisningsenheten, Skeppsbron 2, Box 7434, 10391 Stockholm, Tel. 08 / 453 78 00, www.si.se).

Besonderheiten im Schwedischen

Bitte nicht verwirren lassen!

Das Schwedische gehört zur nordgermanischen oder skandinavischen Sprachgruppe. Charakteristisch ist, dass der bestimmte Artikel ans Ende des Wortes gehängt wird (z.B. vägen = der Weg, kyrkan = die Kirche). Das macht die Übertragung ins Deutsche mitunter etwas verwirrend: »Stortorget« steht auf den Straßenschildern vieler Städte, was übersetzt »Der Markplatz« heißt.

Alphabet ▸ Wer am schwedischen Telefon- oder Wörterbuch zu verzweifeln droht, dem hilft vielleicht dieser Hinweis: Im schwedischen Alphabet folgen Å, Ä, Ö nach Z.

Aussprache

In der Aussprache weicht das Schwedische besonders bei folgenden Buchstaben vom Deutschen ab: **å** wie ein breiter dunkler o-Laut, **o** meist etwas dumpf, mitunter wie u, **u** fast wie ü, **c** vor e, i, y wie ein scharfes s (ß), sonst wie k, **ch** vor e, i, y, ä, ö, wie sch, **d, h, l** vor j stumm, also djur (Tier) wie jüür, **f** am Silbenende wie w, **g** vor ä, e, i, ö, y und nach l und r wie j; gj vor o und u wie j, **k** vor ä, e, i, ö, y und in der Verbindung kj wie sch, z.B. kyrka wie schürka, kött wie schött, **s** immer scharf wie ß; sj wie sch, **tj** vor ä, e, i, ö, y wie sch; ti in der Endung -tion wie sch, **v** immer wie w, **y** wie ü.

SPRACHFÜHRER SCHWEDISCH

Speisekarte

Restaurant	restaurang
Schnellgaststätte	kafeteria, barservering
Frühstück	frukost
Mittagessen	lunch, middag
Abendessen	kvällsmat, middag
essen	äta
trinken	dricka
viel, viele	mycket, många
wenig	lite
Rechnung	räkning
bezahlen	betala
sofort	genast
gegrillt	grillat
gebraten	stekt
gekocht	kokt
Speisekarte	matsedel
Suppe	soppa
Fleisch	kött
Fleischklößchen	köttbullar
Braten	stekt
Wurst	korv
Schinken	skinka
Elch	älg
Hähnchen	kcykling
Kalb	kalv
Lamm	lamm
Rentier	ren
Rind	oxe
Schwein	gris
Fisch	fisk
Dorsch	torsk
Forelle	forell, laxöring
Hering	sill
Krabben	räkor
Lachs	lax
geräucherter	rökt lax
Obst	frukt
Apfel	äpple
Birne	päron
Erdbeere	jordgubbe

Heidelbeere	blåbär
Himbeere	hallon
Kirsche	körsbär
Pflaume	plommon
Preiselbeere	lingon
Zitrone	citron
Gemüse	grönsaker
Bohne	böna
Erbse	ärta
Gurke	gurka
Kartoffel	potatis
Kohl (Rotkohl)	kål (rödkål)
Kopfsalat	huvudsallat
Spinat	spenat
Tomate	tomat
Nachspeisen	dessert, efterrätt
Speiseeis	glass
Eingemachtes	sylt
Schlagsahne	vispgrädde
Getränke	dryckor
Bier	öl
Kaffee	kaffee
Milch	mjölk
Mineralwasser	mineralvatten
Sahne	grädde
Tee	te
Wasser	vatten
Wein	vin
Weißwein	vitvin
Rotwein	rödvin
Brot	bröd
Weißbrot	vetebröd
Brötchen	franskt bröd
Kuchen	kaka
Gebäck	småkakor
Waffeln	våfflor

Grundzahlen

0	noll
1	en, ett
2	två
3	tre
4	fyra
5	fem
6	sex

7	sju
8	åtta
9	nio
10	tio
11	elva
12	tolv
13	tretton
14	fjorton
15	femton
16	sexton
17	sjuton
18	arton
19	nitton
20	tjugo
21	tjugoett
30	trettio
40	fyrtio
50	femtio
60	sextio
70	sjuttio
80	åttio
90	nittio
100	hundra
101	hundraen
200	två hundra
1000	tusen
1 Mio.	en million

Bruchzahlen

1/2	en halv
1/3	en tredjedel
1/4	en fjärdedel, en kvart
1/5	en femtedel
0,3	noll komma tre

Monate

Januar	januari
Februar	februari
März	mars
April	april
Mai	mai
Juni	juni

Juli	juli
August	augusti
September	september
Oktober	oktober
November	november
Dezember	december

Wochentage

Montag	måndag
Dienstag	tisdag
Mittwoch	onsdag
Donnerstag	torsdag
Freitag	fredag
Samstag	lördag
Sonntag	söndag
Feiertag	helgdag

Wichtige Wörter und Redewendungen

deutsch (Deutscher)	tyska (tysk)
Deutschland	Tyskland
schwedisch	svenska
Schweden	Sverige
Guten Morgen!	god morgon!
Guten Tag!	god dag!
Guten Abend!	god kväll!
Gute Nacht!	god natt!
Auf Wiedersehen!	adjö!/Hei då!
Sprechen Sie …	talar ni …
deutsch?	tyska?
Ich verstehe nicht.	jag förstår inte.
Ja, jawohl	ja (ha), jo, ju
bitte!	var så god!
danke!	tack!
danke sehr!	tack så mycket!
(Für) Damen	Damer
(Für) Herren	Herrar
Wo ist …?	var är …?
die … Straße	gatan
die Straße nach …	vägen till …
der Platz	… platsen, …torget
die Kirche	… kyrkan
das Museum	museum, museet

wann?	när?
offen/geöffnet	öppen/öppet
Briefmarke	frimärke
Bank	bank
Bahnhof	järnvägsstation
Hotel	hotell
Übernachtung	övernattung
Was kostet …?	vad kostar …?
eine Zeitung	tidning
Ich möchte gern …	jag skulle gärna …
ein Zimmer	ha ett rum
mit einem Bett (Einzelzimmer)	med en bädd (enkelrum)
mit zwei Betten (Doppelzimmer)	med två bäddar (dubbelrum)
mit Bad	med bad
ohne Bad	utan bad
die Toilette	toaletten
ein Arzt	läkare, doktor
rechts	till höger
links	till vänster
geradeaus	rakt fram
oben	uppe, ovanpå
unten	nedanför, nere
neu	ny
teuer	dyr
Eintrittskarte	inträdesbiljett

Verkehrsaufschriften und Warnungen

Halt!	stopp! halt!
Zoll	tull
Vorsicht!	se upp! giv akt!
Langsam!	sakta!
Baustelle	vägarbete, gatuarbete
Einbahnstraße	enkelriktad
Durchfahrt verboten!	genomfart förbjuden!
Straße gesperrt	gatan avstängd
Baden verboten	badning förbjuden
Zelten verboten	förbud mot tältning

Auto

Abschleppen	ta på släp
Auto	bil
Benzin	bensin

Rad	hjul
Reifen	däck
Reparaturwerkstatt	bilverkstad
Führerschein	körkort
Motorrad	motorcykel
Öl	olja
Panne	motorstop
Tankstelle	bensinstation

Geografische Begriffe

Berg	berg
Hochgebirge	fjäll
Gipfel	höjd, topp
Gletscher	glaciär
Bergwand (felsig)	bergvägg
flacher Berghang	backe
Bergrücken	ås
Hügel	kulle
Tal	dal
Klamm, Schlucht	klyfta, skreva
Fluss	älv
kleiner Fluss	å
Wasserfall	fors
Meeresstraße	sund
Wasser, Gewässer	vatten
Strand, Flachküste	strand
steiles Felsufer	klint
Insel	ö
Wald	skog
Moor	myr, mosse
Sumpf	kärr, träsk
Stadt	stad
Kirche	kyrka
Turm	torn
Schloss	slott
Garten, Park	trädgård
Straße	gata
Landstraße	landsväg
Weg	väg
(Markt-)Platz	torg, plats, plan
Brücke	bro
Eisenbahn	järnväg
Fähre	färja

Übernachten

Hotels

Die Hotellerie Südschwedens hat in den letzten Jahren eine enorme Wandlung erfahren: Viele neue Design- und Erlebnishotels sind entstanden, Wellness- und Spa-Abteilungen sind im Trend der Zeit. Schlösser und Fabrikhallen werden zu Hotelkomplexen umgewandelt, von romantisch-traditionell bis zu modern-funktional.

Bed & Breakfast und Urlaub auf dem Bauernhof

Besonders in den Großstädten Malmö, Göteborg und Stockholm sind Bed & Breakfast-Quartiere als Alternative zu den Hotels beliebt, wo sich drei Agenturen den Markt teilen. Auf dem Land weisen am Wegesrand Schilder mit der Aufschrift **»Rum ledigt«** auf freie Zimmer bei Privatvermietern hin. Auch die Touristenbüros vermitteln Zimmer mit Frühstück in familiärer Atmosphäre. **Urlaub auf dem Bauernhof** lässt sich in Südschweden bei Bo på Lantgård buchen – wahlweise als Zimmer mit Frühstück oder für Selbstversorger. Einige der rund 400 angebotenen Höfe haben zudem diverse Aktivitäten im Programm wie Angeln, Reiten, Rad- oder Motorradverleih sowie Mitarbeit auf dem Hof.

i Preiskategorien

- Luxus: über 2000 SEK
- Komfortabel: 650 – 2000 SEK
- Günstig: bis 650 SEK

für ein Doppelzimmer mit Frühstück

Hotels, B & B und Wanderheime ►Reiseziele von A bis Z

Ferienhäuser

Wer es ländlich und familiär liebt, kann – wie es die Schweden tun – in einer **»Stuga«** (Hütte) urlauben. Das **Schwedenhaus** ist die wohl typischste Unterkunft in Südschweden. Die Hütten für Selbstversorger gibt es von rustikal-einfach bis äußerst luxuriös. Sie liegen meist in landschaftlich sehr reizvollen Regionen und lassen sich bei den regionalen Fremdenverkehrsämtern bzw. gängigen Anbietern und Vermittlern wie Novasol oder DanCenter mieten. Größtes schwedisches Ferienhausportal ist **www.stugguiden.se** mit mehr als 18 000 Hütten und Links zu weiteren nationalen Hüttenanbietern. Gut 5000 Ferienhäuser in Schweden werden auch unter **www.stuga.nu** vorgestellt – eine Karte erleichtert die Suche.

Hostels und Jugendherbergen

Preiswert übernachten kann man in den **Vandrarhems**, Hostels und anderen Backpacker-Unterkünften. Eine Altersbeschränkung gibt es nicht in den 320 schwedischen Jugendherbergen und Wanderheimen, die von der **Svenska Turistföreningen** (STF) betrieben werden. Weitere 195 Familienherbergen sind Mitglied bei **Sveriges Vandrarhem i Förening.** Die Variationsbreite reicht von einfachen Unterkünften bis zu Häusern mit Hotelstandard. Entsprechend gestaffelt sind auch die Übernachtungspreise, die bei 20 Euro für den Schlafsaal beginnen. Mitglieder von STF und des Internationalen Jugendherbergswerkes, bei denen die Häuser auch online gebucht werden können, erhalten attraktive Rabatte.

ADRESSEN ÜBERNACHTEN

B & B

▶ **Bed & Breakfast Service Stockholm**
Sidenvägen 17, SE – 17837 Ekerö
Tel. 08 / 660 55 65
www.bedbreakfast.a.se

▶ **Bed & Breakfast Center**
Box 4003, SE – 17104 Solna
Tel. 020 / 73 00 00
www.bed-and-breakfast.se

▶ **Bro Brach och Billigt**
Mobil-Tel. 0709 / 23 37 50
www.bbob.se

▶ **Bo på Lantgård**
Medlemsservice, Söndrumsvägen 35, SE – 30239 Halmstad
Tel. 035 / 12 78 70
www.bopalantgard.org

CAMPING

▶ **SCR**
Box 5079, SE – 40222 Göteborg
Tel. 031 / 355 60 00, www.scr.se

FERIENHÄUSER / STUGA

▶ **DanCenter**
Spitalerstraße 16, 20095 Hamburg
Tel. 040 / 309 70 30
www.dancenter.com

▶ **Novalsol**
Gotenstraße 11, 20097 Hamburg
Tel. 040 / 23 88 59 82
www.novalsol.de

▶ **SCR**
Mässans Gata 10, Box 5079
SE – 40222 Göteborg,
www.stuga.nu

JUGENDHERBERGEN

▶ **Svenska Turistföreningen (STF)**
Box 17251, SE – 10462 Stockholm
Tel. 08 / 463 21 00
www.svenskaturistforeningen.se

▶ **Sveriges Vandrarhem i Förening**
Box 9, SE – 45043 Smögen
Tel. 04 13 / 55 34 50, www.svif.se

Schwedenidylle verspricht das charmante Göta Hotell in Borensberg.

Zum Verbund der schwedischen **Camping** & Ferienhausbetreiber (SCR) gehören 100 000 Stellplätze und 13 000 Häuser auf Campingplätzen im ganzen Land. 160 der **500 Campingplätze** sind auch im Winter geöffnet. Um auf einem schwedischen Campingplatz zu übernachten, muss man die **Camping Card Scandinavia** erwerben. Mit der Karte sind einige Vorteile verbunden, wie z. B. eine Unfallversicherung während des Campingaufenthalts und diverse Rabatte. Sie gilt auch für Dänemark, Finnland, Norwegen und kann bei **www.camping.se** bestellt werden. Eine aktuelle Gültigkeitsmarke kauft man auf dem ersten Campingplatz, den man aufsucht. Sie kostet für ein Jahr 130 SEK.

i Die originellsten Unterkünft

- Hotel Hackspett: Bohème-Betten im Baumhaus – im Stadtpark von Västerås träumen Sie in den Wipfeln, S. 345.
- Utter Hotel: Mini-Hotel im Mälarsee, S. 343
- Jumbo-Hotel: Das erste Flugzeug-Hotel Europas lädt in Stockholm zur Nacht, S. 282
- STF Vandrarhem Tåget: Schlafwagen-Nostalgie auf einem stillgelegten Gleis in Lund, S. 206

Wildes Zelten

Das schwedische Jedermannsrecht gestattet es, wild zu zelten, allerdings nur außer Sichtweite von bewohnten Häusern, nicht auf landwirtschaftlichen Flächen und auch nur für eine Nacht. Selbstverständlich sollte man den Platz sauber verlassen. Offenes **Feuer** muss gelöscht werden. Auf Felsklippen am Meer ist generell kein Feuer gestattet, ebenfalls nicht im Sommer bei Trockenheit.

Urlaub aktiv

Angeln

Schweden ist eines der besten Angelreviere Europas. Meerforelle (havsöring), Bachforelle (bäcköring), Hecht (gädda), Barsch (abbore), Lachs (lax) und Aal (ål) sind die häufigsten Fischarten. Um sie zu fangen, muss man sich vor Ort eine **Angellizenz** (fiskekort) besorgen. Meist sind die Verkaufsstellen deutlich ausgeschildert, wenn nicht, helfen das örtliche Touristenbüro, ein Hotel, Campingplatz oder Zeitungskiosk in der Nähe weiter. Dort wird oft auch die Angelberechtigung verkauft. In einigen Fällen, wie zur Lachspremiere in der Mörrum, muss man sich seinen Standplatz schon ein Jahr im Voraus sichern. Das **Angeln im Meer** mit Handangelgeräten ist in weiten Teilen des Landes lizenzfrei.

Ballonfahrten

Zu den unvergesslichen Urlaubserlebnissen zählt eine Fahrt in einem Heißluftballon, die in **Malmö, Stockholm und Alingsås** (Västergötland) angeboten werden. In Stockholm werden nach der einstündigen Ballonfahrt zum Sonnenauf- oder -untergang alle Ballonneulinge mit Sekt getauft und erhalten ein Diplom, das ihnen die Aufnahme in die Familie der Luftfahrer bescheinigt.

URLAUB AKTIV ADRESSEN

BALLONFAHRTEN

► **Ballongflyg i Stockholm AB**
Koltrastvägen 21
SE – 19255 Sollentuna
Tel. 08 / 92 02 02
www.ballongflyg.nu

► **Malmö-Lund ballongsällskap**
SE – 20040 Malmö
Tel. 046 / 20 99 99
www.ballongflygarna.com

► **Svenska Ballongfederation**
c/o Svenska Flygsportförbundet
Box 750, SE – 52122 Falköping
www.ballong.org

GOLF

► **Svenska Golfförbundet**
Box 84, SE – 18211 Danderyd
Tel. 08 / 622 15 00, http://sgf.golf.se

KANU

► **Svenska Kanotförbundet**
Rosvalla Idrottsvägen
SE – 61161 Nyköping
Tel. 0155 / 20 90 80
www.kanot.com

REITEN

► **Sveriges Ridlägerarrangörers Riksförbund**
Box 2152, SE – 14112 Huddinge
Tel. 08 / 711 74 90, www.ridlager.se

► **Katja van Leeuwen Reitervermittlung**
An den Eichen 1
D-53639 Königswinter/Oberpleis
Tel. 02244 / 927 924 8
www.reitferienvermittlung.de

TENNIS

► **Svenska Tennisförbundet**
Lidingövägen 75, Box 27915
SE – 11541 Stockholm
Tel. 08 / 450 43 10
www.tennis.se

WANDER- UND RADWEGE

► **Sverigeleden**
2800 km vom südschwedischen Helsingborg bis nach Karesuando in Lappland

► **Mälarsleden**
710 km, rund um die Seen Mälaren und Hjälmaren

► **Nynäsleden**
82 km, von Stockholm nach Nynäshamn

► **Åsnen Runt**
120 km, um den See Åsnen

► **Dalslandsleden**
350 km durch Dalsland

► **Kustlinjen**
565 km entlang der schwedischen Ostküste von Öregrund nach Stockholm und Västervik

► **Svenska Cykelsällskapet**
Torneågatan 10, SE – 16479 Kista
Tel. 08 / 751 62 04
www.svenska-cykelsallskapet.se
Der schwedische ADFC publiziert hervorragende Fahrradkarten und organisiert neben geführten Tagestouren auch einwöchige spannende Fahrrad-Adventures.

► **Svenska Turistföreningen**
Box 17251
SE – 10462 Stockholm
Tel. 08 / 463 21 00
www.svenskaturistforeningen.se
STF betreibt 320 Wanderheime – viele an landschaftlich sehr reizvollen Orten.

Golf

In den vergangenen Jahren hat Schweden einen wahren Golfboom erlebt. Allein um **Stockholm** gibt es drei Dutzend Plätze. Alle schwedischen Golfvereine heißen bei Vorlage der **Greencard** auch Gastspieler gerne willkommen. Die Greenfees sind im Vergleich zu Deutschland mehr als moderat. Einige Hotelketten bieten Golfpakete an, in denen Unterkunft und Greenfee im Preis enthalten sind. Die Spielzeiten werden dann ebenfalls durch das Hotel gebucht. Ganz oben in der Gunst der Golfer rangiert **Schonen**, wo rund 70 Plätze aller Schwierigkeitsgrade warten, die nicht weiter als eine Autostunde voneinander entfernt sind. Und die Saison dauert hier so lang wie sonst nirgendwo in Schweden: von April bis Oktober.

Kanu

Südschweden ist das ideale Land für den Urlaub mit dem eigenen Boot. Seen und Flüsse, auf denen man sein Boot zu Wasser lassen kann, findet man genug. Wer eine schwierigere Tour plant oder einen ihm unbekannten Fluss befahren will, sollte sich jedoch zunächst eingehend informieren. Organisierte **Kanu-Safaris** durch Dalsland und Värmland oder Fahrten im Kajak durch Stockholms Schären veranstaltet z. B. Wolters Reisen.

Reiten

Schweden hat zwei einheimische Pferderassen: das kräftige »nordschwedische Pferd« und das Gotland-Pony. Weit mehr als 100 schwedische Anbieter haben Reiterurlaub in ihrem Programm. Wer Urlaub mit Pferden machen will, erfährt Näheres bei **Sveriges Ridlägerarrangörers Riksförbund**. Reiterwochen, Wanderreiten, Working Holidays und Zigeunerwagentouren durch die atemberaubende Natur Südschwedens bietet u. a. Katja van Leeuwen **Reitferienvermittlung**.

Schlittschuhlaufen

Im Winter schnallen sich die Schweden nicht nur die Bretter, sondern gern auch die Kufen unter und drehen auf den meist kostenlosen Eislaufplätzen der Innenstädte ihre Runden. Sehr populär ist auch das **Schlittschuhwandern**. Als Hochburg der Schlittschuhwanderer gilt das Värmland, aber auch zwischen den Schären sausen die Wanderer auf Kufen über das blanke Eis. In der Regel liegen die Tagesdistanzen bei 15 – 30 km, die sich in drei bis fünf Stunden bewältigen lassen. Zwischendrin wird ausgiebig pausiert – warum nicht einmal mit einem warmen Imbiss am Lagerfeuer? Begleitete Touren vermittelt der deutsch-schwedische Veranstalter Minto (www.minto.se). Besonders Wagemutige lassen sich beim Schlittschuhlaufen von einem Segel ziehen – **Kitewing** heißt der Extremsport, und Alexander Larsson sein offizieller Meister. Weitere Infos: www.kitewing.com.

Sportschifffahrt

◄ Tipps für Schärentörns, S. 113, 152, 312

Mit seinen Schärengärten, zahlreichen Seen wie **Vänern, Vättern und Mälaren** und dem wunderschönen Göta-Kanal besitzt Südschweden nahezu unbegrenzte Möglichkeiten für alle Arten des Bootssports. Schippern Sie gemächlich von Mem über den **Göta-Kanal** nach Göteborg oder chartern Sie ein Segelboot für die **Schären** mit traumhaften Landschaften und kleinen Häfen – keine großen Schläge und kein

»Meilenfressen« durch unzählige Möglichkeiten zum Anlanden. Hier heißt es: Ankommen, Einklarieren, Proviantieren, Ablegen. Deutsche, österreichische und Schweizer Staatsbürger sind nicht verpflichtet, sich anzumelden, wenn sie mit dem Boot nach Schweden einreisen. Der Internationale Bootsschein genügt als Bootspapier.

Tennis Schweden gehört zu den bedeutendsten Tennisnationen der Welt, aus der hervorragende Spitzensportler wie Björn Borg, Stefan Edberg, Anders Jarryd, Mats Wilander oder Magnus Larsson stammen. Die Tennisplätze können ohne Klubzwang benutzt werden.

Wandern Südschweden ist ideal zum Wandern. Da es keine hohen Gebirge gibt, sind sämtliche Strecken einfach zu laufen und vorwiegend flach. Es gibt an die Hunderte gekennzeichnete Wanderwege, die sich häufig durch eine ganze Provinz ziehen, wie z. B. der Blekinge-, Skåne- oder der Hallandleden. Hinzu kommen **Themenpfade**. In Dalsland gibt es den Pilgrimsleden (Pilgerweg), in Småland den John Bauer Weg und in Småland den Utvandrarleden (Auswandererweg). Häufig lassen sich die Wanderstrecken mit Kanutouren verbinden.
Dank des schwedischen **Jedermannsrechts** (allemansrätt) darf man so gut wie überall wandern, also auch dort, wo keine Wanderwege sind. Einen schönen Platz zum Aufstellen seines Zeltes findet man immer, aber am Rande vieler Wanderpfade liegen auch Hütten und Gebirgsstationen, in denen man übernachten kann. Der Svenska Turistföreningen unterhält 320 **Wanderheime**, die über Zwei- und Mehrbettzimmer verfügen. **Hütten** sind in der Regel in Tagesabständen vorhanden, Proviant muss man hier allerdings selber mitbringen. Zwischen den einzelnen Hütten sind die Wege meist gut markiert, ebenso die großen Wanderwege. Eine gute Karte sollten Wanderer dennoch stets mit sich führen.

Verkehr

Allgemeine Vorschriften Zwischen den deutschen und schwedischen Verkehrsregeln gibt es keine großen Unterschiede. Trotzdem gilt es einiges zu beachten. Tagsüber wird mit **Abblendlicht gefahren**, der Gebrauch der Nebelschlussleuchte ist jedoch untersagt. Vom 1. Dezember bis 31. März sind **Winterreifen** Pflicht. Die zulässige **Höchstgeschwindigkeit** außerhalb geschlossener Ortschaften liegt zwischen 70 und 90 km/h, auf Autobahnen darf man zwischen 90 und 110 km/h fahren. Die schwedische Polizei führt häufig **Geschwindigkeitskontrollen** durch, und die Strafen für zu schnelles Fahren sind empfindlich. Die Promille-Grenze für Alkohol liegt bei **0,2 Promille**.

Parken und City-Maut Eine **durchgehende gelbe Linie** am Fahrbahnrand bedeutet Halteverbot; eine gestrichelte gelbe Linie oder eine gelbe Zickzacklinie am

Fahrbahnrand zeigt Parkverbot an. Die **Parkplätze in Stockholm** sind rar und teuer; besser und preiswerter ist man mit öffentlichen Verkehrsmitteln mobil. Mit der Stockholm-Karte jedoch sind die öffentlichen Parkflächen mit Ausnahme der Parkhäuser kostenlos. Keine Toleranz gibt es für Falschparker: Sie erhalten hohe Bußgelder; ihr Fahrzeug wird rasch abgeschleppt. Seit 2007 erhebt **Stockholm unter der Woche eine City-Maut**, die jedoch nicht für ausländische Fahrzeuge gilt. Bei Leihwagen wird die Gebühr bei der Fahrzeugmiete mit abgebucht.

i Vägverkets

- Auf der Homepage des schwedischen Zentralamts für Straßenwesen, Vägverkets, kann man sich nicht nur über Straßenzustand und Baustellen informieren, sondern auch ansehen, wo Kameras die Einhaltung der erlaubten Höchstgeschwindigkeit überwachen: www.transportstyrelsen.se

Vorsicht Elche!

Die bei Touristen als Souvenir beliebten Elchwarnschilder sollten nicht nur fotografiert, sondern auch beachtet werden. Besonders in den Morgen- und Abendstunden im Frühjahr und Herbst tauchen Elche oft unverhofft auf der Straße auf (►Baedeker Special S. 20).

Ausweichen und überholen

Viele schwedische Straßen sind »eineinhalbspurig«. Anders als in Deutschland benutzt nicht der Überholende die zweite Spur, sondern das langsamere Fahrzeug macht den Weg frei und weicht kurz auf den rechten Seitenstreifen aus. Macht ein vorausfahrendes Fahrzeug Platz, bedankt man sich durch kurzes Rechts-Links-Blinken. Ein weißes M auf blauem Grund warnt auf schmalen Straßen vor Gegenverkehr – meist ist eine Haltebucht zum Ausweichen angelegt.

Tankstellen

Tankstellen sind in der Regel Mo. – Sa. 7.00 – 19.00 Uhr, an Autobahnen und Hauptverbindungsstrecken meist auch sonntags und spätabends geöffnet. Zahlreiche Tankstellen sind Selbstbedienungstankstellen mit Geldscheinautomaten für 20-, 50- und 100-Kronen-Scheine, die Bezahlung mit gängigen internationalen Kreditkarten ist meistens möglich. Sie sind mit dem Wort »sedel« (Banknote) angekündigt, Tankstellen, an denen man an der Kasse der Tankstelle bezahlt, mit »kassa«. Generell gilt: Tanken Sie rechtzeitig!

Zeit

Wer nach Schweden reist, braucht seine Uhr nicht umzustellen. Ganzjährig gilt die gleiche Zeit wie in Deutschland.

SWE
22198
SWE
22198
SWE
9180
SWE
9180

Touren

EINE TOUR MIT DEM TOURISTENBUS ZEIGT DIE WICHTIGSTEN SEHENSWÜRDIGKEITEN STOCKHOLMS: SPANNENDER IST DIE ERKUNDUNG DER SCHWIMMENDEN HAUPTSTADT ABER ZU FUSS – TIPPS FÜR STADTSPAZIERGÄNGE UND TOUREN DURCH SÜDSCHWEDEN MIT LOHNENDEN STOPPS!

Vasastaden
Observatorium
Flughafen Arlanda
Eriksbergsplan
Runebplan
Karlavägen
Sveavägen
Rådmansgatan
Rådmansgatan
Tegnérgatan
Humlegården
Kungstensgatan
Strindbergsmuseet
Johannes kyrka
Kungliga Biblioteket
Dalagatan
Västmannagatan
Upplandsgatan
Tegnérlunden
Drottninggatan
Luntmakargatan
Birger Jarlsgatan
Engelbrektsgatan
Sturegatan
Brahegatan
A. Fredriks Kyrka
Regeringsgatan
Torsgatan
Scala
Kammakargatan
Folketshus Stora Teat.
David Bagares Gata
Humlegårdsgatan
Turegatan
Brunnsgatan
Wallingatan
Barnhusgatan
Norra Latin City Conference Center
Tunnelgatan
TOUR 1
Stureplan
Torsgatan
Olof Palmes Gata
Hötorget
Kungsgatan
Sturegallerian/Sturebadet
Norra Bantorget
Apelbergsgatan
Konserthuset
Lästmakarg.
Jakobsbergsgatan
Östermalmstorg
Klarastrandsleden
Barnhusviken
Vasateatern
Hötorget
NORRMALM
Sergelsgatan
Klaratunneln
Mäster Samuelsgatan
Biblioteksg.
Dramat. teatern
Kungsgatan
Gamla Brogatan
Smålandsg.
Scheelegatan
Östra Järnvägsgatan
Vasagatan
Bryggargatan
Oscarsteatern
Sergels Torg
NK
Hallwylska museet
Nybroplan
Kungsbron
Fleminggatan
T-Centralen
Hamngatan
Kungsträdgården
Berzelii Park
Kungsbroplan
Cityterminalen
Mäster Samuelsgatan
Kulturhuset Stadsteatern
Kungsträdgårdsgatan
Arsenalsgatan
Nybrokajen
Kungsholmsgatan
Klarabergsgatan
Klara kyrka
Jakobs kyrka
Rådhuset
Centralplan
Grand Hotel
Klarabergsviadukten
T-Centr.
Posterminal
Centralstation
Vattugatan
Klaratunneln
Herkulesgatan
Operan
Kungsträdgården
Karl XII:s Torg
Stallgatan
Pipersgatan
Rådhuset
Bolindersplan
Jakobsgatan
G. Adolfs Torg
Strömgatan
Strömbron
Bergsgatan
Klarastrandsleden
Bussterminal
Konst.-akad.
Fredsgatan
Dansmuseet
Norrström
Ström
Vaxholm
Södra Blasieholmshamnen
Kungsholms kyrka
Klara Sjö
Tegelbacken
Medeltidsmuseet
TOUR 1
Scheelegatan
Hantverkargatan
Ragnar Östbergs plan
Stadshusbron
Rosenbad
Riksbron
Norrbro
KUNGSHOLMEN
Vasabron
Riksdagshuset
Livrustkammaren
Centralbron
Helgeandsholmen
Slottskajen
Kungliga Slottet
Stadshuset
Norr Mälarstrand
Riddarhuset
Storkyrkan
Slottsbacken
Skeppsbron
Birger-Jarls-torg
Riddarholmsbron
Nobelmuseet
GAMLA STAN
Riddarfjärden
Evert Taubes Terrass
Svea Hovrätt
Stora Nygatan
Västerlånggatan
Stortorget
Gripsholm Slott
Långholmen, Lilla Essingen
Mälaren (Mälarsee)
RIDDARHOLMEN
Postmuseum
Svartmangatan
Riddarholmskyrkan
Österlånggatan
Gamla Stan
Tyska kyrkan
Skeppsbron
U-Bahn (Tunnelbana)
TOUR 1
Munkbroleden
Kornhamnstorg
Järntorget
Tullgr.
Hop-on-Hop-off Sightseeing-Boote
Centralbron
Slussplan
Söder Mälarstrand
Södermalmstorg
TOUR 2
Söder Mälarstrand
Münchensbacken
Stockholms Stadsmuseum
Slussen
Skinnerviksparken
Bastugatan
Bellmansgatan
Katarinahissen
Högalidsgatan
Ytterstagatan
Tavastgatan
Brännkyrkagatan
Slussen
Katarinavägen
Torkel Knutssonsgatan
Hornsgatan
Timmermansgatan
Maria Magdalena kyrka
Klevgränd
Mosebacke Torg
Lundagatan
Mariatorget
S:t Paulsgatan
Götgatan
Repslagargatan
Hökensgata
Svartensgatan
Brännkyrkagatan
Mariatorget
S:t Pauls kyrkan
SÖDERMALM
Högbergsgatan
Östgötagatan
Hornsgatan
Krukmakargatan
Sankt Paulsgatan
Zinkensdamms idrottsplats
Wollmar Yxkullsgatan
Swedenborgsgatan
Björngårdsgatan
Medborgarplatsen
Björns trädgård
Rosenlundsgatan
Ringvägen
Maria Prästgårdsgatan
Fatburs parken
Medborgarplatsen
Zinkens Väg
Maria Skolgata
Högbergsgatan
Söderhallarna
Götgatan
Medborgarhuset
Fatburen
Maria Bangata
Fatburs Brunnsgatan
Fatbursgatan
Tantolunden
Ånghästparken
TOUR 2
Sankt Eriks Katolska Domkyrka
Globen, Skogskyrkogården

TOUREN DURCH STOCKHOLM

Zwei maßgeschneiderte Touren: für den Stadtmenschen, der Stockholm kompakt und intensiv erleben will, und für den Trendsetter, der auf Södermalm schon jetzt die Vibes von morgen entdecken kann.

TOUR 1 Inselhopping in der City

Gamla Stan ist eine der besterhaltenen mittelalterlichen Stadtkerne Europas, auf Skeppsholmen wartet moderne Kunst, Norrmalm und Östermalm stehen für stilvolles Shopping. Jede Insel hat ihr eigenes Gesicht, entdecken Sie es! ▸ **Seite 107**

TOUR 2 Spaziergang durch Södermalm

Wer die klassischen Sehenswürdigkeiten bereits gesehen hat, sollte durch Södermalm bummeln – das einstige Arbeiterviertel im Süden von Gamla Stan gilt als Stockholms trendigste Insel. ▸ **Seite 109**

Unterwegs in Südschweden

Mit dem Auto durch Südschweden

Autofahren ist in Südschweden ein stressfreies Vergnügen: Die Straßen sind durchweg in hervorragendem Zustand, und nur auf den Hauptverkehrsrouten der Städte und auf Europastraßen kann es im Sommer zu Staus kommen. Einziges Risiko ist in der Dämmerung der Wildwechsel; vor allem die Begegnung mit dem schwedischen König der Wälder verläuft oft tödlich (►Baedeker Special S. 20).

Mit der Bahn

Schnelle Verbindungen zwischen den Städten ermöglicht das moderne Bahnnetz. Größter Zugbetreiber in Schweden ist die **schwedische Staatsbahn SJ**, die auf den Hauptstrecken Stockholm-Göteborg und Stockholm-Malmö ein Streckenmonopol besitzt. Zwischen den drei größten Städten des Landes verkehrt der **Hochgeschwindigkeitszug X2000** mit Tempo 200. Ähnlich wie im ICE gibt es Steckdosen an allen Plätzen, Radio und drahtlosen Internetzugang. In der ersten Klasse wird das Essen am Platz serviert, in der zweiten Klasse gibt es einen Bistrowagen. Nach Stockholm braucht man von Malmö 4,5 Stunden, von Göteborg zwischen drei und knapp 5 Stunden. Auf den Hauptstrecken verkehren auch moderne Doppelstockzüge, die ebenfalls WLAN bieten. Alle Züge sind **Nichtraucherzüge**. Veolia Transport Sverige betreibt neben der Stockholmer U-Bahn (Tunnelbana) im Zugverkehr den **Kinnekulletåget**, der von Göteborg via Linköping und Mariestad nach Örebro rattert, und den **Kustpilen**, der Linköping mit Kalmar und Västervik verbindet. Unabhängig vom jeweiligen Streckenbetreiber können die Fahrkarten auf Deutsch zentral bei **Resplus** (www.resplus.se) gebucht werden, ebenso die Anschlussfahrkarten für den Arlanda Express, Destination Gotland, Flygbussarna oder Busse und Züge der örtlichen Verkehrsverbünde, einschließlich Straßen- und U-Bahn.

Mit dem Bus

Bei Fahrten aufs flache Land ist man meist auf Busse angewiesen. Schwedens größtes Busunternehmen ist **Swebus Express** (www.swebusexpress.se) und steuert auf 22 Linien alle wichtigen Orte entlang der Hauptreiserouten im Dreieck Stockholm – Kopenhagen – Oslo an. Jugendliche, Studenten und Senioren erhalten bis zu 20 Prozent Rabatt. Die Swebus-Tochter Flyturen verbindet als Zubringerbus zwölf Mal pro Woche Örebro via Västerås und Enköping mit dem Flughafen Stockholm-Arlanda. Richtig komfortabel ist die Reise in den Fahrzeugen von **Bus4You** (www.bus4you.se) – die Ledersitze sind äußerst bequem, es gibt einen Internetanschluss sowie Lademöglichkeiten für Handy und iPod. Für die Strecke Stockholm – Göteborg mit Halt in Linköping, Jönköping und Borås brauchen die Busse gute 6 Stunden. Wer unter der Woche reist, spart bei **GoByBus** (www.gobybus.se) fast die Hälfte des Fahrpreises. GoByBus verkehrt auf vier Hauptstrecken: Kopenhagen – Göteborg – Karlstad (Linie 100), Oslo – Karlstad – Örebro – Stockholm (Linie 150), Oslo – Göteborg–Malmö – Kopenhagen (Linie 300) sowie Stockholm – Ludvika – Salen (Linie 700). Die Ostküste hinauf und nach Nordschweden geht es ab Stockholm mit **Ybuss** (www.ybuss.se).

Mit dem Flugzeug

Südschweden besitzt ein sehr dichtes Inlandsflugnetz, das von zahlreichen Betreibern geknüpft wird. Die Fluggesellschaft **SAS Scandinavian Airlines** bedient in Südschweden Stockholm Arlanda, Ängelholm Helsingborg, Göteborg, Kalmar, Malmö und Ronneby. Blekingeflyg (www.blekingeflyg.se) verbindet Stockholm-Bromma mit Ronneby und des sommers Ronneby mit Visby auf Gotland. Ebenfalls auf die Ostseeinsel fliegt im Sommer die **City Airline** (www.cityairline.com) ab Göteborg. Der Billigcarrier **Direktflyg** (www.direktflyg.com) hebt von Göteborg nach Malmö, Örebro, Norrköping, Visby und Karlstad ab. Växjö, Visby und Stockholm-Bromma sind die Ziele von **Flysmaland** (www.flysmaland.com).
Einen Shuttle zwischen Stockholm-Bromma und Trollhättan-Vänersborg bietet **Golden Air Flyg** (www.goldenair.se). Der regionale Carrier **Gotlandsflyg** (www.gotlandsflyg.se) fliegt von Stockholm-Bromma nach Visby sowie von Stockholm-Skavsta neben Visby auch nach Ängelhom-Helsingborg und im Sommer nach Växjo und Göteborg. **Kalmarflyg** (www.kalmarflyg.se) startet in Stockholm-Bromma nach Kalma, **Kullaflyg** (www.kullaflyg.se) von dort nach Ängelholm-Helsingborg sowie im Sommer nach Visby. Göteborg, Malmö, Stockholm-Bromma und Visby verbindet **Malmö Aviation** (www.malmo aviation.se). Göteborg, Halmstad, Jönköping, Karlstad, Kristianstad, Oskarshamn, Stockholm Arlanda, Växjö und Visby auf Gotland stehen auf dem Flugplan von **Skyways** (www.skyways.se) – wann die Flüge besonders günstig sind, verrät der **»low fare calendar«**.

Mit Schiff und Fähre

Göteborg und Stockholm verbindet die schönste Schifffahrtstraße durch Südschweden: der **Göta-Kanal** (►Baedeker Special S.118). Sehr nostalgisch sind auch Ausflugsfahrten auf dem Kinda-Kanal, dem Dalsland-Kanal und dem Hjälmaren-Kanal. Mitunter 100 Jahre alt sind auch die Fähren und Ausflugschiffe, die auf den südschwedischen Binnenseen verkehren. Von Hjo am Nordwestufer des Vättern schippern beispielsweise die Schiffe von Ångaren Trafik zur Insel Visingsö und weiter bis Gränna am Ostufer. Unvergesslich sind auch Schiffsausflüge durch die großen **Schärengärten** vor der Ost- und Westküste Südschwedens.

Radwege

Zu den längsten Radfernrouten Europas gehört der **Sverigeleden**, eigentlich ein Netz aus 39 Abschnitten mit 2620 km Haupt- und 3980 km Nebenroute. Er beginnt im Süden an den Fährhäfen von Helsingborg bzw. Ystad und endet hoch im Norden bei Karesuando. Der Westküste Schwedens folgt der **Nordseeküsten-Radweg** (www.northsea-cycle.com) von Varberg bis zur norwegischen Grenze. Hinzu kommen ein **Dutzend regionale Radwege** in Südschweden. Besonders Skåne ist ein Radfahrerland – zum 800 km langen Skånespåret

Eine ganze Flotte der nostalgischen weißen Schärendampfer bricht jeden Tag von Stockholm zu den Schäreninseln auf.

gibt es sogar eine Radwanderkarte auf Deutsch mit Tipps und Hinweisen zu Sehenswürdigkeiten. Sehr gut geeignet für Radtouren ist die Insel **Gotland**, die man auf dem 350 km langen Gotlandsleden umrunden kann (►Baedeker Tipp S. 158).

In **Småland** sind besonders der Astrid-Lindgrensleden, der 216 km lang von Västervik nach Jönköping führt, und der Höglandstrampen durch das småländische Hochland zu empfehlen. Die Radwege in Halland-Ginstleden, Cykelspåret und Hylteslingan stellt eine kostenlose Broschüre von Hallands Turist vor. Der **Cykelspåret** führt von Göteborg nach Båstad, von wo dann auf dem Ginstleden über Halmstad bis nach Varberg geradelt werden kann – oder in Halmstad eine Rundtour durch die Region auf dem Hylteslingan folgen kann.

Die Vielfalt von Sörmland lässt sich auf dem 700 km langen **Näckrosleden** entdecken, der durch zwei Querverbindungen auch kürzere Touren erlaubt. Gute Radwegenetze besitzen ebenso Dalsland und Bohuslän. In Västergötland sind die einstigen **Treidelpfade am Göta-Kanal** beliebte Radstrecken. In Värmland erschließt der **Värmlandsleden** in 18 Tagesetappen die schönsten Ecken der Provinz. Ein deutschsprachiges Kartenheft mit nützlichen Tourentipps gibt es beim Värmlands Turistråd. Wolfgang Kettlers Band »Südschweden per Rad« beschreibt **80 Streckenvorschläge** zwischen Malmö, Göteborg und Stockholm (Cyclos-Verlag 2010). Ideale Begleiter sind die **Blå Kartan** (Blaue Karten), die das Landesvermessungsamt im Maßstab 1:100 000 herausgibt. Sehr unterschiedlich ist die Fahrradmitnahme in Bahn und Bus geregelt – bitte erkundigen Sie sich beim jeweiligen Betreiber.

Tour 1 Stockholm intensiv – Inselhopping in der City

Karte S. 102

Start und Ziel: Von Gamla Stan zur Östermalm Saluhall **Dauer:** 1 Tag

Die berühmtesten Sehenswürdigkeiten, garniert mit Paradeaussichten auf das »Venedig des Nordens«, bester Kunst, trendigen Shops und kulinarischen Hochgenüssen: Der große Stadtspaziergang macht Sie an einem Tag mit der schwedischen Hauptstadt vertraut. Wer auf die Museumsbesuche verzichtet, hat noch Zeit für einen nachmittäglichen Ausflug.

Keimzelle der Hauptstadt

Start des Stadtspaziergangs ist die ❶ **U-Bahn-Station Gamla Stan** in der Stockholmer Altstadt. Doch bevor es dort hingeht, sollten Sie der kleinen Insel Riddarsholmen mit der neogotischen ❷ ✶✶ **Riddarholms Kyrka** einen Besuch abstatten. Sie ist die Grabstätte der schwedischen Könige. Von der benachbarten ❸ **Evert Taubes Terrasse** hat man einen Paradeblick auf Kungsholmen mit seinem dunkelroten ✶ **Stadshuset**.

Über die Riddarholmbron geht es in die ❹ ✶✶ **Gamla Stan**. Zwischen den Hauptachsen Västerlång- und Österlånggatan sowie der Stora und Lilla Nygatan breitet sich ein ❺ ✶ **Gassengewirr** aus, in dem Kneipen und Cafés, Kunsthandwerkerläden und Antiquitätenshops zum genussvollen Flanieren einladen. Dabei sollte das »Pflichtprogramm« auf der Keimzelle der Stadt nicht vergessen werden: die ❻ ✶✶ **Storkyrkan**, die Hochzeits- und Krönungskirche der schwedischen Könige, und das ❼ ✶✶ **Schloss der königlichen Familie** – täglich um 12.15 Uhr (So. 13.15 Uhr) ist Wachablösung.

Shoppingstars und Stilikonen

❽ **Helgeandholmen**, Sitz des schwedischen Reichstags, trennt die Ostsee vom Mälarsee. Vergleichen Sie den Wasserstand auf beiden Seiten der Insel – der Pegelunterschied ist erstaunlich! Über die Riksbron, die nahtlos in die verkehrsberuhigte Shoppingmeile ❾ **Drottninggatan** übergeht, kommen Sie nach Norrmalm. Die Kreuzung mit der Klarabergsgatan beherrscht zur Linken eines der größten Kaufhäuser Stockholms: das Åhléns. Nach rechts endet die Klarabergsgatan am ❿ **Sergels Torg**, der abends wundervoll beleuchtet ist. Markant erhebt sich über dem zweigeteilten Platz das ⓫ **Kulturhuset**. Mehr als 3,5 Mio. Gäste zählt alljährlich die schwedische Antwort auf das Pariser Centre Pompidou, das auf fünf Etagen Entertainment für alle verspricht: mit Familienausstellungen, Theater, Kino und einem Rom för Barn, einer Lese- und Bastelebene für Kinder.

Kleine Pause gefällig? Dann nichts wie hin zum nahen ⓬ **Kungsträdgården**. Der ehemalige königliche Kräutergarten, in dessen Brunnen im Winter Schlittschuhläufer ihre Runden drehen, wird von mehreren Cafés gesäumt. Wer lieber noch shoppen möchte, marschiert vom Sergels Torg direkt zum Ende der Hamngatan zum ⑬ ✶ **Nordiska Kompaniet**. Hinter der Jugendstilfassade des NK sind sämtliche skandinavischen Designer vertreten! Auf der Kungsträdgatan geht es zurück zum Wasser, auf der Södra Blasieholmen vorbei am ⑭ **Grand Hotel** zum ⑮ ✶✶ **Nationalmuseum**, der größten Kunstgalerie Schwedens. Neben den Sammlungen zu Plastik, Malerei und Kunsthandwerk vom Mittelalter bis heute sollten Sie nicht die Ausstellung zum schwedischen Design verpassen!

i Highlights der Tour1

- Wachablösung am königlichen Schloss
- Bummeln durch die Gassen der Gamla Stan
- Trend-Spotting im Nordiska Kompaniet
- Moderna Museet auf Skeppsholm
- Schlemmen ins Östermalms Saluhall

Mekka für moderne Kunst

Über die ⑯ **Skeppsholmsbron** gelangt man zur Insel Skeppsholmen, die man auf der Uferstraße komplett umrunden kann. Schon nach wenigen Schritten genießt man einen herrlichen Blick auf das königliche Schloss. Im ⑰ **Batterieparken** werden bei feierlichen Anlässen Salutschüsse zu Ehren der Königsfamilie abgefeuert. Am Kai ist die schwimmende Jugendherberge »Af Chapman« vertäut. Wer mag, kann an der Kastellbron einen Abstecher nach ⑱ **Kastelholmen** machen. Kunstinteressierte zieht es indes direkt zum ⑲ ✶✶ **Moderna Museet** mit seiner weltberühmten Sammlung moderner Kunst. Farbenfroh grüßen gegenüber am Slupskjulsvägen die großen, drallen Nanas von Niki de Saint Phalle im »fantastischen Paradies«. Zurück über die Skeppsholmsbron geht es nach rechts zum Königlichen Theater **Dramaten** am ⑳ **Nybroplan**, wo die Fährschiffe zu den Schäreninseln ablegen.

Nostalgisch schlemmen und stilvoll shoppen

Nun folgt man der Birger Jarlsgatan bis zu ㉑ **Grev Turegatan**, wo Filippa K, Nathalie Schutermann, Anna Hotblat und andere angesagte schwedische Modedesigner ihre Boutiquen haben. In der ㉒ ✶ **Sturegallerian**, einer Einkaufspassage mit 50 exquisiten Läden, wurde ein Kleinod restauriert: das ㉓ ✶ **Sturebadet**, ein opulenter Badetempel von 1890. Mehr als 50 Spa-Anwendungen, Massagen und Packungen ergänzen das Planschen im Nostalgiepool (www.sturebadet.se).
Hunger? Dann sollten Sie jetzt unbedingt den Östermalmstorg ansteuern mit der populären ㉔ ✶ **Östermalms Saluhall**. Die 1888 eröffnete Markthalle ist eine Hochburg für Feinschmecker, die hier nicht nur ausgesuchte schwedische Spezialitäten kaufen, sondern bei Lisa Elmquist auch für viele Kronen kosten können: Fisch aus Stockholms Schären, fangfrisch serviert mit dem obligatorischen Stängel Dill. Ihr Klassiker ist jedoch ein Teller mit Kleingetier: Skansen – eiskalte Krabben auf warmem Toast. So gestärkt, kann zurück am Nybroplan ein ✶✶ **Schiffsausflug in die Schären** folgen. Oder die Straßenbahnfahrt nach Djurgården, wo man sich unbedingt das sensationelle ㉕ ✶✶ **Vasa Museet** und das Freilichtmuseum ㉖ ✶✶ **Skansen** ansehen sollte, das inmitten von dichtem Grün die Wohn- und Arbeitskultur Schwedens vom 16. bis 19. Jh. präsentiert.

Tour 2 Spaziergang durch Södermalm

Karte S. 102

Start und Ziel: Slussen **Dauer:** 1 Tag

Romantische Holzhütten, gründerzeitliche Mehrfamilienhäuser und kantig funktionelle Bauten: So vielfältig wie die Architektur von Södermalm ist auch das Leben im einstigen Arbeiterviertel, das heute Kreative und Intellektuelle in ein faszinierendes In-Viertel verwandelt haben. Und wer sich vom etwas anstrengenden Auf und Ab der Straßen erholen will, findet allerorten wunderschöne Cafés und Kneipen – viele mit fantastischem Blick auf die Stadt.

Arbeiterviertel auf hohem Felsdorn

Startpunkt ist der Verkehrsknotenpunkt ❶ **Slussen** mit U-Bahnstation, Busterminal und regem Straßenverkehr. Seinen Namen erhielt der kleeblattartige Platz von der Schleuse, die hier Mälaren und Ostsee verbindet. Direkt über dem Platz wurde 1883 der ❷ **Katarinahissen** erbaut. Der heutige Aufzug stammt von 1935. Er saust in wenigen Sekunden 38 m empor zum Panoramarestaurant * **Gondolen** und zum lauschigen ❸ * **Mosebacke Torg** mit prachtvoller Aussicht auf die Altstadt. Im 16. und 17. Jh. drehten sich hier noch Windmühlen. Eine davon gehörte dem Müller A. J. Moses. Nach ihm wurde die Anhöhe benannt, die Mitte des 19. Jh.s ein Mini-Tivoli war. Nachtschwärmer zieht es seit mehr als 150 Jahren zum **Södra Teatern**, Bühne, Club und Szenebar in einem. Hingucker auf dem Platz sind die pagodenartigen Telefonzellen, von denen es nur noch wenige in Stockholm gibt, und die Skulptur »Systrarna« (Schwestern) von Nils Sjögren. Ein Prunktor markiert den Eingang zur **Mosebacke Terrasse** – das Sommerrestaurant wurde von August Strindberg in seinem Roman »Das rote Zimmer« ausführlich beschrieben.

Stockholms einziger Plads

Durch die Hökensgatan kommt man zur ❹ **Götgatan**, der belebten Nord-Süd-Achse durch Södermalm, die zum ❺ **Medborgarpladsen** führt. Der 1939 im funktionalistischen Stil angelegte Bürgerplatz, auf dem die Stockholmer gerne unter freiem Himmel ein Bier zum Krabbensalat genießen, ist übrigens der einzige »Plads« der Hauptstadt – alle anderen Stockholmer Plätze heißt »Torg«. Im Westen schließt sich Stockholms jüngste Markthalle an, die 1992 nach Plänen von Bo Kessel fertiggestellte ❻ * **Söderhallarna** (www.soderhallarna.se). Hier bieten zahlreiche Händler schwedische Delikatessen und internationale Spezialitäten an. Vegetarier und Veganer haben im Untergeschoss im Restaurant **Sö-**

Highlights der Tour 2

- Mosebacke Terrasse – Stockholms schönster Sommergrill mit Panoramablick
- Söderhallarna – international schlemmen
- SoFo – trendige Shops in alten Gassen
- Stockholms Stadsmuseum – packender Streifzug durch die Stadtgeschichte

dermanna reiche Auswahl an fleischlosen Köstlichkeiten. Auf der anderen Seite grenzt der Medborgarpladsen an den Park **7 Björns trädgård**, in dem sich neben einem netten Café auch die Stockholmer Moschee befindet.

Vor dem **8 Medborgarhuset**, dem Bürgerhaus, erinnert ein Glasmonument an Anna Lindh, die hier ihre letzte Rede hielt, einen Tag vor ihrem Tod. Ihre letzte Ruhestätte erhielt die im September 2003 im Kaufhaus NK ermordete schwedische Außenministerin auf dem Friedhof der **9 Katarina Kyrka**. Das gelb-weiße Gotteshaus mit frisch gedecktem Kupferdach und Kuppel, die das Stadtbild prägt, wurde 1695 nach Plänen von Jean de la Vallée im klassizistischen Stil vollendet. Nach einem Brand 1990 wurde sie bis 1995 originalgetreu wiederaufgebaut.

Ländliche Romantik und Szeneflair

Mäster Mikael war im 17. Jh. der Henker von Stockholm. Die nach ihm benannte, kopfsteingepflasterte **10 Mäster Mikaels Gatan** säumen niedrige Holzhäuser, die noch genau so aussehen, wie sie 1729 für die Handwerker und Arbeiter des Viertels erbaut wurden. Nächstes Ziel ist der Aussichtspunkt an der **11 Ecke Katarinavägen / Renstiernas Gatan**. Schöne Ausblicke auf die Stadt gewährt auch die Fjällgatan mit dem gemütlichen **Café Fjällgatans Kaffestuga** (Nr. 37). Bei der **12 ✶ Chokladfabriken** in der Renstiernas Gatan 12 kann man zusehen, wie die erlesenen Pralinen und Petit Fours von Hand gefertigt werden – und die Schoko-Kunstwerke gleich im angeschlossenen Coffeeshop probieren (www.chokladfabriken.com).

Südlich der Folkungagatan erstreckt sich das Trendviertel **13 ✶ SoFo** (South of Folkungagatan) mit kleinen Boutiquen, Künstlerateliers, Musiklabels und Secondhandshops, von denen viele am letzten Donnerstag im Monat bis 21.00 Uhr geöffnet sind. Sämtliche Locations zeigt die Karte, die als PDF unter www.sofo.se heruntergeladen werden kann. Zu den angesagtesten Adressen gehören die Designerboutique von *Acne* in der Nytorgsgatan 36 und der Flagship Store von *Nudie Jeans* in der Skånegatan 75, *Grandpas* gestylte Modewelt in der Södermanngatan 21, die *Kunsthandwerker-Kooperative 125 kvadrat* in der Kocksgatan 17 und *Beyond Retro* in der Åsögatan 144 mit allem, was das Vintageherz begehrt.

! *Baedeker* TIPP

Gartenidylle

Etwas abseits versteckt sich im Westen von Södermalm an der Högalidsgatan 56 das romantische *Café Lasse i Parken*. Zum gemütlichen Holzhäuschen von 1760 gehört eine Terrasse, die ein verwunschener Garten umgibt (www.lasseiparken.se; gelegentlich Kleinkunst und Live-Programm). Und danach geht es hinüber zur kleinen Insel *Långholmen* – ihr Sandstrand macht sie zu einer beliebten innerstädtischen Badestelle.

Das eigentliche Zentrum Södermalms befindet sich heute dort, wo einst der fischreiche See **14 Fatburen** lag. Sein Name verrät die frühere Bedeutung vor Södermalm: Fatburen heißt nichts anderes als Vorratskammer. Entlang der Timmermannsgatan und Sankt Paulsgatan, wo das winzige Geschäft *Multi-Kulti* (Nr. 3) sich auf Weltmusik spezialisiert hat, geht es zum idyllischen ⑮ **Mariatorget**. Dort eröffnete 2003 Abba-Sänger Benny Andersson das angesagte Designhotel **Rival** mit schickem Bistro, Art-déco-Cocktailbar und Kino für 700 Zuschauer – im Sommer 2008 lief dort die Premiere des Films »Mamma Mia«. Bars, Galerien und Boutiquen säumen die ⑯ **Hornsgatan**. Bei *Blås & Knada* in Nr. 26 gibt es formschöne Glaskunst und Keramik (www.blasknada.com), in der *Galleri Metallum* in Nr. 30 edlen Schmuck. In der Hornsgatan 29a wurde 1740 der brillante Rokokobarde **Carl Michael Bellman** geboren. Er malte mit der Sprache Bilder – zart, rabiat, erotisch, komisch. Jeder Schwede kann bis heute das eine oder andere Lied von ihm singen. 1743 zog die Familie in die Bellmansgatan 24, wo eine Tafel an den »schwedischen Anakreon« erinnert.

Södermalms Bummelmeilen

Beim ⑰ ✶ **Stockholms Stadsmuseum**, das die komplexe Stadtgeschichte dokumentiert, erreichen Sie das untere Ende der ⑱ **Götgatan**. Vorbei an den In-Boutiqen von *Twist & Tango* (Nr. 9) und *10gruppen* (Nr. 25), die seit mehr als 25 Jahren mit flippigen Stoffen in ausgefallenen Farben die Schweden begeistern, bummeln Sie bis zur Hökens Gatan, die zurück zum **Mosebacke Torg** führt. Doch bevor Sie mit dem Lift wieder hinabsausen, besuchen Sie doch noch den Biergarten direkt neben dem Södrateatern – schöner kann kein Bier unter freiem Himmel schmecken!

Tour 3 Große Südschwedentour

Länge: 1450 km
Dauer: 10 – 14 Tage
Start und Ziel: Trelleborg

Drei Metropolen, zwei Inseln, traumhafte Badestrände, idyllische Seen, prachtvolle Schlösser, Fischerdörfer und Fachwerkstädte: Unsere große Rundreise führt zu den schönsten Sehenswürdigkeiten von Südschweden. Mit etwas Glück begegnen Sie unterwegs sogar einem echten schwedischen Elch.

Wikingerstätten und Wolkenkratzer

Die Rundtour beginnt tief im Süden von Schonen, der Kornkammer Schwedens. Ausgangspunkt ist ① **Trelleborg**. Im südlichsten Fährhafen Schwedens ließ um 960 Wikingerkönig Sven Gabelbart eine Ringfestung errichten, die heute rekonstruiert ist – jeden Sommer gibt es auf der Trelleborg einen großen Wikingermarkt. Überlebt haben die rauen Nordmänner auch in ② ✶ **Foteviken**. Wo Harald Blauzahn einst seine Kriegsflotte überwintern ließ, kann man nun unterhaltsam das Leben der Wikinger entdecken. Wer lieber baden möchte: Die Halbinsel Skanör ist für ihre herrlichen Sandstrände bekannt! ③ ✶✶ **Malmö** ist die Boomtown von Schonen. Schwedens drittgrößte Stadt hat in den letzten Jahren eine atemberaubende Ent-

Highlights Tour 3

- Malmö – Boomtown am Öresund
- Lund – Unistadt mit Schwedens ältestem Dom
- Göteborgs Schären – magische Ins[eln] vor den Toren der Metropole
- Gotland – Sonneninsel in der Osts[ee]

Auf Törn in den Göteborger Schären
Keine Welle, kaum Wind, nur viel Natur an allen Ufern

Göteborg
Der Viermaster »Viking« ankert vor der Oper.

Vimmerby
Hej Pippi Langstrumpf!

Kalmar
Wuchtiges Wasserschloss

Malmö
Spektakulärer Turning Torso

wicklung durchgemacht. Nach der Alt- und Innenstadt sollten Sie unbedingt die spannenden Stadtteile Möllevangen und Västra Hamnen mit dem spektakulären Turning Torso besuchen. Wunderschön ist auch eine Stadtrundfahrt auf Malmös Kanälen.

Schwedens Seite des Öresunds

Nächste Station ist die Universitätsstadt 4 ✶✶ **Lund**. Ihre Hauptattraktion ist der älteste Dom Skandinaviens mit einem prächtig geschnitzten Altarschrein, der aus Norddeutschland stammt. Die berühmte astronomische Uhr wurde bereits Ende des 14. Jh.s installiert. Vorbei an der ochsenblutroten Zitadelle von 5 **Landskrona** geht es am Öresund entlang nach Norden bis 6 ✶ **Helsingborg**, wo rund um die Uhr die Fähren aus Dänemark anlegen. Neben der kleinen, feinen Altstadt zu Füßen des Festungsturmes Kärnan sind auch das Dunkers Kulturhus, der Gutshof Frederiksdal und Schloss Sofiero einen Besuch wert. Auf der Landstraße 111 wird die alte Töpferstadt 7 ✶ **Höganäs** erreicht, die für ihr Steingut mit Salzglasur bekannt ist. Im Fabrikladen gibt es Arbeiten von Boda-Nova, Hackman, Höganäs Keramik und Rörstrand auch günstiger als zweite Wahl. Weiter gen Norden führt die Landstraße 111 mitten in das Naturparadies 8 ✶✶ **Kullaberg**, wo stürmische Granitklippen, helle Buchenwälder, Grotten und Sandstrände jeden Aktivurlauber begeistern. 9 ✶ **Båstad** auf der nördlich anschließenden Bärenhalbinsel ist Tennisfreunden gut bekannt – jeden Sommer macht die ATP-Tour in dem Badeort Station.

Badeparadiese an der Westküste

Nördlich von Båstad beginnt die Riviera Schwedens: Traditionsreiche Badeorte wie 10 ✶ **Falkenberg** und die Spa-Kapitale 11 ✶ **Varberg** säumen mit feinkörnigen, langen Sandstränden die Westküste. Als Schwedens Traumstrand gilt übrigens ✶✶ **Tylösand** in der Nähe von Hamstad, aber auch Melbystrand in der Laholmsbukt begeistert Badenixen, Sonnenanbeter und Strandläufer.

Über Kungsbacka führt die Autobahn direkt nach 12 ✶ **Göteborg**, der zweitgrößten Stadt Schwedens mit dem größten Hafen des Landes. Göteborg ist eine quicklebendige Metropole mit reichem kulturellen Angebot, fantastischen Restaurants, erlesenen Boutiquen und einem herrlich nostalgischen Trendviertel – Haga. Ein lohnenswerter Ausflug von Göteborg, wo man sicherlich ein paar Tage bleiben möchte, führt ins 20 km entfernte 13 ✶ **Marstrand**, exklusive Seglerhochburg mit kunstvoll verzierten Holzhäuschen.

Schärenwelt und Krimihotspot

Besonders reizvoll ist die stark zergliederte Küste mit den vorgelagerten ✶✶ **Schäreninseln**, die nördlich von Göteborg beginnt. Man sollte daher in **Uddevalla** die Autobahn verlassen und auf der Landstraße 161 nach 14 **Lysekil** fahren, einem Ort mit altnordischen Villen und Tunnelaquarium. Ein zweiter, im Sommer allerdings inzwischen sehr touristischer Küstenort ist 15 **Smögen**. Nur unweit nördlich liegt das idyllische 16 ✶✶ **Fjällbäcka**, das Camilla Läckberg zum Hotspot für Krimifans machte (►Special Guide S. 7).

Bis heute ein Rätsel sind die zahlreichen Felsritzungen aus der Bronzezeit, die rund um 17 ** **Tanum** zu finden sind.

Schweden in Miniatur

Nach gut 25 km Landstraße gen Westen erreicht man das Herz des **Dalslandes** mit seinen Felsen und Flüssen, Seen, Kanälen und Schleusen. Prinz Eugen schwärmte von der Region als »Schweden in Miniatur«. Ein schöner Ausgangspunkt für Entdeckungen ist 18 **Bengtfors** mit seinem Strohflechtermuseum. In 19 **Karlstad**, wo die Klar Älv in den **Vänersee** mündet, sollten Sie sich das Värmlands Museet ansehen, 2005 für seine Architektur und Sammlungen zum »Museum des Jahres« gewählt.
Über Laxå und Askersund kommt man zum zweitgrößten See Südschwedens, dem **Vättern**. Für einen Stopp empfiehlt sich 20 **Motala** mit seinem Kanalmuseum, das über den Bau und Betrieb des **Göta-Kanals** informiert. Wer die Wasserleiche war, die bei Borensberg im Kanal gefunden wurde, verraten die Krimiautoren Sjöwall und Wahlöö (► Special Guide S. 4). Vorbei an der 21 ** **Schleusentreppe von Berg**, wo die Kanalschiffe über 7 Kammern mit 19 m Hub hinab zum Roxensee schippern, und 22 * **Vreta**, dem ältesten Kloster Schwedens, wird 23 * **Linköping** erreicht. Wie eine Kleinstadt vor gut hundert Jahren in Schweden aussah, zeigt das liebevoll zusammengetragene Lreilichtmuseum Gamla Linköping. Die småländische Schärenküste mit ihren mehr als 5000 Inseln lässt sich am besten von 24 **Västervik** aus entdecken. Lindgren-Fans müssen einen Abstecher 50 km landeinwärts nach **Vimmerby** einplanen, wo die weltberühmte Kinderbuchautorin 1907 geboren wurde und heute die 25 ** **Astrid Lindgren Värld** Michel, Pippi & Co. lebendig hält.

Sonneninseln und Fachwerkstädte

75 km südlich legt in 26 **Oskarshamn** die Fähre nach 27 ** **Visby** ab. Die mittelalterliche Hansestadt, die zum UNESCO-Weltkulturerbe gehört, ist Hauptstadt der Sonneninsel 28 ** **Gotland**. Ihre Westküste säumen Kalksteinklippen, ihre Ostküste kilometerlange Sandstrände. Zum Wahrzeichen Gotlands wurden die »Raukar«, bizarre Kalksteinnadeln, geformt von Wind und Wasser. Zum richtigen Inselhopping wird der Abstecher nach Gotland, wenn Sie in Visby die Fähre nach 29 ** **Öland** nehmen, das wie eine lange Nadel vor der Ostküste liegt.
Zurück zum Festland geht es über die Olandsbron, die herrliche Ausblicke aufs Meer und die Festungsstadt 30 ** **Kalmar** gewährt. Nächster Halt an der Ostküste ist 31 * **Karlskrona**, das auf eine 300-jährige Geschichte als Flottenstützpunkt zurückblickt. Wer auf den Spuren von **Henning Mankells** Kultkommissar Kurt Wallander wandeln möchte, ist in 32 ** **Ystad** richtig. Das kleine Fachwerkstädtchen an der schonischen Südküste ist in den letzten Jahren zum Treffpunkt für Liebhaber der morbiden Mankell-Krimis geworden. Echte Fans können hier im Sommer auch einmal selbst Detektiv spielen. Über 33 **Smygehamn**, wo ein Leuchtturm den südlichsten Punkt Schwedens markiert, geht es zurück nach **Trelleborg**.

Tour 4 Rund um Schwedens Südspitze

Länge: 530 km
Dauer: 5 – 7 Tage
Start und Ziel: Malmö

Im tiefsten Süden gibt sich Schweden noch ganz dänisch – bis zum Frieden von Roskilde 1658 gehörte Skåne zu Dänemark. Zwischen Öresund und Ostsee erstreckt sich rund um Malmö ein Schlemmerland, in der rot gestrichene Höfe aus gelben Feldern ragen, waldreiche Höhenzüge mit zerklüfteten Küsten und langen Sandstränden abwechseln, und Genuss ganz großgeschrieben wird.

Pulsierende Städte und stürmische Klippen

Seit der Eröffnung der Brücke über den Öresund hat in ❶ ✶✶ **Malmö** eine fiebrige Bautätigkeit begonnen. Bestes Beispiel für das neue Malmö ist das einstige Werftviertel Västra Hamnen, wo der »Turning Torso« 190 m hoch in den Himmel ragt. An die dänische Vergangenheit erinnern die Fachwerkhäuser am gemütlichen Lilla Torg. Von hier sind es nur wenige Kilometer bis zur Universitätsstadt ❷ ✶✶ **Lund** mit ihrem eindrucksvollen Dom und dem zweitältesten Freilichtmuseum des Landes. Wahrzeichen von ❸ **Landskrona** ist seine leuchtend rote Zitadelle. Im Hafen starten Fähren zur ❹ **Insel Ven**, auf der Tycho Brahe mit bloßem Auge die erste Supernova entdeckte. In ❺ ✶ **Helsingborg** sollten Sie auf den Festungsturm Kärnan steigen – die Aussicht auf den Fährhafen, den Öresund und das dänische Helsingør mit dem Hamletschloss Kronborg ist fantastisch. Zu den schönsten Ecken von Skåne gehört der ❻ ✶✶ **Kullaberg** – 200 m hoch fallen am Leuchtturm Kullens Fyr die Granitklippen in die meist stürmische See.

Traumstrände, Tennisstars und nordische Tiere

Vorbei an ❼ **Ängelholm** mit seinem spannenden Eisenbahnmuseum geht es auf die Bärenhalbinsel. Im kleinen Badeörtchen ❽ **Torekov** starten Robbensafaris! Fischerboote setzen zur Naturschutzinsel Hallands Vaderö über mit Sandstränden und Eichenwäldern. Im traditionsreichen Badeort ❾ ✶ **Båstad** mit seinen langen Sandstränden an der Laholm-Bucht werden seit 1948 die Tennismeisterschaften »Swedish Open« ausgetragen. Wer handgewebtes Leinen schätzt oder die typisch schwedischen Clogs liebt, kann hier beides direkt in den Werkstätten erwerben. Folgen Sie nun auf einer kleinen Nebenstrecke dem Bergrücken ❿ **Hallandsås**, der sich von der Küste ins Landesinnere zieht. Von seinem 226 m hohen Gipfel eröffnet sich ein fantastischer Fernblick über den Norden von Schonen. Wie wild die sonst

i Highlights der Tour 4

- Szene-Flair in Malmö
- Klippen und Grotten von Kullaberg
- Renaissancestadt Kristianstad
- wehrhafte Burg Glimmingehus
- Steinsetzung von Ales Stenar

Kristianstad
... besitzt herrliche Strände an der Hanöbucht.

Simrishamn
Zentrum des Apfelanbaugebietes Österlen

Glimmingehus
Mittelalterliche Festung

Lund
Astronomische Uhr im Dom

liebliche Gegend sein kann, zeigt sich im ⑪ **Söderåsens Nationalpark**. Bis zu 90 m tiefe Schluchten trennen hier Tal und Kuppe. Nach dem Wandern gibt ein Stück Spettekaka neue Energie. Besonders lecker gibt es den Kuchen bei *Frick* in ⑫ **Billinge** am Måns Andreas Väg (www.fricks.se). Hinter ⑬ **Höör** empfiehlt sich ein Abstecher zum **Schloss Bösjokloster**. Das 1080 gegründete Benediktinerkloster auf einer Landzunge im Ringsee gehört zu den ältesten Schlössern in Skåne. Nördlich von Höör präsentiert **Skånes Djurpark** mit mehr als 800 Tieren die nordische Fauna. ⑭ * **Kristianstad** wurde von Dänenkönig Christian IV. angelegt. Seine Dreifaltigkeitskirche gehört zu den schönsten Renaissancekirchen des Königreiches. Jedes Jahr im Frühjahr kehren die Kraniche in ** **Kristanstads Vattenrike** zurück, einem UNESCO-Biospärenreservat.

Schlemmerland mit Meerblick

Das Küstenstädtchen ⑮ **Åhus** ist bekannt für seine fetten, frisch geräucherten Aale. Auch der berühmte schwedische Wodka »Absolut« kommt von hier. Er passt perfekt zum Räucheraal! Rund um ⑯ **Kivik**, das alljährlich im September ein riesiges Apfelfest feiert, erstrecken sich die Obstplantagen von Österlen. Etwas südlich von Kivik bietet der kleine ⑰ **Stenshuvuds Nationalpark** von drei Gipfeln herrliche Aussichten auf die Steilküste und das Meer. Liebevoll herausgeputzt präsentiert sich ⑱ * **Simrishamn** mit engen Gassen und niedrigen Häuschen in Pastelltönen. Mehr als 2 m dick sind hingegen die Mauern der besterhaltenen schwedischen Burg, ⑲ ** **Glimmingehus**. Jeden Sommer finden hier Ritterspiele und nächtliche Führungen statt. Bei Kageberga erhebt sich die größte Steinsetzung in Skandinavien, ⑳ * **Ales Stenar**. In Form eines Schiffes stehen dort 59 Steine, jeweils 4 – 5 Tonnen schwer, direkt an der steil abfallenden Küste zum Meer.

㉑ ** **Ystad** besitzt mit mehr als 300 Fachwerkhäusern einen der schönsten Stadtkerne Schwedens. Krimifans können hier auf den Spuren von Kurt Wallander wandeln – mehr als 30 Schauplätze aus den Krimis von Henning Mankell sind in der Broschüre der Touristenbüros vorgestellt. Auf der landschaftlich sehr reizvollen E 9 geht es über ㉒ **Smygehamn**, wo ein Leuchtturm an der Südspitze Schwedens blinkt, weiter nach ㉓ **Trelleborg** mit seiner gleichnamigen Wikingerfestung – im Sommer lockt dort ein bunter Wikingermarkt. Von Trelleborg geht es per Fähre zurück nach Deutschland oder auf der bereits nach wenigen Kilometern zur Autobahn ausgebauten E 06/22 zurück nach Malmö. Wer vorher noch baden möchte: ㉔ **Skanör** besitzt wunderschöne Strände!

Schippern Sie über den Göta-Kanal – das »Blaue Band Schwedens«

LUXUS DER LANGSAMKEIT

Was gibt es Schöneres, als an einem Sommerabend durch den Göta-Kanal zu schippern. 390 km lang stellt das »Blaue Band« zwischen Mem südwestlich von Stockholm und Göteborg eine Verbindung zwischen Ost- und Nordsee her. Das Mammutprojekt sollte vor allem dem Transport von Waren dienen, ohne den Wegzoll an die Dänen im Kattegat zu bezahlen. Aber es kam anders.

Schon Gustav Wasa hat mit dem Gedanken gespielt, zwischen Göteborg und Stockholm eine Wasserstraße zu schaffen. Doch erst Karl II. nahm 1716 das Projekt in Angriff. Die Wasserfälle von Trollhättan bildeten einen der vielen Knackpunkte. Die Ingenieure Swedenborg und Polhern versuchten, sie durch Schleusen zu umgehen. Als der Schutzdamm 1755 aber durch Treibholz brach, ruhte die Arbeit, bis Freiherr **Baltasar Bogislaus von Platen** mit Hilfe der besten Kanalbauer, derer er habhaft werden konnte, 1810 erneut einen Anlauf nahm. 58 000 Soldaten gruben und sprengten sich bis 1832 durch Schwedens Mitte, 7 Mio. Tagwerk lang, eine mühselige Arbeit, da der gesamte Abraum von Hand abtransportiert werden musste. 14 Flaschen Branntwein pro Woche sollten die **Arbeitsmoral** aufrechterhalten. Motala am Vättersee wurde Zentrum des Kanalbaus und Wiege der schwedischen Maschinenbauindustrie, da dort die Schleusentore hergestellt wurden.

Liebenswert altmodisch

In vielen Schleifen schlängelt sich der Kanal übers Land, weil man den natürlichen Höhenlinien folgte, um nur eine Kanalseite mit einem künstlich aufzuschüttenden Damm sichern zu müssen. Nach seiner Eröffnung am **26. September 1832**, die von Platen nicht mehr erlebte, boomte der Schiffsverkehr wie geplant, doch nur wenige Jahrzehnte später machten Eisenbahn und LKW den langsamen Wasserweg unrentabel. Die **Kanalgeschichte** wird in den Museen von Motola und Sjötorp erzählt, Höhepunkt ist die **Schleusentreppe** in Berg.

Heute schippern über den Kanal Schwedenreisende, die Ruhe und Gelassenheit suchen. Von Mai bis September genießen sie an Bord der **historischen Kanalschiffe** MS Juno (1874), MS Diana (1931) und MS Wilhelm Tell (1912) zweitägige Touren durch das sommerliche Schweden. Immer mit Blick auf herrliche Landschaften und idyllische Städte, nicht zu vergessen die gute Küche an Bord – unbedingt rechtzeitig buchen! (AB Göta Kanalbolag, Box 3, 59121 Motala, Tel. 01 41 / 20 20 50, www.gotacanal.se. In D: Wolters Reisen/World of TUI, Bremer Str. 61, 28816 Stuhr, Tel. 042 / 899 90, www.tui-wolters.de; nordic holidays GmbH, Marie-Curie-Str. 5, 25337 Elmshorn, Tel. 041 21 / 79 11-0, www.nordic-holidays.de).

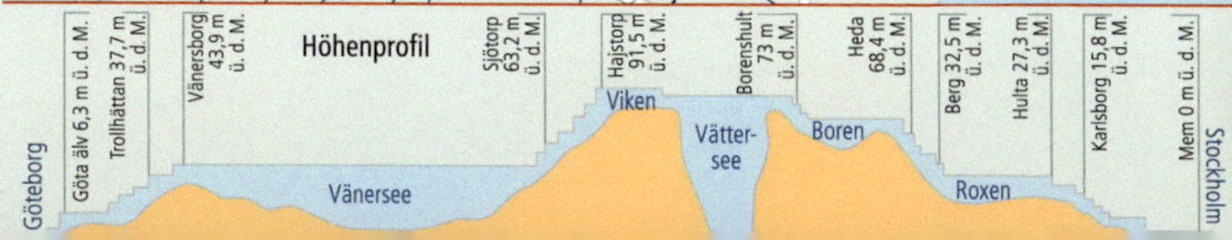

Reiseziele von A bis Z

VON DEN SANDSTRÄNDEN, STEILKLIPPEN UND EINST DÄNISCHEN STÄDTCHEN SCHONENS VORBEI AN TIEFEN WÄLDERN, GROSSEN SEEN UND ZERKLÜFTETEN SCHÄREN HIN ZUR BEZAUBERNDEN HAUPTSTADT STOCKHOLM – IN SÜDSCHWEDEN GIBT ES VIEL ZU ENTDECKEN!

★ Båstad · Bjärehalvön

C 2

Landschaft: Skåne (Schonen) **Provinz:** Skåne Län
Einwohnerzahl: 14 200 **Höhe:** 0 – 226 m ü.d.M.

Roter Centre-Court, weißer Strand und blaues Meer: Das sind die Farben von Båstad. Die Kleinstadt auf der Bjäre-Halbinsel im Nordwesten von Schonen lockt vor allem sportliche Urlauber an die schwedische Riviera.

Schwedens Tennis-hauptstadt

Ludvig Nobel, der Neffe des Nobelpreisstifters Alfred Nobel, erkannte bereits vor 100 Jahren, was Besuchern gefällt. Anfang des 20.Jh.s war er mit seiner Familie zur Bärenhalbinsel gereist. Begeistert notierte er: »Hier kann man im Meer baden und herrlich wandern!« Doch mehr Abwechslung gab es für die Sommerfrischler nicht. Sportliche Vergnügen, wie sie sie aus der Stadt kannten, fehlten in dem damals verschlafenen Fischerdorf völlig. So ließ Ludvig Nobel 1907 in Båstad den ersten »echten« Tennisplatz anlegen und ergriff die Initiative für den Båstad Golfklubb (www.bgk.se). Rasch wurde Båstad zum gefragten Ziel der Oberschicht. König Gustav V. verbrachte hier ab 1930 seinen Urlaub und nahm als »Herr G.« an Tennisturnieren teilt. 1948 wurden die **»Swedish Open«** in Båstad ins Leben gerufen. Heute ist die Tennishauptstadt Schwedens **Station der ATP-Tour** für die Tennis-Weltrangliste. Alljährlich finden hier in direkter Nachbarschaft zum feinsandigen Badestrand und Jachthafen die schwedischen Meisterschaften und die »Swedish Open« statt.

★ Swedish Tennis Hall of Fame

Die glorreiche Vergangenheit belegt seit 1997 das Tennis-Museum in der Köbmansgatan 2. Neben alten Rackets aus Holz und glitzernden Pokalen lächeln Porträts schwedischer Tennisstars von der Wand: **Björn Borg**, in Gold gegossene Ikone der 1970er-Jahre, Mats Wilander, Ball-Profi in den 1980ern, **Stefan Edberg**, der in Wimbledon drei Mal Boris Becker besiegte, und **Magnus Larsson**, der 1998 in Båstad seinen letzten Doppeltriumph errang (Öffnungszeiten: im Sommer tgl., sonst nur auf Anfrage; Zeiten beim Touristenbüro).

Glasstudio Eldoluft

Das Licht und die Landschaft zogen auch viele Künstler nach Båstad. Richard Rackham zeigt in seinem Glasstudio in der Köpmannsgatan 26 faszinierende Kreationen (Öffnungszeiten: Mo. – Fr. 10.00 – 17.00, Sa. 10.00 – 13.00 Uhr, Tel. 04 31 / 791 79, www. eldoluft.se).

Zwischen Marktplatz und Hafen

← *Stockholm – die »Krone des Nordens«*

Niedrige Häuser aus Fachwerk, Holz oder Ziegelwerk, vor denen sich Stockrosen von rosa bis tiefrot in den Himmel recken, säumen den kopfsteingepflasterten Marktplatz und die umliegenden Gassen. Ein schmiedeeisernes Tor gewährt Zugang zur weiß getünchten **Mariakyrka**, die im Inneren mittelalterliche Kalkmalereien aus der Zeit um 1500 bewahrt. Während der Saison erklingen Mittagsmusik und

Seit mehr als 60 Jahren ist Båstad Austragungsort der »Swedish Open«.

Sommerkonzerte. Zwischen Strand und Stadt erstreckt sich am Hafen die frühere Verteidigungsanlage **Skansen**, heute eine mit Kanonen bestückte Anhöhe. Mehr als 50 Kugeln wurden von hier am 8. August 1788 abgefeuert, um russische Freibeuter zu vertreiben – sie kaperten damals dänische und schwedische Handelsschiffe im Öresund.

Formschönes Kunsthandwerk

Anfang 1919 gründete **Märta Måås** Fjetterström in Båstad ihre Weberei für Teppiche und Wohnstoffe. Als Inspirationsquelle diente die schwedische Landschaft mit ihren Pflanzen und Tieren. Eine Ausstellung in Stockholm brachte 1934 den Durchbruch. Heute hängen ihre Teppiche u. a. im Louvre in Paris und im Metropolitan Museum of Art in New York. Nach dem Tod der Gründerin 1941 sorgte eine Gruppe hochrangiger Persönlichkeiten – darunter der Direktor des Nationalmuseums in Stockholm, der berühmte Möbeldesigner Carl Malmsten und König Gustav V. – dafür, dass ihre **Weberei** in der Agardhsgatan 9 bis heute bestehen blieb (Öffnungszeiten: Mo. – Fr. 10.00 – 17.00, Sa. 10.00 – 13.00 Uhr, Showroom in Stockholm: Sibyllegatan 19; www.mmf.se). Eine ausgezeichnete Adresse für edles Kunsthandwerk ist auch der **Designgården** in der Ängelholmsvägen 28 mit Arbeiten von Ingela Benson, Jellybean konstglas, Lars Bygdemark fotokonst und Stiltje stengolv (www.designgardenbastad.se). Liebhaber moderner Formgebung sollten auch in der **Designgalerie Nivå 125** an der Finnsbovägen 277 reinschauen, 125 m hoch über dem Meer gelegen (www.niva125.se).

BÅSTAD · BJÄREHALVÖN ERLEBEN

AUSKUNFT

Båstad Turistbyra
Köbmansgatan 1
SE–29621 Båstad
Tel. 04 31 / 750 45
www.bastad.com

SHOPPING

Skål!
Aus den Frühkartoffeln, die auf der Bärenhalbinsel wachsen, wird ein erstklassiger Wodka gemacht. Hier wachsen die Knollen für den edlen *Börje Karlsson's Vintage Wodka*, der neben dem Anbaujahr sogar die Knollensorte, den Kartoffelbauer und den Herkunftsacker verzeichnet (www.karlssonsvodka.com).

Troentorp Toffel
Väg 115, Elestorp
SE–26995 Båstad
Tel. 04 31 / 756 70
www.troentorpsclogs.com
Öffnungszeiten: Mo. – Fr. 9.00 – 17.00, Sa. 10.00 – 14.00 Uhr
In der Holzschuhfabrik an der Straße von Båstad nach Torekov werden seit 1909 die berühmten Schweden-Clogs aus Erlenholz von Hand hergestellt.

Vävaren i Båstad
►Baedeker Tipp S. 125

EVENTS

Ein Erlebnis ist das Båstad *Kammarmusikfestival* im Juni (www.bastad kammarmusik.com, Tickets: Tel. 04 31 / 700 01). Die Tennisprofis der Weltrangliste treten an bei den *Catella Swedish Open* im Juli (www.swedish open.org, Tickets: Tel. 04 31 / 750 75). Nicht nur formschönes Design, auch Tanz und Musik gehören zur viertägigen *Handwerksmesse* im Juli (www.hantverksmassan.se).

ESSEN

► Erschwinglich

Restaurang Sand
Hotel Skansen
Kyrkogatan 2, Båstad
Tel. 04 31 / 55 81 09
Moderne Fischküche von Marcus Bengtsson und Görgen Jönsson, direkt am Strand mit Blick über die Laholmer Bucht

G. Swenson's Krog
Pål Romares Gatan 2
Torekov, Tel. 04 31 / 36 45 90
www.swensons.net
Spezialität des Hauses: schwedische Fischsuppe, komponiert aus Kartoffeln, Porree, Sahne, Dill und fangfrischem Dorsch der Ostsee

► Preiswert

Café Utsikten
Båstad, Tel. 04 31 / 708 00
www.cafeutsikten.com
Ostern – Sept. tgl. 11.00 – 21.00 Uhr
Immer frisch: der selbst gebackene Kuchen und die mit Lachs oder Krabben belegten Brötchen. Perfekt zum Entspannen: der Blick auf die Bucht von Laholm.

Solbackens Wåffelbruk
Italienska vägen 135, Båstad
Tel. 04 31 / 702 00
Hauptsaison tgl. 12.00 – 18.00 Uhr
Seit 1907 werden hier jeden Sommer frische Waffeln gebacken, probieren Sie die süßen und salzigen Variationen.

ÜBERNACHTEN

► Luxus

Hotel Skansen
Kyrkogatan 2
SE–26921 Båstad
Tel. 04 31 / 55 81 00
Fax 04 31 / 55 81 10

www.hotelskansen.se
Nobelherberge zwischen Hafen und Centre-Court mit 200 Betten im stilvollen Trakt von 1877, Wintergarten, Kongresszentrum, Tennispavillon, Feinschmeckerlokal *Sand* (S. 124) und fantastischem Spa- und Wellnessbereich.

► **Komfortabel**
Hjortens Pensionat och Restaurang
Roxmansvägen 23, SE – 26936 Båstad
Tel. 04 31 / 7 01 09, Fax 04 31 / 701 80
www.hjorten.net
Schwedenidylle wie im Bilderbuch: Seit 1910 genießen die Gäste hier entspannte Sommertage.

✶ Rundfahrt über die Bärenhalbinsel

Boarp

Mit Steilküsten, Felsen und Klippen schiebt sich zwischen Båstad und Ängelholm die **Bjärehalvön** (Bärenhalbinsel) in den Kattegat. Während der Bronzezeit war das Klima auf der Halbinsel so warm wie heute am Mittelmeer. Die Menschen wohnten weit verstreut in kleinen Dörfern und ernährten sich von Ackerbau und Viehzucht. Einblicke in den Alltag jener Zeit gewährt ein rekonstruiertes bronzezeitliches Haus im **Hembygdsparken** 3 km westlich von Båstad in **Boarp** (Öffnungszeiten: Juni – Aug. tgl. 13.00 – 18.00, Mai, Sept. nur Sa., So.; http://hem.spray.se/bjareharad/bjare.html). Auf einem Bronzezeitpfad mit Informationen auch auf Deutsch lassen sich weitere Plätze aus jener Zeit entdecken.

✶ **Norrvikens Trädgårdar**

Am Nordhang des Bergrückens Hallandåsen liegt der »schönste Park Schwedens«: Norrvikens Trädgårdar, der diese Auszeichnung 2006 erhielt. Heute ist der dänische Blumenkünstler Tage Andersen für die Gartenanlage verantwortlich, die Rudolf Abelin Anfang des 20. Jh.s aus sieben verschiedenen Gartenstilen geschaffen hat. Ihr Herz bildet ein **monumentaler Barockgarten**. Für romantische Dramatik sorgt die Königsschlucht, für exotischen Farbenzauber im Frühling und Herbst ein japanischer Garten, für Kaffee und Kuchen die »Villa Abelin« (Öffnungszeiten: tgl. 10.00 – 18.00 Uhr, www.norrvikenstradgardar.se). Wer hier picknicken möchte, sollte vorher einmal bei **»Tant Grön«** (Sönnertorpsvägen 111, www.tantgron.net) vorbeischauen, ei-

! *Baedeker* TIPP

Guter Stoff

Mit *Vävaren* besitzt Boarp die einzige Weberei des Landes, in der ausschließlich Reinleinen verarbeitet wird. In Schweden ist Leinen ein wichtiges Kulturgut. Aufgrund seiner Schönheit, Strapazierfähigkeit und Feuchtigkeitsaufnahme war es früher das gängige Material für Postsäcke, Arbeitshemden, Tischtücher, Servietten, Handtücher und Bettwäsche. Bei Führungen lassen sich alle Schritte der Fertigung aus nächster Nähe beobachten und wunderschöne Tischwäsche für daheim einkaufen (Öffnungszeiten: Mo. – Fr. 10.00 – 18.00, Sa. 10.00 – 14.00 Uhr, www.vavarenibastad.se).

nem wundervollen Lädchen mit besten Regionalprodukten und Erzeugnissen vom eigenen Hof. Hausgemacht sind Knäckebrot, Holunderbeersirup und Rhabarbersaft.

✶ **Hovs Hallar** Nicht sanft und lieblich, sondern schroff und wild zeigt sich die Halbinsel im Westen. Die Hügellandschaft von **Hallandsås** bricht bei den verwitterten Klippen von Hovs Hallar steil in die Ostsee ab – nicht nur im typisch rötlichen Gneis, sondern auch mit einem zweiten Urgestein: Amphibolit. Es entstand vor 1,8 Millionen Jahren, als Magma durch Spalten und Risse aus dem Untergrund nach oben stieg. Seitdem brandet das Meer unablässig gegen die Klippen, wäscht Grotten in den Hang, sprengt Steinblöcke aus dem Fels, poliert sie zu glatten Platten, schleift sie zu immer kleineren Kieseln, bis das Meer sie als Sandkorn fortspült. Widerstand leisten nur wenige Felsen. Sie ragen als bizarr geformte Pfeiler aus dem **Felsenmeer** – und wurden einst von den Fischern als Landmarke genutzt. Die Dramatik der Landschaft inspirierte auch Filmemacher – Ingmar Bergman drehte hier 1957 Szenen für »Das siebte Siegel«.

Torekov Einstöckige Holzhäuschen säumen den alten Fischereihafen und traditionsreichen Badeort Torekov. Herrlich entspannen kann man in dem 1876 von einem Kapitän erbauten **Warmbadehaus**, das wohltuende Tangbäder verabreicht (Hamnplanen, Tel. 04 31/36 36 32, www.torekovswarmbadhus.com; tgl. 9.00 – 18.00 Uhr).

Hallands Väderö Vom Hafen setzen Ausflugsboote nach Hallands Väderö über. Die unbewohnte, 3 km² große Insel ist ein Vogelschutzgebiet und Heimat einer der wenigen **Robbenkolonien** Schwedens. Die wenigen Sandstrände sind zwar klein, aber von glasklarem Wasser umgeben.

✶✶ Bohuslän

B 3/4

Landschaft: Bohuslän **Provinz:** Västra Götalands Län

Kahle, von Wind und Wasser glatt polierte Schäreninseln, farbenfrohe Fischerorte, salzige Luft, Möwengeschrei – Bohuslän ist einer der Landstriche, der im Sommer die meisten Besucher in Schweden anlockt. Wer das Geheimnisvolle liebt, kann in Tanum eindrucksvolle Felszeichnungen aus der Bronzezeit bewundern, die heute UNESCO-Weltkulturerbe sind.

Bohuslän erstreckt sich nördlich von ►Göteborg entlang der Küste des Skagerraks bis zur norwegischen Grenze. Erst seit dem Frieden von Roskilde 1658 gehört die Bohus-Küste zu Schweden. Neben dem Fischfang, früher fast die einzige Einnahmequelle, ist der Tourismus heute ein wichtiger Wirtschaftszweig.

BOHUSLÄN ERLEBEN

AUSKUNFT

Lysekil Turistbyrå
Södra Hamngatan 6
SE – 45323 Lysekil
Tel. 05 23 / 130 50, Fax 05 23 / 130 59
www.lysekil.se

Marstrand Turistbyrå
Hamngatan 33, SE – 44030 Marstrand
Tel. 03 03 / 600 87, Fax 03 03 / 601 58
www.marstrand.se

Strömstad Tourist
Gamla Tullhuset, Ångbåtskajen 2
SE – 45222 Strömstad
Tel. 05 26 / 623 30, Fax 05 26/ 62 335
http://stromstadtourist.vast sverige.com

Tanums Hamn & Turism
Apoteksvägen 5
SE – 45781 Tanumshede
Tel. 05 25 / 183 80, Fax 05 25 / 183 60
http://tanum.vastsverige.com

Uddevalla
Södra Hamnen 2
SE – 45181 Uddevalla
Tel. 05 22 / 997 20, Fax 05 22 / 997 10
http://uddevalla.vastsverige.com

EVENTS

Spannend und unterhaltsam sind die täglichen Fischauktionen auf dem *Fischmarkt in Smögen* um 8.00, 17.00 und 20.00 Uhr. Um den 20. Juli finden auf der Bohus Fästning in Kungälv farbenfrohe *Mittelaltertage* statt.

WANDERWEG BOHUSLEDEN

Der *Fernwanderweg* ist relativ einfach, gut markiert und 360 km lang. Er beginnt in Lindome (Mölnlycke) südlich von Göteborg und führt bis Strömstad. Der 290 km lange Radwanderweg *Cykelspåret* verläuft meist auf kleinen Wegen. Routenbeschreibungen in den Touristenbüros und unter http://bohusleden.se.

Baedeker-Empfehlung

LEINEN LOS!

Jedes Jahr Anfang Juli trifft sich die internationale Segelelite bei Marstrand zum *Match Cup Sweden* (www.matchcupswe den.com). Aber nicht nur für professionelle Sportler, sondern auch für Hobbysegler ist das Revier um die Schäreninseln der Bohus-Küste ein Traum. Tipps rund ums Segeln unter *www.westschweden.com.*

HUMMERBIER ZUM SCHALENTIER

Jedes Jahr am ersten Montag nach dem 20. Sept. um Punkt 7.00 Uhr beginnt man an der Küste von Bohuslän zu feiern. Man fährt hinaus aufs Meer zu Hummersafaris, und an Land werden nach Lust und Geldbeutel in Restaurants und Fischbuden Schalentiere en masse verspeist. Probieren Sie dazu das Hummerbier der Brauerei Grebbestad.

ESSEN

► Erschwinglich

Gustafsbergs Badrestaurang
Gustafsberg 465, Uddevalla
Tel. 05 22 / 100 38
www.badrestaurang.se
3 km südlich von Uddevalla am Wasser gelegen. Gemütlich mit sehr guter Küche. Mai – Sept. nur mittags.

Grebys Skaldjurscafé
Strandvägen 1, Grebbestad
Tel. 05 25 / 140 00, www.grebys.se
An der Seebrücke von Grebbestad kommen fangfrische Meeresfrüchte aller Art auf den Teller, im Sommer auch im Freien.

► Preiswert

Mortens Krog & Nöje
Kungsgatan 17, Uddevalla
Tel. 05 22 / 66 53 00
www.mortenskrog.se
Restaurant, Nachtclub und Pianobar, oft mit Live-Konzerten

Storm Kök & Nattclub
Allegatan 3, Fjällbacka
Tel. 05 25 / 324 25
www.clubstorm.nu
Thailändische Küche und viel Stimmung ist das Motto im Storm. Hierher kommt vor allem junges Publikum, das nicht nur gut essen will, sondern danach auch noch Lust auf Party hat.

ÜBERNACHTEN

► Luxus

Tanums Gestgifveri
Apoteksvägen 7
SE – 45731 Tanum
Tel. 05 25 / 290 10, Fax 05 25 / 29 571
www.tanumsgestgifveri.se, 28 Z.
Historisches Gasthaus von 1663, seit den 1920er-Jahren Hotel mit hervorragender Küche. Sparpreis für das romantische Wochenende.

► Komfortabel

Grand Hotell Marstrand
Rådhusgatan 2, SE – 44030 Marstrand
Tel. 03 03 / 603 22, Fax 03 03 / 600 53
www.grandmarstrand.se, 22 Z.
Charmantes Holzhaus mit allem, was das Herz begehrt: kunstvoll eingerichtete Zimmer, Gartenterrasse und Suiten mit Blick auf den Hafen

Smögens Havsbad
Hotellgatan 26, SE – 45043 Smögen
Tel. 05 23 / 66 84 50
Fax 05 23 / 66 84 55
www.smogenshavsbad.se, 74 Z.
Das historische Gebäude von 1900 wurde 2001 umgebaut und renoviert. Die Räume sind hell und im skandinavischen Design gehalten. Wellness verspricht der attraktive Spa-Bereich.

► Günstig

Jugendherberge
Gustafsberg 413, SE – 45191 Uddevalla
Tel. 05 22 / 152 00
IYA-Herberge 6 km vom Bahnhof in traumhafter Lage direkt am Meer; sogar Sauna!

Fjällbacka Pensionat & Vandrarhem
Falkevägen 2, SE – 45071 Fjällbacka
Tel. 05 25 / 328 80
www.fjallbackakusten.se, 12 Z.
Pension & Jugendherberge im Zentrum von Fjällbacka, nur wenige Gehminuten vom Hafen

Baedeker-Empfehlung

Stora Hotellet
Galärbacken, SE – 45071 Fjällbacka
Tel. 05 25 / 310 03, Fax 05 25 / 310 93
www.storahotellet-fjallbacka.se
Willkommen an Bord! Jedes der 23 Zimm
trägt Spuren von Kapitän Klassens Reisen
rund um die Welt. Genießen Sie das ausgezeichnete Hummer-Souper.

Sehenswertes in Bohuslän

Hauptverkehrsader der Region ist die von ►Göteborg über Uddevalla zur norwegischen Grenze führende **E 6**. Wer etwas Zeit mitbringt, wird sicher viel Vergnügen an diversen Abstechern über kleine Nebenstraßen hin zu Meer, Inseln und bekannten Seebädern haben.

Kungälv

Rund 20 km nördlich von Göteborg blickt das idyllische Kungälv am Fluss Nordre Älv auf eine über tausendjährige Geschichte zurück. Der alte Marktplatz und die Straßen Östra und Vestra Gatan mit ihren historischen Holzhäusern bilden den Kern der gut erhaltenen **Altstadt**. Auch die Kirche am Gamla Torg aus dem 17. Jh. ist sehenswert – ein Holzbau auf kreuzförmigem Grundriss mit hölzernen Deckengewölben, die mit barocken Malereien verziert sind.

* ◄ Bohus Fästning

Den Ruinen der **Festung Bohus** oberhalb von Kungälv verdankt die Landschaft ihren Namen. Von den oberen Mauern reicht der Blick über den Nordre Älv zum Göta Älv, der hier einmündet. Politisch und strategisch bedeutsam war die Festung, weil bis 1658 der Göta Älv die Grenze zu Norwegen bildete. Zu ihrer Verteidigung wurde 1308 die Burg errichtet und nach dem Nordischen Krieg im Renaissancestil neu gebaut. Im **Fars Hatt** genannten mächtigen Hauptturm befinden sich ein Modell der Festung, das sie im Jahr 1658 zeigt, sowie eine Dokumentation zur Baugeschichte (Führungen: Mitte Juni – Mitte Aug. tgl. 12.00, 14.00, 15.00 Uhr, April – Mitte Juni, Mitte Aug. – Sept. So 13.00 Uhr, englischsprachig).

Surte

Südlich von Kungälv empfiehlt sich ein Besuch der 1978 stillgelegten **Glashütte** von Surte, in der ein Glasmuseum eingerichtet ist. Dazu gehört eine Ausstellung über Alexander Samuelson, den Erfinder der Coca-Cola-Flasche. Angegliedert ist die Glasbläserei von Heino Jakobsson mit Verkauf eigener Kreationen (Öffnungszeiten Museum: Mitte Juni – Mitte Aug. tgl. 11.00 – 17.00, sonst Mi. – So. 13.00 bis 16.00 Uhr; Glashütte: werktags 10.00 – 16.30, feiertags 11.00 – 15.30 Uhr, www.glasbruksmuseet.nu).

* **Marstrand**

Die kleine **autofreie Insel** Marstrand wird von der Festung Carlsten überragt, die 1667 erbaut wurde und lange als Gefängnis diente. 1781 flammte auf dem Festungsturm das erste Leuchtfeuer Bohusläns auf. Einst war der Ort eine Hochburg der Heringsfischerei, bis im 19. Jh. der Tourismus das idyllische Fleckchen für sich entdeckte. Marstrand avancierte zum exklusiven Ferienort vor den Toren Göteborgs und ist **beliebt bei Seglern** und Tagesausflüglern. In nur wenigen Minuten kann man mit der Fähre von Köon aus nach Marstrand übersetzen, um zwischen den bunten Holzhäusern zu bummeln. Nirgendwo gibt es so kunstvolle Verzierungen an Geländern, Balkonen und Fenstersimsen. Besonders gelungen ist das **Societetshus** an der Långgatan 1. Es entstand 1887 im nördlichen Teil der Insel für den schwedisch-norwegischen König Oskar II., der hier gegen Ende

! Baedeker TIPP

Tjörn Runt

Mehr als 600 Boote nehmen jedes Jahr an Schwedens größter Segelregatta teil, die über 28 Seemeilen rund um die Insel Tjörn führt. Seit 1964 findet die Regatta immer am dritten Samstag im August statt. Die Jachten starten unter der Tjörnbron und segeln über den Askeröfjord zwischen Stenungsund und Stenungsön zur Skåpesundsbron (www.stss.se).

des Jahrhunderts seine Sommer verbrachte. Heute sind hier zwei Restaurants, diverse Bars, ein Kasino und ein Nachtclub untergebracht. Sehr romantisch: der Blick auf den Sonnenuntergang von der Terrasse (Tel. 03 03 / 606 00).

Tjörn Wer Schwedens viertgrößte Insel besuchen will, fährt von Stenungsund aus über den 5 km langen **Tjörnleden**, dessen Herzstück drei imposante Brücken bilden. Der Rastplatz am Westende gewährt eine herrliche Aussicht auf Askeröfjord und Hakefjord. Fährt man ganz in den Westen von Tjörn, gelangt man zum Hauptort **Skärhamn**, in dessen verwinkelten Gassen Freizeitkapitäne gerne ihren Landausflug absolvieren. Unbedingt anschauen sollte man sich das **Nordische Aquarellmuseum**, das sich architektonisch gelungen in die Schärenlandschaft einpasst und wechselnde Ausstellungen internationaler Aquarellmaler zeigt. Das Museumscafé besitzt eine Terrasse direkt am Wasser (Öffnungszeiten: Juni – Aug. tgl. 11.00 – 18.00, sonst Di. bis So. 12.00 – 17.00, Do. bis 20.00 Uhr, www.akvarellmuseet.org). Von **Rönnäng** an der Südspitze verkehren Fähren zum vorgelagerten Eiland **Dyrön** mit idyllischen Dörfchen und Schären. Rund um Tjörn liegen die bekanntesten schwedischen **Werften**, die allesamt einen hervorragenden Ruf genießen wie Hallberg-Rassy, Najad und Malö.

Orust Die Insel Orust wird von Süden und Norden über die Str. Nr. 160 erreicht. Auch hier gibt es hübsche Städtchen wie Nösund, Mollösund, Käringön oder Gullholmen, die alle auf der Westseite der Insel inmitten einer bezaubernden Schärenlandschaft liegen.

Uddevalla Noch in den 1980er-Jahren war die lebhafte **Hauptstadt von Bohuslän** ein bedeutender Standort der Werftindustrie, die inzwischen zum Erliegen gekommen ist. Am östlichen Stadtrand liegen die Skålgrusbänkar, **die größten fossilen Muschelbänke der Erde**. Die bis zu 13 m hohen Halden enthalten die Überreste von mehr als hundert Tierarten, die hier vor rund 10 000 Jahren gelebt haben. Am Südufer des **Byfjords** schließt sich mit **Gustafsberg** einer der ältesten

Badeorte Schwedens an. Hauptattraktion ist das **Bohusläns Museum** am nördlichen Ufer der Bäveån. Gezeigt werden Wasserfahrzeuge und die Schiffbautechnik, außerdem wird über die Natur von Bohuslän informiert (Öffnungszeiten: Mai – Aug. Mo. – Do. 10.00 bis 20.00, Fr. – So. bis 16.00 Uhr, www.bohuslansmuseum.se).

Grebbestad

Viele der schwedischen Austern werden rund 60 km nördlich in der Nähe von Grebbestad handverlesen, alljährlich am 1. Mai Anlass für die nordischen **Meisterschaften im Austernöffnen**. Ein Erlebnis ist eine **Austernsafari**, bei der man mit dem Unterwasserfernglas Einblick in die wilden Austernbänke erhält – wer einen Tauchschein besitzt, kann beim Pflücken der Delikatesse helfen. Noch auf dem Boot gibt es dann eine ganz frische Kostprobe der exquisiten Muschel. Den Abschluss bildet ein Besuch der **Austernakademie** am Hafen von Grebbestad. Der Herbst steht im Zeichen des Hummers, der überall serviert wird. Als Hommage an das begehrte Schalentier braut die Grebbestads Bryggeri in dieser Zeit sogar ein eigenes Hummerbier, das überall an der Westküste und in Göteborg erhältlich ist.

✶

◄ Austern

Lysekil

Auf der schnurgeraden Straße Nr. 160 geht es von Uddevalla in südwestlicher Richtung zum 60 km entfernten Lysekil am **Gullmaren**, einem weit ins Land reichenden Fjordarm. Der Hafen und die Ölraffinerien bilden das Rückgrat der Stadt, aber auch der Tourismus spielt eine wichtige Rolle. An die lange Tradition als nobles Seebad erinnern die beiden prächtigen **altnordischen Villen** »Storstugan« und »Lillstugan« an der Strandpromenade, die sich der Badearzt Carl Curman um 1880 errichten ließ. Im **Havets Hus** sind Fische und Pflanzen der Region zu sehen. Spannend für die ganze Familie sind das **Tunnelaquarium**, in dem die Besucher durch Unterwasserröhren laufen und ringsumher Haie und Seesterne schwimmen, sowie das **Streichelaquarium** (Öffnungszeiten: 10.00 – 18.00 Uhr, www. havetshus.lysekil. se).
Im benachbarten **Vikarvets Bohusmuseum** wird spannend die industrielle Geschichte der Region erzählt und eine große Sammlung von Schiffsmodellen gezeigt (Öffnungszeiten: Mitte Juni bis Mitte Aug. Di. – Do., So. 15.00 – 17.00 Uhr, www.vikarvet.se).
Vom 1894 erbauten Aussichtsturm nahe der 1901 geweihten Kirche von Lysekil genießt man eine fantastische Aussicht über die Schärenlandschaft. In Gamlestan, dem ältesten Stadtteil von

! *Baedeker* TIPP

Knackiges Vergnügen

Unter Feinschmeckern gilt das Fleisch der Hummer aus dem Gullmarenfjord als besonders lieblich und knackig. Während der schwedischen Hummersaison wimmelt es auf dem Meer von Booten – schließlich will jeder als Erster die besten Fangplätze erreichen. Ausländer dürfen nur in Begleitung eines Schweden das »schwarze Gold des Meeres« fischen. Das Restaurant *Brygghuset* in dem hübschen Küstenstädtchen Fiskebäckskil bietet das komplette Hummer-Erlebnis inklusive einer Bootsfahrt, bei der die Reusen geleert werden, über das Kochen der Schalentiere unter professioneller Anleitung bis hin zum 4-Gänge-Menü mit Hummer (www.brygghuset-krog.com).

Lysekil, sind viele der kleinen, flachen Häuser erhalten, die aus der Zeit stammen, als der Fischfang noch Haupteinnahmequelle des Ortes war.

★ **Smögen** Manche mögen's voll: Smögen, am Ende der Sotenäs-Halbinsel, platzt während der Saison aus allen Nähten. Über die kilometerlangen Holzstege schieben sich die Touristen im Schneckentempo vorwärts, in den ehemaligen Bootsschuppen warten Dutzende von Läden mit ihrem reichhaltigen Angebot auf Käufer, und an der **»längsten Holzpier der Welt«**, so die Eigenwerbung, liegen teure Jachten dicht an dicht. Dass Smögen noch ein richtiger Fischerort ist, bekommt man zu spüren, wenn man zu einer der **Fischauktionen** geht, die Mo. – Fr. um 8.00 Uhr sowie Do. zusätzlich um 17.00 Uhr stattfinden (www.smogens-fiskauktion.com). Wer Ruhe sucht, sollte am Beginn oder Ende der Saison kommen, aber auch nicht zu früh oder zu spät, denn im Winter ist Smögen wie ausgestorben.

Schmuckstück der Schären: das Hafenstädtchen Fjällbacka

Bei Hunnbeostrand, 20 km östlich, schützt die »Arche des Nordens« vom Aussterben **bedrohte Tierarten**. Die private Stiftung versucht, ihnen durch Aufzucht und Wiedereingliederungs-Programme eine Zukunft zu geben. Hier haben alte skandinavische Haustierrassen und Tiere aus Nordeuropa ein Refugium gefunden, aber auch Exoten wie Pandas, Schneeleoparden, Uhus, Mähnenwölfe oder tadschikische Wildschafe. Unbedingt ein Fernglas mitbringen (Öffnungszeiten: Sommer tgl. 10.00 – 19.00, Frühjahr und Herbst bis 17.00, Winter bis 16.00 Uhr, www.nordensark.se).

★ **Nordens Ark**

Nicht verpassen sollte man das **idyllische Hafenstädtchen** Fjällbacka. Fast senkrecht ragen die steilen Wände des Vetteberg unmittelbar hinter den letzten Häusern auf und lassen den bunten Holzhäuschen nur wenig Platz. **Ingrid Bergman** (► Berühmte Persönlichkeiten) verbrachte hier regelmäßig ihren Urlaub – ihr zu Ehren bekam der

★★ **Fjällbacka**

Hauptplatz seinen Namen. Beeindruckend ist die **Kungsklyftan**, ein schmaler Spalt im 76 m hohen Vetteberg, in dem ein dicker Felsbrocken eingeklemmt ist. Hier wurden Teile des Filmes »Ronja Räubertochter« nach dem Buch von Astrid Lindgren gedreht. Eine Holztreppe führt hinauf auf den Aussichtsberg mit weitem Panoramablick über den Schärengarten, der aus unzähligen Inselchen besteht. Bei klarer Sicht sind sogar die weit draußen liegenden Väderöarna zu erkennen. Auf der 2 km südlich vorgelagerten, unbewohnten **Insel Stensholm** befindet sich das Grab des in der Skagerrakschlacht gefallenen Hamburger Dichters **Gorch Fock**, der eigentlich Johann Kinau hieß (1880 – 1916).

Strömstad

Strömstad ist die letzte größere schwedische Stadt vor der norwegischen Grenze, die 20 km weiter nördlich durch den Svinesund gebildet wird. Ihn überspannt eine 420 m lange Brücke, von der man eine grandiose Aussicht genießt. Einst ein kleines Fischerdorf, begann auch in Strömstad im 19. Jh. das Kur- und Badeleben. Sehenswert sind das im Jugendstil entworfene Stadshus, die alte Badeanstalt, das Sozietätshaus und das Freilichtmuseum Fiskatorpet.
Ein beliebtes Ausflugsziel sind die **Koster-Inseln** 10 km vor der Küste. Es sind die westlichsten bewohnten Inseln Schwedens, die beiden Hauptinseln Norrkoster und Sörkoster sind autofrei und stehen unter Naturschutz. Vom Norra Hamn in Strömstad gibt es mehrmals täglich Boote zu den Koster-Inseln.

✶✶ Tanum

Welterbe »Hällristningar«

Die Menschen der Bronzezeit um 1800 – 400 v. Chr. haben rings um Tanum eindrucksvolle Spuren hinterlassen, die berühmten **Felsbilder**, schwed. Hällristningar, die heute auf der **UNESCO-Weltkulturerbe**-Liste stehen (► Baedeker Special S. 136). Es existieren vier große Fundstellen: Vitlycke, Aspeberget, Fossum und Litlesby. In einiger Entfernung sind noch die Felsritzungen von Torsbo bemerkenswert.

Vitlycke

Der Felsen von Vitlycke, nur einige Meter von der Straße den Hang hinauf, ist die meistbesuchte Fundstelle und mit 170 Schalengruben und fast 300 Figuren eine der größten. Hier sind fast alle Ritzungen mit roter Farbe ausgemalt. Das bekannteste Motiv auf der Felsplatte ist das **Brautpaar**, das höchstwahrscheinlich eine heilige Hochzeit vollzieht, die in den meisten vorchristlichen Religionen als Motiv zu finden ist. Sie sollte die Fruchtbarkeit von Mensch, Tier und Saat fördern. Manchmal, wie hier in Vitlycke, steht neben dem Brautpaar ein Mann mit erhobener Axt. Die Axt (bei den Wikingern war es der Hammer) spielte offenbar in der Mythologie der Bronzezeitmenschen eine wichtige Rolle. Links von einem langen Schiff ist vermutlich ein Blauwal abgebildet. Das ist ungewöhnlich: Obwohl fast alle Felsritzungen in unmittelbarer Nähe des Wassers zu finden sind, waren Meerestiere nie ein Motiv.

Das nahe Vitlycke-Museum vermittelt sehr anschaulich Deutungen und Interpretationen der Felszeichnungen. Ein Highlight sind die **nächtlichen Führungen** im Spätfrühling und Frühherbst mit Taschenlampen als einziger Lichtquelle. Durch die spärliche Beleuchtung wirken die Felsbilder besonders plastisch und mystisch. Weiter gibt es auf dem Museumsgelände einen rekonstruierten **Bronzezeithof**. Hier kann man zeittypische Kleidung anprobieren, seine Geschicklichkeit mit Werkzeugen aus der Bronzezeit testen, mit Pfeil und Bogen schießen oder auch Linderöd-Schweine und Fjordfä-Ochsen bestaunen. Örtliche Delikatessen serviert das Restaurant Skålgropen (Öffnungszeiten: Mai – Sept. tgl. 10.00 – 18.00 Uhr, April, Sept. nur So. 10.00 – 16.00 Uhr, www.vitlyckemuseum.se). ◄ Vitlyckemuseum

Aspeberget

Aspeberget ist mit Felsbildern übersät, doch einige Bilder sind so schwer beschädigt, dass sie abgedeckt werden mussten. Hier ist das schönste **Sonnensymbol** zu sehen, das von Frauen mit langen Zöpfen getragen wird. Die bekanntesten Figuren sind kraftvolle **Stiere**, die mehr als einen Zentimeter tief in den Felsen geschlagen wurden. Unterhalb der Stiere ist ein Mann mit einem Pflug zu sehen, eines der wenigen Bilder, auf denen arbeitende Menschen zu sehen sind. Die Fußsohlen gehören zu den ältesten Motiven und stammen teils noch aus der Steinzeit. Eine der Figuren lässt 29 Schalengruben über ihrer riesigen Hand schweben. Die Bedeutung ist unklar, vielleicht handelt es sich um einen **Kalender**.

Fossum

Bei Fossum hat sich ein umfangreiches **Felsenbild mit 130 Figuren** erhalten, vielleicht eine Kampf- oder Jagdszene. Bemerkenswert sind auch das Bild einer Frau mit einer Schalengrube zwischen den Beinen und das von zwei Männern, die mit dem Rücken aneinanderlehnen und einen rituellen Tanz ausführen.

Litlesby

In Litlesby ist der 2,30 m große Speergott die dominierende Gestalt. Hier haben die Künstler über einen Zeitraum von mehr als 1000 Jahren ihre Kunstwerke in den Fels geschlagen. Die ältesten Bilder stammen aus der Zeit um 1200 v. Chr. Das Bild von dem Riesengott mit dem Speer könnte **ein Vorgänger Odins** sein.

Torsbo

Beim Abstecher nach Torsbo in der Nähe von Hamburgsund stößt man auf fast 1000 Felsritzungen, verteilt auf zehn Felsen, darunter **mehr als 100 Schiffsdarstellungen**. Das größte hat eine Länge von 4,5 m und 124 Passagiere an Bord. Die Menschen werden nur durch Striche angedeutet, die hakenförmigen Gestalten sind Lurenbläser. Mit der Technik der Bronzezeit war es kaum möglich, solch große Schiffe zu bauen. Das Riesenschiff von Torsbo hat deshalb wahrscheinlich eine rituelle Bedeutung als Symbol für die Fahrt ins Totenreich. Das einzige Schiff, das Archäologen aus dieser Zeit gefunden haben, stammt aus Dänemark. Es hatte Platz für gut 20 Passagiere und sieht denen auf den Felsritzungen verblüffend ähnlich.

◄ Weiter auf S. 138

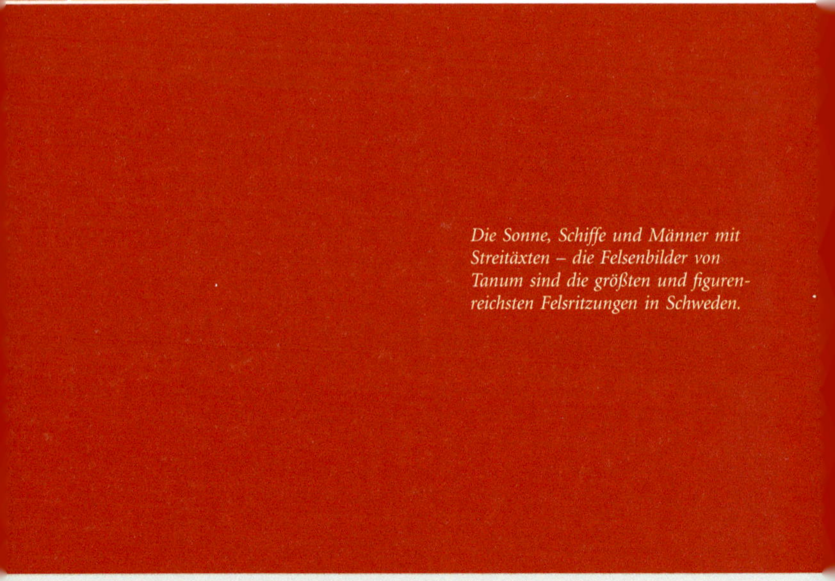

Die Sonne, Schiffe und Männer mit Streitäxten – die Felsenbilder von Tanum sind die größten und figurenreichsten Felsritzungen in Schweden.

FLOTTEN AUF FELS

Vor mehr als 2500 Jahren entstanden die beeindruckendsten Zeugnisse der Bronzezeit in Südschweden, die vermutlich kultbedingten »Hällristningar«, die an mehr als 250 Stellen um Bohuslän in die Granitfelsen geschlagen wurden. Seit 1994 gehören sie zum UNESCO-Weltkulturerbe.

Die ersten **Hällristningar** hat der Norweger Peder Alfsön schon im 17. Jh. entdeckt, doch er glaubte noch, dass Steinmetzlehrlinge sie aus Langeweile in den Fels geschlagen hätten. Erst im 18. Jh. erkannte man, dass die Bilder viel älter sind. Rund 40 000 Felsbilder sind bekannt, die meisten entstanden zwischen 1000 und 500 v. Chr. Die häufigsten Motive sind Boote, von denen mittlerweile mehr als 10 000 in allen Formen und Größen entdeckt wurden.

Bilderrätsel

Die Felsritzungen sind zwar keine filigranen Kunstwerke, aber doch erstaunlich vielfältig – und zum Großteil noch völlig rätselhaft. Welche Sprache die Künstler von Bohuslän gesprochen haben und warum sie unter Mühen so viele Kunstwerke schufen, wissen wir nicht. So sind die Hällristningar wie ein Bilderbuch, zu dem der Text verloren gegangen ist. In Stein gehauene Bilder wurden weltweit gefunden, und die Motive ähneln sich teilweise ganz erstaunlich. Ist dies ein Beweis dafür, dass die Menschen in der **Bronzezeit schon weitreichende Kontakte** hatten? Warum stemmt ein Mann ganz allein ein Schiff? Warum haben die Menschen auf den Felsbildern oft so auffällig dicke Waden? Ist es nur Zufall, dass man diese Waden auch auf Bildern aus Afrika

und Spanien und auf griechischen Vasen und Bildern aus Italien findet, die zur selben Zeit entstanden?

Alltag von einst

Die Felsritzungen von Bohuslän wurden mit harten **Schlagsteinen** im Fels ausgetieft, da der Granitfels für eine Gravurtechnik zu hart war. Mitunter wurden natürliche Risse im Fels in die Komposition der Bilder einbezogen oder als deren Begrenzung genutzt. Häufigste Motive sind **Schiffe und Krieger**, Wagen und Tiere sowie Symbole und Zeichen, die als Schalengruben, Kreise und Sonnenräder bezeichnet werden. Auffallend ist auch die große Anzahl der Abbildungen von Menschen oder menschenähnlichen Figuren, deren besondere Attribute etwas über ihre Tätigkeit oder Persönlichkeit verraten. So wurden bestimmte Körperteile wie kräftige Schenkel, vergrößerte Hände oder die Genitalien besonders betont. Zusätzliche Gegenstände wie Beile, Pfeil und Bogen, Speere, Schwerter oder Luren sagen etwas über den Dargestellten aus. Bemerkenswert ist auch, dass auf den Bilderfelsen von Bohuslän keine Abbildungen von Häusern zu finden sind. Die traute Zweisamkeit jedoch hat auf einem Felsen bei **Vitlycke** die Jahrtausende überdauert: Deutlich ist zu sehen, wie ein Mann und eine Frau sich küssen.

Vergänglicher Zauber

Viele Hällristningar sind heute mit roter Farbe ausgemalt, damit sie besser zu erkennen sind. Ob sie ursprünglich farbig waren, ist nicht bekannt. Obwohl die Felsen aus hartem Granit bestehen, setzt der **saure Regen** ihnen zu und lässt die nur wenige Millimeter tiefen Konturen zunehmend unschärfer werden. Zum Schutz wurden deshalb mittlerweile einige Hällristningar wieder mit Erde bedeckt.

★ Göteborg

B/C 3

Landschaft: Bohuslän
Einwohnerzahl: 502 000
Provinz: Västra Götalands Län
Höhe: Meereshöhe

Göteborg ist Schwedens Tor zur Welt: In der zweitgrößten Stadt des Landes sorgt der größte Seehafen Skandinaviens für ein weltoffenes, kosmopolitisches Flair. Lange stand die Metropole an der Westküste im Schatten der Hauptstadt, doch heute hat sie aufgeholt, lockt mit einer quicklebendigen Kulturszene, wunderschönen Flaniermeilen, trendigen Lokalen – und einer faszinierenden Schärenlandschaft vor der Haustür.

Stadtgeschichte

Göteborg (sprich: Jöteborj) liegt zu beiden Seiten des ins Kattegat mündenden Göta Älv. Großen Einfluss auf die Stadtentwicklung hatten die **Niederländer**, die man im 17. Jh. nach Schweden geholt hatte. Zu dieser Zeit war Göteborg eine der am besten gesicherten Städte mit breiten Wallgräben, Stadtmauer und den drei Festungen Nya Älvborgs, Skansen Kronan und Skansen Lejonet. Dank des ganzjährig eisfreien Hafens entwickelte sich die Stadt rasch und wurde zum Umschlagplatz für Holz und Eisen. Die 1731 gegründete **Schwedische Ostindische Kompanie** unterhielt hier einen der wichtigsten europäischen Umschlagplätze für Möbel, Porzellan, Tee und Seide.

Größter Hafen Schwedens

Während der 1806 von Napoleon verhängten **Kontinentalsperre** war Göteborg Hauptumschlagplatz für den florierenden britischen Handel mit Nordeuropa. Die Gewinne flossen auch in die Industrialisie-

Highlights Göteborg

Liseberg Vergnügungspark
Nordeuropas größter Vergnügungspark unterhält mit Riesenachterbahn, Karussells und Showbühnen.
► Seite 149

Kunstmuseum
Stattliche Sammlung skandinavischer Malerei, dazu Rembrandt, Rubens und Co.
► Seite 148

Röhsska Museet
Schwedens erstes Design-Museum zeigt Möbel, Glas und anderes erlesenes Kunsthandwerk.
► Seite 148

Universeum
Hier hopst das giftigste Tier der Welt, Regenwälder dampfen, Haie und Rochen schweben durch Unterwasserwelten.
► Seite 149

Feskekörka
Von außen sieht die berühmte Fischhalle von 1874 aus wie eine Kirche, drinnen gibt es Hochgenüsse aus dem Meer.
► Seite 144

Botanischer Garten
Lustwandeln im Tal der Anemonen
► Seite 150

rung, Werften und Industriebetriebe wie Esab, Hasselblad und SFK siedelten sich an. 1926 begann SFK mit dem Bau von Fahrzeugen unter dem Namen **Volvo** – heute der größte Industriebetrieb der Stadt. Neue Stadtteile wie Majorna entstanden, in der Innenstadt spiegeln die Prachtbauten z. B. entlang der Kungsportsavenyn den damaligen Wohlstand wider. Die Blütezeit als Welthafen begann für Göteborg Anfang des 20. Jh.s mit der Aufnahme des Schiffsverkehrs nach Übersee. Heute ist der Göteborger Hafen der größte in Schweden, doch in jüngster Zeit hat seine Bedeutung abgenommen. Seit den 1990er-Jahren hat sich die Stadt zu einem **Zentrum für Wissenschaft und Forschung** entwickelt. Die alten Hafen- und Werftgebiete beiderseits des Göta Älv werden mehr und mehr in Wohngebiete, Promenaden und Kultureinrichtungen umgewandelt. Seit Ende des 20. Jh.s profiliert sich Göteborg als Bühne für sportliche und politische Großereignisse: Auf den EU-Gipfel 2001 folgten 2006 die Europäischen Leichtathletikmeisterschaften. Alljährlich werden in Göteborg mit dem Partille Cup das größte Handballturnier der Welt und der Halbmarathon Göteborgsvarvet mit 34 000 Teilnehmern ausgetragen. Bekannt ist Göteborg auch für seine erfolgreiche Popgruppe »Ace of Base« und für Åke Edwardson, einen der Bestseller der neuen, skandinavischen Krimizunft (►beiliegender Special Guide).

? WUSSTEN SIE SCHON ...?

- ... dass Göteborgs erster offiziell registrierter Bürger ein Holländer war? Johan van Lingen und seinen Landsleuten verdankt Göteborg seinen klassischen Grundriss mit geraden Straßenzügen, rechteckigen Häuserblöcken und Kanälen. Und so findet sich jeder Besucher bis heute hier mühelos zurecht, auch wenn der erste Stadtplan auf Jacob van Dijck zurückgeht und mehr als 350 Jahre alt ist.

Sehenswertes im Zentrum

Altstadt

Ursprünglich wurden – wie in vielen holländischen Städten – die Hauptverkehrswege Göteborgs von Kanälen gebildet. Die meisten sind allerdings inzwischen durch Straßen ersetzt wie die Östra und Västra Hamngatan. Nur der Stora Hamnkanal und der einstige Wallgraben, der die Altstadt im Süden begrenzt, existieren noch.

Gustav Adolfs Torg

Der weite, rechteckige Gustav Adolfs Torg an der Nordseite des Stora Hamnkanal bildet den repräsentativen Kern der Altstadt. 1854 wurde mitten auf dem Platz das von Bengt Erland Fogelberg entworfene und in München gegossene **Bronzestandbild** von Gustav Adolf, dem Regenten und Stadtgründer, aufgestellt. Allerdings ist es ein Zweitguss: Der erste wurde nach Bremen gebracht, weil das Transportschiff gestrandet war und die Göteborger das von den Helgoländern geforderte Bergegeld nicht bezahlen wollten. Die Nordseite des Platzes begrenzt das stattliche Gebäude der **Börse**, an der Westseite steht das 1672 von Nicodemus Tessin d. Ä. erbaute **Rådhus**, das einen hübschen Innenhof besitzt.

Medicin-historiska Museet Nördlich in der Östra Hamngatan 11 ist im sogenannten Oterdahl-Haus des Sahlgrenska-Krankenhauses die Geschichte der schwedischen Medizin seit 1800 dokumentiert (Öffnungszeiten: Di., Mi., Fr. 11.00 – 16.00, Do. bis 20.00 Uhr, www.sahlgrenska.se/museum).

Kristine Kyrka Westlich vom Rathaus steht am Kanal die nach einem Brand 1748 bis 1783 neu errichtete Kristine bzw. Tyska Kyrka **(Deutsche Kirche)**, die 1623 für Göteborgs deutsche Einwohner gebaut worden war.

Göteborg Orientierung

Fußgängerzone

Essen

1 Fiskekrogen
2 Haeven 23
3 Kock & Vin
4 Sjömagasinet
5 Thörnströms Kök
6 Restaurang Gabriel
7 Joe Farelli's
8 Saluhallen
9 Smaka
10 Café Husaren

An der Norra Hamngatan 12 erhebt sich der 1746 für die Ostindische Kompanie erbaute Palast, dessen prunkvolle Hallen seit 1993 **Göteborgs Stadtmuseum** beherbergen. Besucher können hier Bekanntes wie Kurioses bestaunen vom mittelalterlichen Ritterschwert über Bühnenbilder aus der Zeit um 1900 bis zu kostbarem Chinaporzellan und den Überresten des einzigen in Schweden gefundenen **Wikingerschiffs** (Öffnungszeiten: Mai – Aug. tgl. 10.00 – 17.00, sonst Mo. geschl., Mi. bis 20.00 Uhr).

★ **Stadsmuseum**

◄ www.stadsmuseum.goteborg.se

◷

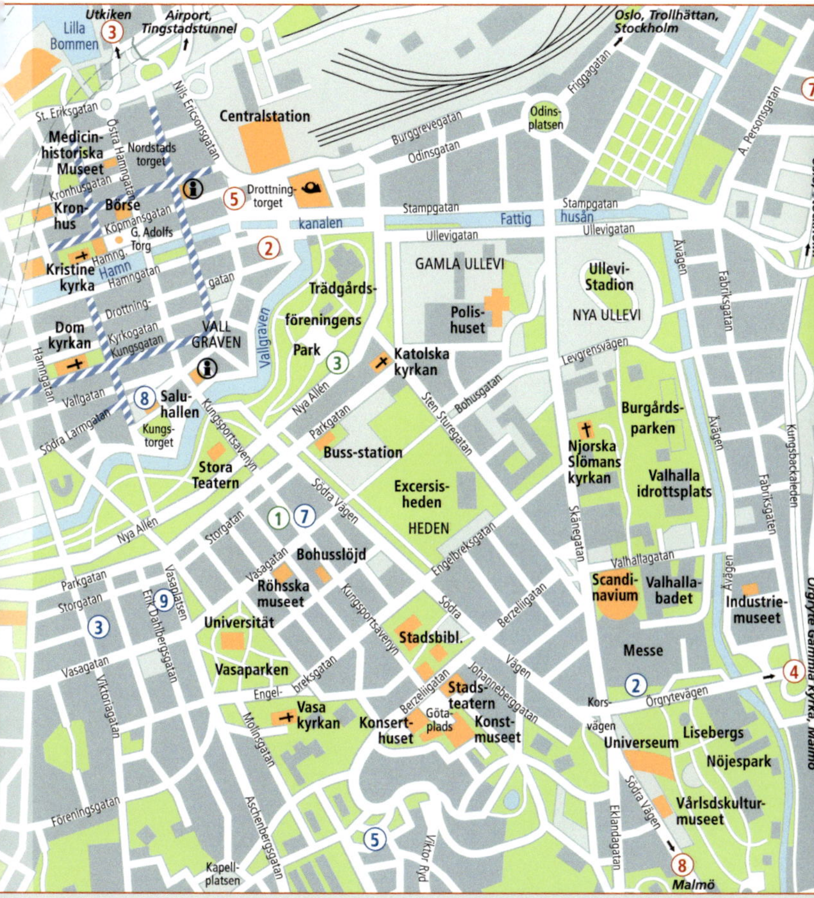

Übernachten

1. Elite Plaza
2. Radisson SAS Scandinavia
3. Barken Viking
4. Best Western Hotel Borås
5. Best Western Hotel Eggers
6. Novotel Göteborg
7. Spar Hotel Garda
8. Göteborgs Vandrarhem

Ausgehen

1. Nivå
2. Nefertiti
3. Trädgår'n

GÖTEBORG ERLEBEN

Schwedische Weihnachtswichtel von Lisa Larss

AUSKUNFT

Göteborgs Turistbyrå
Kungsportsplatsen 2
SE – 41110 Göteborg
Tel. 031/61 25 00, Fax 031/368 42 18
www.goteborg.com
Filiale am Nordstadstorget

Borås Turistbyrå
Österlånggatan 1-3, SE – 50180 Borås
Tel. 033/35 70 90, Fax 033/35 85 66
www.boras.se

ANREISE UND VERKEHR

Göteborg hat zwei Flughäfen: Der *Landvetter flygplats* (25 km östl., www.lfv.se) wird von allen Airlines angeflogen, der *City Airport* (15 km nördl., www.goteborgcityairport.se) nur von den Billigfliegern. Von beiden Flughäfen fährt der Flygbuss (www.flygbussarna.se) in die Innenstadt. Von Kiel/D und Frederikshavn/DK schippern *Stena-Line-Fähren* nach Göteborg (www.stenaline.se). Beliebtestes Verkehrsmittel im Stadtzentrum sind die *blauen Straßenbahnen* mit 13 Linien. Der Busbahnhof *Nils Ericson Terminalen* liegt direkt an der *Centralstation*; im *Tidpunkten* gibt es Tickets für den Nahverkehr in Göteborg und Umland. Kinder unter 7 Jahren benötigen keinen Fahrschein; der Göteborg-Pass berechtigt zur kostenlosen Nutzung des ÖPNV. Achtung: Teile der Innenstadt sind für Autos gesperrt! *Leihräder* gibt es bei der Cykelverkstan (Parkgatan 29, Tel. 031 / 711 97 70) und bei Cykelkungen (Chalmersgatan 19, Tel. 031 /18 43 00).

! Baedeker TIPP

Jul på Liseberg

Vom 5. bis 23. Dezember erstrahlt Göteborgs Liseberg-Park im Schein von fast 5 Mio. glitzernden Weihnachtslichtern. Schwedens größter Weihnachtsmarkt im Stil der alten Zeit lädt zum Bummel, und der Weihnachtsmann nimmt die Wunschlisten der Kinder entgegen. Weihnachtlich romantisch ist bereits der Weg dorthin: Eingehüllt in warme Wolldecken, fährt man im Weihnachtsboot im Schein von Fackeln aus der Innenstadt zum Weihnachtsmarkt. Zu Fuß führt die mit Sternen und leuch-tenden Tannenbäumen geschmückte »Weihnachtsmeile« vom Gasthafen Lilla Bommen zum Liseberg-Park.

GÖTEBORG PASS

Der 24- oder 48-Stunden-Pass für Göteborg gewährt ermäßigten oder freien Eintritt zu vielen Sehenswürdigkeiten, Stadtrundfahrten und Schiffsexkursionen sowie kostenlose Fahrten mit öffentlichen Verkehrsmitteln. Er ist erhältlich bei Touristenbüros, Hotels, Campingplätzen, Jugendherbergen und Zeitungskiosken oder online unter www.goteborg.com.

RUNDFAHRTEN

Stadtrundfahrten
Einstündige Touren im offenen Doppeldeckerbus beginnen am Stora

Teatern (Mitte Mai – Mitte Sept. tgl. stdl. Abfahrten 10.30 – 16.30 Uhr; Tickets im Bus). Seit 2010 lädt der nostalgische Sightseeing-Zug *Stinsen* von April bis Anfang Okt. alle 30 Min. ab Gustav Adolfs Torg zur gemütlichen Stadtrundfahrt ein; eine Tour dauert 35 Minuten.

Hafenrundfahrten
Die zweistündigen Hafen- und Kanalrundfahrten mit flachen Paddan-Booten starten am Kungsportsplats (Rundfahrten Mai bis Sept. 10.30 – 15.30 Uhr).

Schären-Törn und Rundfahrten
Zu Zielen in den Göteborger Schären schippern die weißen, nostalgischen Schiffe von *Strömma Skärgårdbåtar* – einige Ausflüge können auch als Lunch oder Dinner Cruise gebucht werden (Mitte Mai – Mitte Sept., Tel. 031 / 60 96 70, www.stromma.se). Bavaria-, Sun Odyssey- und Bénéteau-Segeljachten, aber auch traditionelle Gaffelschoner können in der *Marina Lindholmen* gechartert werden, 10 Autominuten vom Zentrum.

SHOPPING

Nordstan
Neben dem Hauptbahnhof Einkaufszentrum mit 200 Geschäften und Restaurants; Rabatte mit dem Göteborg Pass (www.nordstan.se)

Kungsportsavenyn
Geschäfte, Galerien und Cafés säumen die »Avenyn«, Göteborgs Prachtstraße und Ausgehmeile.

Innenstadt
Innerhalb des Wallgrabens sind *Kungsgatan, Vallgatan, Fredsgatan* und *Magasinsgatan* die richtigen Adressen für einen ausgiebigen Einkaufsbummel.

Saluhallen
►Baedeker Tipp S. 148

Kronhusbodarna
In den Werkstätten an der Postgatan ist altes Handwerk lebendig: Silber- und Goldschmiede, Glasbläser, Uhrmacher und eine Schokoladenmanufaktur.

Linnéstaden
Im In-Viertel säumen Antiquitätengeschäfte, Second-hand-Boutiquen, Lifestyle-Läden und Multikulti-Lokale die Bummelmeilen Linnégatan und Långgatorna.

Haga
In den Holzhäusern der autofreien Kopfsteingassen haben alte Handwerke, junge Szeneshops und Trendlokale ihr Quartier (www.hagashoping.nu).

Vasastaden
Design- und Modeinteressierte werden in den hochklassigen Boutiquen des edlen Stadtteils sicher fündig.

AUSGEHEN

Unverzichtbar für jeden Szenegänger ist die kostenlos bei der Touristeninformation erhältliche Zeitschrift »Djungel-Trumman« (Buschtrommel), die sämtliche Events der Klubs auflistet.

① ***Nivå***
Kungsportsavenyn 9
Tel. 031 / 701 80 90
www.restaurangniva.com
Angesagter In-Treff mit Restaurant, Bar, Nachtklub und Diskothek auf vier Etagen; oft Shows oder Konzerte. Mindestalter: Mi. 20, Fr./Sa. 25 Jahre!

② ***Nefertiti***
Hvitfeldtsplatsen 6
Tel. 031 / 711 40 76
www.nefertiti.se
Örtliche Musiker und internationale Stars treten im berühmten Göteborger Jazzklub auf.

③ ***Trädgår'n***
Nya Allén
Tel. 031 / 10 20 80
www.profilrestauranger.se
Klassiker des Göteborger Nachtlebens mit Restaurant und Showbühne. Sonntagabend stehen Techno & House auf dem Programm, oft finden auch größere Rockkonzerte statt.

ESSEN

► Fein & teuer

① ***Fiskekrogen***
Lilla Torget 1
Tel. 031 / 10 10 05; So. Ruhetag
www.fiskekrogen.com
Probieren Sie Ahlströms Meeresfrüchteplatte mit Hummer, Austern, Lachs und Venusmuscheln. Auf der Weinkarte des Edellokals stehen mehr als 300 erlesene Tropfen.

② ***Haeven 23***
Mässans Gata 24
Tel. 031 / 750 88 05
www.heaven23.se
Auf Dill gedünsteter Dorsch mit Kichererbsenpüree oder Entenbrust an Süßkartoffeln – himmlisch ist nicht nur die Küche, sondern auch die Aussicht aus der 23. Etage des Gothia Tower.

③ ***Kock & Vin***
Viktoriagatan 12
Tel. 031 / 709 79 79
www.kockvin.se
Genussreiche neue schwedische Küche, für die Björn Persson von Michelin 2010 einen Stern erhielt.

Baedeker-Empfehlung

④ ***Sjömagasinet***
Adolf Edelsvärdsgata 5
Tel. 031 / 775 59 20
www.sjomagasinet.se
Leif Mannerströms michelin-besternter Gourmettempel im alten Gebäude der Ostindischen Kompanie von 1775 thront an der Hafeneinfahrt; im Sommer sitzt man direkt am Wasser. Unser Tipp: die Bouillabaisse und das Pata-Negra-Schweinefilet.

⑤ ***Thörnströms Kök***
Teknologgatan 3
Tel. 031 / 16 20 66
So. Ruhetag, Mo. nur Kochschule
www.thornstromskok.com
Schwedische Küche der Spitzenklasse – auch das schwedische Königshaus ließ schon von Håkan Thörnström das Nobelpreis-Menü ausrichten. Wie es richtig lecker wird, erfährt man montags in der Kochschule.

► Erschwinglich

⑥ ***Restaurang Gabriel***
Fisktorget, Feskekörka
Tel. 031 / 13 90 51
www.restauranggabriel.se
Fangfrische Krabben, Langusten und Hering mit Kartoffelpüree werden auf der Empore von Göteborgs Markthalle, der »Fischkirche«, serviert. Frühaufsteher können ab 7.00 Uhr bei den Fischauktionen zuschauen.

⑦ ***Joe Farelli's***
Kungsportsavenyn 12
Tel. 031 / 10 58 26
www.joefarelli.com
Populäres Restaurant im Zentrum mit knackigen Salaten, saftigen Steaks vom Grill und der wahrscheinlich besten Pizza Göteborgs.

► **Preiswert**

⑧ ***Saluhallen***

►Baedeker Tipp S. 148

⑨ ***Smaka***
Vasaplatsen 3
Tel. 031 / 13 22 47, www.smaka.se
Beste Schweden-Klassiker vom »Köttbullar« bis zu Heringsteller, Kabeljau und Käseplatte

ÜBERNACHTEN

► **Luxus**

① ***Elite Plaza***
Västra Hamngatan 3
SE – 40422 Göteborg
Tel. 031 / 720 40 00
Fax 031 / 720 40 10, www.elite.se
1889 erbaute Nobelherberge im Herzen der Stadt mit erlesenen Antiquitäten, Stuckdecken und dem Feinschmeckerlokal Swea Hof

② ***Radisson SAS Scandinavia***
Södra Hamngatan 59, SE – 40124 Göteborg, Tel. 031 / 758 50 00
Fax 031 / 758 50 01, 349 Z.
www.radissonblu.com/hotel-gothenburg
Eindrucksvolles, sechs Stockwerke hohes Atrium mit Wasserfällen, Brunnen und Blumen, sehr geräumige und elegante Zimmer

► **Komfortabel**

③ ***Barken Viking***
Gullbergskajen, Liseberg
Tel. 031 / 63 58 00, Fax 031 / 15 00 58
www.liseberg.com
Historisches Viermast-Segelschiff, das zum Hotel mit maritimem Flair ausgebaut wurde. Das Schiff liegt im Göteborger Gästehafen nahe der Oper vor Anker. Kajüten von einfach bis luxuriös.

④ ***Best Western Hotell Borås***
Sandgärdsgatan 25, SE – 50334 Borås
Tel. 033 / 799 01 00, Fax 033 /799 01 08
www.hotellboras.se, 52 Z.
Charmantes Hotel im Zentrum von Borås im Stil der goldenen Zeit Schwedens. Am Abend trifft man sich im urigen Weinkeller oder im englischen Pub.

⑤ ***Best Western Hotel Eggers***
Drottningtorget, SE – 40425 Göteborg
Tel. 031 / 333 44 40, Fax 031 /333 44 49
www.hoteleggers.se, 67 Zi.
Zentraler, denkmalgeschützter Bau aus der Zeit um 1900. Im prunkvollen Restaurant speist man unter Kristallkronleuchtern.

Baedeker-Empfehlung

⑥ ***Novotel Göteborg***
Klippan 1, SE – 41451 Göteborg
Tel. 031 / 720 22 00, Fax 031 / 720 22 99
www.novotel.se, 148 Z.
Das rote Backsteingebäude am Göta Älv war früher eine Brauerei. Maritimes Flair im historischen Ambiente, große, moderne Zimmer. Atemberaubende Sicht vom Restaurant auf die Älvsborg-Brücke.

► **Günstig**

⑦ ***Spar Hotel Garda***
Norra Kustbanegatan 15-17
SE – 41664 Göteborg
Tel. 031 / 752 03 00, Fax 031 /752 03 99
www.sparhotel.se; 67 Z.
Modernes Hotel im Westteil von Göteborg mit guter Verkehrsanbindung zum Zentrum. Frühstück und Parkgarage sind inklusive.

⑧ ***Göteborgs Vandrarhem***
Mölndalsvägen 23
Tel. 031 / 40 10 50, Fax 031 / 40 11 51
www.goteborgsvandrarhem.se
Von Einzel- bis Familienzimmer alles praktisch, sauber und nahe Liseberg

Domkyrkan An der Kreuzung Västra Hamngatan und Kungsgatan befindet sich die klassizistische **Domkirche**, die 1815 auf den Resten zweier niedergebrannter Vorgängerbauten errichtet wurde.

Kronhus Nördlich vom Stadtmuseum an der Kronhusgatan wurde 1643 bis 1653 das ehemalige **Zeughaus** erbaut, heute Göteborgs ältestes erhaltenes Haus. Im **Reichssaal** wurde 1660 der fünfjährige Karl XI. zum König ausgerufen. In den niedrigen Häuschen rund ums Kronhus verkaufen Kunsthandwerker ihre Arbeiten.

Maritiman Am Packhuskajen lassen sich in Göteborgs maritimem Erlebniszentrum **19 Schiffe** besichtigen, darunter das Feuerschiff »Fladen« von 1915, das 1962 vom Stapel gelaufene U-Boot »Nordkaparen«, ein Kanonenboot und Lastkähne (Öffnungszeiten: April, Okt. Fr. – So. 10.00 – 16.00, Mai – Sept. tgl. 10.00 – 18.00 Uhr, www.maritiman.se).

✶ Göteborgs Operan Markante Landmarke in der neuen Silhouette der Stadt, die im ehemaligen Werft- und Hafenbereich zu beiden Ufern des Flusses heranwächst, ist die 1994 am Lilla Bommen eröffnete **Oper**. Mit zwei Büh-

Erfolgreiches Comeback des ehemaligen Werftviertels: heute ankert neben dem »Lippenstift« das Viermaster-Hotel »Viking« vor dem Opernhaus.

nen bietet sie Platz für 1305 Zuschauer. Architekt Jan Izkowitz ließ sich bei dem Entwurf des 160 m langen und 85 m breiten Gebäudes vom Meer und der umliegenden Landschaft inspirieren. Ein gewaltiges Auditorium und ausgefeilte Akustik kennzeichnen das Innere der Oper, deren Spielzeit sich auch über die Sommermonate erstreckt. Bei Dunkelheit spiegelt sich die spektakulär bunte Beleuchtung stimmungsvoll im Wasser (Öffnungszeiten: Mo. – Sa 12.00 bis 18.00 Uhr bzw. bis Vorstellungsbeginn, www.opera.se).

Utkiken

Von der Promenade am Opernhaus hat man einen guten Blick auf das am jenseitigen Hafenrand stehende rot-weiß gestreifte Hochhaus Utkiken. In 86 m Höhe bietet das Panorama-Café des »Lippenstift«, wie der Turm im Volksmund genannt wird, **den besten Rundblick** über Göteborg (Öffnungszeiten: Mo. – Fr. 11.00 – 16.00, Juni – Aug. auch Sa./So.). Vor dem Hochhaus dient die Viermastbark **»Viking«** als schwimmendes Hotel (► S. 145).

Entlang der Kungsportsavenyn

✶ **Kungsportsavenyn**

Der **Kungsportsplats** mit dem Reiterstandbild Karls IX. ist ein belebter Verkehrsknotenpunkt, an dem viele Busrundfahrten starten, die Paddan-Boote auf Kundschaft warten und die Straßenbahnen im Minutentakt halten. Hier beginnt die Kungsportsaveny. »Aveny« nennen die Göteborger stolz ihre beliebteste **Flaniermeile**. Die Prachtpromenade wird von schönen Häusern und unzähligen Cafés, Restaurants und Kneipen gesäumt, in denen bis spät in die Nacht Hochbetrieb herrscht. Überquert man den Wallgraben, steht rechter Hand das 1859 eröffnete **Stora Teatern** (www.stadsteatern.goteborg.se).

! *Baedeker* TIPP

Alles frisch!

Am Kungstorget wartet in einer schmiedeeisernen Markthalle des 19. Jh.s ein Schlemmerparadies, die »Saluhallen«. Hier gibt es eine Vielzahl von Obst-, Gemüse-, Fisch- und Feinkostständen (Öffnungszeiten: Mo. – Do. 9.00 bis 18.00, Fr. ab 8.00, Sa. 8.00 – 15.00 Uhr, www.vartgoteborg.se).

✶ **Trädgårdsföreningens Park**

Mit seinen großen Rasenflächen, dem Duftgarten, Cafés und alten Holzvillen gehört der 1842 eröffnete Trädgårdsföreningens zu den schönsten Parkanlagen des 19. Jh.s in Europa. Sehenswert sind das historische **Palmenhaus**, das **Schmetterlingshaus** und das **Rosarium**. Im Trädgårdsföreningens werden auch Konzerte, Kindertheater und Mittsommerfeste veranstaltet (Öffnungszeiten: Mai – Aug. tgl. 7.00 – 21.00, März, April, Sept., Okt. bis 19.30, sonst bis 18.00 Uhr, www.tradgardsforeningen.se).

✶ **Röhsska museet**

Das nach seinen Gründern, den Brüdern Röhss, benannte Museum um die Ecke in der Vasagatan 37 zeigt europäisches **Design und Kunsthandwerk** ab dem 17. Jh. (Öffnungszeiten: Mi. – So. 12.00 bis 17.00, Di. bis 20.00 Uhr, www.designmuseum.se).

✶ **Götaplats**

Die Kungsportsavenyn endet am Götaplats, der für die Weltausstellung 1923 angelegt wurde. Seine Mitte schmückt seit 1931 der riesige **Poseidon-Brunnen** von Carl Milles, eines der Wahrzeichen von Göteborg. Kunst aus fünf Jahrhunderten präsentiert das **Konstmuseet**, das sich besonders dem Schaffen nordischer Künstler widmet, darunter Edvard Munch, Carl Larsson, P S Krøyer, Bruno Liljefors, Anders Zorn und die Göteborg-Koloristen. Aber auch Rembrandt, Rubens, Van Gogh, Cézanne, Picasso und Chagall sind vertreten. Das **Hasselblad Center** im Kunstmuseum zeigt wegweisende Arbeiten moderner Fotografie und Wechselausstellungen (Öffnungszeiten: Di., Do. 10.00 – 18.00, Mi. 11.00 – 18.00, Fr. – So. bis 17.00 Uhr, www.konsthallen.goteborg.se, www.hasselblad center.se).

Östliche Innenstadt

Die Eventmeile

Östlich der Kungsportsavenyn erstreckt sich Göteborgs »Eventmeile«, die jährlich rund 6 Mio. Besucher anzieht. Hier liegen nicht nur der

Vergnügungspark Liseberg und Skandinaviens führendes Messe- und Kongresszentrum Svenska Mässan, sondern mit Ullevi und dem Scandinavium auch zwei wichtige Sport- und Musikarenen.

★ Liseberg

Der Liseberg-**Vergnügungspark** ist eine gigantische Mischung aus Kirmes und Kultur mit Achterbahnen, Karussells, Theater-, Kleinkunst- und Konzertbühnen, Cafés und Restaurants. Überragt wird die Anlage vom 146 m hohen Liseberg-Turm, von dem aus man einen hervorragenden Blick über die Stadt hat (Öffnungszeiten: tgl. Mai – Aug. zu wechselnden Zeiten, www.liseberg.se). Zum Vergnügungspark rattert vom Hauptbahnhof aus die Oldtimerbahn **Ringlinie** (April – Juni, Aug., Sept. nur am Wochenende, im Juli tgl., Mitte Nov. – Mitte Dez. nur Sa., www.ringlinien.org).

Universeum

Im **Wissenschaftszentrum** Universeum kann man Rochen und Haie beobachten, Galaxien und Mondfahrzeuge untersuchen und vor allem viel experimentieren (Öffnungszeiten: tgl. 10.00 – 18.00 Uhr, Södra Vägen 50, www.universeum.se).

Världskulturmuseet

Das 2004 eröffnete **Museum für Weltkultur** bietet eine Entdeckungsreise durch die multikulturelle Welt. Themen sind Globalisierung und der Dialog zwischen den Völkern, aber auch Aids. Sehr eindrucksvoll ist das Gebäude von den Londoner Architekten Cecile Brisac und Edgar Gonzales (Öffnungszeiten: Di., Fr. – So. 12.00 bis 17.00, Mi., Do. bis 21.00 Uhr, www.varldskulturmuseet.se).

★ Haga

Göteborgs ältester Stadtteil wurde Mitte des 17. Jh.s auf Geheiß von Königin Kristina angelegt und wandelte sich zur Zeit der Industriali-

Meisterwerk von Carl Milles: der Poseidon-Brunnen vor dem Kunstmuseum

★ Traditionshandwerk und Trendshops ► sierung in ein Arbeiterviertel. Seine vielen alten **»Landhövdinge«-Holzhäuser** entlang der autofreien Kopfsteingassen wurden inzwischen behutsam renoviert und beherbergen heute Kunsthandwerk und kleine Boutiquen. Klassische Schweden-Clogs, die »Toffel«, werden seit mehr als 70 Jahren in der **Haga Trätoffelfabrik & Läderaffär** an der Haga Nygata 19 handgefertigt (www.hagatratoffelfabrik.se). Schwedisches Design von 1930 – 1970 verkauft *Bebop* am Kaponjärgatan 4c (www.bebop.se). Ausgefallene Mode im Vintage-Look gibt es bei *Dromma* an der Östra Skansgatan 3c (www.dromma.se), den Koffeinkick zum Durchhalten beim Dauershopping in der Nespresso Bar an der Haga Nygata 26 (www.noller.se).

Neue Energien bringt auch ein Besuch des **Hagabadet**. Es wurde 1876 mit Spenden eines örtlichen Philanthropen erbaut, der den Arbeitern, die in diesem Gebiet wohnten, die Möglichkeit geben wollte, »sich an schönem Interieur, Wohlbefinden und Gesundheitspflege zu erfreuen«. Inzwischen saniert, ist das einstige Arbeiterbad heute eine exklusive Wellness-Anlage mit Schwimmbecken, Sauna, Spa, römischem Bad und Fitnessraum (Södra Allégatan 3, Tel. 031 / 60 06 00, tgl. geöffnet; www.hagabadet.se).

! *Baedeker* TIPP

Zimtschnecken in XXL

Sie sollen die größten des Königreichs sein: die leckeren »hagabullar«, die sich im Schaufenster des traditionsreichen ⑩ Café Husaren an der Haga Nygata 28 stapeln. Am besten schmecken die süßen Hefeschnecken mit Zimt frisch aus dem Ofen (www.cafehusaren.se)!

Grüne Oasen

★ **Slottsskogen** Folgt man westlich der Innenstadt der **Linnégatan**, die mit ihren vielen Restaurants, Cafés und kleinen Läden die zweite Aveny Göteborgs ist, vom Järntorg nach Süden zum Linnéplats, erreicht man den Slottsskogen. Es ist **Göteborgs größter Park** und mit seinem alten Baumbestand ein beliebtes Naherholungsgebiet. Skandinavische Tiere, aber auch Pinguine, Flamingos und tropische Vögel lassen sich im ältesten Tierpark Schwedens bewundern. Das Observatorium lockt mit Vorführungen des Sternenhimmels. Sehenswert sind auch die alten landschaftstypischen Holzhäuser und das Vogelhaus.

★ **Botaniska Trädgård** Die südöstliche Fortsetzung des Slottsskogen bildet der bereits 1923 angelegte Botanische Garten, mit mehr als 16 000 Pflanzenarten auf 175 ha **Schwedens größter botanischer Garten**. Besonders schön: der Felsengarten, das Rhododendron-Tal und der Linnégarten des bekannten schwedischen Gartendesigners Ulf Nordfjell – er wurde auf der Chelsea Flower Show 2007 mit Gold ausgezeichnet (Öffnungszeiten: tgl. 9.00 Uhr bis Sonnenuntergang, www.gotbot.se).

Ramberget

Westlich des Göta Älv erhebt sich inmitten des Landschaftsparks Keillers Park der Ramberget. Der mit 87 m **höchste Gipfel von Göteborg** ist das ganze Jahr hindurch ein schöner Aussichtspunkt. Hinauf geht es mit den Straßenbahnen 5, 6, 10 oder im PKW bis zum Parkplatz auf dem Plateau.

Spannende Museen

Aeroseum

Das Erlebniscenter in einem ehemaligen Hangar der schwedischen Luftwaffe am Holmvägen 100 präsentiert anschaulich die **Geschichte der Luftfahrt**. Diverse Simulatoren laden ein, die unterschiedlichsten Flugzeuge mit allen Sinnen zu erleben (Öffnungszeiten: Di. 11.00 bis 21.00, Mi. – So. 11.00 – 18.00 Uhr, www.aeroseum.se).

Naturhistoriska Museet

Das 1833 gegründete **Naturhistorische Museum** am Nordrand des weiten Slottsskog zeigt präparierte Tiere, darunter einen Blauwal und einen afrikanischen Elefanten (Öffnungszeiten: Juni – Aug. tgl. 11.00 bis 17.00, Mai Mo. – Fr. 9.00 – 17.00, Sa., So. 11.00 – 17.00, sonst Di. bis Fr. 9.00 – 16.00, Sa., So. 11.00 – 17.00 Uhr, www.gnm.se).

Sjöfartsmuseet

Westlich am Ufer des Göta Älv erzählt das **Schifffahrtsmuseum** über die Entwicklung der schwedischen Seefahrt vom 16. Jh. bis heute. Im **Akvariet** gibt es heimische Fischarten zu sehen – mit dem Göteborg-Pass haben Sie freien Eintritt (Öffnungszeiten: Mai – Aug. tgl. 10.00 – 17.00, sonst Di., Do., Fr. 10.00 – 17.00, Mi. bis 20.00 Uhr).

Volvo Museum

Das Volvo-Museum auf dem Werksgelände in Arendal nördlich vom Zentrum dokumentiert die Entwicklung und Erfolge der **schwedischen Automarke** von den Anfängen 1927 mit dem ersten Modell ÖV4 bis zur Gegenwart (Öffnungszeiten: Di. – Fr. 10.00 – 17.00, Sa., So. 11.00 – 16.00 Uhr, www.volvomuseum.com).

Interessante Stadtteile jenseits der City

Eriksberg

Der moderne Stadtteil am nördlichen Ufer des Göta Älv ist auf dem Gelände einer ehemaligen Werft entstanden. Blå Hallen und Eriksbergshallen sind ehemalige Maschinenhallen, die in eine große Hotelanlage umgewandelt wurden. Auf dem Gelände befinden sich mehrere Restaurants und Cafés. Eriksberg erreicht man mit der Stadtfähre »Älvsnabben« und den Stadtbussen 16 und 99.

◀ Segelschiff Götheborg

In einer Werfthalle wurde das Handelsschiff **»Götheborg«**, das 1745 auf seiner Heimreise von China kurz vor Göteborg auf Grund lief, originalgetreu nachgebaut. Die Replik, 2003 vom Stapel gelaufen, hat 2005 – 2007 ihre Seetüchtigkeit auf einer Reise nach China bewiesen

und liegt jetzt an der Eriksberg Pir 4 vertäut. Dort kann der Dreimaster von Mitte August bis Anfang Dezember jedes Wochenende beim »Open Ship« von 12.00 bis 15.00 Uhr besichtigt werden.
Wer von Eriksberg Richtung Lindholmen bummelt, stößt auf **»Vindarnas Tempel«** (1992) von Per Kirkeby, ein, so der Künstler, »poetischer Raum« aus unzähligen roten Backsteinziegeln.

Umgebung von Göteborg

★★ Ausflug in die Schären

Vor Göteborg liegt ein ausgedehnter Schärengarten mit größeren Inseln wie Öckerö und unzähligen kleinen Felsbuckeln, die alle beliebte Ausflugsziele sind – und als **Geheimtipp für Segler** gelten, die ruhige Gewässer und freie Häfen suchen. Im Sommer werden Ausflugsfahrten ab Lilla Bommen, Stenpiren und Packhuskajen angeboten. Zu den nördlichen Schären Öckerö, Hönö, Björkö und Fotö setzt eine **Autofähre** von Hjuvik auf der Insel Hisingen über; zu den kleineren Inseln fahren nur Personenfähren. Die südlichen Schären Asperö, Brännö, Styrsö, Vrångö, Vargö und Vinga sind alle autofrei. Um sie zu erreichen, nimmt man die Straßenbahn Nr. 11 nach Saltholmen und steigt dort auf den **Schärendampfer** um. Die Schiffe verkehren das ganze Jahr über täglich, Fahrpläne gibt es im Touristenbüro.

Nya Älvsborgs Fästning

Am Eingang zum Hafen wurde 1653 – 1668 auf einer kleinen Insel die **Festung Älvsborg** zum Schutz gegen die Dänen errichtet. Bei den

Gut betucht durch Göteborgs Schärengarten: Mit leichter Brise im Gennaker-Segel gleiten die Jachten kraftvoll durchs Wasser.

Führungen durch die Festung und über die Insel spielen Schauspieler die Gefängniswärter, die im 18. Jh. die dunklen Verließe der Älvsborg bewachten. Die Kirche am höchsten Punkt der Insel ist ein beliebter Ort für Trauungen, das Restaurant hat einen guten Ruf. Ein Erlebnis ist bereits die 30-minütige Schiffsfahrt ab Lilla Bommen durch den Schärengarten (www.stromma.se).

Mölndal

Auf der E 20 nach Süden geht es vorbei an der Industriestadt Mölndal, die inzwischen mit Göteborg zusammengewachsen ist, zum 2 km östlich liegenden **Schloss Gunnebo** von 1796. Dank seines wunderschönen englischen Parks, dem Café und Restaurant, dem Kräutergarten und den vielen Spazierwegen ist Gunnebo ein beliebtes Ausflugsziel (Führungen am Wochenende, Mitte Juli – Mitte Aug. tgl. 12.00 – 14.00 Uhr, www.gunneboslot.se).

★ **Tjolöholm Slott**

Öffnungszeiten:
Mitte Juni
bis Ende Aug.
tgl. 11.00 – 16.00,
sonst Sa., So.
11.00 – 16.00

Weiter südlich bei Kungsbacka (E 6 Ausfahrt Fjärås) lohnt ein Abstecher in westlicher Richtung zum **Schloss Tjolöholm**. Der massige, mittelalterlichen Vorbildern nachempfundene Bau aus rotem Granit wurde 1898 – 1904 im englischen Tudorstil erbaut. Bauherr James Frederik Dickson, ein Göteborger Kaufmann, scheute keine Kosten, um sein Domizil mit allen damals machbaren technischen Raffinessen auszustatten, darunter ein Monstrum von Staubsauger, der älteste Schwedens, der heute im Wagenmuseum zu sehen ist. Am Fuß des Schlosshügels liegen das Ökonomiegebäude, das Wagenmuseum und das Storstugan-Restaurant im 1901 erbauten Haus der Gutsarbeiter. Spazierwege, ein Badeplatz und nostalgische Gästezimmer im einstigen Torhaus laden zum Verweilen ein (www.tjoloholm.se).

★ **Nääs Slott**

Die Geschichte von **Schloss Nääs** in Floda an der E20 gen Norden reicht bis ins 16. Jh. zurück. 1872 gründete August Abrahamson, Großhändler aus Göteborg, hier eine landesweit berühmte Kunsthandwerker-Schule, der auch Selma Lagerlöf in ihrem Roman »Die wunderbare Reise des Nils Holgersson mit den Wildgänsen« ein Kapitel widmete. Als Abrahamson 1898 kinderlos starb, vermachte er sein Schloss einer Stiftung, die seitdem die Tradition fortführt und auf Führungen die prunkvollen Schlossräume präsentiert (Führungen: 1. Mai – 15. Juni, 25. Aug. – 28. Sept. Sa., So. 12.00, 13.30, 15.00, 16. Juni – 24. Aug. tgl. 12.00, 13.30, 15.00 Uhr, www.naas.se).
Die örtliche Baumwollspinnerei musste 1981 in Folge der schwedischen Textilkrise ihre Tore schließen. Heute birgt der Backsteinbau am Sävelången-See eine preisgekrönte **Nobelherberge** (www.naasfabrikerhotell.se) mit vorzüglichem Restaurant und »Schönheitsfabrik« (www.skonhetsfabrik.se).

★ **Borås**

Die südschwedische Textilstadt Borås erstreckt sich 62 km östlich von Göteborg zu beiden Seiten der Viskan. Größere Bedeutung als Handelsstadt gewann sie erst, als Eisenbahn und Textilmaschinen hier Einzug hielten. Am Stortorget steht das um 1910 erbaute, wuchtige Rathaus mit einem Glockenspiel, davor der Sjuhäradsbrunnen, den 1941 Nils Sjögren schuf.

Kunstmuseet ► Weiter östlich folgt das Kulturhus mit dem **Kunstmuseum** und dem städtischen Theater. Das Kunstmuseum zeigt vorwiegend Werke moderner schwedischer Künstler, angegliedert ist die Galleri Minimus für Kinder (Öffnungszeiten: Di., Do. 11.00 – 20.00, Mi., Fr. – So. 11.00 – 17.00 Uhr).

Borås Museum ► Im westlichen Stadtteil Parkstaden, schon etwas außerhalb des Zentrums, liegt der Ramnapark mit dem Borås Museum, einem **Freilichtmuseum** mit historischen Holzhäusern und der um 1690 entstandenen Ramna-Kirche, deren Inneres mit Deckengemälden aus dem 18. Jh. geschmückt ist (Öffnungszeiten: Mai – Sept. tgl. 11.00 – 17.00 Uhr, Okt. – April Mo. geschl.).

★ Textilmuseet ► In einer **Baumwollspinnerei** aus dem Jahr 1900 sind Spinn-, Zwirn- und Webmaschinen zu sehen. Produkte, die auf hauseigenen Maschinen hergestellt wurden, sind im Shop erhältlich (Öffnungszeiten: Di. und Do. 10.00 – 20.00, Mi., Fr. 10.00 – 16.00, Sa., So. 12.00 – 16.00 Uhr, Druveforsvägen 8).

Hedared Folgt man von Borås nordwestlich der in Richtung Alingsås führenden Straße Nr. 180, erreicht man den Weiler Hedared, wo **die einzige Stabkirche Schwedens** steht. Der kleine, altersdunkle Holzbau inmitten eines Friedhofs birgt naive Malerei aus dem 18. Jahrhundert.

Torpa Stenhus Die Straße Nr. 27 verlässt Borås in südöstlicher Richtung. Bei der Abzweigung nach Länghem lohnt ein Abstecher zum reizvoll am Ufer des Åsundsees erbauten **Schloss Torpa** aus dem 15. Jahrhundert. Einziges Schmuckelement an der Fassade ist das Renaissanceportal. Im Erdgeschoss beeindruckt die Schlosskapelle mit barocker Ausstattung. Der große Saal im ersten Stock ist fast lückenlos mit Grisaille-Malereien ausgestattet. Bio-Wildspezialitäten verkauft die Gårdsbutik, örtliches Kunsthandwerk gibt es in der Hantverkarna (Öffnungszeiten: Juni – Aug. tgl. 11.00 – 17.00, Mai, Sept. bis 16.00 Uhr, englische Führungen um 11.00 Uhr, www.torpastenhus.se).

★★ Gotland

J 2/3

Landschaft: Gotland **Provinz:** Gotland Län
Einwohnerzahl: 57 500

So warm und sonnig wie auf Gotland ist es nirgendwo sonst in Schweden. Mit der alten Hansestadt Visby und den Raukar, bizarren Kalksteinnadeln am Strand, besitzt die Ostseeinsel zwei weitere, außergewöhnliche Attraktionen. Und das Beste: Stadt, Steine und Strand lassen sich bequem mit dem Rad erreichen.

Größte Insel der Ostsee

Gotland ist mit 125 km Länge und bis zu 55 km Breite die größte Ostseeinsel. Sie wird von einem 20–30 m hohen **Kalksteinplateau** gebildet, wo es weder größere Binnenseen noch Wasserläufe oder Täler gibt, denn das Wasser versickert rasch im porösen Boden. Die Westküste ist überwiegend schroff und steil, wird aber immer wieder von kleinen Buchten und Stränden durchbrochen. Nach Osten wird die Insel immer flacher, hier findet man auch die schönsten Sandstrände, die häufig von kleinen Dünen und Kiefernwäldern flankiert sind. Markenzeichen Gotlands sind die **»Raukar«** (Singular »rauk«), von Wind und Wetter bizarr geformte Türme und Pfeiler aus erodiertem Stein. Mit etwas Fantasie kann man in manchen von ihnen Gesichter erkennen. So wundert es nicht, dass viele Raukar Namen tragen und Mittelpunkt von Legenden und Mythen sind. Dank des **angenehmen Klimas** ist die **Vegetation** artenreich und üppig, selbst Orchideen gedeihen hier wie Knabenkräuter, Mücken-Händelwurz und Frauenschuh. Weideland und Felder prägen die Landschaft, knapp die Hälfte der Insel ist mit Wald bedeckt.

Wichtige Handelsstation

Gotland war mit seiner Hauptstadt **Visby** eine unentbehrliche Anlaufstation für Segelschiffe, die sich auf dem Weg durch die Ostsee ins Baltikum und über die Flüsse bis nach Russland und zurück befanden. Bis zum Beginn des 12. Jh.s hatten die Inselbewohner selbst den Warenverkehr unter Kontrolle, doch mit wachsender Bedeutung wurde der Handel immer mehr von Russen und Deutschen beherrscht. 1161 erhielten die Gotländer eine Handelslizenz für die deutschen Länder, 1280 trat die Inselhauptstadt Visby der **Hanse** bei und schloss mit Lübeck ein Schutzbündnis gegen die Seeräuber.
Die strategisch wie ökonomisch vielversprechende Lage sollte die Insel in der Folgezeit zum **Zankapfel der Mächtigen** machen. 1361 eroberte der Dänenkönig Waldemar Atterdag Gotland. Vier Jahre später fiel Gotland in die Hände von Piraten, die aber 1398 vom Deutschen Ritterorden wieder vertrieben wurden. Der Orden verkaufte seine Beute 1408 an Erich von Pommern, den Regenten der vereinigten skandinavischen Königreiche. Ab 1449 stand die Insel wieder unter dänischer Oberhoheit und kam erst 1645 im Frieden von Brömsebro wieder an Schweden. Noch zweimal stand Visby unter Fremdherrschaft: Von 1676 bis 1679 regierten die Dänen und 1808 für 23 Tage die Russen in Visby. Heute ist der Tourismus die wichtigste Einnahmequelle.

? WUSSTEN SIE SCHON ...?

- ... dass Gotland für Mari Jungstedt eine unerschöpfliche Quelle der Inspiration ist? Ihre Kriminalromane wurden in der Reihe »Der Kommissar und das Meer« mit Walter Sittler als Gotland-Kommissar Robert Anders für das ZDF verfilmt. Weitere Kultkrimis und ihre Schauplätze stellt der beiliegende Special Guide vor.

Gotlands Kirchen

Auf der Insel gibt es **93 Kirchen**, allein 17 davon in Visby. Diese für die relativ kleine Bevölkerung erstaunliche Zahl ist ein Hinweis auf den Wohlstand, der zur Zeit ihrer Erbauung herrschte. Die mittelal-

GOTLAND ERLEBEN

AUSKUNFT

Gotland Turistförening
Skeppsbron 4-6
SE – 62157 Visby
Tel. 04 98 / 20 17 00
Fax 04 98 / 20 17 17
www.gotland.info

ANREISE

Von den Festlandshäfen Oskarshamn und Nynäshamn wird Gotland ganzjährig mit *Autofähren* in rund drei Stunden erreicht, vom 26. Juni bis 17. Aug. in gut zwei Stunden auch von Grankullavik auf Öland (www.destinationgotland.se). *Flygotland* fliegt im Sommer drei Mal pro Woche nonstop von Hamburg nach Visby. Auch von Stockholm-Bromma, Stockholm-Skavsta, Ängelholm, Göteborg, Sundsvall, Växjö, Helsinki und Oslo fliegt der Billigcarrier direkt nach Gotland (www.flygotland.com).

MITTELALTERWOCHE

Größtes Ereignis ist das alljährliche Mittelalterfest Anfang Aug. in *Visby*. Eine Woche lang wird mit Konzerten, Tanz und Ritterturnieren gefeiert. Die Bewohner der Stadt kleiden sich in mittelalterliche Kostüme, die Straßen und Gassen sind mit Handwerkern, Händlern, Gauklern und Spielleuten bevölkert (www.medeltidsveckan.se).

ÜBERNACHTEN

► Luxus

① ***Clarion Wisby Hotell***
Strandgatan 6, SE – 62124 Visby
Tel. 04 98 / 25 75 00
Fax 04 98 / 25 75 50
www.wisbyhotell.se, 134 Z.
Das 2007 renovierte Hotel im Zentrum von Visby verbindet gekonnt mittelalterliche Atmosphäre mit modernem Design.

► Komfortabel

② ***Best Western Strand Hotel***
Strandgatan 34, SE – 621 56 Visby
Tel. 04 98 / 25 88 00
Fax 04 98 / 25 88 11
www.strandhotel.net
Familie Wiman verwandelte die ehemalige Brauerei beim Pulverturm in ein geschmackvolles Hotel mit 110 Zimmern und gutem Restaurant.

③ ***Hamn Hotellet***
Färjeleden 3, SE – 62158 Visby
Tel. 04 98 / 20 12 50
Fax 04 98 / 20 12 70
www.gotlandsresor.se, 111 Z.
Logieren Sie mit Blick auf die Hafeneinfahrt. Zur Altstadt von Visby ist es nur ein Spaziergang von wenigen Minuten. Die Häuser stammen vom Olympischen Dorf in Lillehammer.

④ ***Pensionat Fridhem***
Högklintsvej 54, SE – 62122 Visby
Ortsteil Västerheje (6 km südlich)
Tel. 04 98 / 29 60 18, Fax 04 98 /24 75 10
www.fridhemspensionat.se, 18 Z.
Die Pension in der früheren Sommerresidenz von Prinzessin Eugenie umgibt ein Park direkt am Meer.

► Preiswert

⑤ ***Visby Fängelse Vandrarhem***
Skeppsbron 1, SE – 62157 Visby
Tel. 04 98 / 20 60 50
Fax 04 98 / 20 51 10
www.visbyfangelse.se
Jugendherberge in einem ehemaligen Gefängnis nahe des Fähranlegers

⑥ ***Wisby Jernvägshotell***
Adelsgatan 9, SE – 621 23 Visby
Tel. 04 98/ 20 33 00
Fax 04 98/ 20 33 90
Wanderheim mit Familienzimmern im Zentrum

FERIENHÄUSER

Gotlands Resor
Färjeleden 3, SE – 62158 Visby
Tel. 04 98 / 20 12 60
Fax 04 98 / 20 12 70
www.gotlandsresor.se
Privathäuser und hochwertige »Bondestugor«, Freizeithäuser, die aus typisch gotländischen Materialien erbaut wurden. Auch die Einrichtung stammt von gotländischen Möbelfirmen.

ESSEN

▶ Fein & teuer

① ***50 Kvadrat Visby***
St Hansgatan 15, Visby
Tel. 04 98 / 27 83 80
www.50kvadrat.com

Schwedische Küchenmeister: Fredrik Malmstedt und Laila Löfkvist

Im »50 Quadratmeter« zaubern Laila Löfkvist und Fredrik Malmstedt, bis 2009 Mitglieder der schwedischen Kochnationalmannschaft, die mehrfach auf der Kocholympiade Gold errang. Für ihre französisch inspirierten Menüs verwenden die beiden frische Rohwaren der Insel Gotland.

▶ Erschwinglich

② ***Packhuskällaren***
Packhusplan, Visby
Tel. 04 98 / 21 61 04
www.packhuskallaren.net
Im mittelalterlichen Speicherhaus wird gute Hausmannskost mit schwedischen Klassikern serviert, im Sommer auch auf der Terrasse.

▶ Preiswert

③ ***Sankt Hans Café***
Sankt Hansplan 2, Visby
Tel. 04 98 / 21 07 72
Lauschiges Gartencafé in den gotischen Kirchenruinen, die sich über Pflaumenbäume und Sitzgruppen wölben.

Baedeker-Empfehlung

Kulinariska Gotland
Kulinarisches Gotland, diesem Motto haben sich *acht preisgekrönte Restaurants* verschrieben, die aus lokalen Produkten kulinarische Hochgenüsse zaubern – zum Nachkochen gibt es auch ein Kochbuch (www.kulinariskagotland.com).
In Visby gehören dazu: ① 50 Kvadrat (s. links), ④ Bakfickan (Stora Torget, Tel. 04 98 / 27 18 07, www.bakfickan-visby.nu), ⑤ Donners Brunn (Donners Plats, Tel. 04 98 / 27 10 90, www.donners brunn.se), ⑥ G:a Masters (Södra Kyrkogatan, Tel. 04 98 / 21 66 55, www.gamla masters.com) und ⑦ Värdshuset Lindgården (Strandgatan, Tel. 04 98 / 21 87 00, www.lindgarden.com).
Außerhalb von Visby zählen dazu ferner Krakas Krog (Kräklings 1:19, Kräklingbo, Tel. 04 98 / 530 62, www.krakas.se, 26. Mai – 15. Sept.), Smakrike (Claudelins väg 1, Ljugarn, Tel. 04 98 / 49 33 71, www.smakrike.se, März bis Dezember) und Fårösunds Fästning (Fårösund, Tel. 04 98 / 22 12 40, www.farosundsfastning.se).

terlichen Steinkirchen entstanden alle vom späten 12. Jh. bis ca. 1350. Viele sind mit kunstvollen Steinmetzarbeiten an Portalen und Giebelfriesen verziert. Die ersten gotländischen Kirchen wurden im romanischen Stil errichtet, später wurde im gotischen Stil mit Spitzbögen gebaut. Mit der Eroberung durch die Dänen 1361 war der Bauboom schlagartig zu Ende, Gotland verarmte. Nur das Innere der Kirchen wurde noch mit Wandmalereien verschönert.

✶✶ Hansestadt Visby

Rosen, Kneipen und Ruinen

»Stadt der Rosen und Ruinen« wird Visby, die **Inselhauptstadt** an der Westküste, gern genannt. Beides ist richtig, denn Rosen blühen hier dank des milden Klimas recht üppig. Und von den einst 17 Kirchen stehen bis auf eine Ausnahme nur Ruinen, hatten doch 1525 die Lübecker fast die ganze Stadt in Brand gesteckt. Rund 150 Häuser blieben von der Katastrophe verschont, sodass man sich heute durchaus noch ein Bild von einer mittelalterlichen Hansestadt machen kann, die seit 1995 zum **UNESCO-Weltkulturerbe** gehört. Visby ist Sitz des Landeshauptmanns sowie eines Bischofs und soll sich der größten Kneipendichte Schwedens erfreuen.

! *Baedeker* TIPP

Radeln rund um Gotland

Wenig Autoverkehr, kaum Steigungen und viele Campingplätze machen das Radfahren auf Gotland zum Vergnügen. Nur der Wind kann manchmal etwas stören. Nicht mal sein eigenes Fahrrad muss man mitbringen, das kann man samt Anhänger und Campingausrüstung bei Gotlands Resor mieten (Färjeleden 3, Visby, Tel. 04 98 / 20 12 60, www.gotlandsresor.se).

✶✶ Stadtmauer

Der größte Schatz von Visby ist die 3,5 km lange Stadtmauer, die gegen Ende des 13. Jh.s angelegt wurde. Sie sollte vor Eindringlingen schützen, allerdings weniger vor ausländischen Feinden als vielmehr vor der restlichen gotländischen Bevölkerung, mit der die Stadt im Dauerstreit lag. Noch heute umgibt sie nahezu vollständig die Altstadt und ist durch 44 zwischen 15 und 20 m hohe Türme verstärkt. An zwei Stellen allerdings zeigt sie Lücken: Die an der Ostseite entstand vermutlich 1524 beim Ansturm der Schweden und die an der Westseite ein Jahr später beim Angriff der Lübecker.

An der Seeseite ist der **Pulverturm** Kruttornet in den Mauerring integriert, nahe der Nordecke der **Jungfrauenturm** (Jungfrutornet), in den der Sage nach die Goldschmiedstochter eingemauert wurde, die aus Liebe zum Dänenkönig Atterdag die Stadt verraten hatte.

Donnersplats ►

Vom Hafen aus gelangt man durch die Hamngatan zum Donnersplats, an dem das 1652 von einem Lübecker Kaufmann errichtete **Burmeisterska huset** steht.

Museen

Mitten in Visby präsentiert das Geschichtsmuseum **Gotlands Fornsal** an der Strandgatan 14 rund 8000 Jahre Inselgeschichte von der Frühzeit bis heute. Höhepunkt der Sammlung sind die zwischen 400 und 1100 n. Chr. geschaffenen Runensteine und der »Spillingschatz«, der größte Silberschatz der Wikingerzeit. Im angeschlossenen Wissenschaftszentrum **Fenomenalen** darf experimentiert werden (Öffnungszeiten: tgl. 10.00 – 17.00, 16. Sept. – April Di. – So. 12.00 – 16.00 Uhr, www.lansmuseetgotland.se).

★ ◂ Wikingerschatz

Das **Kunstmuseum** an der St. Hansgatan 21 zeigt gotländische Kunst ab dem 19. Jh., der Schwerpunkt liegt auf zeitgenössischen Werken (Öffnungszeiten wie Fornsal).

Neben dem Museumsgebäude steht das **Liljehornska Hus**, ein Speicherhaus aus dem 13. Jh., in dem heute ein beliebtes Restaurant, der »Packhuskällaren« untergebracht ist. Über den Packhusplan hinweg gelangt man zum Clematishus und zur **Gamla Apotek**, einem Staffelgiebelhaus, das eine Gold- und Silberschmiede beherbergt.

Stora Torget

Die Lybska Gränd führt weiter zum **Marktplatz**, an dessen Südseite die Ruine der 1250 geweihten gotischen Kirche **St. Karin** (Katharinenkirche) steht, die einst Teil eines Franziskanerklosters war. In den Häusern am Marktplatz geht es dank der vielen Kneipen und Restaurants lebhaft zu, und im Sommer sind die Freiluftterrassen immer gut besucht. Nördlich vom Marktplatz befinden sich an der St. Hansgatan die mittelalterlichen **Ruinen der Kirchen Drotten und St. Lars**, deren mächtige Türme einst auch der Verteidigung dienten.

Visby Orientierung

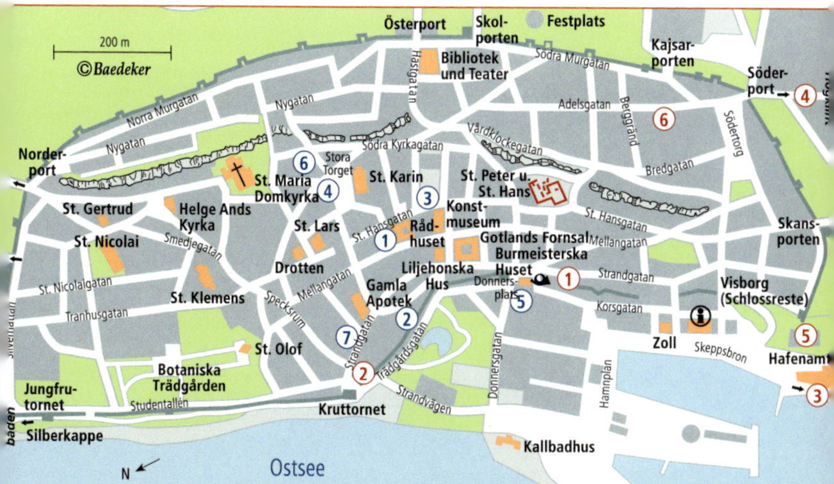

Essen

① 50 Kvadrat Visby
② Packhuskällaren
③ Sankt Hans Café
④ Bakfickan
⑤ Donners Brunn
⑥ G:a Masters
⑦ Värdshuset Lindgården

Übernachten

① Clarion Wisby Hotell
② Best Western Strand Hotel
③ Hamn Hotellet
④ Pensionat Fridhem
⑤ Visby Fängelse Vandrarhem
⑥ Visby Jernvägshotell

Showtime: Höhepunkt der Mittelalterwoche in Visby sind die Ritterturniere.

Helge Ands Kyrka

Die Norra Kyrkogatan führt nördlich zur nahen Ruine der romanischen **Heilig-Geist-Kirche** aus dem 13. Jahrhundert. Ihre Form, zweigeschossig auf achteckigem Grundriss, ist für Skandinavien ungewöhnlich – auch hier werden deutsche Einflüsse deutlich.

Sankta Maria Domkyrka

Östlich ragt der dreitürmige Dom St. Marien auf, der ursprünglich **Gotteshaus der deutschen Kaufleute** war und 1225 geweiht wurde. Man hat ihn mehrmals umgebaut und zwischen 1899 und 1907 restauriert. Heute ist er die einzige Kirche in Visby, in der noch Gottesdienste abgehalten werden. Beachtung verdienen die in Lübeck aus Walnuss- und Ebenholz gearbeitete Barockkanzel von 1684 und ein Taufstein aus rotem Gotlandmarmor aus dem 13. Jahrhundert.

✶ St. Nicolai

Durch eine Seitenstraße gelangt man von der Heilig-Geist-Kirche, vorüber an den Resten der St.-Gertrud-Kapelle, zur Ruine von St. Nicolaus. Mit dem Bau der einstigen Dominikanerklosterkirche wurde um 1230 begonnen, 1525 wurde auch sie von den Lübeckern zerstört. Heute dient sie im Sommer als Kulisse für sehr **stimmungsvolle Singspiele** (Infos und Karten bei der Touristeninformation).

✶ Galgenberg

Sehr schön ist ein halbstündiger Spaziergang durch die Norderport, vorbei an der Ruine der Kirche St. Göran aus dem 13. Jh. hinauf auf den Galgenberg. Von dieser mittelalterlichen Hinrichtungsstätte stehen noch die drei Steinpfeiler des Galgens. Das mag makaber sein, der Blick auf die Stadt und das Meer ist jedoch herrlich.

Umgebung von Visby

Man verlässt Visby durch die Söderport und folgt der Straße Nr. 143 nach Roma. 2 km südöstlich des Ortes ist die Ruine der Zisterzienserabtei Romakloster erhalten, die 1164 gegründet und nach der Reformation zerstört wurde. In der Ruine der romanischen Kirche werden im Sommer **Shakespeare**-Stücke aufgeführt. Der Gutshof **Roma Kungsgard** ist heute ein Kulturzentrum mit Kunstgalerie, Handelshaus für gotländisches Kunsthandwerk, Glasbläserei und Café.

Roma

◄ www.romakungsgard.se

Knapp 7 km östlich von Roma besitzt Dalhem eine um 1250 erbaute Kirche mit sehenswerten Wand- und Glasmalereien. Im stillgelegten Bahnhof hat das **Eisenbahnmuseum** seinen Sitz (Öffnungszeiten: Mitte Juni–Mitte Aug. tgl. 11.00 – 16.00 Uhr). Im Sommer rattert eine 90 Jahre alte Dampflok mit nostalgischen Waggons ins 1,3 km entfernte Hesselby (www.gotlandstaget.se).

Dalhem

Das Valdemarskreuz steht südöstlich von Visby in den Ruinen von Kloster Solaberga und erinnert an ein dunkles Kapitel im Jahr 1361, als das Bauernheer durch Dänenkönig Valdemar Atterdags Truppen vollkommen aufgerieben wurde. Damals hatten sich die Einwohner von Visby hinter ihren starken Mauern verschanzt, die Tore verrammelt und die kämpfenden Gotländer ihrem Schicksal überlassen.

Valdemarskreuz

Verlässt man Visby auf der Str. Nr. 149 durch die Norderport, zweigt nach 4 km westlich eine Straße zum Seebad Snäckgårdsbad ab. Nach 6 km wird der **Krusmyntagården** erreicht, in dem Hunderte Arten von Heilpflanzen wachsen (Öffnungszeiten: Ende Mai–Ende Aug. tgl. 10.00–18.00, im Juli bis 20.00 Uhr, www. krusmynta.se).

Snäckgårdsbad

An der Straße Nr. 149 folgt nach 4 km die Gemeinde Lummelunda mit einem erst vor wenigen Jahrzehnten entdeckten und erschlossenen **Tropfsteinhöhlensystem**. Neben regulären Führungen gibt es nach Voranmeldung auch abenteuerlichere Besichtigungen mit Helm und Grubenlampe (Öffnungszeiten: Mitte Juni–Mitte Aug. 10.00–18.00 Uhr, www.lummelundagrottan.se).

★ **Lummelundagrottan**

Weiter geht es zum Fischerhafen Lickershamn. Ein 600 m langer, schmaler Weg führt auf dem Klint entlang zum schönsten und mit 36 m größten **Raukar**, der »Jomfru« (Jungfrau).

Lickershamn

Gotlands Norden

Die 60 km lange Entdeckungsreise durch Gotlands Norden beginnt in Visby. Durch die Norderport geht es auf der ins Inselinnere führenden Straße Nr. 148 in Richtung Flughafen und weiter zu dem kleinen Ort Bro. Die **romanisch-gotische Kirche** aus dem 13. Jh. mit barocker Innenausstattung zählt zu den schönsten Gotlands. An der

Bro

Außenfassade der Kirche befinden sich Steine mit Tierdarstellungen und Symbolen, die von einer älteren Kirche stammen.

Tingstäde Der alte »Thingplatz« ist in Schweden als Geburtsort des Kanalbauers und Wissenschaftlers **Christoffer Polhem** (1661 – 1751) bekannt, der die Rückseite der 500-Kronen-Banknote ziert. Sein Geburtshaus Polhemsgården am Stenkyrkavägen 4 ist heute Heimatmuseum (Öffnungszeiten: Juni – Aug. 12.00 – 18.00 Uhr).

Die Dorfkirche liefert mit ihren romanischen Portalen und Wandmalereien ein schönes Beispiel mittelalterlicher Kirchenkunst. Am Binnensee **Tingstädeträsk** sind noch Pfähle der letzten Wasserburg der Wikinger erhalten.

Lärbro Die Kirche von Lärbro, 25 km nordöstlich an der Landstraße 148, besitzt einen einzigartigen achtkantigen Turm aus dem 14. Jh., Reste von Wandmalereien des 13. Jh.s und viele Skulpturen. Ein beliebter Wanderweg führt von der Kirche zur **Hangers Källa** – die idyllische Quelle gilt als Jungbrunnen.

Bunge Von Lärbro geht es vorbei an der Kirche von Rute aus der Zeit um 1260 nach Bunge mit einer Wehrkirche des 14. Jh.s, deren Südportal reich geschmückt ist. Das Innere zieren sehr gut erhaltene **Wandmalereien aus dem 14. Jh.**, die wahrscheinlich von einem Meister aus Böhmen stammen.

Das **Bungemuseum** ist eines der größten und ältesten Freilichtmuseen Schwedens. Die drei Bauernhöfe aus dem 17. – 19. Jh. geben Einblick in das ländliche Leben auf Gotland. Ausgestellt sind auch zwei große Runensteine (Öffnungszeiten: Mitte Mai – Ende Aug. tgl. 11.00 – 16.00, im Juli bis 18.00 Uhr, www.bungemuseet.se).

Fårösund Von 1937 bis 2000 war Fårösund Standort der schwedischen Küstenartillerie. In der 1850 erbauten Festung residiert Gotlands erstes **Lifestyle-Hotel**, modern-nüchtern eingerichtet von Gotlands Möbelproduzenten G.A.D – Gute Art & Design: Fårösunds Fästning (www.farosundsfastning.se).

★ **Insel Fårö** Von Fårösund setzt eine Autofähre in 6 Minuten zur vorgelagerten kleinen »Schafsinsel« über. Sie ist wenig überlaufen und besitzt im Nordosten attraktive Sandstrände wie Sudersandviken, Ekeviken und Norsta Auren. Im Nordwesten sind **die schönsten Raukar** zu finden. Im Naturreservat Digerhuvud ragen auf 3,5 km² mehrere Hundert der verwitterten Kalktürme auf, die bis zu 8 m hoch sind. An den Strand schließt sich ein karges Geröllsteinfeld an. Im weiter nördlich gelegenen Langhammars ragen weitere 50 Raukar auf.

Die Großartigkeit der Landschaft und das magische Licht der Insel haben auch den berühmtesten schwedischen Filmemacher inspiriert: **Ingmar Bergman** (1918 – 2007) drehte zahlreiche Filme auf der Insel, die er erstmals auf der Suche nach einem Drehort für den Film